W0062691

S. FISCHER

Dirk van Laak

ALLES IM FLUSS

Die Lebensadern unserer Gesellschaft –
Geschichte und Zukunft der Infrastruktur

S. FISCHER

Erschienen bei S. FISCHER

2. Auflage August 2018

© 2018 S. Fischer Verlag GmbH,
Hedderichstr. 114, D-60596 Frankfurt am Main

Satz: Dörlemann Satz, Lemförde
Druck und Bindung: CPI books GmbH, Leck
Printed in Germany
ISBN 978-3-10-397352-5

Inhalt

II Knotenpunkte der Debatten um die Infrastruktur

Ein-Leitung: Hauptsache, sie funktioniert ...

Wer kennt ihn nicht, den stets und ständig mit seinem Smartphone beschäftigten Menschen? In geselliger Runde oder beim Autofahren, im Kino oder beim Sport – es scheint keinen Ort und keine Situation mehr zu geben, in der das Gerät beiseitegelegt oder gar ausgeschaltet würde. Der Mensch von heute ist chronisch online, und er will es so. Doch spiegelt sich in den Gesichtern derer, die unablässig kommunizieren, oft der Stress einer fortwährenden Überforderung.

Über das Smartphone schaut, tippt und wischt jeder potentiell die ganze Welt herbei. Damit steht es sinnbildlich für alles, was die Aufklärung, die industriellen Revolutionen und der bürgerliche Liberalismus seit dem 18. Jahrhundert auf den Weg gebracht haben: für die Unabhängigkeit vom Raum und der sozialen Herkunft, für den Zugang zu globalen Informations- und Datenströmen und die Zugehörigkeit zu einer Gemeinschaft von Weltbürgern. Das Smartphone ist zur »Fernbedienung« der Netzwerkgesellschaft geworden. Es hat den souveränen Kunden, den umfassend informierten Staatsbürger und die freie und selbstbestimmte Persönlichkeit ermöglicht.

Zugleich macht der hinter dem Gerät stehende Komplex die Menschen abhängig von vernetzten Technologien und deren Angeboten. Dieser Komplex nötigt uns, fortwährend zu kommunizieren und Entscheidungen zu treffen. Damit verdichten sich im Smartphone mehr als zwei Jahrhunderte der Entwicklung eines Feldes, das mit dem scheinbar so neutralen wie sachlichen Terminus der *Infrastruktur* umschrieben wird.

Jenseits des Alltäglichen

Als Student hörte ich einmal einem Gespräch von Wissenschaftlern zu, die sich über den Besuch einer Historikerdelegation aus der DDR unterhielten. Am stärksten ist mir dabei ein Detail in Erinnerung geblieben: Die Kolleginnen und Kollegen aus Ostdeutschland, die zum ersten Mal in der Bundesrepublik waren, zeigten sich keineswegs beeindruckt von den zahlreichen Möglichkeiten zum Konsum. Darauf waren sie vorbereitet. Wirklich erstaunt hat sie dagegen die Reibungslosigkeit, mit der die westdeutschen *Infrastrukturen* funktionierten. Während ich mich kurze Zeit darauf selbst mit der Geschichte städtischer Versorgungsunternehmen beschäftigte, ging die DDR unter – von mir allerdings weitgehend unbemerkt. Die Recherche über langlebige Strukturen wie Schienenstränge, Stromkabel oder Wasserrohre hatte mich die zeitgleich stattfindende Tagespolitik nahezu vergessen lassen. Rückblickend vermag ich in diesem Umstand eine verborgene Logik zu erkennen.

Wer sich mit Infrastrukturen beschäftigt, steht vor einer ganzen Reihe von Paradoxien. Einerseits signalisiert der sperrige Begriff, dass man es besser den Experten überlassen sollte, sich damit zu befassen. Die Einrichtungen der Kommunikation und des Verkehrs, der Versorgung und Entsorgung entlasten uns von den täglichen Fragen, wo Strom und Wasser herkommen, wie wir uns von einem Ort zum anderen bewegen und auf welche Weise wir uns informieren. Andererseits sind Infrastrukturen zu Dauerthemen der öffentlichen Diskussion geworden. Wer soll sie organisieren und verwalten? Wie können wir sie schützen? Und wie ist ihr schlechter Zustand zu erklären? Erst wenn sie nicht mehr funktionieren, wie seinerzeit in der DDR, beginnen wir zu ahnen, dass viele dieser Leistungen nicht so selbstverständlich sind, wie sie uns vorkommen.

Weshalb sind die meisten Menschen so unaufmerksam für etwas, das sie alltäglich betrifft? Weshalb kann die »Conditio sine qua non jeder modernen Gesellschaft«[1] zugleich als so profan und banal empfunden werden? Obgleich sich in der Infrastruktur die Funktionsfähigkeit und der Reichtum einer Gesellschaft widerspiegeln, wurde sie zu einer Kategorie der Insuffizienz: »Infrastruktur«, so der Historiker Paul Edwards, »scheint heute eine allumfassende Lösung und ein omnipräsentes Problem zu sein, unerlässlich und unzureichend zugleich, immer schon vorhanden und dennoch immer auch ein unfertiges Projekt.«[2]

Gleichzeitig ist die Feststellung, dass ein Ort nicht an das Telefonnetz angeschlossen ist oder nicht über fließendes Wasser verfügt, so etwas wie ein ultimatives Urteil über seine zivilisatorische Rückständigkeit. Infrastrukturen versprechen ein besseres und komfortableres Leben. Das erfordert den Anschluss an immer neue, immer effizientere Einrichtungen der Versorgung und des Verkehrs, der Kommunikation und der energetischen Entlastung. Im Feld der Infrastruktur wird meist mit der Not argumentiert, während zugleich die Utopie heraufbeschworen wird, über sie einen Anschluss an die Zukunft zu erlangen.

In diesem Buch wird es aber nicht um eine systematische, zusammenfassende Darstellung der wirtschaftlichen, der politischen, der rechtlichen oder gar der technischen Dimensionen der Infrastruktur gehen, obgleich das alles natürlich eine Rolle spielt. Vielmehr soll dargelegt werden, dass das scheinbar so unaufhörliche Wachstum der Infrastrukturnetze und Versorgungseinrichtungen je nach den Umfeldern, in denen sie entstanden, starken und zeitbedingten Schwankungen unterlag. Die Infrastrukturen sollen also geschichtlich verortet werden.

Vor allem soll der Einfluss der Infrastrukturen auf unsere (post-)moderne Kultur, unser Alltagsleben, unser Bewusstsein und unsere Kulturtechniken deutlich werden. Dies setzt eine Verschiebung von historischen Sichtachsen auf das voraus, was man üblicherweise für »Geschichte« hält. Es erfordert aber auch eine Distanz gegenüber der wohlfahrtsstaatlichen Gemütsruhe, die Infrastrukturen üblicherweise erzeugen.[3] Für meine Generation, die in den 1960er Jahren aufwuchs und in den 1970er Jahren ihr politisches Bewusstsein entwickelte, war diese Haltung mit der unerschütterlichen Erwartung verbunden, dass die Infrastruktur sich ständig ausweiten und verbessern würde.

Heute scheint Infrastruktur hingegen allenthalben zu einem Problem geworden zu sein. Die reichen Länder stehen vor der Aufgabe, einerseits ständig neue Infrastrukturen, momentan solche zum Ausbau der digita-

1 Künstlerische Darstellungen der Energie- und Verkehrsflüsse sind selten.
Gustav Wunderwald porträtierte 1927 eine Spandauer Unterführung im Stil
der Neuen Sachlichkeit. Der Maler starb 1945 an einer Wasservergiftung.

len Welt, einzurichten und andererseits die bestehenden zu pflegen, zu erhalten oder auch rückzubauen. Andere Länder sehen sich dagegen vor die
Daueraufgabe gestellt, ein Mindestmaß an Versorgungs- und Entsorgungs-,
Kommunikations- und Verkehrseinrichtungen vorzuhalten, wenn nicht sogar ein ähnliches Niveau anzustreben wie das in den reicheren Ländern seit
langem vorhandene. Wo immer in den letzten 150 bis 200 Jahren von Entwicklung die Rede war, wurde darunter vornehmlich das Vorhandensein
von mehr oder weniger gut ausgebauten Infrastrukturen verstanden.

Auch und gerade in dieser Hinsicht sind Infrastrukturen zu einem Maßstab für vermeintliche Modernität geworden, ohne die ein Anschluss an die
Weltwirtschaft und Weltgesellschaft nicht möglich erscheint. In Bezug auf
Infrastrukturen ist immer verglichen worden. Dabei kann es davon offenbar nie genug geben. Immer scheinen es andere noch etwas besser zu ha-

ben, noch umfassender angeschlossen zu sein, schneller reisen oder surfen zu können.

Infrastrukturen wurden seit dem 18. Jahrhundert dazu genutzt, Gesellschaften zu modernisieren, sie räumlich, sozial oder kulturell zu integrieren und den Menschen neue Möglichkeiten zu bieten. Zugleich tragen Infrastrukturen dazu bei, die Menschen mehr oder weniger offen zu kontrollieren und zu einem konformen Verhalten zu bringen und sie damit zu binden oder zu steuern. Ausmaß und Funktionalität der Infrastrukturen werden bis heute mit Ordnung und guter Regierung in Verbindung gebracht, oft sogar damit gleichgesetzt. Im Ergebnis entstanden gebaute Umwelten, in denen sich Menschen routiniert, fast intuitiv und wie in einer zweiten Natur bewegen, auf die sie zugleich in hohem Maße angewiesen sind.

Mit Infrastrukturen bildete sich ein Muster der Moderne aus, dessen weitreichende kulturelle Prägekraft kaum zu überschätzen ist. Die Netzwerke der Ver- und Entsorgung, der Kommunikation, des Verkehrs und der Energie haben sich tief in das Alltagsleben und das Verhalten derjenigen eingeschrieben, die regelmäßig darauf zugreifen. Damit bilden sie einen bemerkenswert eigenständigen und unabhängigen Faktor der jüngeren Geschichte, der aufgrund seiner kumulativen Wucht und seiner Komplexität unter den menschlichen Kulturleistungen durchaus etwas Wundersames aufweist.

Nirgendwo sind menschliche Gestaltung und Technik so nah und so umfassend mit dem menschlichen Alltag verflochten wie in diesem Bereich. Zu den täglichen Nachrichten über das Wetter und die Börsenkurse gesellen sich daher immer öfter Analysen über den Zustand der Infrastruktur. Sie betreffen nicht mehr nur die Staumeldungen im Straßenverkehr, sondern mit einer sich scheinbar täglich erhöhenden Taktung auch Streiks im öffentlichen Nahverkehr, betriebsbedingte Ausfälle oder andere Anlässe, die es erforderlich machen, alltägliche Routinen neu zu organisieren. Zu diesen Dysfunktionen addieren sich wie ein Grundbass die gesellschaftlichen Diskussionen darüber, wer das alles organisieren, wer das finanzieren soll und mit welchen Maßnahmen gefährdete Infrastrukturen in Zukunft besser geschützt werden können. Aus den Nischenplätzen der Eisenbahn- und Briefmarkennostalgiker ist das Thema Infrastruktur längst in den Vordergrund der Tagespolitik gerückt.

Die gesteigerte Aufmerksamkeit für diese Einrichtungen macht deutlich, dass wir uns dieser Abhängigkeiten immer bewusster werden und dass die Selbstverständlichkeit, mit der wir Infrastrukturen nutzen, langsam abnimmt. Vor allem wird immer klarer, wie verwundbar wir geworden sind, seitdem wir unseren Alltag ganz auf die zuverlässige Verfügbarkeit dieser anonymen Leistungen ausgerichtet haben. Im digitalen Zeitalter ist diese Abhängigkeit noch größer geworden und wird vermutlich weiter zunehmen. Es wurde in der Rede über Infrastrukturen schon zu einem Gemeinplatz, dass sie sich uns geradezu schockartig immer dann ins Gedächtnis zurückrufen, wenn sie einmal nicht mehr reibungslos funktionieren, wenn sie marode sind, bestreikt oder attackiert werden oder sich wieder einmal ihr Preis erhöht. Bei vielen Menschen reicht mittlerweile bereits ein beinahe leerer Smartphone-Akku, um sie nervös zu machen.

Das gewachsene Interesse der Gegenwart an den Infrastrukturen deutet noch etwas anderes an: Das mit ihnen verbundene Konzept, die zirkulativen Grundlagen unserer Gesellschaft stetig weiter auszubauen, scheint seinen Höhepunkt inzwischen überschritten zu haben.[4] Diese Feststellung mag insbesondere mit Blick auf die vielen Schwellenländer verwundern, die gerade mit ambitionierten Projekten dabei sind, solche Fundamente erst zu schaffen. Tatsächlich wird ihnen das Recht, ja die Notwendigkeit, dies zu tun, niemand absprechen wollen. Allen sollte an einer basalen Versorgung möglichst vieler Menschen mit so unentbehrlichen Dingen wie sauberem Wasser oder hygienischen Einrichtungen gelegen sein. Der historische Blick auf die Entstehung und die Wandlungen dieser Einrichtungen im 19. und 20. Jahrhundert kann jedoch darüber aufklären, wie stark die leitenden Ideen des stetigen Wirtschaftswachstums, des liberalen Freihandels oder der Beherrschung der Natur darin eingeschrieben sind. Diese Axiome der westlichen Industriegesellschaften stehen aber nicht ohne Grund auf dem Prüfstand.

Eine der zentralen Fragen in diesem Buch ist die, wie die Infrastruktur und die dazugehörigen Basiseinrichtungen in den vergangenen zwei Jahrhunderten uns selbst und unser Alltagsleben grundlegend veränderten, wie sie neue Routinen schufen, neue Verhaltensstandards setzten und neue Erwartungen an die Gesellschaft schürten. Der Schwerpunkt wird also auf den historischen Wandlungen dessen liegen, was die Zeitgenossen in der jeweiligen Gegenwart für den Normalfall gehalten haben. Denn es war und ist ja auch der Zweck der Infrastruktur, dass wir uns über die Vergangenheit, Gegenwart und Zukunft solcher Leistungen nicht viele Gedanken machen müssen. Sie soll uns von den alltäglichen Beschwernissen der Überlebenssicherung entlasten. Sie soll uns Freiräume verschaffen für kreative Tätigkeiten und uns ermöglichen, unseren Horizont zu erweitern. Infrastruktur erzeugt *Fließräume*, in die wir uns im Bedarfsfall einklinken, indem wir das Leitungswasser laufen lassen, den Strom anschalten, die Bahn besteigen oder ins Internet gehen. Infrastruktur könnte man definieren als alles Stabile, das notwendig ist, um Mobilität und einen Austausch von Menschen, Gütern und Ideen zu ermöglichen. Es geht hier also um einen engeren, materiellen Begriff von Infrastrukturen, der zumeist Schienen oder Straßen, Röhren oder andere Leitungen meint, durch die etwas fließt.

Es ist ein Thema ohne prominente Helden, ohne große Zäsuren und ohne markante Jahrestage – der Architekturhistoriker Siegfried Giedion hat das einmal eine anonyme Geschichte genannt.[5] Es geht um moderne Durchschnittsmenschen in ihrer wiederkehrenden Bedürfnissphäre, an denen sich Infrastrukturplaner gerne orientieren. Eine Ausgangshypothese ist, dass die Infrastrukturnetze, die uns heute umgeben, keineswegs das Ergebnis einer kohärenten Planung waren, sondern vielmehr in einem Geflecht sehr unterschiedlicher und sehr widersprüchlicher Interessen entstanden sind. Sie sind das materielle Substrat gesellschaftlicher Konstellationen, der geronnene Zustand einer jeweiligen Augenblicks-Konstellation. Ein Zustand aber, der in seiner alltäglichen Nutzung weiter verhandelt und dabei ständig verändert wird. Ich möchte dieses Kontinuitätselement, das unterhalb der alltäglichen Aufmerksamkeitsschwelle liegt, ins Bewusstsein rufen und damit begreifbar machen, wie stark es zugleich historischen Wandlungen unterlag.

Diese Darstellung beschäftigt sich mit säkularen Prozessen der modernen Epoche. Dabei beschränkt sie sich räumlich gar nicht, zeitlich vornehmlich auf die beiden letzten Jahrhunderte, ohne Anspruch auf Vollständigkeit. **13**

Vielmehr sind die Perspektiven und die ausgewählten Beispiele subjektiv gefärbt und werden in fortgesetzten Wechseln zwischen punktuellen Geschichten und globalen Einordnungen vorgestellt, als in einem sehr wörtlichen Sinne miteinander verflochtene Episoden. Dabei soll in die seit dem 18. Jahrhundert auf die Gegenwart zulaufende Geschichte eine neue Ebene eingezogen werden. Die Infrastruktur kommt in großen historischen Gesamtdarstellungen bislang kaum vor, obgleich sie gegenüber der Geschichte von Industrialisierung und Urbanisierung, Bürokratie und Wohlfahrtsstaat durchaus eigenständig ist. Diese Geschichte wird in den ersten drei Kapiteln erzählt, in denen es um die wesentlichen Phasen des Infrastrukturausbaus im 19. und 20. Jahrhundert geht. Dabei werden Schwerpunkte der Infrastrukturentwicklung identifiziert, die sich räumlich und zeitlich versetzt fast überall auf der Welt wiederfanden.

Es geht zunächst um die urbanen und nationalen, dann um die europäischen und schließlich um die globalen Ebenen. Doch finden sich alle vier Ebenen in den anderen wieder. Eine Darstellung, die sich auf eine bestimmte Region oder ein Fallbeispiel beschränkt, würde dem expansiven und buchstäblich welterschließenden Charakter der Infrastrukturen nicht gerecht. Die Perspektive weist dennoch eine westeuropäisch-atlantische Tendenz auf, schon weil die Forschungen hierzu deutlich dichter sind. Doch werden auch globale Weiterungen des Konzepts Infrastruktur nachverfolgt, eines Konzepts, das sich an der Idee der zirkulativen und wachstumsorientierten Moderne orientierte.

Die Chronologie des klassischen Zeitalters der materiellen Vernetzung löste sich seit den 1970er Jahren zunehmend auf. Seither neigt sich in bestimmten Regionen die Ära des »modernen Infrastrukturideals«, gekennzeichnet durch die Idee eines universalen Zugangs und standardisierter Leistungen eines monopolistischen Anbieters, ihrem Ende zu.[6] Andernorts kommt dieses Ideal, wie angedeutet, freilich gerade erst an. Dem trage ich in den Kapiteln des zweiten Teils Rechnung, in dem ich mich systematischer auf zentrale Felder der Diskussionen über Infrastrukturen konzentriere, die sich in den letzten beiden Jahrhunderten auskristallisiert haben: die Frage nach der Organisation und der Finanzierung, nach der Sichtbarkeit und dem Symbolwert, der Geschichtlichkeit und dem Verfall sowie nach der Verwundbarkeit von Infrastrukturen – und schließlich die Frage nach der individuellen Zurichtung der Nutzer wie der Betreiber von Infrastruktureinrichtungen. Zum Abschluss werden die relevantesten Fragen der gegenwärtigen Debatten über Infrastrukturen gebündelt und einige der Visionen benannt, die sich damit in Zukunft verknüpfen werden.

Es handelt sich hierbei um eine Zwischenbilanz. Insofern spiegelt das Buch, was auch Infrastrukturen meist darstellen: eine von den Konstellationen des Augenblicks abhängige Materialisierung.[7] Infrastrukturen stellen etwas bereit, das anschließend weiterentwickelt und umgenutzt wird oder sich irgendwann überlebt. Denn die Veränderungsdynamik dessen, was wir für »normal« und für »selbstverständlich« halten, ist unverändert rasant. Infrastrukturen sind heute die Voraussetzungen eines vernetzten und globalisierten Geschehens, das den Alltag der jetzt Lebenden bestimmt, das aber zugleich brüchig zu werden droht. Als ich mich 1989 dem Thema zu widmen begann, war die nächste, die digitale Revolution in ihren Dimensionen noch kaum absehbar. Man muss also bei dem Thema ständig auf Neues gefasst sein, kann sich aber mit einem Rückblick auf das Bisherige vielleicht besser darauf einstellen.

Wo beginnen?

Am 1. März 1952 berichtete die *Frankfurter Allgemeine Zeitung*, dass im Umfeld einer NATO-Tagung in Lissabon ein »für deutsche Ohren bizarr und unverständlich« klingendes Wort aufgetaucht sei. Agenturen, Zeitungen und Spezialisten hätten es unmittelbar in ihren Sprachgebrauch übernommen. Wie damals noch üblich, setzte das Qualitätsblatt den Begriff vorsorglich schon einmal in Fraktur und empfahl zudem, den Ausdruck *Infrastruktur* »immer ins Deutsche zu übersetzen«. Denn nichts erziehe so sehr zu Gedankenlosigkeit wie »der großzügige Gebrauch unverständlicher Worte«.[8] Gerade diese Eigenschaft des Vieldeutigen sollte freilich all jene, denen der expansive Gebrauch des Begriffs bald auf die Nerven ging, zur Verzweiflung treiben. So auch Bernhard S. Katz. Der Werbeunternehmer stellte 1989 in einer Zeitungskolumne fest, dieser »Infrastruktur« sei nirgendwo mehr zu entkommen und der Begriff offenbar »für die Liebhaber dunkler Anspielungen zu verlockend, um ihn ignorieren zu können«.[9]

Wieder ein Vierteljahrhundert später scheint Infrastruktur für den Journalisten Till Briegleb zu einer »diffusen Allzweckmetapher für nahezu jede Form von System zerflossen« zu sein.[10] Tatsächlich erlebt der Ausdruck seit einigen Jahren in immer neuen Zusammenhängen immer neue Konjunkturen. Oft wird er gleichbedeutend mit Voraussetzungen aller Art verwendet, die nicht nur technische, sondern auch soziale und kulturelle Prozesse ermöglichen.[11] Bis heute geht vom Begriff »Infrastruktur« die bezwingende Aura des Notwendigen aus. Vermutlich hat er sich in der Alltagskommunikation auch deswegen einen festen Platz erobert, weil er in all seiner Sperrigkeit die Autorität eines *Konzepts* für sich beansprucht. Und dieses Konzept, so wird im Folgenden argumentiert, entstand im Laufe des 19. Jahrhunderts in Westeuropa und den USA, formte sich im 20. Jahrhundert weiter aus und fand in den 1950er und 1960er Jahren schließlich zu seinem Begriff.[12] Es basiert auf Vorstellungen, die heute weltweit als hegemonial gelten können, auch wenn es zu ihnen, wie ebenfalls zu zeigen sein wird, stets Gegner und Gegenentwürfe gab. Heute wiederum verdichten sich Stimmen, die den Begriff und das Konzept »Infrastruktur« historisieren, um beides mit veränderten Inhalten zu füllen.

So sieht der Sozialpsychologe Harald Welzer Infrastrukturen fest in unser Denken eingeschrieben: »Die institutionellen Infrastrukturen regulieren das Wachstum, die materiellen manifestieren es, die mentalen übersetzen es in die lebensweltliche Praxis. Sie statten die Bewohner der Wachstumsgesellschaften mit den dazugehörigen Selbstkonzepten und Biographien aus.«[13] Sein hieraus abgeleitetes Plädoyer für eine Gesellschaft, die den Gedanken des ständigen Wachstums hinter sich lässt, ist sicher eine der am weitesten gehenden Deutungen des Infrastrukturkonzepts.

Einstweilen mag dieser Deutungsvorschlag dabei helfen, die sich unwillkürlich aufdrängende Frage zu beantworten, weshalb man Infrastrukturen überhaupt an eine bestimmte Epoche bindet. Macht es nicht Sinn, in Bezug auf die Antike oder das Mittelalter ebenso von »Infrastrukturen« zu sprechen? Was sonst sind denn Brunnen oder Straßen, Kanäle oder Stadtmauern, Getreidespeicher oder Kirchturmuhren, Zeughäuser oder Gefängnisse in der »Vormoderne« gewesen? Gerade das Römische Reich wurde seit dem 19. Jahrhundert zu einer geradezu stereotypen Referenz dafür, welches Niveau staatlich organisierte Versorgungs-, Verkehrs- und Kommunikationsnetzwerke in der Geschichte schon einmal erreicht hatten. Es hinterließ Relikte wie den ersten gepflasterten Fernweg der Welt, die seit 312 v. Chr. aus Rom herausführende *Via Appia*, Aquädukte in Südfrankreich oder den *Limes* in Deutschland. Immer wieder wird auf die aufwendige Versorgung Roms mit Wasser und auf das Abwassersystem der *Cloaca Maxima* verwiesen, aber auch auf die beeindruckende Vernetzung mit Straßen und auf den gut funktionierenden Postverkehr. Der *Cursus Publicus* stellte römischen Dienstreisenden bereits eine hochentwickelte Logistik mit Transporttieren und Fahrzeugen, Wechselstationen und Rasthäusern zur Verfügung.[14]

Das Wissen um diese Einrichtungen gehört bis heute zum bildungsbürgerlichen Standardrepertoire der Antikenverehrung. Mit den *opera publica* gab es sogar schon einen römischen Begriff, der später als *obras públicas*, *réseaux publics*, *public works* beziehungsweise »öffentliche Arbeiten« in moderne europäische Sprachen übersetzt wurde. Aus heutiger Perspektive, nach der Europa eine Weltprovinz unter vielen ist, kommen weitere historische Höchstleistungen hinzu, die weniger bekannt sind, uns aber zu nachträglicher Demut nötigen: das Kanalnetz in China, die Fernstraßen in Japan, die Bewässerungssysteme in Ägypten, Indien und Mittelamerika oder die zentralasiatische Seidenstraße.[15]

Man kann den Begriff »Infrastruktur« durchaus auf diese Systeme anwenden. Trotzdem schlage ich vor, für die letzten zwei Jahrhunderte das engere Verständnis des spezifischen Infrastruktur-Konzepts zugrunde zu legen. Das Konzept ist nicht an bestimmte Technologien gebunden – diese hatten viele Vorläufer, über die man durchaus sinnvoll diskutieren kann. Gemeint sind hier die – westlich geprägten – Vorstellungen einer Zirkulation von Gütern, Menschen und Ideen sowie einer möglichst gleichmäßigen Versorgung und Kommunikation aller Bürger. Sie entstanden zeitgleich mit der Aufklärung, den Revolutionen in den USA und in Frankreich, mit der industriellen Revolution, mit dem liberalen Wirtschaftsbürgertum und der modernen Massengesellschaft.

Von »Infrastrukturen« soll hier – gerade in Abgrenzung zu früheren Sta-

dien der Verkehrserschließung, des Informationsaustauschs oder der Fürsorge – daher erst dann gesprochen werden, wenn tendentiell eine Mehrzahl an Menschen im Alltag auf entsprechende Einrichtungen tatsächlich
zugreift. Daher macht nicht schon deren Vorhandensein, sondern erst eine
solche Nutzung diese Vorkehrungen zu *Infrastrukturen*. Diese Definition
verhindert nicht den Vergleich mit anderen räumlichen und zeitlichen Epochen. Sie weist vor allem darauf hin, dass diese spezifische Konfiguration
einer spezifischen Zeit zugeordnet werden muss.

Wo also beginnen? Darauf sind mehrere Antworten möglich. Lässt man
klassischerweise erst die Ideen sprechen, die mit sogenannten Vordenkern
in Verbindung gebracht werden? Dann müsste man vermutlich bei den
Utopisten und den Projektemachern der Frühen Neuzeit einsetzen, die
Vorstellungen von integrierten, gerechten und vollständig versorgten Gesellschaften entwarfen. Diese Visionen einer stabilen Zukunft, in der weder
materielle Not noch Ausgrenzung herrschten, entwarfen freilich meist etwas langweilige Schlaraffenländer.

Oder will man die Betonung auf die praktische Politik legen? Dann wird
man eher auf die Entstehungsprozesse des modernen Staates und die begleitenden Wirtschaftspolitiken des Merkantilismus und des Kameralismus
abheben, die Entwicklungsmöglichkeiten für klar definierte Territorien
skizzierten. So meinte etwa der »Kirchenvater« des modernen Wirtschafts-
denkens, Adam Smith, in seinem 1776 erschienenen Werk über den »Wohlstand der Nationen«, es sei die Pflicht des Staates, »solche Anstalten zu
treffen und solche Werke herzustellen und zu unterhalten, die, wenn sie
auch für eine Nation höchst vorteilhaft sind, doch niemals einen solchen
Gewinn abwerfen, dass sie einzelnen oder einer kleinen Anzahl von Personen auch nur die Kosten ersetzen, und deren Errichtung und Unterhaltung daher von keinem Einzelnen und keiner Anzahl von Personen erwartet werden darf«.[16] Von solchen Beobachtungen ausgehend haben sich in
der Folgezeit immer mehr Experten der Staatswissenschaften mit solchen
»Werken« beschäftigt – zwei Jahre später fiel dabei in Deutschland zum
ersten Mal der Begriff »öffentliche Anstalten«.[17]

Oder legt man die Elle der historischen Wendezeit an? Dann würde man
vermutlich bei der spätestens im 18. Jahrhundert ausgeprägten Vorstellung

einsetzen, dass Aufklärung und Fortschritt etwas mit »Circulation« zu tun haben, nämlich dem freien Austausch von Menschen, Waren und Ideen.[18] In der Folge wurden Abgeschlossenheit und Sesshaftigkeit immer stärker mit Rückständigkeit identifiziert, die es zu überwinden galt. Damit verbunden war die Vorstellung vom Netz als einem positiven Funktionsbild für Gemeinschaft, das zwischen Zentralisierung und Dezentralisierung oszillierte.[19] Hier deuten sich bereits Konflikte zwischen expansiven Infrastrukturen und Vorstellungen von national abgeschlossenen Wirtschaftsräumen an, wie sie in Johann Heinrich von Thünens Theorem des »isolierten Staats« (1826) formuliert sind. Im Grunde waren es Konflikte zwischen Parteien, die eher protektionistisch oder eher freihändlerisch argumentierten, wobei die Infrastrukturen je nach dem Ansatz, dem die Verantwortlichen zuneigten, unterschiedlich ausgestaltet wurden. Gerade deshalb aber blieben diese Konflikte bis heute ungelöst.

Auch aus umwelthistorischer Perspektive zeigt sich eine Wende beim Übergang vom 18. in das 19. Jahrhundert. Die Nutzung fossiler Brennstoffe zum Antrieb von Arbeitsmaschinen wurde zur Voraussetzung nicht nur der Industrialisierung, sondern auch einer konzentrierten Bearbeitung der Natur nach menschlichem Bedarf. Dieser Wille zum Eingriff hatte sich geistig seit langem vorbereitet, lange standen aber nur begrenzte Mittel dafür zur Verfügung.[20] Doch erneut ist Vorsicht geboten: Auch im vormaschinellen Zeitalter hatte es, etwa im Marschland und in Küstenregionen, schon gewaltige Eingriffe in die Landschaft gegeben, um sich gegen Stürme, Überflutungen, Überschwemmungen und dergleichen zu schützen und die Natur »berechenbarer« zu machen.[21] Johann Wolfgang von Goethe ließ seinen zweiten Teil des *Faust* mit solch einer Vision enden. Die maschinell verstärkten Eingriffe führten schließlich dazu, keine der Naturvorgaben mehr als gegeben hinzunehmen. Die Landschaft schien nun gestaltbar, wie es den Anwohnern beliebte.

Möchte man beim Menschen und seinen Bedürfnissen, namentlich bei seinem Wunsch nach Bequemlichkeit ansetzen, so kann man vermutlich nicht früh genug beginnen. Bei genauerer Betrachtung muss man freilich konstatieren, dass nahezu alle vermeintlichen Vorläufer der heutigen Infrastrukturen aus vormodernen oder außereuropäischen Kontexten nur von einer verschwindend geringen Anzahl an Menschen genutzt werden konnten. Die Annehmlichkeiten einer Dienstleistung oder die Nutzung kommunikativer Möglichkeiten waren in aller Regel adlige oder elitäre Privilegien und wurden meist durch umfassendes spezialisiertes Personal gewährleistet. Dies änderte sich tendentiell erst im 19. Jahrhundert.

Vielleicht fängt eine Geschichte der Infrastrukturen aber auch bei den Verkehrs- und Kommunikationseinrichtungen selbst an? Dann müsste auf die Turmuhren und die Glocken verwiesen werden, die seit dem 14. Jahrhundert den Wandel von einer Zeit der Kirchen zu einer Zeit der Händler anzeigten, wie der Historiker Jacques Le Goff dies einmal beschrieb.[22] Oder es würde auf das Straßen- und Kutschenwesen oder auf die seit dem 16. Jahrhundert entwickelte Post abgehoben, auf schon seit längerem gebräuchliche optische Telegrafen und Ähnliches. Spätestens hier würden auch die Spannungen zwischen militärischer und ziviler Infrastruktur aufscheinen, zwischen defensiven, im Krisenfall besonders gefährdeten und bisweilen improvisierten Einrichtungen auf der einen, langfristigen und für die Alltagsnutzung in Friedenszeiten ausgelegten Einrichtungen auf der anderen Seite.

Ein nächster Zugriff auf die Frage des möglichen Beginns wäre es, die großen Einzelnen in den Mittelpunkt zu stellen. Das ist namentlich für das 18. und 19. Jahrhundert und gern von den Angehörigen technischer Berufe so gehandhabt worden. Diese wiesen meist mit einem trotzigen Unterton auf heroische Pioniere hin, weil die Beiträge dieser Personen zum Wohlergehen der Menschheit nicht genügend gewürdigt würden. Nun kann man die Folgen der Tätigkeit eines George Stephenson, eines Isambard Kingdom Brunel, eines Heinrich von Stephan, eines Thomas Alva Edison oder eines Nikola Tesla in der Tat kaum überschätzen. Ihre Leben und Leistungen sind Gegenstände von Festschriften und Liebhaberkulturen, und die entsprechenden Einträge bei Wikipedia gehören nicht von ungefähr zu den umfangreichsten.

Wenn man den Blick über einzelne Pioniere hinaus weitet, würde vor allem die Herausbildung entsprechender Expertenkulturen als ein qualitativer Sprung erscheinen. Gemeint sind hiermit Militär- und Zivilingenieure, Planer und Verwalter, Bankiers und Unternehmer, Erfinder und Entwickler, Hoch- und Tiefbaufirmen sowie Politiker auf sämtlichen Ebenen ihrer Zuständigkeit. Von wenigen Ausnahmen abgesehen sind Infrastrukturen aber nicht mit den Namen oder den Personen verbunden, die sie entwarfen oder erbauten. Vielmehr sind sie fast immer eher kumulativ entstandene Bauwerke gewesen, an denen sich erstaunliche Prozesse einer synthetisierenden Vernetzung ablesen lassen.

Infrastruktur scheint historisch am besten getroffen zu werden, wenn man sie als Ergebnis von Prozessen der Aushandlung und der kollektiven Kompromisse versteht.[23] Infrastruktur ist daher ein Thema aus der Mitte der Gesellschaft, das alle angeht und zu dem zahlreiche Disziplinen des Wissens etwas zu sagen haben. »Geschichte« kommt in den Diskursen über Infrastruktur aber meist nur insofern vor, als sie verantwortlich gemacht wird für uneinheitliche Strukturen, die eben »gewachsen« statt einheitlich geplant worden seien.

Ansonsten handelt es sich um einen Politikbereich, der sich oft ausdrücklich unhistorisch, ja unpolitisch gibt, weil er für sich beansprucht, keine spezifischen Interessen zu betreffen, sondern der Allgemeinheit und dem Gemeinwohl zu dienen. Dieses zeit- und politikferne *Labeling* ist ein integraler Bestandteil des Konzepts Infrastruktur.

Um dieses Konzept sichtbar zu machen und zu verzeitlichen, wird in diesem Buch allerdings weniger danach gefragt, wann etwas begann, sondern eher danach, ab wann etwas unzweideutig auf die Gegenwart zulief. Die lange Dauer ist dabei wichtiger als kurzfristige Veränderungen, die Gebrauchsgeschichte der alltäglichen Routinen wichtiger als die Innovations-, Diffusions- und Veränderungsgeschichte und das Unsichtbare oft wichtiger als das Sichtbare.

Definitionskreise

Infrastrukturen wurden mittlerweile mit allen möglichen Definitionen versehen. Modern zu sein bedeute, innerhalb von und durch Infrastrukturen zu leben, so der schon erwähnte Paul Edwards. Sie seien die unbemerkte Basis der Moderne selbst.[24] Andere umschreiben Infrastrukturen als »ein

Symbol des kollektiven Wir«.[25] Wieder andere haben Infrastrukturen als die »Materie« des Gesellschaftlichen oder als deren »Funktionsbedingung« definiert.[26] Kulturwissenschaftlich wäre ein solcher »Infrastrukturalismus« auch als Gefüge, Ensemble, Dispositiv, Rhizom oder Konsolidierung zu beschreiben.[27] Man kann es aber auch lakonisch wie ein technischer Experte ausdrücken: »Ohne funktionsfähige Abwasseranlagen (...) ist die moderne Zivilisation nicht mehr denkbar.«[28]

Im Folgenden wird diese Vielfalt etwas geordnet, wenn auch nicht aufgelöst. So ist spätestens seit dem 18. Jahrhundert über Voraussetzungen des Marktes nachgedacht worden, ohne die er nicht funktioniert, die er aber ohne den Staat nicht hervorbringen kann. Dem schon erwähnten Adam Smith folgten weitere Liberale, denen man heute zu Unrecht unterstellt, sie hätten in Wirtschaftsfragen eine jederzeit strikte Enthaltsamkeit des Staates gefordert.[29] Viele forderten durchaus staatliches Engagement, das sich aber auf Arbeiten zur Behebung akuter Notfälle beschränken sollte. Zugleich mussten sie jedoch einräumen, dass es in der Ökonomie Bereiche gibt, in denen das System von Angebot und Nachfrage nicht greift.

Daher wurden die *travaux publics*, wie der Franzose Jules Dupuit sie 1844 nannte, seither als konstitutiver Bestandteil staatlicher Politik verstanden.[30] In den angelsächsischen Ländern sprach man von *public works*, im deutschen Sprachraum eher von »öffentlichen Arbeiten«. Um sie zu koordinieren und zu überwachen wurden im 19. Jahrhundert entsprechende Ministerien gebildet. Sie widmeten sich vornehmlich dem Aufbau der nationalen Verkehrs- und Kommunikationsnetze.

Seit der Mitte desselben Jahrhunderts beschäftigten sich außerdem Raum- und Verkehrswissenschaften mit der Verteilung von Waren, Menschen und Ideen im Raum. Die hieraus entwickelten Theorien zu Standorten sind bis heute Angelpunkte der staatlichen, mehr noch der kommunalen Infrastrukturpolitik geblieben. Sie wollen soziale Entwicklungen in Gang setzen und wirtschaftliches Wachstum fördern. Bis ins späte 20. Jahrhundert hinein wurde unter Wachstum vornehmlich eine Steigerung der Produktion verstanden. Daher forderten Unternehmen von zuständigen Behörden nicht selten, dass entsprechende Infrastrukturen bereitgestellt werden müssten, damit sie sich im betreffenden Gebiet niederließen.

Als zweites Feld der Infrastrukturpolitik etablierte sich im ausgehenden 19. Jahrhundert die sogenannte Wohlfahrtsökonomie. Sie schrieb dem Staat und den Kommunen Aufgaben zu, die bislang von Großfamilien oder von sozial engagierten Unternehmern ausgefüllt wurden. Um gut ausgebildete Arbeiter möglichst eng an sich zu binden, schufen viele der expandierenden Unternehmen der Montanindustrie wie Krupp, Thyssen oder Cockerill Einrichtungen der sozialen Fürsorge und bauten komfortable Wohnanlagen für Werksangehörige. Viele dieser Vorkehrungen und Vorsorgen wurden später durch Versicherungen und den »Vorsorgestaat« übernommen.[31] Der moderne Nationalstaat schuf gewaltige Rücklagen zur sozialen Sicherung und – in Gestalt von Verkehrs- und Kommunikations-, Versorgungs- und Entsorgungseinrichtungen – auch ein staatliches »Anlagevermögen«.

In der Zwischenkriegszeit hatte sich mit den *public utilities* ein neuer Sammelbegriff für diese staatlichen Einrichtungen etabliert. Mit ihnen verknüpfte sich in diesen Jahren die Vorstellung eines *big push*, man erhoffte sich vom Ausbau der Infrastruktur also eine katalysierende Wirkung für die gesamte Ökonomie.[32] Der estnische Ökonom Ragnar Nurske schrieb 1953, die Wirtschaft gerade der »unterentwickelten« Regionen müsse dazu ermuntert werden, in das Grundgerüst der Infrastrukturen gleichsam hineinzuwachsen.[33]

Seit Anfang der 1960er Jahre werden unter Infrastrukturen im Allgemeinen die Basisfunktionen einer Gesamtwirtschaft verstanden, die notwendig sind für Wachstum, Integration und Versorgung. Der Volkswirt Reimut Jochimsen legte 1966 eine erste »Theorie der Infrastruktur« vor.[34] Auch wenn seither nie geklärt wurde, was eigentlich alles dazugehört, hat sich die Infrastruktur neben der militärischen und sozialen Sicherung längst zum größten Investitions- und Gestaltungsbereich der öffentlichen Hand entwickelt.

Gerade der in Infrastrukturen eingelagerte Reichtum macht das Konzept Infrastruktur für die Politik interessant. Infrastrukturbauten gelten als eine Demonstration der Macht und eines – wie immer definierten – Gemeinwohls. Die europäischen Nationalstaaten nutzten Kanal- und Straßenbauten, die Post und das Nachrichtenwesen aber vor allem als Agenten der gesellschaftlichen Kommunikation und Vereinheitlichung.[35] Erst im Verlauf dieser Nationsbildung wurden bretonische Bauern zu Franzosen oder katalanische Fischer zu Spaniern.[36] Mit Telegrafendrähten und Stromkabeln wurden regionale Flickenteppiche gleichsam zu Nationen verkabelt.[37] Die administrativ und technisch vernetzten Gesellschaften legitimierten sich mit der Behauptung, Wohlstand im Innern schaffen und Gefahren von außen abwehren zu müssen.[38]

Bis heute hat sich über wechselnde Epochen und Systeme hinweg die politische Inszenierung des ersten Spatenstichs, des Durchschneidens farbiger Bänder oder des ersten Knopfdrucks erhalten. Diese Demonstrationen des Vertrauens in die Zukunft, des organisatorischen Funktionierens eines Gemeinwesens und der guten Regierung lassen die eindeutigen Grenzziehungen zwischen den Handlungsräumen der Politik, der Bürokratie und der Zivilgesellschaft verschwinden.[39] »Dies ist kollektive Macht«, so Michael Mann, »Macht durch eine Gesellschaft, die das soziale Leben durch staatliche Infrastrukturen koordiniert.«[40] Diese Infrastrukturmacht sei jedoch auf die Zustimmung der jeweiligen Gesellschaft angewiesen.[41] Der Soziologe Trutz von Trotha hat dies als Organisationsmacht bezeichnet:

> »Aber die Produktivität der Organisationsmacht, die Tatsache, dass sie etwas bewirkt und verändert, entwickelt Überzeugungskräfte. Das gilt für die gepflanzten Bäume, die Gebäude, Straßen, Brücken, Eisenbahntrassen. In ihnen schafft die Organisationsmacht *vollendete Tatsachen*, deren *Endgültigkeit* zum Zeichen ihres unbedingten Anspruches wird.«[42]

Vorläufer hierfür mag man in jenen Gesellschaften erkennen, deren Überleben von vornherein auf kollektiven Anstrengungen beruhte. Das trifft besonders auf die Gemeinschaften zu, die sich entweder vor Wasser schützen mussten oder es nutzen wollten, etwa zum Anbau von Getreide oder Reis. Max Weber hat die daraus erwachsenden Strukturen als »wasserbaubürokratischen Beamtenstaat« bezeichnet, der Soziologe Karl August Wittfogel als »hydraulische Gesellschaft«. Ob Infrastrukturen Gesellschafts- und Herrschaftssysteme tatsächlich determiniert haben, wie hierbei suggeriert wird, ist historisch sicher diskutierbar. Vorerst kann festgehalten werden, dass Infrastrukturen nicht nur Macht verleihen, sondern diese auch zu speichern, zu legitimieren oder aber zu kaschieren vermögen.[43]

In den komplexen Gesellschaften der Moderne kann Macht über die Einrichtungen des Verkehrs, der Kommunikation oder der Versorgung aber nicht einfach geradlinig exekutiert werden. Vielmehr sind die steuernden, integrierenden oder ausschließenden Prozesse, die mit Infrastrukturen möglich sind, stets auch gegen diejenigen umkehrbar, die mit ihnen Macht auszuüben versuchen. Das wird im Zusammenhang mit den realsozialistischen Systemen des 20. Jahrhunderts noch von Bedeutung sein. Infrastrukturen, so könnte man es mit den Historikern Jens Ivo Engels und Gerrit Jasper Schenk umschreiben, »ermächtigen«. Aber sie ermächtigen eben nicht nur Politiker, Planer oder Betreiber, sondern auch deren Nutzer.[44] Und sie sind ein Politikfeld, in dem sich indirekte und technokratisch operierende Ansätze tummeln.[45]

Die Stadtforscherin Keller Easterling hat darauf hingewiesen, dass einige der nachhaltigsten Veränderungen der sich globalisierenden Welt heute durch Infrastrukturen bewirkt werden. Denn diese operativen Systeme von Staträumen entstünden rascher als sie administrativ reguliert werden könnten. Daher müssten sie als eine Macht jenseits der staatlichen, als »Extrastatecraft« bezeichnet werden.[46] Weltweit tätige Beratungsfirmen, multinationale Unternehmen oder die *International Organization for Standardization* würden »fortgesetzt und energisch darauf zuarbeiten, eine uniform gebaute Umwelt zu erschaffen«.[47]

In nichtwestlichen Gesellschaften trifft Infrastruktur freilich auf grundlegend andere Traditionen des Umgangs mit Macht. Das hat die sogenannte Entwicklungspolitik lernen müssen, die seit vielen Jahrzehnten versucht, das westlich geprägte Konzept, ohne es kulturell oder historisch zu hinterfragen, auf vermeintlich »unterentwickelte« Länder zu übertragen. Klassische Entwicklungsplaner sehen im Aufbau basaler Infrastrukturen nach wie vor eine Art Allheilmittel zur Überwindung von »Rückständigkeit« und »Primitivität«.[48] Geht die Formel nicht auf, sind rasch Erklärungen zur Hand, die entsprechenden Gesellschaften hätten die spezifische »Sprache der Infrastruktur« nicht verstanden.[49]

Weit häufiger dürfte der Fall etwas anders gelagert sein: In Infrastrukturen äußerte sich eine Art moderner Fetisch. Er hat viele Gesellschaften dazu verleitet, sie vor allem deswegen zu errichten, weil ihre vermeintliche Modernität eine besondere Form der Verzauberung mit sich brachte.[50] So wurden etwa in Ländern des Balkans in den Jahrzehnten nach dem Zweiten Weltkrieg zahlreiche Straßen gebaut, ohne dass zugleich der private Besitz von Fahrzeugen gefördert wurde.[51] Die Symbolik eines modernen Verkehrswegs schien schon auszureichen, um eine räumliche und soziale Integration von Landesteilen zu zementieren, die bislang nur lose miteinander verbunden waren.[52]

Entsprechend wurden Infrastrukturen oft als kollektive Programmierung einer Gesellschaft definiert. Schon 1950 beschrieb der Wirtschaftspublizist Ferdinand Fried dies relativ genau:

>»Man begibt sich damit in ein ungeheures Netz gegenseitiger vertraglicher Verflechtungen, und man fügt sich damit in eine gewaltige Organisation ein, ohne die das moderne Dasein in Anarchie verfallen würde. (…) Auf diese Weise befindet sich der moderne Mensch in einem magischen Zirkel, aus dem er nicht mehr heraus kann. Alles beeinflusst und übersteigert sich gegenseitig zu einem Furioso der Notwendigkeit, das die Menschen zu immer größeren Zweckgemeinschaften zusammentreibt.«[53]

Soziologen haben die Herausbildung solcher Zweckgemeinschaften sprachlich meist komplexer ausgedrückt, etwa als Prozess der »Strukturierung« (Anthony Giddens) einer Gesellschaft oder als »Megamaschine« (Lewis Mumford).[54] Infrastrukturen codieren in diesem Sinne menschliche Handlungen, den Habitus und das Wissen, sie bilden also die Basis für kulturelle Praktiken, für soziale Organisation, Kommunikation und Information. Darüber hinaus ermöglichen sie deren Kontrolle.[55] Um ein Beispiel anzuführen: Mit der Einführung von Wasseruhren, die mit Münzen betrieben werden, kommt neben dem Wasser auch eine Bürger- und Verbrauchermoral ins Haus. So wird der Nutzer zu einem »kalkulierenden Subjekt« erzogen.[56]

Großtechnische Systeme, wie Infrastrukturen sie darstellen, begründen inzwischen eigene Forschungszweige.[57] So wurde danach gefragt, ob und wie sich politische und gesellschaftliche Entscheidungen in Technologien einschreiben, wie sie bestimmte soziale Effekte auf Dauer stellen. Die Frage »Do artifacts have politics?« sollte aber differenzierter beantwortet werden, als der Technikphilosoph Langdon Winner dies 1980 am Beispiel von New Yorker Brücken tat: Sie seien so niedrig gebaut worden, dass nur die von Weißen gesteuerten Automobile sie hätten passieren können, während die in Bussen reisende farbige Bevölkerung das Nachsehen gehabt habe. Diese Behauptung stellte sich als Mythos heraus.[58]

Für die Infrastruktur hat der spanische Soziologe Manuel Castells den Begriff der »technischen Fließräume« geprägt, gemeint als ein modernes Gewebe aus technischem Raum, fluider Natur und urbaner Kultur. Die Soziologin Elisabeth Heidenreich hält die Gewöhnung an die jederzeitige Verfügbarkeit solcher Fließräume sogar für »eines der einschneidendsten Geschehnisse der Moderne«.[59] Die Natur werde dabei zu einem Konsumgut, zu einer Ware, zu Rohmaterial, zu Treibstoff, kurzum: Sie werde »kommodifiziert«. Infrastrukturen verflüssigten nicht nur den gesellschaftlichen Austausch, sondern auch den Stoffwechsel mit der Natur. Weil sie auf Dauer gebaut sind und komplexe Organisationen erfordern, legten sie Gesellschaften gleichzeitig für lange Zeit fest, sie stellten also »Pfadabhängigkeiten« her.

Anthropologen, Ethnologen und Kulturtheoretiker weisen seit geraumer Zeit darauf hin, dass der Mensch gelernt habe, seine vergleichsweise begrenzten Kräfte technisch zu potenzieren. Werkzeuge und andere Hilfsmittel wirken im Sinne des Soziologen Arnold Gehlen insofern als Prothesen des »Mängelwesens Mensch«. Sie verstärken die Reichweite der Organe und dienen der Bequemlichkeit, der Kontrolle wie der Horizonterweiterung. Der Philosoph Hans Blumenberg argumentierte hingegen, der technische Fortschritt ziele eher auf Zeitgewinn und damit eine relative, gleichsam »gefühlte« Verlängerung des Lebens ab.[60] Der Soziologe Wolfgang Eßbach betont hingegen eher die zunehmende Abhängigkeit des modernen Menschen von der »zweiten Natur«, mit der er in einer »bioartifiziellen Symbiose« lebt.[61]

Seit Georg Simmels Analysen des Großstadtlebens aus dem frühen 20. Jahrhundert wurden auch die Folgen der spezifischen Reizüberflutung thematisiert, die mit der zweiten Natur und ihren zahlreichen Impulsen einhergeht. Man musste lernen zu filtern, um nicht irre daran zu werden oder der Nervosität – um die Wende ins 20. Jahrhundert geradezu eine »Modekrankheit« – anheimzufallen.[62] Die subjektiv empfundene »Vernichtung von Raum und Zeit«, von welcher der Kulturhistoriker Wolfgang Schivelbusch in Bezug auf die Eisenbahn sprach, wurde zu einem Dauerthema der kulturellen Diagnose der Moderne. Gerade die Postmoderne zeichne sich, so wird oft postuliert, durch eine vermeintlich ständige Beschleunigung, wenn nicht sogar ein »Tempo-Virus« aus.[63] Solche Beschreibungen nehmen meist Bezug auf Innovationen im Bereich der Kommunikation und auf Verdichtungen des Verkehrs.

Wie aber schaffen es Millionen Menschen, sich den Herausforderungen des Straßenverkehrs oder der alltäglichen Logistik zu stellen? Wie gehen sie mit der ungeheuren Informationsfülle um, die sie heute umgibt? Weniger die Planung von großtechnischen Netzwerken sei erklärungsbedürftig, so die Soziologin Susan Leigh Star, sondern vielmehr das fortgesetzte Basteln an diesen Einrichtungen und das Zuschneiden für den Alltagsgebrauch. Es sei geradezu paradox zu beobachten, wie oft Nutzer die bekannte und routinierte Nutzung einer Infrastruktur auch solchen Alternativen vorziehen würden, die sich als funktioneller oder kostengünstiger erwiesen.[64] Solche Befunde belegen immer wieder, wie stark Infrastrukturen und die sich darum kristallisierenden Praktiken den menschlichen Alltag stabilisieren.

Von der Beobachtung ausgehend, dass Infrastrukturen »disponieren«, haben auch die Medienwissenschaften nach den Ursprüngen der heutigen Netzwerkgesellschaft gefragt.[65] Dabei wurde die Fortentwicklung moderner Medien oft auf militärische Impulse zurückgeführt. Kanonen, Artillerie, Funktechnik, Fliegerei, Satelliten, Teletechnologien oder das Internet seien Pioniere bei der Durchsetzung der dynamisierten Räume der Moderne gewesen.[66] Sie besäßen grenzsprengende und grenzauflösende Wirkungen. Aber auch an den zivilen Orten des Verkehrs und ihren »Zirkulationskulturen« äußere sich ein zu früheren Zeiten und Gesellschaften oft deutlich abweichendes Sozialverhalten.[67]

Die Analyse des Fremden und des Anderen, der ethnologische Blick, wurde daher zunehmend auf die industrialisierten und mit Infrastrukturen ausgestatteten Gesellschaften zurückgeworfen. Ob er sich nicht »die Reise sparen und gleich mit dem oft befremdlichen Nebeneinander der Kulturen in London, Paris oder Los Angeles beschäftigen« könne, wurde 1996 der Ethnologe Marc Augé gefragt.[68] Wenn soziale Beziehungen tatsächlich immer stärker technisch vermittelt sind, muss auch eine »infrastrukturelle Gewalt« analysiert werden. Sie kann etwa durch Ausschlüsse von den soziotechnischen Netzwerken oder deren ungerechte Verteilung ausgeübt werden.[69]

Aufschlussreich anders scheinen Infrastrukturen vor allem in den boomenden Megacities des Globalen Südens zu sein. Denn Orte wie Lagos oder die ostasiatischen Megastädte, so die Architekturhistorikerin Swati Chattopadhyay, existierten jenseits aller Stadtplanung und seien eigentlich nicht mehr definierbar. Da Infrastruktur in ihren wesentlichen Eigenschaften – Verbinden, Teilen und Transportieren – ein westlich geprägtes Konzept sei, müsse es an solchen Orten neu gedacht werden. Denn die Subalternen eigneten es sich ebenso kreativ wie eigensinnig an.[70]

Nicht mehr das zuverlässige Vorhandensein, sondern gerade die Unvorhersehbarkeit von Flüssen und Anschlüssen bestimmt in solchen Umfeldern das Alltagsleben.[71] Für die entwurzelten und äußerst mobilen Menschen, die in »Infracities« – etwa den fragmentarisch ausgebauten Townships in Johannesburg oder Kapstadt – leben, stellen flexibel aktivierbare Sozialkontakte die eigentlichen Infrastrukturen dar.[72] So schließt sich der Kreis: In den übernutzten und nur durch Notbehelfe in Gang gehaltenen Lebensräumen sind es doch wieder die Menschen und nicht die großtechnischen Systeme, die das Überleben sichern.[73]

Insgesamt sind Infrastrukturen in den vergangenen Jahren von immer mehr Wissenschaften als dankbare Untersuchungsobjekte entdeckt worden. Denn sie verknüpfen die unterschiedlichsten Ebenen der Gesellschaft miteinander. Sie sind materielle Niederschläge sozialer und politischer Aushandlungen. Sie strukturieren Gesellschaften und formen Individuen. Indem ich auf solche Ansätze zurückgreife, wie sie hier einleitend skizziert wurden, werde ich die Vielgestaltigkeit dieser oft anonym bleibenden Geschichte im Folgenden so plastisch wie möglich darzustellen versuchen. Dabei werde ich zeigen, wie stark Infrastrukturen einerseits für stabilisierende

Kontinuitäten stehen, für neue Möglichkeiten und Chancen, andererseits für Brüche, Gefährdungen und neue Belastungen. Infrastrukturen spiegeln alltägliche, soziale und kulturelle Prozesse. Insofern sind sie – ob sichtbar oder unsichtbar – zu einem der prägendsten Aspekte unseres Lebens geworden.[74]

I Die klassische Ära der Infrastrukturen

1 Öffentliche Arbeiten: Das 19. Jahrhundert

Kanalisierung

In den letzten Tagen des Zweiten Weltkriegs entdeckte der britische Fantasy-Autor Robert Fordyce Aickman eine Erzählung seines Kollegen Lionel T. C. Rolt. In »Narrow Boat« hatte dieser eine stimmungsvolle Bootsreise beschrieben, die er 1939 mit seiner Verlobten auf den idyllischen Wasserwegen Mittelenglands unternommen hatte. Das Kanalsystem war zu dieser Zeit nahezu funktionslos und fast schon wieder selbst zur Natur geworden. Aickman entwickelte aus seiner Lektüre eine bestechende Idee: Er schlug Rolt vor, die annähernd 7000 Kilometer schiffbarer Gewässer als das Gegenteil dessen wiederzubeleben, wofür sie einst gebaut worden waren.

Am 15. Februar 1946 gründeten beide Schriftsteller die *Inland Waterways Association*. Die sah fortan ihre Aufgabe darin, die weithin verwaisten künstlichen Wasserwege in England für den Tourismus zu erschließen. Hierfür verfasste Aickman einen Reiseführer, der mehrfach neu aufgelegt wurde: »Know Your Waterways«.[1] Das Beispiel machte Schule. Bis heute gehört die englische oder irische Bootsreise zu den Urlaubshighlights der Britischen Inseln. Denn sie stellt tatsächlich eine der gemütlichsten Möglichkeiten dar, sich vom Getriebe der industriellen Moderne zurückzuziehen. Nur wenigen Urlaubern ist dabei bewusst, dass diese Wasserstraßen einmal den Beginn einer Epoche der Industrie- und Infrastrukturgeschichte eingeleitet haben.

Die Wurzeln der britischen Kanäle reichen bis zu den Römern zurück. Während ihrer Besatzung Britanniens hatten diese ab 43 n. Chr. erste strategisch nützliche Grabungen vorgenommen. Auch im Mittelalter und in der Frühen Neuzeit entstanden solche künstlichen Verbindungswege zwischen Flüssen und Seen. Sehr viel mehr noch waren geplant, wegen des immensen Aufwands aber nicht realisiert worden. Später verfolgten absolutistische Herrscher und frühneuzeitliche Projektemacher in ganz Europa den ausdrücklichen Anspruch, die Natur zu verbessern und menschliche Ordnungsmacht durch idealisierte Stadt- und Gartenanlagen zu dokumentieren. Im Zentrum stand dabei die Beherrschung des Wassers und seiner Kräfte.[2]

Besonderes Aufsehen erregte der 1681 unter Ludwig XIV. fertiggestellte Bau des Canal du Midi, der als Canal de Deux Mers fortgeführt wurde. Seine Entstehungsgeschichte sollte später niemand anderes als Lionel T. C. Rolt in einem Buch beschreiben.[3] Der Mehrwert des Kanals bemaß sich weniger nach seiner Wirtschaftlichkeit. Er bestand vielmehr darin, dass der Herrscher damit seine Macht demonstrierte und den Raum seines Imperiums markierte.[4] Will man für England ein ähnlich symbolhaftes Datum fixieren, dürfte sich das Jahr 1761 anbieten. Damals wurde ein Kanal eröffnet, mit dem Francis Egerton, der dritte Duke von Bridgewater, fortan Kohle aus seinen Minen in Worsley bis nach Manchester transportieren ließ, wo sie dann in der entstehenden Montanindustrie verfeuert wurden. Damit war einer der ersten künstlichen Wege geschaffen, die sich an den Erfordernissen der ersten industriellen Revolution orientierten, die in England gerade einsetzte.

Dem Bridgewater-Kanal folgten rasch weitere Kanäle, so dass in Mittelengland nach und nach ein weitverzweigtes Netz an schiffbaren Wasserwegen entstand. Sie wurden zur Voraussetzung einer billigen und zuverlässigen Zirkulation von Rohstoffen, vor allem von Kohle, aber auch von Lebensmitteln und anderen Gütern des industriellen und täglichen Bedarfs. Den Antrieb übernahmen vorerst noch Pferde, welche die schmalen Schiffe auf Treidelpfaden relativ gemächlich hinter sich herzogen. Trotz dieses noch biogenen Tempos trugen die Kanäle schon wesentlich dazu bei, vorhandene Unterschiede zwischen rohstoffreichen und lebensmittelreichen Regionen auszugleichen. Dies war dann eines der Hauptargumente, das die Wirtschaftsexperten – Kameralisten und Merkantilisten –, aber auch Politiker für den Bau solcher Kanäle anführten.[5]

Damit wurde ein zunächst kaum merklicher, letztlich aber welthistorisch bedeutsamer Schritt vollzogen. Denn nun konnten Energieträger wie die Kohle überall dorthin transportiert werden, wo sie gebraucht wurden. Das mineralisch und fossil geprägte Zeitalter war angebrochen, und es verdrängte allmählich die Epochen der organisch begrenzten Energien wie etwa Holz. Erst hierdurch wurde der Gedanke des fortgesetzten Wachstums möglich.[6]

Ebenfalls im 18. Jahrhundert begannen die schon erwähnten Fachleute für die wirtschaftliche Wohlfahrt eines Landes damit, sich den politisch Verantwortlichen als Berater anzudienen. Sie forcierten den Ausbau von Kanälen und anderen Einrichtungen, die sehr viel später erst als Infrastruktur bezeichnet wurden. Dadurch empfahlen sich diese Experten zugleich für eine Steuerung der gesamten Gesellschaft.[7] Denn ein Ausgleich zwischen Überfluss und Mangel war wiederum die Voraussetzung dafür, dass sich Rohstoffproduzenten, verarbeitendes Gewerbe, spezialisierte Arbeitskräfte und urbane sowie industrielle Zentren räumlich und gesellschaftlich weiter ausdifferenzierten. So konnten auch entlegene Gebiete eines Landes »in Wert« gesetzt werden, und der produktiven Marktwirtschaft wurden neue Ebenen eingezogen. Hieraus entstand nach und nach so etwas wie eine nationale Ökonomie, während sich gleichzeitig bereits die Umrisse eines »Infrastrukturstaates« abzeichneten, der – nicht ohne auf Widerstände zu stoßen – seine Macht durch Kanal-, Straßen- oder andere Kunstbauten definierte.[8]

Zwar kam der Bridgewater-Kanal noch ohne Schleusen aus, doch musste er mit Wasserbrücken über kreuzende Flüsse hinweggeleitet werden. Damit wies er ein weiteres Charakteristikum moderner Infrastrukturen auf, nämlich die Ambition, sich von landschaftlichen Vorgaben so unabhängig wie möglich zu machen. Dieses Ziel scheiterte zwar immer wieder an landschaftlichen Bedingungen, an wirtschaftlichen und strategischen Erwägungen oder an Fragen des Eigentums von Land. Doch die Wege- und Tiefbau-Ingenieure hielten am Ziel einer möglichst idealen, weil effizienten Linienführung fest. Vor allem in zentralistischen Staaten kamen außerdem politische Vorgaben hinzu. Sie führten etwa in Frankreich und in Spanien dazu, die Verkehrslinien sternförmig auf die jeweilige Hauptstadt auszu-

35

richten, statt das Land zum Vorteil der jeweiligen Provinzen gleichmäßig zu vernetzen.[9]

Das Zeitalter der Kanäle erreichte in England gegen Ende des 18. Jahrhunderts seinen Höhepunkt. Die Wasserwege entstanden meist in privater Initiative, auch um den Wert des anliegenden Grunds und Bodens zu steigern. Mitte des 19. Jahrhunderts waren dann schon annähernd 25 000 Binnenlastkähne unterwegs.[10] Geschlossene Kanalsysteme für den Transport und zur Regulierung des Wassers entstanden auch in anderen Ländern, etwa den Niederlanden. Hier bildete sich sehr früh ein spezialisiertes Ingenieurskorps heraus – schon weil man dem in dieser Region stets übergriffigen Meer Einhalt gebieten musste.[11] Auch außerhalb Europas hatten solche spezialisierten Kenntnisse eine lange Tradition, namentlich in Mittelamerika, im Vorderen Orient, in Indien und in China, wo die Gesellschaften jeweils stark vom Wasserbau geprägt waren. Es war daher auch kein Zufall, dass eines der ersten Ministerien für öffentliche Arbeiten schon im frühen 19. Jahrhundert das ägyptische war. Es führte vor allem die hydraulischen Vorhaben fort, die seit dem Alten Reich das Land tief geprägt hatten.

Doch wurde das Wasser in den küstennahen Ländern der Deiche und Kanäle als Gefahr wie auch als Möglichkeit erfahren, eine Ambivalenz, die sich auch anderswo in Europa fand. Die Zeit des ausgehenden 18. und beginnenden 19. Jahrhunderts war von der Suche nach neuen wirtschaftlichen Möglichkeiten geprägt, aber ebenso vom Bemühen um Schutz vor Gefährdungen, die man nicht mehr so passiv hinnahm wie zuvor.[12] Flüsse bildeten schon lange wesentliche Transport- und Versorgungslinien, und vornehmlich auf diesen Zweck richteten sich die Bemühungen um deren menschengerechte Gestaltung. Johann Gottfried Tulla, Carl Friedrich von Wiebeking und andere berühmt gewordene Hydrotechniker dieser Zeit verstanden die Eingriffe in den Rhein oder die Donau als »Korrektion« einer bedürftigen Landschaft. Für sie war dies eine Aufgabe, die Gott dem Menschen bewusst gestellt hatte.[13]

Ein zuvor als wild und unbezähmbar geltender Strom wie der Rhein wurde durch Wehrbauten und Schleusen zu einem kanalisierten Wasserweg umgestaltet, der industriellen, kommerziellen und urbanen Interessen diente. So verlor er bis 1975 neun Zehntel seines Überschwemmungsgebiets. Er wurde insgesamt um 105 Kilometer verkürzt und zugleich auf eine einheitliche Breite festgelegt.[14] Die entlang seinen Ufern errichteten Siedlungen und Infrastrukturen wurden mit einer verlässlichen Regelmäßigkeit ausgestaltet und bildeten mit dem Rhein eine räumliche Einheit. Gab es dennoch Überschwemmungen, wurden sie als Rückkehr einer nun als feindlich empfundenen Natur gewertet, auch weil die Folgen für die Anwohner des Flusses oft umso schwerwiegender waren.[15] Neben diesen ernüchternden Tendenzen im Umgang mit der Natur gab es zugleich aber Prozesse, die der Natur neuen Zauber verliehen: Erst im 19. Jahrhundert und als Reaktion auf die menschlichen Eingriffe entstand so etwas wie eine spezifische »Rheinromantik«. In ihr drückte sich weiterhin die Ehrfurcht aus, die der Mensch vor Natur und Landschaft empfand. Doch sie wandelte sich zu einer ebenfalls gezähmten und touristisch konsumierbaren Emotion.[16]

Das Management von Wasserstraßen ist bis heute eine staatliche Daueraufgabe, die schon früh internationaler Absprachen bedurfte. Daher wurde 1831 eine Zentralkommission für die Rheinschifffahrt gegründet.[17] Denn für die Schweiz, Frankreich, Deutschland und die Niederlande war der Strom gleichermaßen bedeutsam. Damit bestand die Gefahr, dass er politisch, strategisch, nationalkulturell oder wirtschaftlich von einem der Anrainerstaaten dominiert und vereinnahmt wurde. Um kaum einen Fluss ist in den vergangenen zwei Jahrhunderten politisch und kulturell so viel gerungen worden.[18]

Viele Flüsse in Mitteleuropa überschritten politische Grenzen. Aus diesem Grund und wegen denkbarer Abkürzungen wurde immer wieder nach schiffbaren Alternativen gesucht. So wie der Canal de Deux Mers den Franzosen die lange Route um die iberische Halbinsel herum ersparen sollte, erwogen etwa die Schweizer lange Zeit den Plan eines Transhelvetischen Kanals, um sich selbst und anderen Ländern eine Durchfahrt zum Mittelmeer zu ermöglichen.[19] Mit einer Verbindung zwischen Donau, Oder und Elbe wollte sich auch die Tschechoslowakei an die europäischen Küsten anschließen.[20] Die Belgier verhandelten mit den Deutschen viele Jahrzehnte vergeblich über den Plan eines Rhein-Maas-Schelde-Kanals.[21] Mit großem Erfolg verwirklicht wurde 1895 der Kaiser-Wilhelm-Kanal, der seit 1948

Nord-Ostsee-Kanal heißt. Durch eine Verkürzung des Weges zwischen Nord- und Ostsee um ganze 700 Kilometer ersparte er nicht nur Zeit. Er brachte Dänemark zugleich um wertvolle Gebühren und Zolleinnahmen.[22] Noch erfolgreicher waren der 1869 eröffnete und bald von den Briten vereinnahmte Suezkanal sowie der von den USA errichtete Panamakanal. Dessen Eröffnung am 3. August 1914 wurde jedoch vom parallel ausbrechenden Ersten Weltkrieg überschattet.[23]

Diesen Beispielen könnten zahllose weitere Kanäle in aller Welt hinzugefügt werden. Sie erleichterten und beschleunigten nicht nur die Schifffahrt auf Binnengewässern, sondern auch auf dem Meer. Die Seeschifffahrt wird in ihrer Bedeutung für die Zirkulation von Gütern, gerade in der Gegenwart, oft unterschätzt. Zur Infrastruktur wurde sie jedoch nicht durch die immensen technischen Fortschritte in der Navigation oder beim Antrieb mit Dampfkraft. Vielmehr wurde der Seeverkehr instrumentell in die Frühform dessen einbezogen, was heute als globale Logistik firmiert. Die von Europa ausgehenden Entdeckungen, Erforschungen und Erschließungen waren bis ins 19. Jahrhundert hinein von wenigen seefahrenden Ländern getragen worden, von denen mal das eine, mal das andere dominierte. Diese Erkundungen waren weitgehend eine Angelegenheit einzelner Herrscher oder privater Gesellschaften wie der britischen oder niederländischen Ostindien-Kompanien gewesen. Sie hatten zu unermesslichem Reichtum geführt und einzelnen Regionen, mehr noch einzelnen Personen, Familien oder Gesellschaften großen Wohlstand eingebracht.

Alle diese Aktivitäten wurden im Laufe des 19. Jahrhunderts in die Politik der jungen Nationalstaaten einbezogen. Erst jetzt wurde der Austausch von Rohstoffen und anderen Waren, der bislang weitgehend auf Luxusgüter beschränkt gewesen war, zu einem essentiellen Bestandteil der europäischen Wirtschaft. Entsprechend sensibel reagierten Regierungen und Militärs auf die Möglichkeit eines seegestützten Wirtschaftskrieges, wie er zwischen 1806 und 1811 vom napoleonisch dominierten Kontinent gegenüber England geführt worden war. Der Aufbau von Handelsflotten ging daher meist mit der von Kriegsflotten einher. Die Anlage von Häfen und Stationen wurde nicht mehr nur mit dem Ziel geplant, Frachtkosten zu senken, sondern folgte zunehmend auch strategischen Überlegungen.[24]

Parallel zum Verkehr auf dem Wasser entwickelte sich auf allen Kontinenten auch der Verkehr im Landesinneren. Auf den Höhepunkt der *canal mania* im ausgehenden 18. Jahrhundert folgte ab den 1830er Jahren die *railway mania*. Zunächst als Zubringer zu den Kanälen genutzt, verdrängte in England das flexiblere Streckennetz der Eisenbahnen die Kanalschifffahrt Schritt für Schritt. Meist übernahmen die Eisenbahnunternehmen die Kanäle, ließen sie aber nicht selten verkommen. So wurden die britischen Wasserstraßen zur ersten modernen Infrastruktur, die nach kurzer Blüte schon wieder verfiel – bis sie wie beschrieben nach 1945 eine neue Bestimmung fand.

Ein zweites Leben war auch der London Bridge beschieden, die seit 1831 die Themse überspannt hatte. In den 1960er Jahren hatte sich gezeigt, dass sie der Last des täglichen Autoverkehrs nicht mehr gewachsen war. Man ersetzte sie durch eine neue sechsspurige Brücke mit beheizbaren Bürgersteigen. Der amerikanische Industrielle Robert McGulloch, der sein Geld mit Kettensägen und Außenbordmotoren für Boote verdient hatte, kaufte die alte Brücke kurzerhand auf. Anschließend ließ er sie durch den Panamakanal in die USA transportieren und am Lake Havasu in Arizona wieder aufbauen. 1971 wurde sie im Beisein des Londoner Bürgermeisters erneut eingeweiht. Seither ist sie ein Tourismusmagnet.[25]

Westward Ho!

Als William Clark am 11. Mai 1880 in Begleitung eines U. S.-Marshalls im kalifornischen Distrikt Mussle Slough auftauchte, kam es zum Showdown. Der Vertreter der *Southern Pacific Railroad* sollte widerspenstige Siedler von Land vertreiben, das nominell der Eisenbahngesellschaft gehörte. Neben den Räumungsbeschlüssen trugen beide vorsichtshalber ein paar Waffen bei sich. Tatsächlich wurde schon der erste Farmer, der aufgesucht wurde, von Vertretern der *Settlers Land League* unterstützt, die diese Vertreibungen verhindern wollte. Als beide Parteien aufeinandertrafen, entbrannten Wortgefechte, die rasch in eine Schießerei eskalierten. Am Ende lagen sieben Männer tot am Boden, ein weiterer war schwer verletzt.

Worum ging es? Die private Bahngesellschaft hatte wie üblich von der amerikanischen Regierung entlang ihrer Strecken Landkonzessionen erworben. Mit den daraus gezogenen Gewinnen sollten die Investitionen in den Bahnbau abgesichert werden. Das damals noch karge Gebiet im San Joaquin Valley wurde 1870 an Siedler verpachtet. Vereinbart war, dass sie es im Falle einer erfolgreichen Urbarmachung zehn Jahre später von der Gesellschaft für zweieinhalb Dollar pro Morgen übernehmen könnten. Mittlerweile war der Bodenwert des infrastrukturell erschlossenen Landes im Herzen Kaliforniens aber deutlich angestiegen.[26] Die Bahngesellschaft verlangte daher nicht weniger als das Zehnfache des ursprünglich ausgemachten Preises. Die Siedler, die jahrelang entwässert und angebaut sowie Straßen und Häuser errichtet hatten, fühlten sich hinters Licht geführt und organisierten in der *Land League* ihren Widerstand. Sie appellierten an die lokale Öffentlichkeit und drohten sogar mit Blutvergießen, sollte die Gesellschaft an ihren Forderungen festhalten. So war es schließlich auch gekommen.

Die Tragödie von Mussle Slough ist einer von unzähligen Konflikten, die mit dem Ausbau der Infrastrukturen im 19. und 20. Jahrhundert einhergingen. In diesem Fall waren die Koalition von Gewinnkalkülen des Staates und der privaten Bahngesellschaft auf der einen, die Interessen der lokalen Anwohner auf der anderen Seite frontal aufeinandergeprallt. Solche Gewalt war zwar eher die Ausnahme. Dennoch zeigt der Vorfall, dass die Errichtung von Infrastrukturen keineswegs eine ruhige Abfolge von technischen oder Verwaltungsakten war.

Die Erschließung des amerikanischen Westens ist nachträglich oft heroisch verklärt worden. Tatsächlich erfolgte sie aus allen Richtungen ins Innere des Landes und war von zahlreichen Auseinandersetzungen begleitet. Die ergaben sich nicht nur dort, wo die Eisenbahn die Lebensräume von Indianern durchschnitt und zusammen mit den begleitenden Telegrafenlinien zur Absicht beitrug, die indigene Bevölkerung zu »zivilisieren«. Die populäre Kultur der USA ist voll von mythisch überhöhten Geschichten solcher Erschließungskonflikte. Sie handeln von Entdeckern und Erforschern, von Straßenbaupionieren und Eisenbahnarbeitern, von den Reitern des legendären *Pony Express*, den Erfindern des Telefons und des Flugzeugs, des Fernsehens und des Internets. Ob das nun tatsächlich alles in den USA entstanden ist oder nicht: Die Prominenz dieser Infrastrukturen in der Geschichte des Landes zeigt, dass sich die amerikanische Gesellschaft über lange Zeit hinweg ausdrücklich über die technische Erschließung des Raums definierte. Bisweilen sah sie darin sogar ihre »offensichtliche Bestimmung«.

Der aus Berlin in die USA eingewanderte Maler John Gast hatte diesen »American Progress« im Jahr 1872 auf ein Gemälde gebannt, das ursprünglich *Westward Ho/Manifest Destiny* hieß: Den ins Dunkel der Geschichte vertriebenen Tieren und Indianern folgen darauf die hell ausgeleuchteten Siedler, die Postkutschen, Eisenbahnen und Schiffe auf dem Fuß. Darüber schwebt – die Heilige Schrift und eine Rolle Telegrafenkabel in der Hand – die Göttin des Fortschritts.

Unzählige Balladen, Romane, später vor allem auch Filme, verklären diese Eroberung des Westens zum Mythos. Dennoch war das Vorrücken der Erschließungsgrenzen stets von kritischen Stimmen begleitet. Auch der Vorfall in Mussle Slough wurde 1901 durch den progressiven Journalisten Frank Norris aufgegriffen. Er gestaltete seinen Bericht darüber als kritisches Porträt der Gier und Übermacht der großen amerikanischen Eisenbahngesellschaften sowie einer korrupten Politik. Dabei verglich er die Machenschaften an der amerikanischen *frontier* mit einem Riesenkraken, einer damals beliebten Verbildlichung von großen industriellen Trusts.[27] Zu den amerikanischen Unternehmern, unter denen die Harrimans und die Vanderbilts die bekanntesten waren, gab es mit Bethel Henry Strousberg oder Baron Maurice de Hirsch auch europäische Entsprechungen. Diese »Eisenbahnkönige« sahen sich ständigen Skandalisierungen ausgesetzt, die sich auf ihre überragende Macht und ihren enormen Reichtum richteten.[28]

Der »Wilde Westen« war eine legendenumwobene, aber ebenso paradigmatische Übergangszone zwischen Natur und technischer Zivilisation. Aus den entsprechenden Erzählungen und Filmen ragen drei Motivstränge hervor. Die Verdrängung der indigenen durch die nachrückende europäische Bevölkerung ist der erste Strang, die infrastrukturelle Erschließung der zweite, während der dritte Strang die Disziplinierung der amerikanischen

2 John Gasts Gemälde *Westward Ho* von 1872: Der von Infrastrukturen begleitete Fortschritt bringt Licht ins Dunkel der vermeintlich rückständigen »Ureinwohner«.

Pioniergesellschaft thematisiert – durch Gesetze, aber auch durch eine Regelhaftigkeit der alltäglichen Vorgänge, die sich über Verkehrs- und Kommunikationsnetzwerke ausbreitete. In kaum einer Gesellschaft sind daher die mit der infrastrukturellen Besiedelung verbundenen Prozesse bis heute so anschaulich und greifbar wie in der US-amerikanischen.

Natürlich wäre es falsch, sich von der vermeintlichen Abenteuerlichkeit des Vorgangs blenden zu lassen. Aber man sollte auch nicht übersehen, dass selbst in filmischen Ikonen des Western-Genres wie *Spiel mir das Lied vom Tod* Konflikte um den Bau einer Eisenbahnlinie und eines Bahnhofs thematisiert werden. Die Verkehrserschließung und die Schaffung von einheitlichen nationalen Territorien und Wirtschaftsräumen waren prägende Themen den 19. Jahrhunderts, nicht nur in den USA, dort jedoch mit besonderer Dramatik. Denn außer ein paar ausgetretenen Pfaden gab es nichts, worauf die Siedler aufbauen konnten. Auch die großen Seen und Flüsse halfen bei der Erschließung nur bedingt, so dass die ersten

Infrastruktur-Planungen hier auf eine Verbesserung der Schiffswege hinausliefen.

So konnte 1825 nach langen Jahren der Projektierung ein 584 Kilometer langer Kanal zwischen Buffalo und dem Eriesee eröffnet werden. Der Eriekanal festigte die Position New Yorks als wichtigstem Hafen der Ostküste und beschleunigte die Besiedlung der Regionen um die Großen Seen. Kritiker wie Thomas Jefferson bewerteten freilich vor allem den ersten Effekt und stellten sich gegen eine Finanzierung des Kanals aus Bundesmitteln. Damit war eine Frage angesprochen, die nicht nur die amerikanische Infrastrukturgeschichte bis heute begleitet, ohne dass eine eindeutige Antwort gefunden wäre: Wer profitiert am meisten von diesen Einrichtungen und wer hat folglich nach welchem Schlüssel dafür zu bezahlen? Namentlich in föderalen Systemen wie den USA sind Diskussionen über die Zuständigkeiten für das »Gemeinwohl« und über subsidiäre Finanzierungen seither nicht mehr verstummt.

In den wenig erschlossenen USA fanden schon früh heftige Auseinandersetzungen um eine kohärente Infrastrukturpolitik statt. Sie wurden unter dem Schlagwort der *internal improvements*, also des inneren Aufbaus und der Verbesserungen geführt. Seit dem 1808 von US-Finanzminister Albert Gallatin vorgelegten Plan, hierfür zwanzig Millionen Dollar aus dem Bundeshaushalt bereitzustellen, spätestens aber seit dem 1815 von Senator Henry Clay vorgeschlagenen *American System* aus Schutzzöllen, einer Nationalbank und staatlichen Infrastrukturmaßnahmen wurde darüber gestritten, ob eine solche Politik sinnvoll und wer dafür zuständig sei. Dabei wurden – Parallelen zu heutigen Debatten sind weder beabsichtigt noch zu vermeiden – die Verantwortlichkeiten zwischen Bund und Ländern, zwischen Gemeinden und Individuen hin und her geschoben.[29] Die einen argumentierten mit der allgemeinen Wohlfahrt und dem nationalen Interesse, die mit solchen Investitionen einhergingen. Die anderen hielten dagegen, solche Argumente verschleierten lediglich partikulare Interessen. Sie malten die Gefahr an die Wand, dass der Umgang mit öffentlichen Geldern zu einer Aufblähung bürokratischer Strukturen führen und die Beteiligten unweigerlich korrumpieren würde.

Diese Diskussionen polarisierten die politische Landschaft der USA vor **43** dem Bürgerkrieg in einem Maße wie allenfalls noch die Sklavenfrage. Dabei bildeten sie bereits das gesamte Arsenal an Argumenten aus, die bis heute zwischen den Vertretern eines möglichst öffentlich und zentral gesteuerten Allgemeinwohls auf der einen, den Vertretern der privaten deregulierten Initiative auf der anderen Seite ausgetauscht werden. Auch trugen die Debatten zur Bildung von ökonomischen Schulen und politischen Parteien bei. Etwas verkürzt lässt sich sagen, dass sich später aus den *Federalists* die heutigen Demokraten, aus den *Democratic Republicans* die heutigen Republikaner bildeten.

Wiederkehrende Probleme bereitete vor allem die Frage der Trassierung. Wo sollte eine Straße, eine Bahnlinie oder ein Kanal entlanglaufen? Wer wurde miteinander in Beziehung gesetzt, wer angeschlossen, wer folglich dabei abgehängt? Auf diese Frage gab es landschaftliche, technische, wirtschaftliche und politische Antworten. Waren Gegenden – wie fast überall in Europa – seit langem »vortrassiert«, mussten auch historische und kulturräumliche Prägungen berücksichtigt werden. Wenn die Streckenführung aber einmal feststand, wer übernahm dann die Planungshoheit? Wer finanzierte die Strecke? Und wer durfte oder musste sie schließlich bauen? So oder so stellten Kanäle und Eisenbahnbauten gravierende Eingriffe in die Landschaften dar, wie dies in ähnlichem Umfang später nur noch Staudämme und der Fernstraßenbau bewirkten.[30]

Ein erstes bundesstaatlich finanziertes Projekt in den USA war die sogenannte *Cumberland Road*, die seit 1811 vom Potomac in Maryland ausgehend zu einer Hauptroute der Siedler in den Wilden Westen wurde. In den 1830er Jahren wurde sie zur ersten Straße der USA, die nach dem Verfahren des Schotten John Loudon MacAdam befestigt und geteert wurde. Kurz darauf sperrte sich der Kongress jedoch gegen weitere Finanzmittel. Seinem politischen Konkurrenten Henry Clay gegenüber argumentierte der amtierende Präsident Andrew Jackson, der Weiterbau der Straße durch Kentucky sei eine »Ländersache«. Er verstoße insofern gegen die Chancengleichheit innerhalb der Union und gefährde zudem das Ziel eines ausgeglichenen Bundeshaushalts. So endete die Straße nach rund 1000 Kilometern im Bundesstaat Illinois in einem Ort, der den sprechenden Namen Vandalia trug. Heute ist die Straße als *Historic National Road* ausgezeichnet. Wie

auch der Eriekanal wurde sie in eine von amerikanischen Ingenieuren geführte Liste der national bedeutsamen ingenieurtechnischen Sehenswür-
digkeiten aufgenommen. Ansonsten erlebte sie ein ähnliches Schicksal wie
die britischen Kanäle oder die später fertiggestellte *Route 66* von Chicago
nach Los Angeles: Die *National Road* wurde zu einer Gelegenheit für nostalgische Reisen in eine vermeintlich langsamere oder wildere Vergangenheit, die seither so etwas wie ein »Dornröschenschlaf« übermannt zu haben
scheint.[31]

Ähnliche Debatten um Zuständigkeiten und die Finanzierung wie bei der
Cumberland Road entzündeten sich im frühen 19. Jahrhundert bei Fluss-
und Hafenprojekten, bei Brücken und selbst bei Leuchttürmen. Das *Cape
Henry Lighthouse* von 1791 gilt als erstes bundesstaatliches Bauwerk der USA
überhaupt. Es findet sich daher im Logo der amerikanischen *Public Works
Historical Society*. Dabei rangen die Gegner und die Befürworter nationaler
Infrastrukturprogramme jeweils heftig miteinander um Einfluss. Die Jahre
zwischen 1825 und 1837 gelten als Zeitraum, in dem die Advokaten der Nationsbildung durch technische Verknüpfung ihren stärksten Einfluss besaßen.[32] Die britische Reiseschriftstellerin Frances Trollope meinte 1832 sogar:
»Es gibt keinen anderen Aspekt im amerikanischen Nationalcharakter, der
einen solchen Respekt abnötigt wie die Kühnheit und Energie, mit denen
öffentliche Arbeiten geplant und durchgeführt werden.«[33]

In genau dieser Phase begann dann auch der Eisenbahnbau. Er war für
den Anschluss des Hinterlands an die amerikanischen Küstenstädte, für
die Industrialisierung und den Austausch von Rohstoffen und Lebensmitteln von noch stärkerer Bedeutung als der Kanal- oder der Straßenbau. In
einem so dünn besiedelten Land wie Nordamerika waren es mehr noch
als anderswo die Verkehrsknoten, die Bahnhöfe und andere infrastrukturelle Anbindungen, die Ansiedlungen erst hervorbrachten. Damit entstanden Raumstrukturen, die sich aus praktischen Erwägungen heraus eher an
einem Raster *(grid)* orientierten als an einem Wagenrad mit hauptstädti-
scher »Nabe«, wie dies in den zentralistisch organisierten Ländern Europas
oft der Fall war.[34]

Obwohl es auch in den USA zu dieser Zeit bereits *Main Lines of Public
Works* gab, etwa ein aus Kanälen und Eisenbahnen bestehendes Aus-

tauschsystem zwischen Philadelphia und dem industriell geprägten Pittsburgh, wurden diese Strecken in den kommenden Jahrzehnten vornehmlich privat gebaut. Sie bedienten zunächst lokale und regionale Interessen und verdichteten sich erst später zu einem nationalen Netzwerk. Ähnlich wie heute standen sich die Lager der Befürworter einer staatlich gestützten *general welfare* auf der einen, der lokalen beziehungsweise privaten Initiative auf der anderen Seite mit geradezu weltanschaulicher Inbrunst gegenüber. Auf den politischen Arenen beschnitten und blockierten sie einander, wo es nur ging. Um 1840 herum war es den Gegnern der *Public Works* dann gelungen, Infrastrukturen weithin mit Schulden und Partikularinteressen zu identifizieren.[35]

In die entstehenden Lücken staatlicher Gestaltung stießen die privaten Eisenbahnunternehmen hinein. Sie schufen ein nationales Transportnetzwerk, wie es seit den 1780er Jahren von den Befürwortern öffentlicher Arbeiten wie George Washington tatsächlich visioniert worden war. In der Zeit nach dem Bürgerkrieg fehlte jedoch ein starker Staat, um den Profitinteressen der mächtigen Eisenbahnfirmen etwas entgegenzusetzen. Nun mehrten sich Konflikte wie der in Mussle Slough.[36] Erst 1887 wurde mit der *Interstate Commerce Commission* eine Behörde auf Bundesebene gegründet, die für staatliche Regulierungen privater Infrastrukturanbieter fortan einen Vorbildcharakter haben sollte.

Zu einer legendären Wegmarke des Zeitalters der technischen Erschließung wurde der 10. Mai 1869. An diesem Tag wurde am Promontory-Hügel in Utah, rund hundert Kilometer nordwestlich von Salt Lake City, die erste transkontinentale Eisenbahnverbindung fertiggestellt und durch einen goldenen Nagel in der verbindenden Schwelle feierlich besiegelt. Auch wenn zunächst sehr unterschiedliche Spurweiten miteinander konkurrierten, hatte die große Zeit des Eisenbahnbaus in den USA einen ihrer Höhepunkte erreicht.[37] Er wurde international aufmerksam wahrgenommen. Die »transkontinentalen Linien« des Verkehrs und der begleitenden Kommunikation – denn die Bahnlinien wurden von Telegrafenleitungen begleitet, die vor allem für die vorausschauende Signalgebung von Bedeutung waren – fesselten die strategischen Phantasien weltweit. Ähnlich war es in Bezug auf den im selben Jahr 1869 eröffneten Suezkanal in Ägypten.

Von diesen Vorbildern inspiriert schlug der deutsche Geograph Ferdinand von Richthofen bereits 1874 das Projekt einer Eisenbahnverbindung von Europa nach China vor. Sie solle die beiden seiner Ansicht nach größten Kulturländer der Erde, Europa und China, miteinander verbinden: »Das Eindringen von mächtigen Elementen westlicher Geistesbildung in die innersten Theile von China würde die Bewohner dieses Landes endlich zum Eintritt in den Culturkampf der Völker zwingen, gegen den sie sich noch mit so viel Erfolg sträuben.« Und visionär ergänzte er: »Die überflüssige Arbeitskraft und billige Kohle des übervölkerten Reiches würden bald dazu benutzt werden, um den Strom der jetzt nach China gehenden europäischen Manufacte rückläufig zu machen und uns von dort manche Lebensbedürfnisse billiger zuzuführen, als wir sie herzustellen vermögen.«[38]

Dazwischen lag, politisch ganz anders gelagert als die USA, das russische Zarenreich. Von seinen Erschließungsaufgaben her stand es durchaus vor ähnlichen Herausforderungen wie sein westliches Pendant. Mit dem Bau von Eisenbahnen verfolgten die russischen Eliten die Absicht, den nationalen, imperialen und industrialisierten Raum Russlands zu konsolidieren und ihn gleichsam zu verkleinern. Dabei sollten Warenströme und Menschen in Gang gesetzt und zugleich die in vielem als »rückständig« wahrgenommene Bevölkerung zivilisiert werden. Insgesamt schien auf diese Weise ein einheitliches russisches Reich nach europäischen Vorbildern zu entstehen.[39]

Anders als in den USA ging es dabei aber auch um den Schutz eines von außen bedrohten Territoriums und um den Kampf gegen innere Unruhen. Deshalb entstand eine eigene russische Eisenbahngendarmerie, und das Militär wollte bei der Streckenführung stets mitentscheiden. Seit 1837 wurde im europäischen Teil des Russischen Reichs mit dem Bau eines Bahnnetzes begonnen. Seit den 1850er Jahren kamen zunehmend auch die asiatischen Regionen hinzu. Die bis 1900 entstandenen 52 000 Kilometer an Strecken nahmen sich freilich gegenüber den 264 000 Kilometern, die in den USA schon zehn Jahre zuvor erreicht worden waren, vergleichsweise bescheiden aus. Trotz der lückenschließenden Erfolge der Transkaspischen Bahn seit 1880 und der Transsibirischen Bahn seit 1891 blieb die rasante Eisenbahnentwicklung für viele Russen daher von Beginn an die Geschichte eines Defizits.[40]

Die ebenso weitreichenden wie ambivalenten Folgen dieser verkehrstechnischen Mobilisierung einer agrarisch geprägten Gesellschaft waren in Russland noch sichtbarer als in den USA oder in Westeuropa. Einerseits fand das ethnisch vielfach gespaltene Riesenreich über den Bahnbau und die technische Vereinheitlichung, aber auch durch die begleitenden Kursbücher, Reiseführer und Streckennetzkarten zu einer einheitlichen Vorstellung von sich selbst. Andererseits machte das entstehende Bahnnetz die weiterhin bestehenden Unterschiede zwischen den Regionen und den sozialen Schichten für die Reisenden erst sichtbar. Das autokratisch-imperiale Zarenreich verlor auch deshalb an Stabilität, weil Erfahrungen und Erwartungen nicht nur bei denjenigen auseinanderfielen, die an die Infrastrukturnetze angeschlossen wurden, sondern mehr noch bei denjenigen, die abgehängt blieben. Die Eliten der russischen Peripherien, vor allem aufgeklärte Beamte und die gebildete Gesellschaft, bemühten sich daher umso stärker darum, an die Bahn und andere Netze angeschlossen zu werden. Sie wollten nicht zu einem Leben in der »ewigen Provinz« verdammt sein.[41]

In der Wahrnehmung vieler Zeitgenossen brachte die Bahn aber nicht nur Ordnung in die Peripherie, sondern auch Chaos in die Zentren. Die Dynamik der hierdurch in Gang gesetzten Folgen bekamen auch die Zaren selbst zu spüren. Sie nutzten zwar die neuen technischen Möglichkeiten, um im Land herumzureisen und namentlich in den »Verkehrspalästen der Moderne«, also den prächtig ausgebauten Bahnhöfen, ihre Herrschaft auf eine moderne Art und Weise zu inszenieren.[42] Zwei Ereignisse verdeutlichten jedoch die Gefahren dieser Reiseform: ein terroristischer Anschlag auf Nikolaus I. im Jahr 1879 sowie ein schwerer Unfall des Hofzugs bei Borki im Jahr 1888, bei dem die Zarenfamilie Alexanders III. wie durch ein Wunder nahezu unverletzt blieb. Danach wurden die Schutzmaßnahmen deutlich verstärkt und die Reisen der Regenten wieder eingeschränkt.[43] Die Bilanz des russischen Bahnbaus blieb daher ambivalent. Denn das sich modernisierende Land geriet immer stärker in Konflikt mit der autokratischen und zentralistischen Herrschaft des Zaren. Die in den Bahnbau eingeschriebene Utopie der wohlgeordneten sozialräumlichen Verhältnisse blieb aber über das Ende des Zarenreichs hinaus bestehen und sollte auch in die Infrastrukturgeschichte der Sowjetunion hineinwirken.[44]

Weltfrieden oder Weltherrschaft

In seiner Auflage von 1838 gestattete sich der »Brockhaus«, das damals führende deutsche Konversationslexikon, eine visionäre Ansage. Im Eintrag über die Eisenbahnen und deren Beitrag zur Organisation des Weltfriedens hieß es: »Nach diesem wahrhaft göttlichen Ziel hat die Geschichte zwar von jeher ihren Lauf gerichtet, doch auf den stürmisch vorwärtsrollenden Rädern der Eisenbahnen wird sie es um Jahrhunderte früher erreichen.«[45] Tatsächlich ist die Eisenbahn von den Zeitgenossen unmittelbar als Agent eines historischen Wandels wahrgenommen worden. Der lief in aller Regel auf eine rasante Beschleunigung hinaus. Karl Marx umschrieb daher Revolutionen einige Jahre später als »Lokomotiven der Geschichte«.[46] Vielzitiert ist in diesem Zusammenhang auch der Satz Johann Wolfgang von Goethes aus dem Jahr 1828, den er drei Jahre nach der ersten Fahrt der *Locomotion* genannten Eisenbahn zwischen Stockton und Darlington in England äußerte: »Mir ist nicht bange, dass Deutschland nicht eins werde; unsere Chausseen und künftigen Eisenbahnen werden schon das Ihrige tun.«[47] Auch patriotisch gestimmte Wirtschaftsexperten wie Friedrich List, die sich nun Nationalökonomen nannten, sahen in der Zukunft eine durch Infrastruktur geeinigte deutsche Nation der guten Nachbarn vorgeprägt.[48]

Einer solchen, über Verbindungswege aller Art herbeigeführten Nationsbildung stand jedoch von vornherein die Tatsache entgegen, dass sich die infrastrukturelle Vernetzung wenig an regionalen oder nationalen Grenzen orientierte. Der schon 1824, im Jahr der ersten Eisenbahnfahrt, verstorbene Franzose Henri de Saint-Simon und die von ihm inspirierte frühsozialistische Schule waren zu ihrer Zeit die vielleicht bemerkenswertesten Vertreter einer alternativen Sichtweise. Sie witterten in einer technischen Verschränkung von politisch getrennten Gebieten eine gewaltige Chance. Die Fremdheit unter den Menschen, so das zentrale Argument der Saint-Simonisten, könne durch die tendentielle Aufhebung des Raums, wie sie der moderne Verkehr bewirke, entscheidend überwunden werden. Die global vernetzte Welt würde zu einer Verständigung der Völker führen und damit Befremdung und Unfrieden schließlich ganz aus der Welt schaffen.[49]   **49**

»Die Dampfwagen auf Eisenbahnen führen wahrscheinlich einen ewigen Frieden herbei«, hieß es 1833 ganz analog auch in der *Sachsenzeitung*.[50] Infrastrukturen wie der Kanalbau, die Eisenbahn oder die Telegrafie ermöglichten eine rationale Planung und Verwaltung nicht nur der Natur, sondern auch der menschlichen Gesellschaft. Als Frühsozialisten sahen die Saint-Simonisten darin keineswegs die Gefahr von zusätzlicher Herrschaft, Kontrolle und Ausgrenzung, sondern vielmehr die Aussicht auf allgemeine Wohlfahrt und sozialen Frieden. Sie glaubten, dass die fragmentierten Interessen der Menschen einer stetig zunehmenden Solidarität weichen würden. Krieg galt ihnen als ein sozialer Atavismus, als ein Relikt aus früheren Phasen der menschlichen Entwicklung. Saint-Simon und seine Jünger planten daher bereits kontinentale Projekte wie Kanäle in Mittelamerika und in Ägypten oder auch eine iberische Wasserstraße bis nach Madrid. Sie verknüpften damit ein technokratisches Programm: Die Rationalität der Naturwissenschaft, der Technik und der produktiven Arbeit sollte sich die soziale Wirklichkeit unterwerfen.[51]

Diese Rhetorik, den Weltfrieden durch eine Vernetzung zu befördern, hat sich bis in die Gegenwart fortgeschrieben. Man denke nur an die Prognosen, von denen das frühe Internet begleitet war. Solche Visionen bezogen sich in einer nahezu austauschbaren Poesie der Infrastruktur erst auf die Eisenbahn und das Telefon, dann auf das Flugzeug und das Automobil, schließlich auf das Radio und das Fernsehen.[52] Freilich haben diesen optimistischen stets auch pessimistische Erwartungen gegenübergestanden, die die Gefahren der zunehmenden Vernetzung betonten. Zu den professionellen Schwarzsehern gehörten vor allem militärische Experten, die vor wachsenden Abhängigkeiten warnten. In der gleichen Logik befangen, aber weniger düster, blickten diejenigen in die Zukunft, die glaubten, sie könnten militärtechnische Überlegenheit erlangen oder gar eine Waffe entwickeln, die ein für alle Mal Frieden schaffe. Am deutlichsten zeigten sich diese Widersprüche des strategischen Denkens bei Technologien wie der Telegrafie, die ihrerseits zur Voraussetzung für die rasche Zirkulation von Informationen und Nachrichten wurde.

Die elektrische Nachrichtenübermittlung in annähernder Echtzeit entwickelte sich aus Vorläufern wie der optischen Telegrafie. Diese hatte sich insbesondere nach dem System der Brüder Chappe seit den 1790er Jahren in Frankreich verbreitet.[53] Zwischen 1830 und 1840 wurde die elektrische Telegrafie dann, neben ihrer Funktion als Signaltechnologie für die Eisenbahn, immer mehr zu einem Instrument, mit dem Waren- und Handelsströme geregelt wurden, in Krisenzeiten aber auch zu einer Technologie der Kriegführung.[54] Die Korrespondenz über Briefe, Boten und Zeitungen, die notwendig war, um sich in den ausweitenden Märkten zu orientieren, wurde immer wichtiger. Der Telegraf beschleunigte diesen Austausch und ermöglichte einen »assoziierten Konsum«. Damit trug er entscheidend dazu bei, die Welt zu einer wirtschaftlichen Einheit zu formen. An die Stelle der lokalen Bildung von Preisen setzten sich nach und nach die Strukturen des Weltmarktes.[55]

Der Hamburger Professor Johann Georg Büsch hatte schon Ende des 18. Jahrhunderts den Leitsatz für Börse und Finanzwelt vorgegeben, nach dem Fälle denkbar seien, »wo Nachrichten, nur um einige Stunden früher eintreffend als sonst, größere Summen wert sein könnten als die jährlichen Kosten der Telegraphenlinie, samt der ganzen Einrichtung derselben, betragen«.[56] Zwischen 1830 und 1840 entwickelten sich dann mit den Telegrafen, den Nachrichtenagenturen und der Börsenkorrespondenz Werkzeuge zur Regelung von Waren- und Handelsströmen, die nach und nach immer globaler wurden.[57] Auch hierbei zeigten diejenigen, die durch diese Instrumente etwa ihr Netzwerk an vertrauenswürdigen Agenten in Frage gestellt sahen, eine starke Zurückhaltung. So schrieb der Bankier James de Rothschild, der zur Fernkommunikation noch überwiegend Brieftauben einsetzte, 1851 in einem Brief: »Die Geschäften gute Neffen (sic!) sind rein ruiniert mit den Telegrafen, wo jeder die Nachrichten hat«.[58] Denn generell waren die geographische Nähe zu den Informationsquellen und ein materieller Träger dieser Informationen nun keine Voraussetzungen mehr für den Austausch von Ideen. Wer will, mag man darin bereits Vorformen des Informationszeitalters erkennen.[59]

Das verbleibende 19. Jahrhundert bis zum Ersten Weltkrieg durchzog fortan die Frage, wer zuerst welche Drähte zog, wer welche Metropolen, Länder und Kontinente miteinander zu verknüpfen verstand. Dabei war die Ambivalenz zwischen menschheitlichem Friedensprojekt und nationaler Konkurrenz fundamental und stets mit Händen zu greifen: »Eisenbahn und Telegraph, Dampfschiff und Kabel«, hieß es etwa 1901 bei dem geopolitisch inspirierten Publizisten Artur Dix, »sind die Werkzeuge, durch die der moderne ›homo sapiens‹ sich alle Teile der Erde erschlossen und unterworfen hat – sie sind zugleich hervorragende Werkzeuge politischer Macht und die besten Waffen eines neuzeitlichen Staates im Kampfe um die Teilung der Welt.«[60] Dix war es auch, der in diesem Zusammenhang schon vom »Dörfchen Erde« sprach, in dem jeder seinem Nachbarn in die Fenster schauen könne.[61] Viele Jahrzehnte später sollte der kanadische Medienwissenschaftler Marshall McLuhan die Vorstellung eines *global village* aufgreifen, die zur erfolgreichen Metapher eines neuen räumlichen Empfindens wurde.[62]

Beim Wettlauf um die Teilung der Welt, der sich nun verschärfte, konnte es freilich immer nur um einen kurzfristigen zeitlichen Vorsprung gehen. Denn der Geograph Michael Geistbeck stellte schon 1895 fest: »Jeder Fortschritt der Technik wird in kurzer Zeit bekannt und Gemeingut.«[63] Zusammen mit den Fortschritten der Medizin und der Waffentechnik bildeten die neuen Möglichkeiten der Erschließung auch die wesentlichen Voraussetzungen für die Kolonisation vermeintlich »unerschlossener« Gebiete. Die ging seit Mitte des 19. Jahrhunderts von Europa aus und richtete sich vor allem auf Afrika sowie den Süden und den Osten Asiens. Das Neue am Imperialismus dieser Jahre lag nicht allein in seiner Ideologie, sondern auch und vor allem in seinen technologischen Möglichkeiten.[64] Moderne Tropenmedizin und Gewehre sowie Dampfschiffe oder Telegrafen machten die Eroberung vormals verschlossener Gebiete für die Europäer zu einem geradezu kalkulierbaren Risiko.[65] Doch galt die Feststellung von Geistbeck auch hier: Kaum waren Teile Afrikas und Asiens unterworfen, eigneten sich deren Bevölkerungen diese Technologien und Kenntnisse an und wendeten sie gegen ihre Unterdrücker.

Zwischen 1860 und 1900 wuchsen Land- und Seekabel zu einem globalen Netzwerk mit Zentren in London, Paris, Berlin, Wien und New York zusammen. Aber auch zuvor periphere Orte wie Malta, Suez, Algier, Aden, Bombay oder Brest wurden, neben zahlreichen anderen, zu Knotenpunkten dieser globalen Vernetzung. Sie erlangten eine besondere strategische

Bedeutung.[66] Ein US-Historiker stellte vor einigen Jahren fest, »dass wir zu anderen Bürgern unseres Landes wurden, seit die über Eisenbahnen verteilten Zeitungen es uns ermöglichten, an allen nationalen Diskussionen teilzuhaben«.[67] Diese Euphorie der Vereinheitlichung wuchs unmittelbar über die Nationalstaaten hinaus und erreichte um die Jahrhundertwende geradezu globale Ausmaße.[68] »Entfernungen sind heute nicht mehr Zeitozeane«, hieß es 1901 im *Neuen Universum*, »selbst die fernsten Erdenwinkel stehen jetzt unter der Macht der Telegraphie. Man könnte fast sagen, die Zivilisation fängt erst mit dem Telegraphendrahte an.«[69]

Dieser Begeisterung ungeachtet blieb der Telegraf eine Nachrichtentechnik, die vergleichsweise stark kontrolliert und reglementiert wurde. Anders als das anfangs ebenfalls exklusiv bleibende Telefon nutzte ihn auch im 20. Jahrhundert nur ein Bruchteil der Bevölkerung. Das lag vor allem am Preis für diese Nachrichtenform, der durch die enormen Investitionskosten zustande kam, die mit der Seeverkabelung verbunden waren. So war das erste transatlantische Kabel erst 1858, nach vielen Jahren der Vorbereitung und nach mehrfachen Anläufen, halbwegs funktionstüchtig. Die Kabel dienten aber nicht nur der Sicherheits- und der Expansionspolitik von Staaten, sondern auch dem transatlantischen Handel und dem Tempogeschäft der Privatwirtschaft. Daher hatten Kräfte aus dem Militär und der Industrie kein verstärktes Interesse daran, die Technologie zu popularisieren und kostengünstiger zu gestalten.[70] Noch 1946 musste sich der US-Diplomat George F. Kennan nach Übermittlung seines berühmten »Langen Telegramms« aus Moskau, mit dem der Kalte Krieg eine entscheidende Wende nahm, von seinem Minister die enormen Kosten vorhalten lassen, die er damit der amerikanischen Staatskasse verursacht hatte.[71]

Zum anderen wurde der Telegraf von den europäischen Imperien vornehmlich als ein Werkzeug der politischen Kontrolle eingesetzt. Karl Marx hatte das in Bezug auf Indien schon 1853, kurz nach der Verlegung des ersten Transatlantikkabels, konstatiert: »Diese Einheit, durch das britische Schwert aufgezwungen, wird jetzt Kraft und Dauer erhalten durch den elektrischen Telegraphen.«[72] Er sollte recht behalten: Schon vier Jahre später konnten Aufstände indischer Soldaten, der Sepoy, gegen die britische Kolonialpolitik niedergeschlagen werden, weil die Kolonisatoren über Telegrafen und damit einen überlegenen Informationsstand verfügten.[73] Der geopolitische Autor Paul Dehn stellte daher 1904 fest: »Ehedem konnten große Weltreiche auf die Dauer nicht zusammengehalten werden. Heute werden sie zusammengefasst mit Hilfe der modernen Verkehrsmittel, der Eisenbahnen, Dampfschiffe und Telegraphen, die eine straffe Zentralisierung der Verwaltung unter Leitung einer einzigen, stets unterrichteten und selbst in Einzelheiten entscheidenden Hauptstelle ermöglichen.«[74]

Die transkontinentalen Kabellinien zogen sich daher in erster Linie zu den Brennpunkten der Weltpolitik und in die europäischen Kolonien. Dadurch wurden diese in der Tat stärker an die Entscheidungszentren in Paris, London, Berlin, Moskau oder Washington herangeführt. Dies hatte gravierende Folgen für die Diplomaten, die Militärs oder die Verwalter in Übersee. Denn die räumliche Distanz zu den Regierungen hatte ihnen eine Unabhängigkeit beschert, die die meisten von ihnen zu schätzen wussten. Mit der Verkabelung mussten sie diese Eigenständigkeit schrittweise wieder abtreten. Besonders deutlich wurde dieser Verlust an Autonomie im Krimkrieg, der zwischen 1853 und 1856 stattfand. In seinem Gefolge wurden erstmals Telegrafenleitungen durch das Schwarze Meer bis nach London und Paris gelegt. Dies führte nicht nur dazu, dass die Regierungen Ihrer Majestäten nun den Generälen an der Front Befehle erteilen und sie weithin kontrollieren konnten. Es ermöglichte auch, dass parallel dazu die britischen und französischen Öffentlichkeiten informiert wurden. Über Korrespondentenberichte der Tageszeitungen nahmen sie nun unmittelbar Anteil am fernen Geschehen. Mit ihren Reaktionen beeinflussten sie ihrerseits die politischen Entscheidungsträger.[75] Seither ist – nicht nur in Krisenfällen und nicht nur in autokratischen Regimen – ein spezifisches Wechselspiel zu beobachten. Es schwankt zwischen vermeintlich ungeschminkter Information der nationalen oder der Weltöffentlichkeit und Versuchen, solche Nachrichten zu steuern, zu manipulieren oder zu unterdrücken.

Freilich wussten sich diejenigen, die fern der Metropolen weilten und von dort mit Hilfe des Telegrafen kontrolliert wurden, auf ihre Weise zu helfen. So ließ im Krimkrieg ein französischer General, als ihm die »schulmeisterliche Bevormundung« aus Paris zu viel wurde, das entsprechende

Telegrafenkabel einfach kappen.[76] Auch die Diplomaten unterliefen wiederholt den Dirigismus der Regierungsdepeschen. Denn durch den direkten Kontakt zur politischen Zentrale bekamen sie deutlich mehr zu tun, hatten aber gleichzeitig weniger zu entscheiden. Zudem sahen sie ihre etablierten Routinen der Diplomatie herausgefordert, die eher darauf beruhten, persönliche Kontakte zu pflegen und sich auf zuverlässige Boten zu stützen. Gegenüber ihren Ministerien verwiesen Diplomaten daher gern entweder auf die Unzuverlässigkeit der Telegrafie oder auf deren Kosten. Tatsächlich wurde jeweils pro Wort abgerechnet, weshalb sich allgemein ein spezifisch-knapper »Telegrammstil« herausbildete (»Ankomme Freitag, den 13., um 14 Uhr, Christine«), der heute in SMS- und Twitter-Nachrichten ein Comeback feiert.[77]

Die Unzuverlässigkeit blieb jedoch ein Problem, schon weil ein namhafter Teil der Telegramme durch Kabel übermittelt wurde, die nicht der eigenen Nation gehörten. In den unvollständigen und vornehmlich von den Briten beherrschten Netzen mussten die Nachrichten oft erstaunliche Haken schlagen, um ihre Adressaten zu erreichen. Die eigenen Kabel wiederum konnten im Krisenfall generell vom Gegner unterbrochen werden. Nach Ausbruch des Ersten Weltkriegs geschah das dann auch meist unmittelbar. Auch deshalb hat sich um die Telegrafie und ihre drahtlosen Fortentwicklungen herum das moderne Geheimdienstwesen herausgebildet. Im 20. Jahrhundert verstrickte es sich in einen Überbietungswettbewerb des wechselseitigen Täuschens, des Verschlüsselns und des Entzifferns von Nachrichten. Letztlich konnte jedoch fast keine wirklich wichtige Information längere Zeit über geheim gehalten werden.[78]

In solchen Situationen des Misstrauens wurden Telegramme natürlich auch manipulativ eingesetzt oder politisch instrumentalisiert. Allein die Geschichte des Deutschen Kaiserreichs ist voller Beispiele dafür: Otto von Bismarck nutzte 1870 die Emser Depesche, um den Konflikt mit Frankreich zu schüren, und Kaiser Wilhelm II. unterstützte 1896 zum Ärger der Engländer den Burenführer Paul Kruger mit einem Telegramm. Die US-Regierung unter Woodrow Wilson wiederum fing im Jahr 1917 eine Depesche von Arthur Zimmermann, Mitarbeiter im Auswärtigen Amt, an die deutsche Botschaft in Washington ab. Die darin angebahnte Verständigung des Deutschen Reichs mit Mexiko diente ihr als Vorwand, in den Ersten Weltkrieg einzutreten.[79]

Überhaupt schlugen im Ersten Weltkrieg die zivilisierenden, friedenstiftenden und vereinheitlichenden Tendenzen der Eisenbahn und des Telegrafen in ihr destruktives Gegenteil um. Die aufwendigen Bemühungen um eine Standardisierung – 1865 war zum Beispiel eine *International Telegraph Union*, 1878 der *Weltpostverein* gegründet und 1884 auf einer Konferenz in Washington eine weitgehend vereinheitlichte Weltzeit durchgesetzt worden[80] – schienen vergeblich gewesen zu sein. Denn im Fall eines Konflikts wurden Infrastrukturen fast ausnahmslos als empfindliche Hauptschlagadern des Gegners wahrgenommen und entsprechend attackiert. Immerhin blieb der Mythos lebendig, dass die direkte Kommunikation den Weltfrieden zu befördern vermöge. Seit den 1960er Jahren wurde diese Hoffnung mit dem Roten Telefon zwischen Washington und Moskau verbunden. Im Fall eines Konflikts sollten der amerikanische und der sowjetische Regierungschef zum Hörer greifen und über ein direktes Gespräch verhindern, dass die Welt in einen finalen Schlagabtausch hineinschlittert.[81]

Stadt im Fluss

Zu den Orten vergangener Infrastrukturen, die man weder aus nostalgischen noch aus Motiven der Erholung aufsucht, sondern aus Gründen des Grusels, gehören die von Kanalsystemen durchzogenen Untergründe großer Städte. Beim täglichen, meist unbemerkt bleibenden Gang über die oft kunstvoll gestalteten Kanaldeckel und Gullys können wir nur erahnen, welche Dimensionen sich darunter auftun. Durch Filme wie *Der dritte Mann* hat sich in Wien und anderen Metropolen der Mythos verfestigt, deren dunkle Unterwelten seien Orte der Spionage und der Kriminalität. Das Leben Harry Limes, der Hauptfigur des Kinoereignisses von 1949, endet tatsächlich in der Wiener Kanalisation. Er hatte Geschäfte mit gestrecktem Penicillin betrieben. Kanalisation und Penicillin verweisen darauf, dass etwas der Gesundheit Dienliches auch den Tod mit sich bringen kann.[82]

56 Wie um diesen Eindruck zu bestätigen, sind in Pariser Unterwelten auch

die Katakomben zu besichtigen, in denen die menschlichen Knochen früherer Jahrhunderte gesammelt wurden. Schon Victor Hugo hatte 1862 seinen Roman »Die Elenden« im Pariser Untergrund angesiedelt und deutlich gemacht, dass dort ein zweiter, komplementärer Teil der Stadt existierte. Da die Kloaken als letzte Zuflucht für die Benachteiligten und den »Auswurf« der Zivilisation dienten, wurde in solchen Erzählungen und Filmen auch vor Augen geführt, dass die Nähe zu Abwässern und Fäkalien den sozialen Status auf sehr deutliche Weise markiert.[83] Denn die Stadt war seit dem 19. Jahrhundert längst zu einem Ort der Dialektik von sauber und schmutzig, von gerecht und ungerecht, von High Society und Unterwelt, von Lofts und Souterrainwohnungen, von Himmel und Hölle geworden.[84]

Dabei ist der »unterirdischen Stadt« der Moderne eigentlich das Gegenteil eingeschrieben. So sollten Städtetechnik und Infrastrukturen verhindern, dass sich das privilegierte »Oben« weiter verfestigt, während das elende »Unten« seinem Schicksal preisgegeben bleibt. Zentral war hierbei die Vorstellung von der Stadt als etwas Lebendigem. In diesem Organismus müssen nach Möglichkeit alle Teile gesund sein, auch wenn sie unterschiedliche Aufgaben und Funktionen erfüllen. Andernfalls würde der gesamte Körper in Mitleidenschaft gezogen. In dieser Vorstellung wurde – und wird teilweise bis heute – Infrastrukturen die Rolle der Venen, Adern und Arterien zugedacht, durch die das Leben der Stadt pulsiert. Je ungehinderter alles fließt, umso kraftvoller und gesünder werde der Organismus sein. Auf einer erweiterten Ebene fand sich diese Gleichsetzung mit Körpern auch bei Nationen oder Imperien, gelegentlich sogar in Bezug auf den Weltmarkt und die Weltgesellschaft wieder. Besonders durchschlagend war die Vorstellung der vitalen Systeme jedoch in Bezug auf die moderne Stadt.

Auch hierfür gab es natürlich Vorläufer – von der aufwendigen Wasserver- und Abwasserentsorgung Roms war bereits die Rede.[85] Differenzierte Straßen-, Handels- und Marktsysteme waren ebenfalls keine Neuigkeit. Doch stellten die Dynamiken des erweiterten und beschleunigten Handels, der Industrialisierung und des teilweise rasanten Bevölkerungswachstums seit dem ausgehenden 18. Jahrhundert insbesondere solche Städte vor gewaltige Herausforderungen, die schon Traditionen besaßen. Denn sie wiesen zum Teil noch mittelalterliche Baustrukturen auf und waren oft von Mauern umgeben. Deren Symbolik wechselte nun von Schutz in Begrenztheit. Bei neu entstehenden oder über die Altstadt rasch hinauswachsenden Orten war es meist eine Frage der Entscheidungsträger und ihrer visionären Kraft, ob sie diese mit »neuzeitlichen« Einrichtungen ausstatten ließen oder nicht.

Es wurden aber nicht allein europäische Städte zu Pionieren der Infrastruktur. Im Jahr 1808 wurde der portugiesische König João VI. von Napoleons Truppen bedrängt und floh nach Rio de Janeiro. Angehörige der Lissabonner Oberschicht, die ihn begleiteten, rümpften bald die Nasen, und sie fühlten sich auf den dortigen Straßen sehr unsicher. Daher ließ der König Licht- und Abwassersysteme installieren, die seinem Gefolge ein »europäisches« Lebensniveau ermöglichten.[86] Dem Hofstaat gefiel die Stadt bald so gut, dass der König über Napoleons Sturz hinaus in Rio blieb. Zum ersten Mal wurde einige Jahre lang ein vier Kontinente überspannendes Kolonialreich von einer Kolonie aus regiert.

In den entstehenden industriellen Zentren Europas blieben viele der expandierenden Städte zunächst dem Primat der Ökonomie unterworfen. Mittelenglische Städte wie Liverpool oder Manchester, die Industriestädte des Ruhrgebiets oder Nordfrankreichs entstanden vor allem, weil es dort zentrale Rohstoffvorkommen gab. Für deren Ausbeutung mussten nicht nur zahlreiche Arbeiter angesiedelt, sondern auch entsprechende Infrastrukturen geschaffen werden. Diese wurden daher an montanindustriellen Anlagen ausgerichtet, während die Bedürfnisse der Bevölkerung lange nachrangig blieben. Unvorbereitete Besucher waren von den durch Bahnen und Leitungen durchzogenen Stadtlandschaften der Produktivität nicht selten schockiert.[87]

Auch hier wiederum mögen einzelne Städte außerhalb Europas bereits eine erstaunliche Qualität an technischen Vorkehrungen erreicht haben. Doch waren es die europäischen und nordamerikanischen Städte, die für den Prozess der Urbanisierung prägend und international beispielgebend blieben. Das gilt auch für den spezifischen Mix aus Ursachen, aus denen heraus Infrastrukturen der Versorgung und Entsorgung, der Kommunikation und des Verkehrs entstanden. Meist vermischten sich konkrete Anlässe, etwa katastrophale hygienische Zustände, mit einem Wettbewerb der expandierenden oder sich »modernisierenden« Städte untereinander.

Ähnlich wie die Industrialisierung zu einem wachstumsorientierten und sich selbst verstärkenden Prozess wurde, bildeten auch die Urbanisierung und der mit beidem eng verschränkte Ausbau der Infrastruktur Vorgänge, in denen Ursachen und Wirkungen kaum voneinander zu trennen waren. Allen drei Vorgängen wohnte eine starke Tendenz inne, sich ständig zu vermehren und zu optimieren. Zugleich aber erwiesen sich der Einstieg in die Wachstumsgesellschaft und das spezifische Momentum der Industriegesellschaft als eine Infrastrukturfalle: Immer mehr Menschen gerieten in Abhängigkeit von der zuverlässigen Zufuhr an Energien und der Abfuhr von Abfällen.[88]

Eine zentrale Vorstellung war hier wiederum die des kontrollierten Fließens beziehungsweise der Kanalisation, die schon die Gestaltung der nationalen Landschaften bestimmt hatte.[89] Hinzu kamen Licht und Luft, von denen die Zeitgenossen meinten, dass sie in den zu eng gewordenen Städten nicht mehr in ausreichendem Maße vorhanden waren. Mit lokal je unterschiedlicher Staffelung sind daher in den europäischen und nordamerikanischen Städten im 19. Jahrhundert Systeme der Beleuchtung, der Wasserversorgung und der Abwasserentsorgung eingeführt worden. Um sich von der mittelalterlichen Enge zu verabschieden, wurden dabei viele Stadtmauern und Wehrbauten geschleift. Anschließend gestaltete man die Häuser und Straßen so, dass ein möglichst reibungsloser Verkehr sowie ein kontinuierlicher Austausch mit dem Umland und seinen natürlichen Ressourcen möglich wurden.

Denn Stillstand, Dunkelheit und Dreck wurden zusehends mit einem nicht mehr zeitgemäßen Zustand der Zivilisation gleichgesetzt. Zwar wurden Krankheiten keineswegs durch die Ausdünstung von »Miasmen« erzeugt, wie man im 19. Jahrhundert noch annahm. Solche Irrtümer haben es nicht verhindert, dass die Hygiene zu einer Obsession der modernen Stadt wurde. Die Erkenntnis, dass Viren, Bakterien und andere Erreger für Krankheiten verantwortlich sind und sich vor allem von Mensch zu Mensch übertragen, hat den Durchbruch der »sanitären« beziehungsweise »bakteriologischen« Stadt umso mehr befördert.[90]

Noch bevor die konkreten medizinischen Ursachen vieler Krankheiten wie Diphterie, Cholera oder Typhus erkannt waren, hatte in der Wahrnehmung von städtischen Verantwortlichen eine folgenschwere Überblendung stattgefunden. Sie identifizierte Dunkelheit und Schmutz mit Armut und Krankheit. Ersteres wurde dabei als Ursache von Letzterem gesehen. Aufgeklärtes Denken verband sich hier mit den Überzeugungen des liberalen Stadtbürgertums und verwandelte sich zu einem überwiegend technischen Projekt. Hiermit sollten Missstände überwunden und den verarmten und proletarisierten Schichten eine Hilfe zur Selbsthilfe gegeben werden.[91]

Vor allem musste der Schmutz aus den Städten entfernt werden. Dazu galt es, die Durchfeuchtung des Bodens zu verringern, stehende Gewässer zu beseitigen, Fäkalien rasch zu entfernen, die Haushalte nach Möglichkeit mit fließendem Wasser und Wasserklosetts auszustatten, kurzum: den »Blutkreislauf« der Städte anzuregen und gefährliche Stauungen zu vermeiden. Die sich daraus entwickelnde Bewegung zur Förderung der öffentlichen Gesundheit, die im Verlauf des 19. Jahrhunderts streckenweise den Charakter eines Kreuzzugs annahm, gehört zu den unbestrittenen Großtaten des liberalen Bürgertums im 19. Jahrhundert. Doch erscheint sie im Rückblick auch als ein geschickter Schachzug, um die bestehenden sozialen und Besitzverhältnisse im Prinzip unangetastet zu lassen. Mit der Entfernung des Schmutzes und mit anderen technischen Versorgungs- und Entsorgungssystemen sollte auch die soziale Frage insgesamt gelöst werden.[92]

Die Einführung von Wasserversorgung und Abwasserentsorgung, die Pflasterung und regelmäßige Reinigung der Stadtstraßen, die Kanalisierung von Flüssen und die Entwässerung von morastigen Sumpfgebieten sowie die Ausleitung von Unrat und Kot aus dem Inneren der Städte – all dies wurde nach und nach zu einem unhintergehbaren Standard für eine Stadt, die sich als modern verstand. In den Metropolen Europas und der USA entstand auf diese Weise eine modellhafte Politik, aus der sich später die Leistungsverwaltung und der Interventionsstaat entwickelten. Durch Katastrophen wie Epidemien, Großfeuer oder andere Unfälle mitgeformt, zielte es auf eine vorausschauende und planende Bewältigung von Problemlagen. Auch wurde ausgestaltet, was man später Urbanität nennen sollte, also ein großstädtischer Lebensstil, der durch Mobilität, Kommunikation, arbeitsteiliges Wirtschaften und breite Freizeitangebote gekennzeichnet ist. Er beruht auf infrastrukturellen Vorkehrungen, die das einzelne Individuum nicht mehr selbst erbringen kann. Der Vergleich mit anderen Städten und anderen Nationen war dabei stets zentral. Die »Metropolen der Moderne« sahen sich in einem Standortwettbewerb um Industrien und eine möglichst kreative Bevölkerung.[93] Ein Zeit- und Geistesgenosse des oben schon erwähnten Frank Norris, der progressive Autor Lincoln Steffens, beklagte im Jahr 1904 den schwachen Infrastrukturausbau amerikanischer im Vergleich zu europäischen Städten. Dafür machte er, ähnlich wie Norris, vor allem Korruption und die in den USA fehlende staatliche Aufsicht verantwortlich.[94] Tatsächlich waren es wohl eher die Konkurrenz starker lokaler Regierungen, die finanziellen Potentiale der Kommunen sowie die Expertise vor Ort, die dafür sorgten, dass in Europa eine Gesundheitsfürsorge und ein urbanes Lebensniveau so schnell entstanden.[95] Die Dynamik, welche die Entwicklung des Fürsorge-, des Gesundheits- und des Bildungswesens nun bekam, war von der Befürchtung städtischer Eliten mitbedingt, dass eine sich ausbreitende Armut zu viele »externe Effekte« hervorbringen werde. Sie sahen die öffentliche Sicherheit und Ordnung, den sozialen Frieden und die wirtschaftliche Entwicklung gefährdet. Daher wurde die Isolation von Seuchenherden und die sanitäre Aufrüstung zwar erst in den besseren Vierteln durchgeführt. Sobald sie sich dort jedoch rentierten, wurden auch die ärmeren und die Slumgebiete rasch mit einbezogen.[96]

Experten der Gesundheitsfürsorge wiesen zunächst vor allem auf die Missstände in den ärmeren Vierteln einer Stadt hin, etwa die dramatische Kindersterblichkeit. Anschließend gingen sie oft kampagnenartig dagegen vor. Daraus entwickelte sich ein Aktionsmuster lokaler und regionaler Behörden, das bis heute trägt. Dabei wurden die Behauptungen, man wolle die hygienische Situation verbessern oder die öffentliche Sicherheit gewährleisten, seither zu Dauerargumenten, wenn es galt, technische Modernisierungen oder biopolitische Eingriffe vorzunehmen. Verordnungen wie das deutsche »Gesetz betreffend die Bekämpfung gemeingefährlicher Krankheiten« von 1900 boten den Kommunen willkommene Hebel zur Intervention in vermeintlich »unhaltbare Zustände«.[97]

Dabei handelten die Fachleute zusehends professioneller, etablierten entsprechende Institutionen und argumentierten stets mit dem Gemeinwohl. Mit Hilfe von Verordnungen des Brandschutzes, der Bau- oder der Medizinal-Polizei schufen sie eine Fülle an Standards und Regularien. Zugleich mobilisierten sie öffentliche Unterstützung und legitimierten politische Entscheidungen, indem sie statistische Erhebungen anfertigen ließen und entsprechend interpretierten.[98] Nach diesem bis heute wiederkehrenden Beispiel entstanden die technischen Strukturen und räumlichen Umfelder der modernen Stadt.[99]

Medizinische, technische und administrative Funktionseliten waren dabei die leitenden Akteure des militärischen und zivilen Infrastrukturausbaus. Sie fanden sich in Vereinen wie dem französischen *Corps des Ponts et de Chaussées*, der britischen *Institution of Civil Engineers* oder dem *Deutschen Verein für öffentliche Gesundheitspflege* zusammen und tauschten regelmäßig auch auf internationaler Ebene praktische Informationen aus. Diese fachlichen Gemeinschaften bildeten dabei eine spezifische technokratische Hintergrundideologie aus, die sich vermeintlich unpolitisch gab. Sie orientierte sich vornehmlich an Kriterien der Funktionalität und der Effizienz und übertrug technische Organisationsmodelle gern auf die Gesellschaft insgesamt.[100] Meist wirkten diese Experten eher im Verborgenen und bedienten sich eines schwer nachvollziehbaren Fachjargons. Die meisten von ihnen – in Frankreich und Deutschland tendenziell mehr als in England und den USA – vertraten zudem die Ansicht, der Staat sei ein besserer Bauherr und Betreiber von Infrastrukturleistungen als private Unternehmer.[101] Damit trugen sie dazu bei, der unsichtbaren Hand des Marktes etwas zur Seite beziehungsweise gegenüberzustellen, was später die öffentliche Hand genannt werden sollte.

Es ist in diesem Zusammenhang auch von einem »Munizipalsozialismus« gesprochen worden, der überwiegend von lokalen Honoratioren getragen wurde.[102] Ein prominenter Vertreter dieser Denkweise, der Mediziner Rudolf Virchow, meinte hierzu im Jahr 1884: »Der Unterschied der Stände wird mit jedem Tag geringer. Jede neue Einrichtung, die Wasserleitung, die Kanalisation, die Beleuchtung, falls sie allgemein wird, bringt etwas Demokratisches in die Verhältnisse. Der Eine muss es machen wie der Andere.

Der Eine kann sich nur zwei Gasflammen leisten, der Andere schafft sich vielleicht ein Dutzend, aber wir benutzen alle dasselbe Gas, dasselbe Wasser, dieselben Kanäle.«[103] Hier blitzte bereits so etwas wie die liberale Vision einer modernen Konsumgesellschaft auf, die auf der sozial einebnenden Macht der Stadttechnologie basierte. Sie sah die Kanalisation als ein »Instrument zur Reinigung des physischen und sozialen Körpers der Stadt«.[104] Virchow war gesellschaftlicher Umgestaltung gegenüber nicht gänzlich abgeneigt. Wie die reformerischen Mitglieder der britischen *Fabian Society* oder die Saint-Simonisten in Frankreich gehörte er eher zur linken Fraktion des Bürgertums. Für Sozialdemokraten wie Wilhelm Liebknecht trug ohnehin jede Maschine das Versprechen der sozialen Emanzipation in sich. Im Unterschied dazu wollten Bürgerliche wie Virchow die sozialen Begrenzungen zwar durchlässiger gestalten, aber keinesfalls ganz überwinden. Daher lassen sich im Infrastrukturausbau des 19. Jahrhunderts weiterhin gravierende Unterschiede nachweisen, sowohl in sozialer als auch in religiöser und ethnischer Hinsicht. Außerdem fielen die Versorgung mit Wasser und mit Abwassersystemen, die Anbindung an den Verkehr und die Kommunikationseinrichtungen in der Regel umso schlechter aus, je heterogener die Bevölkerung war.[105] Die wohlhabenderen Viertel einer Stadt oder einer Region waren fast immer deutlich früher an diese Systeme angeschlossen als die ärmeren, oftmals ethnisch durchmischten Viertel, und jeder Anschluss schuf seinerseits neue soziale und wirtschaftliche Gefälle. Dieses Muster reproduzierte sich zeit- und systemübergreifend.

Solche sozialen Gestaltungsprozesse über Infrastrukturen sind besonders gut fassbar bei den konsequentesten Beispielen des Stadtumbaus im 19. Jahrhundert. In Paris, London oder Wien stießen seit langem funktionierende Stadtsysteme seinerzeit an ihre Grenzen. Sie mussten gleichsam von innen heraus reformiert und umgestaltet werden. Bevölkerungswachstum, Proletarisierung, Krankheiten, gesellschaftliche Missstände und wachsender sozialer Sprengstoff ließen hier in den Augen bürgerlicher Schichten unumgängliche Handlungszwänge entstehen. Oft bedurfte es dennoch eines katastrophischen Anlasses, um endlich tätig zu werden. Wegen einer Gelbfieberepidemie wurde Philadelphia zwischen 1779 und 1801 zur ersten Stadt der USA mit einer öffentlichen Wasserversorgung.[106] Wien wurde nach einer Choleraepidemie in den 1830er Jahren zum Vorreiter der Abwasserentsorgung in Europa.[107] Hamburg entwickelte sich durch ein Großfeuer in den 1840er Jahren zu einem Pionier bei der Wasserversorgung. In Paris schließlich bildeten die Aufstände des Jahres 1848 mit ihren Barrikadenkämpfen einen Anlass, um über die Neugestaltung des Stadtraums nachzudenken. Zehn Jahre später litt London unter einem derart heißen Sommer, dass die Schwaden eines fauligen Gestanks, der von der wasserarmen Themse herrührte, selbst die mit feuchten Tüchern abgehängten Fenster des britischen Parlaments in Westminster durchdrangen. Dieses Ereignis ist als *Great Stink* in die Stadtgeschichte eingegangen. Es hat, wie alle anderen Ereignisse auch, den Umbau der Städte zu modernen Metropolen beschleunigt.[108]

In solchen Momenten konnten sich einzelne Persönlichkeiten aus der Riege der Experten für öffentliche Fragen einen Namen machen. Zu ihnen gehört William Lindley, der in Hamburg und in Warschau die Grundlagen für die sanitäre Stadt legte. Edwin Chadwick verfasste 1842 mit seinem »Report on the Sanitary Conditions of the Labouring Population of Great Britain« ein grundlegendes Dokument für die technische Lösung sozialer Missstände. James Bazalgette setzte für London viele nach dem Sommer 1858 geplante Maßnahmen um. Joseph Hobrecht und Carl Ludwig Friedrich von Hinckeldey gestalteten Berlin maßgeblich um. Vor allem aber Georges Eugène Haussmann gelangte zu Ruhm, nachdem er Paris ab 1853 den neuzeitlichen Sanitär- und Verkehrsbedürfnissen angepasst hatte. In der so männlich erscheinenden Riege der Stadtphysiker muss aber auch die Krankenschwester Florence Nightingale erwähnt werden. Sie hatte für britische Soldaten im Krimkrieg mustergültige Hygieneregeln eingeführt. Nachdem die Todesziffern in den Lazaretten deutlich fielen, wurden solche Regeln nach und nach in ganz Europa angewandt.

Die meisten dieser Persönlichkeiten waren von willigen Stadtregierungen und einer breiten Zustimmung in der Bevölkerung getragen – auch wenn diese sich oft erst nach der Fertigstellung von Infrastruktureinrichtungen einstellten. Zwar mussten auch sie sich Gedanken um die Finanzierung machen. Doch besaßen sie beträchtliche Gestaltungsspielräume, wie sie in pluralistischen und demokratischen Gesellschaften später nur noch sehr vereinzelt anzutreffen waren. So ist die außergewöhnliche Gestalt des Stadtplaners Robert Moses hervorzuheben, der oft als der »Haussmann New Yorks« im 20. Jahrhundert bezeichnet wurde. Beide Persönlichkeiten erlitten denn auch ein ähnliches Schicksal: Nach vielen Jahren sehr erfolgreicher und nachhaltiger Umgestaltung erschienen sie selbst irgendwann nicht mehr zeitgemäß. Und sie hatten sich zu viele Gegner gemacht. Denen gelang es freilich nur durch mehr oder weniger konstruierte Hinweise auf Korruption und Misswirtschaft, um die lange Zeit über Unangreifbaren aus ihren Ämtern zu drängen.

Auf Moses wird noch zurückzukommen sein. Haussmann jedenfalls blieb bis heute eine geradezu legendäre Figur. Er machte aus Paris die »Hauptstadt des 19. Jahrhunderts«, wie Walter Benjamin sie später nannte. Paris befand sich dabei im Wettbewerb mit London, der in dieser Zeit größten und sicher auch einflussreichsten, aber weniger stilprägenden Stadt. Haussmann ließ die breiten und berühmten Boulevards ausbauen, auch um Breschen durch die verwinkelte Kernstadt zu schlagen und das Anlegen von Barrikaden zu verhindern. Boulevards und innerstädtische Parks sollten nun vor allem das bürgerliche Flanieren ermöglichen.[109] Haussmann verknüpfte außerdem die außerhalb des Zentrums gelegenen Kopfbahnhöfe mit dem innerstädtischen Verkehr. Zusammen mit dem Ingenieur Eugène Belgrand reformierte er die Pariser Wasserversorgung und erneuerte die Abwasserkanalisation. Darin erlebten nicht nur Harry Lime und andere Romanhelden ihre Abenteuer. Auch der Fotograf Félix Nadar stieg in den 1860er Jahren mit seiner Ausrüstung in die Katakomben hinab. Mit langen Belichtungszeiten gelang es ihm, eine unheimliche, faszinierende Stimmung festzuhalten und vor allem Ehrfurcht vor der Größe dieses unterirdischen Bauwerks zu wecken. Haussmann aber ließ darüber hinaus sowohl zentrale Markthallen bauen als auch einen zentralisierten Schlachthof in La Villette am Rande des Stadtzentrums. Dort wurde fortan billiges, auch für Proletarier erschwingliches Fleisch hergestellt – es kann neben der Kohle als zweite zentrale Energiequelle des Industriezeitalters gelten.[110]

An die Peripherie der Stadt wurden mit diesen Maßnahmen diejenigen Teile der Pariser Bevölkerung vertrieben, die sich die steigenden Innenstadtpreise nicht mehr leisten konnten. Sie mussten nun mit öffentlichen

3 Bootsfahrt in die unterirdische Stadt (aus Félix Nadars
Fotoserie *Égouts de Paris* von
1860)

Verkehrsmitteln täglich aus den Banlieues ins Zentrum pendeln. Eher spät
kam dann ab 1900 die Pariser Metro hinzu. Mit ihr stieg der innerstädtische Verkehr noch einmal sprunghaft an. Vorreiter waren hier London, Bu-
dapest und Glasgow gewesen, zum Durchbruch verhalf der kühnen Technik aus nachvollziehbaren Gründen aber erst der elektrische Antrieb.[111] Die
Pariser Metrostation *Chatelet/Les Halles* ist heute mit 800 000 Passagieren
pro Tag der größte Knotenpunkt des europäischen Nahverkehrs.

Das Leben in den Metropolen strahlte generell rasch in die übrigen
Städte aus. Mit kürzerer Verzögerung, als man gemeinhin annimmt, be-
einflusste es aber auch das umliegende Land. Der Alltag veränderte sich im
19. Jahrhundert generell rasant: Durch die ununterbrochene Beleuchtung
und die ständige Verfügbarkeit von Kraft und Wärme hörten metropoli-
tane Zentren gleichsam auf zu schlafen. Zugleich jedoch unterwarfen sie
die alltägliche Logistik des Lebens einer rigiden Taktung.[112] Die Wege und
die Tage wurden länger, bürgerliche Ordnungs- und Hygienestandards setz-

ten sich durch und führten zu einer organisierten Abfuhr von Exkrementen und von Müll sowie zu einer Verlagerung der vitalen Funktionen ins Haus.[113]

Für regelmäßig auftretende Bedürfnisse wurden entsprechende »Nothwinkel«, später sogar eigene Anstalten eingerichtet.[114] Damit nicht mehr wild auf die Straße gespien wurde, stellte man Spucknäpfe auf, und für das Beseitigen der Fäkalien von Hunden und Pferden wurden nun die Besitzer verantwortlich gemacht. Ob jemand öffentlich auffällig wird, uriniert oder durch anderen »Unflat« potentiell peinliche Belästigungen erzeugt, ist seither zum Gradmesser für die Zivilisiertheit des Stadtbewohners geworden.[115] Urbane Umfelder erforderten ein öffentlich beherrschtes und unauffälliges Auftreten. Selbst das Reden über kreatürliche Dinge fiel dem immer feiner werdenden Schamempfinden des »reinlichen Bürgers« zum Opfer. Es wurde zum Merkmal »niederer« Schichten oder zu einem Mittel der gezielten Provokation.[116]

In Paris und London, Wien und Berlin, in New York, Moskau und anderswo entstanden hierzu notwendige Leitungs- und Versorgungssysteme, die mal integral geplant und erweiterungsfähig angelegt wurden oder sich anderswo eher labyrinthisch kreuzten und querten. Seit in der Mitte des 19. Jahrhunderts der Personenaufzug zur Verfügung stand, konnte auch in die Höhe gebaut werden.[117] Der genaue Verlauf der unterirdischen Leitungen wurde dabei in aller Regel nur unvollständig dokumentiert und noch seltener zentralisiert zugänglich gemacht. Seither kann jede Grabung, jeder Weg in den Untergrund – beziehungsweise das Unterbewusste der Städte – für Überraschungen sorgen.[118]

Gerade das Diffuse machte die Kanalsysteme großer Metropolen aber auch zu einem Ort des Rückzugs und der Zuflucht für alle diejenigen, die oberirdisch keinen Status mehr haben. Die Wiener »Kanalstrotter«, über die der Journalist Max Winter schon am Anfang des 20. Jahrhunderts aufsehenerregende Sozialreportagen verfasste, lebten von den noch verwertbaren Ausscheidungen des städtischen Organismus.[119] 1956 machte der polnische Regisseur Andrzej Wajda die unterirdischen Systeme, wie schon Orson Welles vor ihm, zum Ort einer Filmhandlung – wenn auch in einem deutlich anderen Kontext. *Der Kanal* wurde zum erhebenden Dokument des Kampfes der polnischen Heimatarmee im Zweiten Weltkrieg. Die hatte ab 1943 die verborgenen Tunnel und Kammern des Warschauer Abwassersystems dazu genutzt, gegen die deutschen Besatzer zu kämpfen. Am Ende jedoch fanden auch die heldischen Widerstandskämpfer in den Kanälen den Tod.

2 Lebensadern der Gemeinschaft: Das frühe 20. Jahrhundert

La Fée Électricité

In ihrem Verhältnis zu Maschinen vertrat die frühe Arbeiterbewegung keine einheitliche Position. Doch wurde aus Furcht vor Konkurrenz von Aufständischen mancher Webstuhl und manche Dampfmaschine zerstört. Uneinheitlich war auch die Haltung in Bezug auf den richtigen Weg zum Sozialismus und generell zu einem besseren Leben. Auf eine nahezu ungeteilte Begeisterung der linken Intellektuellen stieß jedoch die Elektrizität. Am 27. Februar 1883 schrieb Friedrich Engels an den Theoretiker der SPD, Eduard Bernstein, über die geradezu revolutionären Folgen dieser neuen Kraft:

»Die Dampfmaschine lehrte uns Wärme in mechanische Bewegung zu verwandeln, in der Ausnutzung der Elektrizität aber wird uns der Weg eröffnet, *alle* Formen der Energie: Wärme, mechanische Bewegung, Elektrizität, Magnetismus, Licht, eine in die andre und wieder zurück zu verwandeln und industriell auszunutzen. (… Die) neueste Entdeckung, daß elektrische Ströme von sehr hoher Spannung mit verhältnismäßig geringem Kraftverlust durch einen einfachen Telegraphendraht auf bisher ungeträumte Entfernungen fortgepflanzt und am Endpunkt verwandt werden können – die Sache ist noch im Keim –, befreit die Industrie definitiv von fast allen Lokalschranken, macht die Verwendung auch der abgelegensten Wasserkräfte möglich, und wenn sie auch am Anfang den *Städten* zugute kommen wird, muß sie schließlich der mächtigste Hebel werden zur Aufhebung des Gegensatzes von Stadt und Land. Daß aber damit auch die Produktivkräfte eine Ausdehnung bekommen, bei der sie der Leitung der Bourgeoisie mit gesteigerter Geschwindigkeit entwachsen, liegt auf der Hand.«[1]

Zur Zeit dieses Schreibens hatte die zweite industrielle Revolution gerade erst begonnen. In den rund 40 Jahren vor dem Ausbruch des Ersten Weltkriegs wurden die technischen Grundlagen des 20. Jahrhunderts geschaffen. Dabei zeichneten sich die politischen Konflikte der kommenden Epoche schon mit ab. Durch die kurzen Wege, die Nachrichten- und Verkehrstechniken seit Mitte des 19. Jahrhunderts ermöglichten, entwickelte sich vor allem der transatlantische Raum zwischen den USA und Westeuropa in Bezug auf technische Erfindungen zu einer Zone synergetischer Effekte.

Hatte die erste industrielle Revolution vor allem die Produktivität der Unternehmen potenziert, zielte die zweite industrielle Revolution sehr viel nachhaltiger auf das Leben breiter Bevölkerungsschichten ab. Sie sollte deren Alltag noch einmal grundlegend verändern. Das bezog sich vornehmlich auf vier Felder: *erstens* auf die systematische Erzeugung und Nutzung von Elektrizität, *zweitens* auf die Entstehung und Kommerzialisierung von Verbrennungsmotoren, *drittens* auf die Entwicklung besonders leistungsfähiger Materialien und synthetischer Stoffe sowie *viertens* auf die Herausbildung der modernen Kommunikations- und Informationsnetzwerke.[2]

Innerhalb weniger Jahre erblickten folgende Erfindungen das Licht der Welt: elektrische Geräte aller Art, motorgetriebene Fahrzeuge, auf Stahlgerüsten aufruhende Hochhäuser, wesentliche Einrichtungen der städtischen Infrastruktur, das Dynamit, das Aluminium, der Kühlschrank und die Air Condition, moderne Druckverfahren und die Schreibmaschine, das Telefon, Foto-, Film- und Tonapparate, aber auch der Kugelschreiber, Cornflakes und der Strohhalm. Ob danach das 20. Jahrhundert außer der Gasturbine, dem Computer sowie der nur unvollständig durchgesetzten Nutzung der Kernenergie nichts grundlegend Neues mehr hervorgebracht hat, sei dahingestellt.[3] Jedenfalls wurden die im ausgehenden 19. Jahrhundert erfundenen Dinge anschließend vor allem im Design oder in ihren Wirkungsgraden optimiert, dabei verbilligt und allgemein zugänglich gemacht. Sie änderten sich aber nicht mehr grundlegend.

Engels und Bernstein forderten beide, dass durch die neuen Annehmlichkeiten auch das Leben der nichtprivilegierten Schichten der Bevölkerung verbessert werden müsse. Sie unterschieden sich aber in den Wegen, die sie vorschlugen. Zusammen mit Karl Marx setzte Engels auf eine revolutionäre Fortentwicklung der Produktivkräfte, die durch die Elektrizität deutlich befördert werde. Bernstein hielt dagegen, es müssten dabei auch die gegebenen gesellschaftlichen Verhältnisse und Traditionen berücksichtigt werden. Das deutete eher auf einen Weg der gesellschaftlichen Reformen hin. Was sich hier abzeichnete und später als Revisionismusstreit in die Geschichte der linken politischen Bewegungen eingegangen ist, spiegelte sich auch im weiteren Umgang mit den Infrastrukturen wider. Der revolutionäre Ansatz wurde später von Wladimir Iljitsch Lenin in die Tat umgesetzt. Schon 1920, kurz nach der Machtübernahme der Bolschewiki, verkündete er die vollständige Elektrifizierung der jungen Sowjetunion und deklarierte sie als einen zentralen Bestandteil des künftigen Kommunismus. In der beginnenden Planwirtschaft entwickelten sich daraus zahllose Großprojekte der Energiegewinnung. Diese waren aber vornehmlich darauf ausgerichtet, die industrielle Produktion zu steigern. Die Nachfrage der Bevölkerung nach guter Versorgung und einer Überwindung des Mangels, den das kommunistische Projekt ihr versprochen hatte, wurde durch diese Ausrichtung nur unvollständig befriedigt. Davon wird noch die Rede sein.

Vielschichtiger ist der Umgang des moderateren Teils der Arbeiterbewegung mit der Energiefrage. Bernstein oder sein Parteivorsitzender August Bebel hegten an den revolutionären Potentialen der elektrischen Kraftgewinnung und ihrer Verteilung ebenfalls keinen Zweifel. In seinem 1879 zum ersten Mal erschienenen Buch »Die Frau und der Sozialismus«, zu dem Bernstein ein Vorwort beisteuerte, zeigte Bebel sich geradezu berauscht von den Möglichkeiten der modernen Technik. Anders als Engels oder Lenin sahen die Sozialdemokraten in der Elektrizität aber eine Chance, aus der Situation des Mangels unmittelbar in eine des Überflusses zu wechseln. Und dies sollte nicht erst *nach* einem revolutionären Umsturz der gesellschaftlichen Verhältnisse geschehen.

Dabei erwies sich Bebel als besonders aufmerksam in Bezug auf die Rolle der Frau. Durch die mechanischen und elektrischen Erleichterungen im Haushalt oder die Angebote einer elektrifizierten Großküche werde es ihr ermöglicht, die Fesseln der alltäglichen Arbeit abzuwerfen. In der Folge könnten Frauen sich emanzipieren und am gesellschaftlichen Leben teilnehmen. Vielleicht, so Bebel, könnten sie sogar selbst einer Erwerbsarbeit nachgehen.[4]

So kam es für viele Frauen letztlich zwar tatsächlich, aber es sollte doch geraume Zeit länger dauern, als es sich Bebel oder die damals entstehende Frauenbewegung vorstellten. Was beide ebenso wenig voraussahen, war der Umstand, dass die Technisierung der Haushalte keineswegs nur Gewinner hervorbrachte. Vielmehr setzte sie zunächst eine ganze Reihe von Dienstboten frei. Beim Hauspersonal fanden sich daher ebensolche Widerstände gegen die Einfuhr neuer Technologien wie unter den Fabrikarbeitern. Anders als mancher politische und technische Visionär annahm, widersetzten sich daher viele der potentiellen Nutzer und weigerten sich, die Elektrizität in ihre Wohnungen zu lassen. Das lag vor allem an zwei Umständen.

Der *erste* Grund war die Tatsache, dass es seit dem frühen 19. Jahrhundert mit dem ebenfalls aus England auf den Kontinent hinüberwechselnden Gas bereits einen »veredelten« Energieträger gab. Der erfüllte schon fast alle Funktionen der Elektrizität, und er tat dies zunächst meist sogar besser. Im frühen 19. Jahrhundert beleuchtete das Gas zum ersten Mal öffentliche Plätze und trug damit zu einem kulturellen Wandel des – auch emotionalen – Umgangs mit Dunkelheit bei.[5] Das Heizmittel konnte sich gegenüber der Elektrizität weiter behaupten, und bis heute schwören viele auf die Vorzüge des Gasherds. Die Konkurrenz zwischen Gas und Strom reicht daher bis in die Gegenwart. Verwaltungen und Stromanbieter versuchen weiterhin, dem Gas zumindest als Leuchtmittel den Garaus machen. In Berlin gibt es mit 37 000 Straßenlaternen den weltweit größten Restbestand an öffentlichem Gaslicht. Seit den 1990er Jahren kämpft eine *Gaslichtinitiative Berlin* dafür, die Stadt vor einer vollständigen Elektrifizierung zu bewahren. Die Argumente sind dabei die gleichen, mit denen im 19. Jahrhundert Öl- oder Tranlampen gegen das Gaslicht verteidigt wurden.[6] Das Neue sei zu grell, zu teuer, zu gefährlich, und es schade zudem der Umwelt.[7]

Auch die Elektrizitätswirtschaft hatte seit dem 19. Jahrhundert alle Hände voll zu tun, um Vorbehalte gegen den Strom auszuräumen. In den USA hatte das einer der führenden Erfinder, Thomas Alva Edison, gleich selbst in die Hand genommen. Er illuminierte effektvoll öffentliche Gebäude und passte die Sprache und das Design seiner elektrischen Apparate an Vertrautes an. Auch bei der Vermarktung, der technischen Versetzung und der sozialen Einbindung seiner Erfindungen sollte er sich als Genie erweisen.[8] Dennoch behielten viele potentielle Nutzer ihre Vorbehalte bei, und dies war der *zweite* Umstand, der eine rasche Verbreitung des Stroms verhinderte. Viele Haushalte hatten sich nur sehr zögerlich an das Gas gewöhnt, da es buchstäblich brandgefährlich war. Bis man auf die Idee kam, ihm Riechstoffe beizumischen, wurde es kaum bemerkt, falls es irrtümlich austrat. Die Verlegung von Gasleitungen war eine noch aufwendigere Angelegenheit als die von Wasser- und Abwassersystemen. Ihre Installation war von zahlreichen Unfällen begleitet.

Gaswerke und deren oft gewaltige Speicher werteten eine Gemeinde zwar insgesamt auf. In deren unmittelbarer Nähe zu wohnen konnte jedoch belastend oder gar brisant werden. Angeboten wurde das Stadtgas auch auf dem europäischen Kontinent zunächst von britischen Firmen. Im ausgehenden 19. Jahrhundert wurde es dann oft von den Kommunen übernommen und in Stadtwerke überführt.[9] Die europäischen und US-amerikanischen Elektrizitätswerke blieben meist private Unternehmen, und es fiel ihnen nicht leicht, die Konsumenten zu überzeugen, dass ihr Angebot im Vergleich zu dem von öffentlicher Hand vertriebenen Gas besonders sauber und modern sei.

Dennoch setzte sich der Strom in vielen Bereichen durch. Die immer kleiner werdenden elektrischen Antriebe hielten besonders in handwerklichen Betrieben rasch Einzug, da die Vorteile hier unmittelbar einleuchteten. Mit Verzögerung wurde auch die Landwirtschaft elektrifiziert, noch sehr viel unmittelbarer der öffentliche Nahverkehr.[10] Die elektrische Straßenbahn und erst recht die U-Bahn galten um 1900 bei Kommunalpolitikern als ultimativ modern und großstädtisch, keins von beiden zu haben, war geradezu eine »Schande«.[11] Dies wurde nach und nach auch von den Fahrgästen so gesehen. Dabei waren die Fahrpreise der von Pferden gezogenen Straßenbahnen oft besonders hoch, weshalb dieses Angebot mit Luxus und privaten Profitinteressen assoziiert wurde.[12] Der öffentliche Nahverkehr, gleich welchen Antriebs, entwickelte sich alsbald zu einer der präsentesten Infrastrukturen des urbanen Lebens. Straßenbahnen, Hochbahnen oder U-Bahnen gestalteten das innere Raumgefüge und die Reichweite moderner Städte entscheidend mit. Sie erlaubten es, problemlos in Vorstädte und das Umland zu gelangen, womit es vielen Bürgern möglich wurde, weit vor den früheren Toren der Stadt zu siedeln. Daher ist der soziale wie kulturelle Einfluss dieser Verkehrsmittel kaum zu überschätzen.[13]

Die Begeisterung für die Potentiale des Stroms, wie sie Engels und andere zur Schau trugen, übertrug sich nicht unmittelbar auf die Mitglieder privater Haushalte. Vielmehr mussten die vielfältigen Anwendungsmöglichkeiten der Elektrizität von den Anbietern zunächst entwickelt beziehungsweise gefunden und aktiv kommuniziert werden. Erst durch die begleitenden und ständig werbenden »Redeströme« konnten die modernen Gesellschaften elektrifiziert werden. Die Möglichkeiten der Technik und die Bedürfnisse der Gesellschaft näherten sich einander erst im Laufe langwieriger Auseinandersetzungen an.[14]

Bei der Domestizierung des Stroms spielten Frauen offenbar eine besondere Rolle. Ihre spezifischen Erfahrungen trugen dazu bei, Entwickler, Ingenieure und Verkäufer mit Ideen zu versorgen und herauszufinden, was man im Haushalt mit Elektrizität alles anfangen könnte. So formten sich aus einer bloßen Möglichkeit konkrete Anwendungen für den Alltag. Es waren die Frauen, die im privaten Bereich über den Erfolg oder Misserfolg von Stromangeboten entschieden. Sie mussten einen praktischen Mehrwert und eine Erleichterung für sich darin erkennen. Vor allem mussten ihre Ambivalenzen und Vorbehalte überwunden werden.[15]

Nicht von ungefähr wurden Sinnbilder der Stromkraft meist weiblich aufgeladen – la Fée Électricité, die Elektrizität als das weibliche Zauberwesen.[16] Die Elektrizität war im 19. Jahrhundert gerade erst erforscht worden, und man hatte damit begonnen, sie industriell zu produzieren und zu speichern. Um ihre Effekte besser fassbar zu machen, ist sie zum Beispiel oft mit Nervenbahnen gleichgesetzt worden, woraus sich auch das Bild von ihr als »Lebenselixier« ableitete. Dieses Bild wiederum war schon im frühen 19. Jahrhundert durch eine Frau zu einem Mythos der ambivalenten Moderne gestaltet worden: Mary Wollstonecraft Shelley hatte 1818 in einem epochalen Roman beschrieben, wie der Schweizer Arzt Viktor Frankenstein durch einen Stromstoß einem künstlichen Menschen zum Leben verholfen hatte – der dann jedoch ein fatales Eigenleben entfaltete. Inspiriert hatten

Shelley die zeitgenössischen Experimente der Italiener Luigi Galvani und Alessandro Volta.

Die Elektrizität verstärkte insgesamt noch einmal die organischen Analogien der Infrastrukturen als Venen und Arterien und erweiterte sie um die noch etwas raffinierteren Elemente der Nervenbahnen, des Geistes, des belebenden Funkens und der Lebenskraft insgesamt.[17] Je mehr Stromleitungen verlegt und je mehr Geräte daran angeschlossen wurden, umso stärker schien diese Vorstellung zu überzeugen. Insgesamt war die Elektrizität durch die Verschränkung von Funktionalität und Symbolkraft so plausibel, dass sie sich erfolgreich durchsetzen konnte.[18]

Die Effekte, aus denen diese Bilder abgeleitet waren, wurden zunächst in grell leuchtenden Installationen an öffentlichen Gebäuden und Plätzen und in repräsentativen Umfeldern in Szene gesetzt. Betuchte Privatkunden, die oft als Pioniere neuer Möglichkeiten galten, setzten dabei die Trends für den Hausgebrauch. Durch nächtliche Dauerbeleuchtung etwa der Eingangsbereiche ihrer Firmen- und Privatgebäude mehrten sie ihr soziales Prestige. Die Inszenierungen auf großen elektrotechnischen oder Weltausstellungen trugen ebenfalls zur Symbolkraft bei. Tragische Unfälle mit Gas bewirkten ein Übriges: Im Jahr 1881 brannte wegen eines Fehlers der Gasbeleuchtung das vollbesetzte Wiener Ringtheater ab, mindestens 384 Menschen starben in den Flammen.[19] Es war nicht die erste Katastrophe, die durch die Gasbeleuchtung verursacht wurde. In fataler Ironie wurde im Jahr 1903 einer der größten Theaterbrände überhaupt durch einen defekten elektrischen Scheinwerfer und die von ihm verursachten Kurzschlüsse entfacht. Die Tragödie im Iroquois-Theater in Chicago forderte über 600 Menschenleben.[20]

Das Widerspiel von Schub- und Zugkräften bei der Durchsetzung der Elektrizität hielt weiter an. Am Ende aber waren nicht nur Großteile der Industrie und der öffentlichen Einrichtungen, sondern auch die Mehrzahl der privaten Haushalte elektrifiziert. Dies dauerte freilich selbst in Mitteleuropa bis tief ins 20. Jahrhundert, obwohl der Trend zu einer Infrastruktur für breite Kreise der Bevölkerung schon um die Jahrhundertwende nicht mehr aufzuhalten war. Die USA waren, wie so oft, hier einen bis zwei Schritte voraus. Nachdem der österreichische Schriftsteller Stefan Zweig 1935 New York besucht hatte, schrieb er:

»Alles geschieht hier durch Electricität, diese Ieise, herrliche unsichtbare Kraft, sie treibt die Bahnen, sie wäscht die Wäsche, sie kocht das Essen, sie gibt Hitze und gibt Kälte, sie trägt uns die künstlichen Gebirge empor und wieder hinab, sie schenkt uns Wort und Klang und Schau: unausdenkbar der Gedanke, was aus Newyork würde, stockte für einen Augenblick diese Kraft; es wäre wie ein Herzschlag, der alle Glieder lähmte, alles stände still, alles würde dunkel und leer, denn sie ist überall und alles, die Elektricität in dieser Stadt, und ich glaube, untersuchte ein Biologe vergleichend die menschlichen Körper, er fände bei den Bewohnern Newyorks mehr Elektricität in den Nerven und Musceln, als bei den Bewohnern unserer Welt.«[21]

Mit seiner Vision über den aussetzenden Herzschlag sollte Zweig recht behalten, denn es kam in New York gleich mehrfach zu dramatischen Stromausfällen. Der prominenteste ereignete sich am 13. Juli 1977. Zwei Blitzeinschläge im städtischen Elektrizitätsnetz zeitigten weitreichende Folgen: Laternen, Ampeln und Klimaanlagen fielen aus, Aufzüge, Vorortzüge und U-Bahnen standen still, Krankenhäuser, Behörden und Flughäfen stellten auf Notbetrieb um. Eine Hitzewelle trug dazu bei, die zivilisatorischen Routinen, die über funktionierende Infrastrukturen stabilisiert werden, weiter aufzuweichen. Und so griffen Plünderungen um sich, gingen Häuser in Flammen auf, stiegen die Schäden des fünfundzwanzigstündigen Stromausfalls ins Unermessliche. Zugleich aber wurden Kreativität und Improvisationstalente freigesetzt: So gab es spontane »Blackout-Partys«, an denen sich Prominente wie Andy Warhol und Woody Allen beteiligten, und mit Taschenlampen und Kerzen wurden magische Momente erzeugt. Kleine Ursachen hatten Dominoeffekte freigesetzt und die Alltagsgewohnheiten von Millionen Menschen ins Wanken gebracht.[22]

Dass möglichst viel elektrisch funktioniert, ist im 20. Jahrhundert zu einem zentralen Merkmal des urbanen Lebens geworden. Nicht elektrifiziert oder an fließendes Wasser angeschlossen zu sein verwies hingegen auf eine zivilisatorische »Rückständigkeit«. Die Elektrifizierung wurde vor allem deswegen zu einer neuen Qualitätsstufe der Infrastrukturentwicklung, weil der Anschluss zahllose Anwendungen ermöglichte. Hierfür brachten Forschungs- und Entwicklungsabteilungen, Stromanbieter, der Handel und die Werbung immer neue Ideen hervor. Insofern wurde hier für den privaten Konsum ein ebensolcher sich stetig ausweitender Zirkel etabliert, wie er im frühen 19. Jahrhundert für fossile Energien und den ersten Industrialisierungsprozess so kennzeichnend gewesen war.

Die privaten oder öffentlichen Stromproduzenten expandierten seit der Jahrhundertwende immer mehr. Ziel dieses Wachstums war ein möglichst geschlossenes Absatzgebiet ohne teure Umwege und ohne »Versorgungsinseln«.[23] Dazu konnten sie zwar irgendwann auf den breiten gesellschaftlichen Konsens bauen, dass die Elektrizität wünschenswert, sinnvoll und zudem gemeinnützig sei. Der Elektrifizierungsprozess im Einzelnen musste aber auf lokaler Ebene gegen die Widerstände derjenigen durchgesetzt werden, die überzeugt waren, derlei Neuerungen seien modisch und könnten daher ignoriert werden. Diese Gegner waren durchaus zahlreich und beschränkten sich nicht etwa auf die wenigen Hutterer oder Amish People in den USA. Diese allerdings sträuben sich aus religiösen Gründen zum Teil bis heute dagegen, sich ihre gottesfürchtige Arbeit durch Technologien aus der Hand nehmen zu lassen. Andere stellten sich quer, weil sie durch die Verlegung von Stromkabeln persönliche Nachteile zu gewärtigen hatten. Denn die Verlegung solcher technischen Netze brachte massive Eingriffe in Landschaften, in Eigentumsordnungen, in etablierte ökonomische und politische Strukturen sowie in Alltagsroutinen mit sich. Jeder verlegte Kilometer Kabel, jeder Strommast stieß auf widerstreitende Interessen.

In den mehr oder weniger freien Gesellschaften bildeten sich daher wiederkehrende Muster des Aushandelns heraus: Die Energieanbieter bemühten sich zunächst, Konflikte zu umgehen, indem sie im Vorfeld aufzuklären versuchten. Privaten Anrainern von Stromtrassen boten sie Abfindungen an. Auch gingen sie bis zu einem gewissen Grad auf Forderungen des Natur- und »Heimat«-Schutzes ein. Waren die Widerstände renitenter, wurde zunächst meist nachverhandelt. Nutzte auch dies nichts, wurden oft unverständlich schwadronierende Experten aufgefahren, die mit Sachzwängen argumentierten. Beeindruckte auch das nicht, drohten die Gesellschaften mit rechtlichen Schritten oder damit, die Widerständigen vom künftigen Strombezug auszuschließen.[24] In realsozialistischen Systemen wie der DDR war das Vorgehen meist deutlich umstandsloser: Vom Staat benötigtes Land wurde kurzerhand in »Volkseigentum« überführt und – gegebenenfalls unter dem Vorwurf des »Spekulantentums« und »Wirtschaftsverbrechens« – enteignet.

Auch freiere Systeme übten Druck aus. Mit dem Argument, eine Elektrifizierung und die allgemeine Wohlfahrt seien nahezu deckungsgleich, wurde bisweilen ein Anschluss- und Benutzungszwang durchgesetzt. Gehörte der Stromanbieter der öffentlichen Hand, waren Maßnahmen besonders effektiv, nämlich administrativ durchzusetzen. Einem derart forcierten Anschluss konnte sich fast niemand mehr entziehen; wer einmal angeschlossen war, wollte dies aber in aller Regel auch gar nicht mehr. Ein deutscher Stromunternehmer führte 1911 das parallele Beispiel der Wasserleitung an: »Im Anfang will sich niemand anschließen, und wenn die Sache gebaut wird, schließen sich alle an. Nachher würden die Leute die Wasserleitung um viel Geld nicht mehr hergeben. Diese Erfahrung macht man immer. Aehnlich wird es auch mit dem Elektrizitätswerk gehen.«[25] Zunächst sollten also nach diesem Muster vonseiten der Investoren möglichst viele Nutzer angeschlossen werden. Der Bedarf, so das Kalkül, würde sich dann schon ergeben.

Natürlich war auch die Preisgestaltung entscheidend. Es mussten Tarife angeboten werden, die selbst Widerstrebende dazu verlockten, es mit einem Anschluss zu versuchen. Sobald sich ein Angebot dann als Standard etabliert hatte, konnten die Gebühren modifiziert, meistens also angehoben werden. Bisweilen wurden sozialpolitisch erwünschte Preise ausgehandelt. So konnten günstige Straßenbahntarife dazu beitragen, dass Wohngebiete weiter ins Umland ausgriffen. Bessere Auslastungsquoten wurden schließlich zu einem mächtigen Antrieb, um größere Stromverbünde und ein möglichst vielfältiges Spektrum an Anwendern hervorzubringen. Denn Strom zu speichern, etwa über Pumpspeicherkraftwerke, war so aufwendig und kostspielig, dass die Anbieter bei zu viel Bevorratung Verluste machten. Der Strom musste und muss fließen. Daher wurde jede industrielle und private Nutzung, die in der Nacht und außerhalb von Stoßzeiten des Verbrauchs erfolgte, preislich gefördert. Das hatte wiederum soziale Folgen, weil sich mit der technisch bedingten Laufzeit von Maschinen auch die Arbeitszeiten verlängerten. Dagegen mobilisierten vor allem die Gewerkschaften Widerstand. Denn nach wie vor provozierte die Technisierung – und später die Automatisierung – der Arbeitswelt ein ambivalentes Echo in der Arbeiterbewegung.

Entscheidend für den Erfolg der Elektrizität im Alltag – und damit für ihre Aufwertung zu einer Infrastruktur – war jedoch die gezielte Werbung für ihren Einsatz als Haustechnik. Diese Werbung hatte sich mit konkurrierenden Energieträgern auseinanderzusetzen, nicht nur dem Gas, sondern auch dem Petroleum oder dem Brennspiritus. Dadurch gerieten alle vorhandenen Technologien unter Druck, sich zu verbessern. Die Gasbeleuchtung etwa gewann im Jahr 1892 wieder einen kleinen Vorsprung vor dem elektrischen Licht. Denn mit der Einführung des Glühstrumpfes vervielfachte sich die Helligkeit der Gaslampen bei geringerem Verbrauch. Die Stromwerbung wiederum verwies darauf, dass das Beleuchtungsgas in geschlossenen Räumen Sauerstoff verbrauche. Daher würden über kurz oder lang alle Einrichtungsgegenstände mit grauen Ablagerungen überzogen. Auch wurde gezielt das Gerücht gestreut, mit Gas zubereitete Speisen nähmen einen entsprechenden Geruch und Geschmack an.[26]

Seit Johann Vaillant 1894 den geschlossenen und mit Gas betriebenen Badeofen vorgestellt hatte, wurde es in bürgerlichen Kreisen zu einer Mode, mit solchen Apparaten zu glänzen. Erst jetzt bot es sich an, regelmäßig mit erwärmtem Wasser zu duschen oder zu baden. Als neues Geschäftsmodell etablierte es sich, solche Energieverbraucher besonders günstig an die potentielle Kundschaft abzugeben, bei der Finanzierung zu helfen oder sie gegen eine geringe Gebühr zu verleihen. So konnten die einmal installierten Infrastrukturen besser ausgelastet werden. In London wurden um die Wende ins 20. Jahrhundert bereits Tausende von Gasöfen verliehen.

Noch effektiver war es, solche Aktionen in konkurrenzfreien Situationen zu starten. So ließ John D. Rockefeller in China seit 1905 kostenlos Millionen von Petroleumlampen verteilen, um die Abnehmer auf eine dauerhafte Belieferung durch seine *Standard Oil* zu eichen. Dieser proaktive Vorgang, um gezielt bedürftige Konsumenten zu erzeugen, wurde in Romanen wie »Oil for the Lamps of China« (1933, verfilmt 1935) ähnlich kritisch aufgegriffen und kommentiert wie zuvor schon die Eisenbahnmagnate oder die unhaltbaren hygienischen Zustände in den Chicagoer Schlachthöfen.[27] Als *Rockefeller-Prinzip*, nämlich durch den günstigen Verkauf eines Produkts gewinnträchtige Folgeerträge zu provozieren, blieb es bis heute eine ungemein erfolgreiche Marktstrategie.

In den USA und in Europa waren solche durch Infrastrukturen geschaffene Konsummöglichkeiten schon im frühen 20. Jahrhundert weithin etabliert. So kamen neben der Beleuchtung und dem warmen Wasser, dem Wasserklosett und der Waschmaschine nach und nach der Staubsauger, der Kühlschrank und der Mixer hinzu, ebenso Gurtmassagen, Plätteisen, die Wäscheschleuder und so weiter. Jedes dieser Geräte wurde mit einer spezifischen werbenden Rhetorik angepriesen. Sie betonte die körperliche Hygiene, das keimfreie Kochen und die Gesundheit, die makellose Sauberkeit und eine Befreiung der Frau von der lästigen Hausarbeit, was ihr Raum für gehaltvollere Tätigkeiten schuf.[28] Das Marketing, mit dem die Phantasie der Kundschaft angeregt werden sollte, wurde immer professioneller. Es gab Beratungsstellen, Plakatserien, Kampagnen, Kundenzeitschriften und nicht zuletzt die Gasmänner und Stromberater. Bei ihren regelmäßigen Hausbesuchen gaben sie Ratschläge für eine sichere Nutzung, schlüsselten intransparente Rechnungen auf und wussten auch die Vorzüge neuer Geräte anzupreisen.[29]

Die neuen Möglichkeiten wirkten sich auch im Wohnungsbau aus. Ein beträchtlicher Teil der Attraktivität, die neu gebaute große Siedlungen im 20. Jahrhundert ausstrahlten, rührte daher, dass die dortigen Wohnungen jeweils dem entsprachen, was man als »modernen Standard« bezeichnete. Sie verfügten über Strom und fließendes Wasser, über separate Toiletten, eine Zentralheizung und später möglicherweise sogar über einen Telefonanschluss. Architekten und andere Experten des *Social engineering* dachten über Normgrößen pro Bewohner nach, über möglichst effiziente Küchen und kurze Wege. Dass Frauen sich eine »moderne« Küche wünschen, wurde zu einem weit verbreiteten Werbeklischee des 20. Jahrhunderts.[30]

Eine mit der Elektrifizierung eng verknüpfte Infrastruktur ist das Telefon. Zwar hieß es schon 1889: »Keine Erfindung der Neuzeit hat sich in solch kurzer Zeit bei uns eingebürgert, hat, als eines der wichtigsten Verkehrsmittel, solch festen Fuß in der zivilisierten Welt gefasst, wie das Telefon.«[31] Dennoch blieb auch dessen Aneignung zunächst auf repräsen-

Mit Strom kochen!

Das ist bequem, angenehm und gesund. / So bereitete Speisen geraten besser und sind nahrhafter. / Die Anschaffungskosten und der Betrieb sind heute billig. / Nur einige Zeit zahlen Sie kleine, kaum spürbare Monatsraten, dann ist die vollkommene Elektroküche Ihr Eigentum

Näheres EAM.-Elektrogemeinschaften

4 Eine Werbung für den häuslichen Gebrauch von Strom aus dem Jahr 1935 versprach, Frauen von der Mühsal wiederkehrender Alltagsarbeiten zu entlasten.

tative oder wohlhabende Nutzer beschränkt. In der geschäftlichen Kommunikation galt es der Telegrafie insofern als unterlegen, als es – bis zur Durchsetzung des Faxgeräts – keine schriftlichen Spuren hinterließ. Das Telefon musste daher sozial eingeübt werden und seine Nützlichkeit erst einmal erweisen. Anfangs geschah dies durch den phonographischen Einsatz als Medium, um Töne zu übertragen. In der Berliner *Urania* und anderswo konnte man an einem *Theatrophon* Opern oder klassische Konzerte live mithören. Ab 1897 bot das *Café Kranzler* in Berlin den Kunden seine aktuelle Kuchenauswahl über den Fernsprecher an, womit sich das Telefon als ein Medium der Beratung etablierte.[32]

Im Grunde wurde das Telefon jedoch von den Nutzern zu einem großen Teil *entgegen* den eigentlichen Absichten und Angeboten der Telefongesellschaften angeeignet. Als besonders attraktiv wurde offenbar die gleichsam intime Nähe trotz körperlicher Distanz empfunden. Sie machte das Telefon auch zu einem Medium des erotischen Begehrens, aber ebenso der seelsorgerischen Betreuung.[33] »So nah, als wär' man da«, hieß daher ein früher Werbeslogan. Oft wurden in kleinen Geschäften installierte »nickle-inthe-slot«-Fernsprecher zu Magneten der sozialen Kommunikation. Später waren dies die Telefonhäuschen, noch später Internet-Cafés, bevor auch diese verhäuslicht und in einem nächsten Schritt – erst durch immer länger werdende Telefonkabel, dann durch drahtlose Apparate – weiter individualisiert wurde.

Die Möglichkeit zur Kontaktpflege über das Telefon haben wiederum vornehmlich Frauen aufgegriffen. Sie scheinen sich diese Möglichkeit auch deswegen emphatischer angeeignet zu haben, weil das Telefon quasi aus der Küche heraus die distanzierte Pflege von Kontakten erlaubte. Mit ihm konnte man die Wege der Kinder halbwegs im Blick behalten, kirchliche Aktivitäten organisieren oder auch generell der Langeweile des ländlichen Lebens entkommen. Den sehr viel mobileren Männern, die sich seit der Jahrhundertwende vor allem die Infrastrukturen des Individualverkehrs aneigneten, war dies auf andere Weise möglich. Daraus entstanden dann systemische Effekte. Sie ließen es bald als vormodern erscheinen, wenn man kein Telefon besaß – spätestens als die Mehrheit über eines verfügte und man ohne Telefon von bestimmten Varianten der Geselligkeit ausgeschlossen blieb.[34]

Telefongesellschaften haben auf diese eigensinnigen Formen der Aneignung verzögert reagiert und die sozialen Funktionen des Telefons lange unterschätzt, bevor sie schließlich doch Geschäftsmodelle daraus entwickelten.[35] Politische Kreise waren da bisweilen aufmerksamer. So befürchtete man etwa in Frankreich Ende des 19. Jahrhunderts, das Telefon könne hierarchische Verhältnisse umkehren und demokratisierenden Tendenzen Raum geben. Denn es erlaube die freie und unkontrollierte Kommunikation auch unter zwielichtigen Gestalten.[36]

Ausgerechnet im Pionierland der Arbeiterbewegung, der Sowjetunion, besaß der Fernsprecher sogar eine potentiell konterrevolutionäre Anmutung: Schon in den frühen sowjetischen Filmen ist das Telefon zwar allgegenwärtig. Es erscheint aber fast ausschließlich als ein Apparat, um zentral durchgestellte Befehle zu empfangen, nicht als Medium einer selektiven Annäherung und des sozialen Austauschs.[37] Auch später wurde der Ausbau der Telefonnetze in den realsozialistischen Ländern gezielt verzögert, während zugleich ein enormer personeller und technischer Aufwand betrieben wurde, um die telefonisch ausgetauschten Informationen zu kontrollieren. Einen Telefonapparat zu besitzen, blieb dort ein Privileg, von dem man aber nie wusste, wer bei seiner Nutzung am »Leben der Anderen« teilnahm.

Gefährdung und Improvisation

Der spätere Träger des Eisernen Kreuzes I. und II. Klasse, Karl Veidt, war zwischen 1914 und 1917 als Divisionspfarrer deutscher Truppen in Nordfrankreich eingesetzt. In seinen Erinnerungen schildert er seine Eindrücke vom Vorrücken deutscher Truppen in der Landschaft der Argonnen:

> »Wieder eine Stufe aufwärts in der Kulturgeschichte der Menschheit, wie wir sie in zusammengedrängter Form erlebt haben, führte die Erbauung von Stein- und Betonhäusern. (…) Immer reicher entfaltete sich die kulturelle Entwicklung. Neue Straßen wurden gebaut. Sägewerke, Stellmachereien und Tischlereien mit Dampfbetrieb und Elektrizität entstanden. Bis in die vordersten Stellungen wurden Brunnen gebohrt und Wasserleitungen gelegt. Deutsche Tüchtigkeit und Erfindungskraft fand auch da Mittel und Wege, wo zuerst die Schwierigkeiten unüberwindlich schienen. (…) Schließlich konnte man, wenn man durfte, aus den Stellungen bis nach Frankfurt oder Berlin fahren. Ist's nicht ein weiter Weg vom Zeitalter der Höhlenbewohner bis zum Zeitalter des Dampfes und der Elektrizität, den wir in diesen beiden Jahren zurückgelegt (…) haben? So sind wir mit dem Lande eins geworden, vom Urmenschen bis zum Kulturmenschen.«[38]

Die Beschreibung belegt nicht nur die deutsche Überheblichkeit gegenüber den Franzosen. Sie zeigt auch, wie stark sich zu dieser Zeit der kolonisatorische Blick auf vermeintlich rückständige Gebiete bei Europäern bereits eingeprägt hatte. Auch Geistliche wie Karl Veidt waren dieser Perspektive einer technischen Erschließung, die seit der Wende ins 20. Jahrhundert geradezu Züge einer Zivilreligion annahm, ganz offensichtlich erlegen.

Die Berliner Afrika-Konferenz im Jahr 1884/85 war hierbei von wegweisender Bedeutung gewesen. Auf Einladung von Otto von Bismarck hatten sich die europäischen Kolonialmächte darauf verständigt, dass nur derjenige, der ein bislang »wertlos« gebliebenes Land effektiv in Besitz nehme, es anschließend auch mit einem gewissen Recht für sich beanspruchen könne. Das hieß vor allem, es mit Hilfe von Infrastrukturen zu erschließen und – natürlich im Sinne eines europäischen Verständnisses – produktiv zu nutzen. Diese scheinlegale Begründung, um sich fremdes Land anzueignen, basierte auf der Autosuggestion der Europäer, sie würden in der Welt eine zivilisatorische Pionierstellung einnehmen.

Dem entsprach eine streng fortschrittsgläubige Geschichtsanschauung, die sich in einem Stufenbau vom »Urmenschen« bis zum »Kulturmenschen« niederschlug. Schwächer entwickelt und der technischen Erschließung bedürftig schienen in diesen Fällen aber immer die anderen zu sein. Ein Bericht von 1903 über die Kolonisierung Deutsch-Ostafrikas unterstreicht diese verbreitete Wahrnehmung:

»Die ungebändigte Naturkraft einer Vegetation ohnegleichen verschlingt in allerkürzester Frist alle Kulturarbeiten, wenn nicht in immerwährender Arbeit der Mensch seinen Willen der Natur aufzwingt. Für diese Herrschaft aber ist der Schienenweg ein äußerer Ausdruck, mit welchem sich ein für allemal der Begriff verbindet, daß hier der Kulturmensch sich zum dauernden Herrn gemacht hat und zu behaupten wünscht. [...] Die Bahn bedeutet in viel höherem Grade als Verwaltung, Schutztruppe, Hospitäler und Bezirksämter den entscheidenden Entschluss des Mutterlandes, seinen Pionieren hier mit den Kulturmitteln der Gegenwart zu folgen und ihnen die Erleichterungen zu gewähren, welche die Arbeit erst erfreulich, den Erfolg sicherer machen.«[39]

Äußerungen wie diese des Wirtschaftspublizisten Paul Neubaur oder jene des Pfarrers Veidt finden sich in zahllosen Dokumenten des frühen 20. Jahrhunderts. Regionale Unterschiede wurden darin verzeitlicht, auf abweichende Entwicklungsniveaus zurückgeführt und daran gemessen, ob es feste Gebäude und eine technische Vernetzung gab. Und wie zur Bestätigung der eigenen Überlegenheit wurde anschließend meist fieberhaft gebaut, gebohrt und verlegt und das eroberte Land infrastrukturell – und damit vermeintlich auch rechtlich – auf das eigene System geeicht.

Dabei zeigten gerade die großen Kriege des 20. Jahrhunderts, wie gefähr-

2 Lebensadern der Gemeinschaft: Das frühe 20. Jahrhundert

det nicht nur die moralischen, sondern auch die materiellen Grundlagen der vermeintlich so hochstehenden Zivilisation der Europäer waren. Gegnern, mit denen man noch kurz zuvor über technische Vereinheitlichungen und kulturellen Austausch in Europa und in den Kolonien verhandelt hatte, wurde im Ersten und Zweiten Weltkrieg vorgeworfen, sie würden ihre technischen Möglichkeiten zu »barbarischen« Zwecken nutzen und sie seien generell »kulturlos«. Dies war eine im Prinzip uralte Kampfstrategie, durch die der Feind dehumanisiert wurde. Dennoch ist es angesichts der schon vorhandenen Verflechtungen zwischen den Nationen erstaunlich, wie stark sie verfing.

»Der Krieg begann damit, dass die Verbindungen aufhörten«, hieß es in Analysen nach dem Ende des Ersten Weltkriegs.[40] Gewaltsame Konflikte und politische Umstürze gehen seither fast regelmäßig darauf aus, als Erstes die kommunikativen Knotenpunkte, die Verkehrsachsen und die Einrichtungen des Gegners zur Energiezufuhr zu erobern oder zu zerstören. Von diesen Angriffen auf die Achillesfersen wird später noch die Rede sein. Hier soll vor allem deutlich werden, dass die Geschichte der Infrastrukturen weder gradlinig noch im Wesentlichen friedensfördernd und ungehindert expansiv verlaufen ist. Die beiden Weltkriege belegen vielmehr, welche Bedeutung in der Infrastrukturgeschichte die ständige Gefährdung, die Improvisation und die Herausforderungen des Ungeplanten besaßen.

Das militärische Pionierwesen war denn auch eine der wesentlichen Quellen, aus denen sich die moderne Infrastrukturentwicklung speiste. Denn die Massenheere der Neuzeit mussten auf andere Weise versorgt und unterstützt werden, als dies bei den umherschweifenden Söldnerheeren der Vormoderne der Fall gewesen war. Nicht von ungefähr tauchte in den 1950er Jahren der Begriff »Infrastruktur« zuerst in der Sprache der NATO auf. Militärische Logistik als »die praktische Kunst, Armeen zu bewegen und sie zu versorgen«,[41] ist hier als ein dreifaches Bemühen zu verstehen: die eigene Versorgung erst zu improvisieren und anschließend zu sichern, dabei zugleich die Logistik des Gegners zu attackieren und funktionsuntüchtig zu machen oder aber sie zu erobern und in den eigenen Dienst zu stellen. Durch diese oft widersprüchlichen Bemühungen wurden insbesondere die Weltkriege des 20. Jahrhunderts zu Konflikten, deren Folgen sich

weit in das Hinterland und in die zivilen Bereiche von beteiligten, manchmal auch von unbeteiligten Bevölkerungen hinein ausgewirkt haben. Denn
in vernetzten Gesellschaften sind Konflikte immer schwerer zu begrenzen,
tendentiell werden sie sogar total. Für das militärstrategische Denken stellen sie eine ungemeine Herausforderung dar.

Moderne Kriege bestehen zu einem erheblichen Teil darin, die durch
Vernetzung entstandene Verwundbarkeit des Gegners auszuspähen und ihn
durch möglichst gezielte Angriffe zu lähmen. Umgekehrt soll die Verwundbarkeit der eigenen Netze abgemildert werden, sie sollen so funktionsfähig
wie möglich erhalten werden. Dies erfordert, wie Pfarrer Veidt zu Recht
anmerkte, »Tüchtigkeit und Erfindungskraft«, um aus improvisierten immer wieder dauerhafte Zustände zu machen. Denn die im Vorhinein er-
sonnenen Pläne der Militärs gingen selten auf. Schon der berüchtigte deutsche Schlieffen-Plan von 1905, der auf eine rasche Einnahme Belgiens und
Frankreichs durch die Mobilisierung der Eisenbahn gebaut hatte, scheiterte
an dem nicht vorhergesehenen Widerstand der Belgier. Auch wurde der
deutsche Nachschub durch die Zerstörung der belgischen Eisenbahnlinien
empfindlich gestört.[42]

Statt eine rasche Entscheidung herbeizuführen, mit der für die Westfront
spätestens bis Weihnachten 1914 gerechnet worden war, musste von den
deutschen Angreifern fortan vier Jahre lang improvisiert werden. Schützengräben breiteten sich vom Ärmelkanal bis zur Schweizer Grenze aus.
Schmalspurbahnen belieferten die Fronten von den Hauptlinien des jeweiligen Hinterlands aus. Diese Anlieferung funktionierte bis zu sieben Meilen
hinter der Front meist relativ problemlos, danach begann sie in die Reichweite der Artillerie zu geraten. Der weitere Transport des Nachschubs mit
Pferdefuhrwerken, Lastkraftwagen, Bussen oder Feldbahnen war lebensge-
fährlich. Daher wurden hierfür oft Soldaten aus den Kolonien eingesetzt.
Die Hauptaufgabe bestand darin, sowohl die Befehlsketten von den Haupt-
quartieren an die Front als auch die Versorgung aufrechtzuerhalten. Auch
sollte der Kontakt der Front mit der Heimat nicht abreißen.[43]

Die deutsche Armeeführung hatte schon vor dem Ersten Weltkrieg ganz
auf das Telefon umgestellt und verlegte zwischen 1914 und 1918 nicht weniger als sechs Millionen Kilometer Drähte und Kabel. Wegen der Fragilität

und Störanfälligkeit der Telefonnetze sah sie sich aber im Laufe des Krieges genötigt, von Fall zu Fall zur zuverlässigeren Telegrafie oder zu Lichtsignalen zurückzukehren. Wenn nichts anderes mehr ging, wurden sogar Meldetiere wie Hunde oder Brieftauben eingesetzt.[44]

Zu den undankbarsten Aufgaben in den »Stahlgewittern« des Krieges gehörten die Pionier- und Nachrichtentruppen sowie die Störungssucher. In ihnen erkannte der Schriftsteller Ernst Jünger eine besondere Art von Arbeiten im tödlichen Raum: »Während jeder andere sich gemeinhin beeilte, den Zonen des Beschusses auszuweichen, strebte der Störungstrupp unverzüglich und berufsmäßig auf sie zu. Bei Tag und Nacht suchte er die vom Einschlage noch warmen Trichter auf, um zwei Drahtenden wieder zusammenzuflechten; diese Tätigkeit war ebenso gefährlich wie unscheinbar.«[45]

Eine solche Arbeit erforderte unerschrockene und zuverlässige Personen, die verinnerlicht hatten, dass im Krieg andere Gesetze herrschen als im Frieden. Dabei mussten die Instinkte und Gewohnheiten des zivilen Lebens entsprechend umcodiert werden. Die Kommunikation in Zeiten des Krieges wurde daher von den militärischen Führungsebenen in aller Regel streng kontrolliert und auch manipuliert. Nachrichten und Bilder von den Kriegsschauplätzen gelangten in der Regel nur zensiert und propagandistisch bearbeitet an die Öffentlichkeit. Infrastrukturen wurden einer anderen Hierarchie unterworfen, ihre Nutzung wurde beschränkt oder neu ausgerichtet, Ressourcen mussten für die militärischen Belange umgeleitet werden.[46]

Aufgrund von etablierten Alltagsroutinen gelang das meist nur teilweise. Die »kriegswidrige« Nutzung von Einrichtungen des Verkehrs, der Kommunikation und Versorgung blieb in Kriegszeiten ein ebenso durchgängiges Diskussionsthema wie die Furcht vor Sabotage, Streiks oder den »mithörenden« Feinden. Der Organisator der Deutschen Reichsbahn, Albert Ganzenmüller, äußerte 1942 beispielhaft:

»Es ist ein Gebot der Stunde, daß jeder Eisenbahner sich der Pflicht bewußt ist, seinen Teil beizutragen an der Erringung des Endzieles! Jeder muss wissen, daß jede Nachlässigkeit und Pflichtvergessenheit des Eisenbahners auch in der Heimat unseren Soldaten an der Front schadet, ja, daß jeder zu wenig gestellte Wagen, jeder verspätet angekommene Nachschubzug die Kriegsdauer verlängert und damit unseren Feinden nützt.«[47]

Wo männliches Betreiberpersonal fehlte, wurde es oft durch Frauen ersetzt.[48] Andere »gemeinnützige« Arbeiten erledigten Zwangsarbeiter oder Kriegsgefangene, die oft ohne Rücksicht auf das Völkerrecht verpflichtet wurden. Zwar gab es in Bezug auf strategisch empfindliche Tätigkeiten hierbei Grenzen. Doch mussten Gefangene in nahezu allen Kriegen und für sämtliche Konfliktparteien des 20. Jahrhunderts militärische Bauten, Lager und Infrastrukturen errichten, unterhalten und reparieren. Andere Gefangene oder Zwangsverpflichtete wurden zu Kultivierungsprojekten und in der Landwirtschaft eingesetzt.[49] Auch hierauf wird noch einmal zurückzukommen sein.

Ein wichtiges Ziel des modernen Humanitarismus seit der zweiten Hälfte des 19. Jahrhunderts war es, militärische Konflikte entweder ganz zu verhindern oder durch das Völkerrecht soweit einzuhegen, dass ziviles Leben möglichst wenig darunter zu leiden hatte. Stattdessen aber vermischten die Kriege des 20. und 21. Jahrhunderts beide Sphären fortlaufend. Weil sich die Zumutungen des Ersten Weltkriegs als politisch riskant herausgestellt hatten, ging die nationalsozialistische Führung im Zweiten Weltkrieg dazu über, der deutschen »Heimatfront« so viel Normalität wie möglich zu suggerieren. Daher wurden die Kriegsanstrengungen in bis dahin beispielloser Weise Millionen von Zwangsarbeitern aufgebürdet.

Uneindeutig und ambivalent blieb der Umgang mit Infrastrukturen auch in den jeweiligen Nachkriegszeiten. Das war für Betroffene nicht immer von Nachteil. Für das spezialisierte Betreiberpersonal von kriegswichtigen Einrichtungen blieb es eine fast notorische Erfahrung, dass sie nach dem Krieg trotz teils schwerer Vergehen vergleichsweise unbehelligt blieben. Weil man sie auch in Friedenszeiten zu brauchen schien, konnten sie als Funktionsträger und Fachkräfte anschließend meist umstandslos in ein ziviles Leben zurückkehren. Dies war so, weil man Einrichtungen der Versorgung und Entsorgung, der Kommunikation und des Verkehrs für die Aufrechterhaltung der Ordnung entwickelter Gemeinwesen meist eine entscheidende Bedeutung zusprach.[50]

Gesellschaften mit einem hohen Niveau an Infrastruktur-Ausstattung und Verwaltung wie in Westeuropa zeigten daher über politische Zäsuren hinweg ein besonders hohes Maß an Kontinuität und Beharrungskraft. Po-

litisch gesehen war dies eine Art von »Anti-Chaos-Reflex«.[51] Er zielte darauf
ab, die schlimmste gesellschaftliche Not improvisatorisch zu lindern, unter
anderem um zu verhindern, dass sich die Bevölkerung politisch radikali-
sierte. Denn aus der Perspektive vor allem bürgerlicher Schichten drohte
genau dies, sollte eine Gesellschaft außerstande sein, ihre Bevölkerung
ausreichend zu versorgen. Die auf militärische Logik ausgerichteten Funk-
tionsweisen, das galt für die Verwaltung und die Infrastrukturen gleichermaßen, mussten also rückcodiert werden auf eine zivile Nutzung. Dass dies
tatsächlich möglichst rasch umgesetzt wurde, war auch der in den Nachkriegszeiten allgemein genährten Überzeugung zu verdanken, dass die Zirkulation innerhalb der einzelnen Länder und darüber hinaus generell wieder angekurbelt werden müsse.

In Deutschland wurde hierfür die Technische Nothilfe (seit 1950 heißt
sie Technisches Hilfswerk) eingesetzt, die sich darauf spezialisierte, zerstörte Infrastrukturen möglichst rasch zu kompensieren oder wieder funktionsfähig zu machen. Sie war 1919 vom ehemaligen Pionieroffizier und
Bauingenieur Otto Lummitzsch gegründet worden. In der unsicheren
Übergangszeit zwischen dem Kaiserreich und der Republik sollten im Fall
eines Streiks oder innerer Unruhen die Infrastrukturen möglichst aufrechterhalten werden. In Betrieben, die als lebenswichtig eingestuft wurden, also
in Gas-, Wasser- oder Elektrizitätswerken, bei der Bahn, der Post oder in
der Landwirtschaft, führte die Technische Nothilfe im Bedarfsfall »Not-
standsarbeiten« durch. In der politisch aufgeladenen Situation der Weimarer Republik provozierten die Einsätze der Nothilfe aber nicht selten heftige
politische Kontroversen. Die Kommunisten etwa hielten sie schlichtweg für
eine Organisation von Streikbrechern, die den Arbeitern und ihren berech-
tigten Interessen in den Rücken fielen.[52]

Dass zivile Infrastrukturen im Zweiten Weltkrieg vor allem durch Bom-
berangriffe stark in Mitleidenschaft gezogen worden waren, eröffnete für
Architekten und Stadtplaner wiederum neue Möglichkeiten. Sie witterten
eine Chance, eventuell noch vorhandene »vormoderne« Strukturen der
städtischen Besiedlung endlich aufzubrechen, und setzten darauf, schwer
zerstörte Städte grundlegend neu gestalten zu können. Daher verabschie-
deten sich nach dem Zweiten Weltkrieg viele deutsche Kommunen von

ihren mittelalterlichen Kernen und brachen stattdessen in die architektonische und infrastrukturelle Moderne auf.[53] Beim Neuaufbau der nun meist »autogerecht« angelegten Städte kamen wiederum nicht selten gerade jene Experten zum Einsatz, die vor 1945 Siedlungen für die deutsche Expansion in den europäischen Osten geplant hatten.[54]

Während des Wiederaufbaus erwies sich jedoch, dass einmal vorhandene materielle Infrastrukturen auch über harsche Brüche hinweg Kontinuitäten schaffen. 1951 erschien eine Untersuchung über den »unterirdischen Bauraum« der Stadt Berlin. Der Autor war Ernst Randzio, der sich in den Jahren davor mit der Verkehrsplanung deutscher Kolonien befasst hatte. Er stellte fest, dass viele Stadtplaner sich nach 1945 von den halbwegs intakt gebliebenen unterirdischen Netzwerken der Entwässerung und der Wasserversorgung, der Gas- und der Stromversorgung, der Fernheizung, Post- und Fernmeldeanlagen oder des Schienenverkehrs geradezu bevormundet fühlten. Denn diese Strukturen schränkten ihre ambitionierte Bauplanung massiv ein.[55] Das war ein markanter Unterschied etwa zu japanischen Städten, wo Infrastrukturen in aller Regel oberirdisch verlegt und daher während des Krieges umfassender zerstört worden waren. Beim Wiederaufbau Japans nach 1945 blieben daher nur wenige traditionelle Zentren erhalten.

Wie aber wirkte sich die beschriebene Kontinuität in Westdeutschland aus? Albert Osswald war in den 1950er Jahren Oberbürgermeister der mittelgroßen Universitätsstadt Gießen, die durch Bombenangriffe zu über zwei Dritteln zerstört worden war. In seinen Erinnerungen erklärte er, dass der Magistrat in den Nachkriegsjahren beschlossen habe, sich beim Wiederaufbau an den alten Straßenführungen zu orientieren, »um die im Boden verlegten Werte wie Kanalisation und Wasserversorgung, Telefon- und Stromkabel nicht abzuschreiben, sondern zu erhalten«.[56] Dadurch habe Gießen, so Osswald kritisch, gegenüber komplett neu planenden Städten allenfalls einen gewissen Zeitvorsprung erworben. Auch kritisiert er, dass sich die Universität – und insbesondere die Professorenfrauen – einer Modernisierung der Stadtstrukturen entgegengestellt hätten, um die Anmutung des Vertrauten zu erhalten. Osswald wurde später Ministerpräsident des Bundeslandes Hessen, und er war auch auf dieser Ebene ein Modernisierer. Doch wieder stieß er auf Widerstände. In den 1970er Jahren missfiel es immer mehr Bürgern, dass die Neubauten der Nachkriegsjahre mehr an Vertrautem verschwinden ließen als die Zerstörungen der Kriegsjahre.[57] Insgesamt zeigte sich, dass nach politischen und kriegerischen Zäsuren bei einem Großteil der Bevölkerung die baldige Rückkehr zu geläufigen Funktionen und Umfeldern an oberster Stelle ihrer Wünsche stand. Zwar wurden die Improvisationen der Kriegs- und Nachkriegsjahre rückblickend oft als erfolgreich gemeisterte Herausforderungen verklärt. Doch wich diese Haltung bald der Sehnsucht nach Normalität und einem reibungslosen Alltag. Temporäre und operative Architekturen wie Lager oder Baracken sowie alles, was als Provisorium seinen vorübergehenden Zweck erfüllt hatte, sollten rasch soliden Zuständen weichen, die möglichst wenig an die Kriegszeit erinnerten.[58]

Manche Bauten des Krieges wie Bunker oder Verteidigungsanlagen waren freilich zu solide improvisiert worden, um sie auf einfache Weise wieder loszuwerden. Manche erinnern daher bis heute an die Kriegsjahre. Andere wurden für zivile Zwecke umgenutzt. Viele der Feldbahnschienen des Ersten Weltkriegs etwa wurden von den Briten in andere Weltteile verkauft und dort teilweise noch jahrzehntelang weiterverwendet.[59] Die im Krieg massenhaft produzierten Lastkraftwagen wurden nun in zivilen Umfeldern weitergenutzt und forderten die Eisenbahn als Infrastruktur des Ferntransports heraus. Dieser unaufgelöste Konflikt zwischen Straße und Schiene dauert bis in die Gegenwart fort.[60]

Alle Kriege seit dem Ersten Weltkrieg begannen damit, dass die Verbindungen zwischen den kriegführenden Parteien unterbrochen wurden. Ein solcher Krieg in den Köpfen zog sich vielfach über das Ende der Kampfhandlungen hinaus. In der Novemberrevolution von 1918 wurden Radiosender der ehemaligen deutschen Propagandatruppen beschlagnahmt, nachdem Revolutionäre einige von ihnen in Besitz genommen hatten. Denn es wurde befürchtet, sie könnten zu linker Agitation genutzt werden. In der Weimarer Republik wurde dann die Leitlinie ausgegeben, der entstehende Rundfunk müsse »unpolitisch« sein. Diese Absicht wurde von renitenten Radioamateuren freilich immer wieder unterlaufen. Sie bemühten sich so lange wie möglich darum, freie Frequenzen abzusichern, auch wenn sie dabei von der Politik überaus misstrauisch beobachtet wurden.[61]

Denn das Improvisierte ist zugleich auch das schwer Kontrollierbare. Daher fanden sich immer Menschen, die der kristallisierenden Normierung, die Infrastrukturen oft mit sich bringen, eine anarchische Vorläufigkeit entgegenstellten.

Automobile Zeitreisen

Orlim Vargas ist der vermutlich letzte Liftboy Europas. Er arbeitet im *Les Trois Rois*, einem der traditionsreichsten Grandhotels der Schweiz. Dort hatte der gebürtige Ecuadorianer einst als Tellerwäscher begonnen. Eher durch Zufall wechselte er dann in eine Tätigkeit, zu der es auf dem Kontinent kein weiteres Pendant mehr gibt. Seine Anwesenheit im Hotelaufzug mag freilich all diejenigen befangen machen, die den Luxus nicht mehr kennen, selbst vom Drücken eines Knopfes entlastet zu werden. Es gehört daher zu Vargas' beruflichen Herausforderungen, die Gefühle der Gäste intuitiv zu erfassen und Befangenheiten innerhalb weniger Augenblicke zu zerstreuen. In dem Basler Hotel kehrte schon immer – von Napoléon Bonaparte über Herbert von Karajan bis zu Elisabeth II. und Bob Dylan – viel Prominenz ein. Auch die berühmte Fotografie von Theodor Herzl, der gegen ein Balkongeländer gelehnt mit visionärem Blick über Basel hinwegschaut, wurde hier aufgenommen. Das Hotel wurde vor einigen Jahren nicht nur baulich in seinen Ausgangszustand von 1844 zurückversetzt. Auch die übrigen Angebote des Hauses erinnern an eine Epoche, die viele gerade deswegen lieben, weil sich fast überall sonst die standardisierten Dienstleistungen der internationalen Hotellerie durchgesetzt haben.[62]

In der Schweiz haben die Grandhotels die vielleicht längste ungebrochene Tradition. An diesen merkwürdigen Orten verdichtet sich manches Widersprüchliche: unterwegs zu sein und sich aufzuhalten, etwas öffentlich zu repräsentieren und sich in die Privatsphäre zurückzuziehen, Dynamik zu zeigen und Beständigkeit zu erwarten. Gerade diese *Complexio oppositorum* scheint jedoch das Erfolgsrezept der Grandhotels zu sein. Luxushotels konkurrieren weltweit darum, ihren vermeintlich besonders anspruchsvollen Gästen ein Höchstmaß an Annehmlichkeiten zu bieten. So konnten das

Savoy in London, das *Plaza* in New York, das *Ritz* in Paris, das *Adlon* in Berlin, das *Raffles* in Singapur oder das *Taj Mahal* in Mumbai zu Mythen der Moderne werden. Sie alle versprechen für die mehr oder weniger kurzen Phasen des Aufenthalts die Utopie eines idealen Daseins.[63] Ihr einziger Nachteil scheint die anschließend präsentierte Rechnung zu sein.

Es gibt wenige Orte, die derart eng mit der Geschichte der Infrastrukturen verwoben sind wie die noblen Hotels. Das betrifft ihre Ausstattung als Haus wie ihre Lokalisierung im Raum. Mit der zunehmenden Mobilität des Zeitalters der Dampfkraft und der Eisenbahn entstanden, gehörten sie zunächst zur touristischen Infrastruktur der europäischen und amerikanischen Oberschichten. Die aus Eisenbahnhotels erwachsenen Grandhotels wollten zugleich markante Vertreter lokaler Eigenheiten und Nicht-Orte des internationalen Reise-Jetsets sein. Das geschulte Dienstpersonal und die avancierte Technik repräsentierten jeweils ein Maximum an Entlastung, Komfort und Geborgenheit. In Luxushotels gab es Zentralheizungen und warmes Wasser, individualisierte Einrichtungen der Hygiene und der Entspannung, elektrisches Licht, Telefone und Unterhaltungsmedien aller Art. Ebenso früh gab es auch Aufzüge und Küchenausstattungen, meist nach dem jeweiligen Pionierstand der technologischen Innovation und als Ausweis eines gehobenen Standards. Den legen nicht nur die Reisenden fest, die sich wechselseitig in ihren Erwartungshaltungen überbieten. Er wird auch durch Fremdenführer wie den *Baedeker*, den *Murray's* oder den *Michelin* normiert, die seit dem 19. Jahrhundert ihre Informationen über die jeweilige Unterkunft ganz danach ausrichten und Örtlichkeiten entsprechend streng bewerten.[64]

Wie ansonsten nur die Luxusdampfer oder die Pullman-Schlafwagen gaben sich die Häuser der *grande hôtellerie* einerseits exklusiv.[65] Zugleich waren sie offen für jeden, der sich einen Aufenthalt leisten konnte, sei er nun aus altständischem oder aus neureichem Adel. Hinter den gediegen bis exotisch gehaltenen Fassaden im Äußeren und im Inneren wirkte ein Heer möglichst unsichtbar oder unaufdringlich bleibender Einrichtungen der Versorgung und Entsorgung, der Kommunikation und der Logistik. Damit wurden die Hotels zu »Chiffren des metropolitanen Lebens« und zu Magneten für diejenigen, die etwas auf sich hielten.[66] In ihnen zu verkehren setzte eine reale oder zumindest eine vorgetäuschte Souveränität voraus. Nicht nur vom Personal wurde erwartet, dass es sich diszipliniert verhielt. Kommuniziert wurde »in intimer Anonymität und kultivierter Fremdheit«.[67] Insofern waren und sind Hotels auch Gradmesser für das jeweils Ultimative dessen, was häusliche Infrastruktur zu leisten vermag.

Aufenthalte in Hotels sind aber sicher nur eine der Daseins-Möglichkeiten, die für immer mehr Menschen durch Infrastrukturen erreichbar wurden. Sie repräsentieren auch nur *eine* Variante des Tourismus, der wiederum nur *einer* der Antriebe war, Infrastrukturen des Verkehrs und der Kommunikation seit dem 19. Jahrhundert auszubauen. Aber sie waren doch ein in ihrer Bedeutung bis heute oft stark unterschätztes Motiv. Abgesehen vom Pilgertourismus, der *Grand Tour* der Adligen in der Frühen Neuzeit oder dem frühbürgerlichen Bildungstourismus lässt sich die erste Phase des modernen Tourismus auf die Zeit zwischen 1835 und 1880 datieren:

> »(…) als die Eisenbahn erlaubte, Touristen ›in Massen‹ zu transportieren, kleinstaatliche Barrieren niedergerissen wurden und sich deutliche Ansätze einer touristischen Infrastruktur auszubilden begannen (Hotels und Pensionen, erste Reisebüros, Ausbau der Seebäder und Kurorte). Mit der Etablierung der Sommerfrische begann sich der moderne Tourismus auf die Mittelschichten auszuweiten. Diese zweite Phase einer Etablierung des modernen Tourismus reichte grob von 1880 bis 1930.«[68]

Weder der Eisenbahnbau noch der parallele Straßenbau folgten ausschließlich den Imperativen der Industrialisierung. Die Mobilisierung der Massen und die Zirkulation der Waren und Ideen hatten vielfältige Ursachen und Triebkräfte. Ein wichtiger Grund aber, um infrastrukturell unerschlossene Gebiete an Eisenbahnnetze, an Straßen, an Schiffspassagen oder Flugrouten anzubinden, war durchaus der Wunsch, die Horizonte durch individuelle oder kollektiv organisierte Reisen zu erweitern. Touristische Erreichbarkeit wurde zu einem zentralen Argument, das es unakzeptabel erscheinen ließ, im Winter oder bei schlechtem Wetter von der Umwelt abgeschnitten zu sein.[69]

Die moderne Raumordnung bediente sich vor allem der Infrastrukturen, um gestaltend in die Landschaften einzugreifen. Im 20. Jahrhundert diente das nicht mehr nur vornehmlich dazu, industrielle Standorte zu ermöglichen und zu verteilen. Die infrastrukturelle Topologie war ebenso stark von der Absicht geleitet, Erholungsräume zu erschließen und zu bewahren. Diese wurden »touristifiziert«, um möglichst vielen Menschen Begegnungen mit der »ersten« Natur zu ermöglichen.[70] Vor allem gilt dies für Bergregionen wie die Alpen, aber auch für Küsten, Bäder und Inseln. Als Beginn des internationalen Mallorca-Tourismus darf die Eröffnung des Grandhotels in Palma 1903 gelten.

An fast allen Orten entwickelte sich ein wiederkehrender Zyklus von Entwicklungen, die sich mit dem Tourismus verknüpften: Einer ersten Phase der Entdeckung durch wenige Pioniere folgte eine Phase der Erschließung, in der Infrastrukturen des Verkehrs und der Versorgung entstanden. Anschließend konsolidierten sich die Verhältnisse, die erschlossenen Räume und saisonalen Zeiten erweiterten sich nur noch langsam. Bisweilen verfielen sie in Stagnation oder erlebten sogar einen Niedergang, falls es nicht einem geschickten Tourismusmarketing doch noch gelang, das Image des Reisegebiets wiederzubeleben.[71]

Der Ausbau solcher »Infrastrukturen des Glücks« war ein ebenso komplexer, emotionsgeladener und ambivalenter Vorgang wie der Aufenthalt in einem Luxushotel, und er war stark von der »Suche nach Traumwelten« und der Illusion des vermeintlich Authentischen geprägt.[72] Der touristische Blick bedingte eine selektive, bisweilen sogar fiktionale Wahrnehmung der jeweiligen Urlaubsumgebung.[73] Zugleich befriedigte er grundlegende menschliche Bedürfnisse, etwa die Neugier. Kurt Tucholsky wies 1929 in seiner »Kunst des Reisens« auf den Wunsch der Touristen hin, sich »gehen zu lassen«: Im Urlaub wolle man sich einmal in anderen Rollen als den alltäglichen ausprobieren.[74]

Einer der Ersten, die eine pauschale Organisation zur Befriedigung solcher Bedürfnisse anboten, war in den 1840er Jahren der Engländer Thomas Cook. Und zu den ersten Destinationen auf dem Kontinent, die er den britischen Touristen offerierte, gehörte seit 1863 die Schweiz. Das Land profilierte sich fortan als ein Reise- und Durchgangsland. Es stellte entsprechende Infrastrukturen bereit, nicht nur Unterkünfte und Gaststätten für jedes gewünschte Niveau von der Berghütte bis zum Grandhotel, sondern auch Eisenbahnen und Straßen, Seilbahnen und Skilifte. Alle diese Angebote betrafen möglichst schön gelegene Gegenden, die dadurch zu Heterotopien, also vielfach codierten Orten wurden. Die Verkürzung von Reisezeiten und die mehr oder weniger bequeme Anreise waren Grundvoraussetzungen für einen Ausbau der Fremdenindustrie *(industrie des étrangers)*, ein Ausdruck, der im 19. Jahrhundert ebenfalls zuerst in der Schweiz entstand.[75]

In gewaltigen Bauprojekten wie dem 1882 eröffneten Gotthardtunnel zeigten sich aber auch Widersprüche. Das Bild einer modernen und durchaus industriell orientierten Schweiz musste mit dem traditionellen Bild des agrarischen, naturverbundenen Landes harmonisiert werden. »Wo heute Natur ist, sind auch Eisenbahnen«, schrieb daher Robert Walser.[76] In charakteristisch paradoxer Weise erwartete der Tourist wie selbstverständlich beides.[77] In dieser Glanzzeit des Schweizerischen Tourismus wandelten sich die Alpen in den Augen der Nordeuropäer von einem unwirtlichen Verkehrshindernis auf ihrem Weg nach Süden zu einer Sehnsuchtslandschaft, die spektakuläre Panoramen und sportliche Herausforderungen bot. Ähnlich wie bei den konkurrierenden Hotels setzte nun ein Wettlauf um die besten touristischen Angebote ein. Zum Entsetzen vieler Anwohner und Naturschützer wurden immer mehr entlegene Gebiete für den Tourismus erschlossen. Bahnschienen und Elektrokabel wurden verlegt, Wanderwege ausgewiesen, Aussichtstürme, Hütten, Wegweiser und Geländer errichtet sowie Restaurationen, Vergnügungs-, Kultur- und Badeeinrichtungen geschaffen. Reiseagenturen, Verkehrs- und Tourismusvereine, aber auch Bahngesellschaften und seit der Wende ins 20. Jahrhundert die Touring- und Automobilclubs waren dabei die treibenden Kräfte. Die beschriebenen Entwicklungen brachten auf nahezu jeder Ebene gravierende infrastrukturelle Veränderungen mit sich.[78] Zugleich musste die Illusion gefestigt werden, bei den Schweizern handle es sich um ein freies, im Einklang mit der Natur lebendes Hirtenvolk.[79]

Generell lebt der moderne Tourismus von dieser spezifischen Paradoxie: Einerseits soll für den Reisenden alles möglichst authentisch wirken. Andererseits erwartet er sein gewohntes Maß an technischem Komfort. Eine

5   So bequem wie möglich zu den
Schönheiten der Natur: Werbung
für eine zwischen 1892 und 1964
betriebene Seilbahn im Schweizer
Kanton St. Gallen

eigene Gruppe bilden die Abenteuer- und Rucksacktouristen, die meist eine spezialisierte Technologie mit sich führten, um die Abwesenheit von Infrastrukturen zu kompensieren. Touristische Infrastrukturen waren von Beginn an von der Frage begleitet, ob sie allgemeinen Interessen oder den luxuriösen Erwartungen Einzelner dienten. Erst wenn entsprechende Gebiete von den Einnahmen der Fremdenindustrie abhängig wurden, ist in aller Regel beiden Ansprüchen entsprochen worden. Den Gegnern einer touristischen Umgestaltung von Landschaften blieb oft nur der Naturschutz als letztes Argument, um Eingriffe zu begrenzen.[80]

Abgesehen von Luxushotels muss es für Touristen freilich nicht immer die neueste und technisch avancierteste Infrastruktur sein. Oft ist sogar das Gegenteil der Fall: Gerade eine nostalgisch aufgeladene Eisenbahn, eine altertümlich gewunden erscheinende Straße, handbetriebene Fähren oder Ähnliches ermöglichen es dem Reisenden, die Routinen seines alltäglichen Lebens vorübergehend hinter sich zu lassen, ohne dabei auf Komfort zu

verzichten. In einer Welt gesteigerter Taktung, die fortgesetzt Verlustge-
fühle erzeugt, entstand das romantische Bedürfnis, sich Vergangenes und
vermeintlich Besseres noch einmal zu vergegenwärtigen. Dies ist als eine
der Utopie verwandte »Chronotopie« zu verstehen.[81] Sie macht zeitliche
Unterschiede räumlich buchstäblich erfahrbar.

Für viele Reisende sind die vermeintlich landestypischen Infrastruktureinrichtungen oft sogar von besonderer Symbolwirkung: der rote Londoner
Doppeldeckerbus oder die gelben New Yorker Taxis, die Fiaker in Wien,
die *Art Nouveau*-Schilder von Hector Guimard an einigen der Pariser Metrostationen oder die Ausschmückungen der Moskauer U-Bahn, die Seilbahn auf den Zuckerhut in Rio de Janeiro oder Verkehrsschilder, die vor
kreuzenden Kängurus oder Rentieren warnen. Oft werden sie als Souvenirs
nach Hause überführt, um dort die Effekte der Fremdheit zu reproduzie-
ren. Hunderttausende von Token der New Yorker Subway sind auf diese
Weise in alle Welt getragen worden, viele der roten Briefkästen der Royal
Mail auf diese Weise verschwunden.[82]

Dies führt zu einem weiteren Paradox, das sich in der Gestaltung von
Infrastrukturen oft niederschlägt, der Spannung zwischen Fremdheit und
Vertrautheit. Schon die ersten britischen Besucher der Schweiz bestanden
mit viktorianischer Selbstgewissheit darauf, dass diejenigen, die sie mit ihrer
Anwesenheit und ihrem Geld unterstützten, auch ein britisches Komfort-
niveau vorzuhalten hätten.[83] Der Historiker Heinrich von Treitschke spot-
tete Ende des 19. Jahrhunderts, die Engländer setzten Zivilisation mit einem
Stück Seife gleich.[84] Tatsächlich bedeutete das Reisen keineswegs, dass sich
ausschließlich die Urlauber an die neue Umgebung anpassten. Mindestens
ebenso stark war die infrastrukturelle Veränderung der Umgebung, um den
Erwartungen der Reisenden gerecht zu werden. Dies ist besonders augenfällig beim Straßenbau in Regionen, die als Landschaft erfahrbar werden
sollten. Durch Straßen wurden einerseits die Räume feiner erschlossen, und
mit Wasser- und Eisenbahntrassen wurde ein weiteres Verkehrsnetz gelegt.
Andererseits wurde es Passagieren durch einen nicht unbeträchtlichen Teil
dieser Netze ermöglicht, neue ästhetische Perspektiven auf die durchfahre-
nen Landschaften zu werfen.

Mit dem um die Wende ins 20. Jahrhundert einsetzenden Automobilismus verbinden sich Massenmobilität und Massentourismus. Das trifft freilich nur zu, wenn man zugleich das Fahrrad, das Motorrad oder den Kraftbus im Auge behält, die viele Jahrzehnte über deutlich mehr Menschen beförderten als der Kraftwagen. Besonders das Fahrrad hatte das Muster einer Mobilitätsmaschine vorgeprägt. Dennoch sollte sich das Automobil als Leitfossil des 20. Jahrhunderts durchsetzen, um das herum ein umfassender Komplex aus Wirtschaft, Verkehr, Gesellschaft und Freizeit entstand.[85]

Weil er menschliche Bedürfnisse und ökonomische Rationalitäten, soziale Vorstellungen und politische Implikationen in sich vereinte, war der Automobilismus zugleich voller Paradoxien. Die rund um den Kraftwagen entstandenen Einrichtungen sind daher ein besonders aufschlussreiches Beispiel für eine mehrschichtige, in einem Feld widersprüchlicher Interessen gewachsene Infrastruktur. Sie materialisierte sich in maccademisierten oder asphaltierten Straßenverläufen, in Tankstellen und Reparaturwerkstätten, in Rasthäusern und anderen dezentralen Einrichtungen, die zahllosen Menschen Arbeit und Einkünfte versprachen.

Anders als in den stärker ökonomisch codierten Verkehrsträgern Schiff und Eisenbahn wohnten dem Automobil von Beginn an Aspekte des Spielerischen, der vermeintlichen Selbstentfaltung, der Ästhetik und der Freizeitgestaltung inne. Es griff auf neue Weise die Lust an der Mobilität auf, die »Bewegung nach nirgendwo«, und hob sie auf eine neue Ebene.[86] Der frühe Motorkraftwagen war ein Luxusgegenstand für Reiche und das Autofahren eine rein touristische Unternehmung, bevor das Auto – wenn auch nie vollständig – zum Alltagsgegenstand wurde und banale Transportleistungen übernahm. Diese wären auch mit anderen Verkehrsträgern zu erledigen gewesen. Letztlich haben aber wohl zu viele Stellen von diesen widersprüchlichen Versprechen profitiert. Denn es schien bald so, als könne man mit dem Automobil »mehr Spaß« haben und vieles selbstbestimmter durchführen.

Auf diese Aspekte hoben jedenfalls die Werbestrategien schon in den frühen Jahren der Autoindustrie ab. Sie stilisierten ihr Produkt zu einer Projektionsfläche der modernen Individualität. Im Gegensatz zur Eisenbahn, so die Aktivisten der Automobilisierung, gebe es keine Abhängigkeit von Schienen und festgelegten Strecken, von Schaffnern und Fahrplänen. **99**

Vielmehr sei man Herr über seine eigene Bewegung, brauche nicht auf Anschlüsse zu warten oder sich mit der körperlichen Nähe wildfremder Menschen zu arrangieren.[87] Gegen die Eisenbahn wurde sogar vorgebracht, sie sei räumlich ein »Gefängnis« und sozial ein geradezu »kommunistisches Transportmittel«.[88] Dies war eine charakteristische Begleitrhetorik zu einem bestimmenden Trend in der Geschichte der Technik, die auf eine fortlaufende Verhäuslichung und Individualisierung abzielte.[89]

Vor allem wurde beim Automobil auf das menschliche Bedürfnis nach sozialer Distinktion gesetzt. Autofahren musste man sich leisten können, der Technik sich zudem gewachsen zeigen. Die erste Phase der Automobilgeschichte war ganz auf den Gedanken des Sports, des Wettkampfs und des demonstrativen Luxuskonsums ausgerichtet und wurde durch Touring- und Tourismusvereine entsprechend befördert.[90] Von besonderer Bedeutung waren dabei die »raumwirksamen« Kräfte: Durch das Automobil wurden Stadt und Land enger miteinander verknüpft. Wohngegenden in den Vorstädten und den urbanen Peripherien wurden daher zunehmend attraktiver. Durch diese Art des Unterwegsseins veränderte sich die bauliche Infrastruktur des Verkehrsnetzes, angefangen von hierarchisierten Straßentypen über Motels, *Drive-in*-Restaurants und Tankstellen bis hin zur heimischen Garage, die ab den 1930er Jahren in den USA bereits zum häuslichen Standard gehörte.[91]

Der Idee des »Autowanderns« kamen findige amerikanische Straßenbauer entgegen, indem sie sogenannte Parkways anlegten. Dies waren exklusiv für den nichtkommerziellen Autoverkehr angelegte, durch besonders schöne Regionen führende Routen, wie etwa der Blue Ridge Parkway entlang dem Höhenkamm der Appalachen. Dessen Trassenführung war von der amerikanischen Landschaftsmalerei mit inspiriert worden, daher wurde die Infrastruktur hier auch zu einem Medium der Geschichtspolitik.[92]

Das Konzept der Parkways setzte sich langfristig nicht durch.[93] Teile davon wurden aber in der landschaftlichen Einbindung von Überlandstraßen und Autobahnen wieder aufgegriffen. Deren Streckenführung sollte es ermöglichen, auf besonders spektakuläre Panoramen und Aussichtspunkte zuzusteuern. Die Streckenführung vieler Autobahnen in den USA und Europa ist bis heute von solchen touristischen Erwägungen mitgeprägt.[94]

Auch wurde bei deren Bau bereits bedacht, dass schnurgerade verlaufende Strecken die Fahrer zu Raserei und einem Tunnelblick animieren und zu frühzeitiger Ermüdung führen können. Einfahrten in Autobahnkurven werden seit 1939 nach dem Krümmungsmodell einer Klothoide gestaltet, bei der geübte Fahrer intuitiv das Lenkrad einschlagen.[95] Gerade wegen der spezifischen Konnotationen des Autos als Freizeit- und Luxusgut hatten nicht wenige Menschen anfangs aber das umgekehrte Empfinden, das Auto sei im Grunde etwas ebenso Lästiges wie Überflüssiges. Es erfülle kaum Zwecke, die nicht von anderen Verkehrsträgern ausgefüllt werden könnten. Beklagt wurden der aufgewirbelte Staub, Lärm, Gestank und die häufigen Unfälle. Mit teilweise harten Bandagen wurde daher gegen den frühen Automobilismus protestiert und zu Felde gezogen. Seine Gegner spannten Stahlseile über Straßen, errichteten Barrikaden, legten Nägel aus oder bewarfen Autos und deren Insassen mit Steinen. Dabei waren sich die Täter relativ sicher, dass es schon nicht die Falschen treffen werde.[96] Die oft demonstrative Rücksichtslosigkeit der Autofahrer gegenüber abgedrängten Fußgängern, durchgehenden Pferden und anderen Konkurrenten auf der Straße zog in einigen Ländern die Einführung von sogenannten Pflasterzöllen nach sich. Auf den Straßen des Schweizer Kantons Graubünden wurde bis ins Jahr 1925 hinein sogar ein generelles Verbot von Kraftfahrzeugen aufrechterhalten.[97]

Zugleich sahen sich diejenigen, die eine fortschrittliche Technik zu beherrschen meinten, Verkehrsteilnehmern gegenüber, die sie als rückständig, passiv und immobil wahrnahmen. Der Kampf war für die Vertreter der letzteren Geisteshaltung nicht zu gewinnen. Spätestens seit den 1920er Jahren setzten Gewöhnungsprozesse ein. Die Faszination der motorisierten Fahrzeuge begann sich auf neue soziale Schichten auszuweiten. In der beginnenden »Dromokratie«, wie der Philosoph Paul Virilio dies einmal nannte, setzte sich die Herrschaft der Schnelleren über die Langsameren durch. Der dabei fast unvermeidliche Unfall wurde zum Symbol des nicht zu beseitigenden Restrisikos gesellschaftlicher Naturbeherrschung und zu einem »heroischen Paradigma der Moderne«.[98] Insgesamt wurde der Automobilismus zu derjenigen Verkehrsform, die sich vielleicht am tiefsten in unseren gesellschaftlichen Habitus eingeschrieben hat. Ein Großteil der modernen Verkehrs-, Siedlungs- und Konsumstrukturen ist fortan um das Auto herum gebaut worden. Am Ende glaubten einige der vom Automobilismus Infizierten sogar, »Benzin im Blut« zu haben.[99]

Spätestens seit den 1920er Jahren gab es einen engen Zusammenhang zwischen Arbeit, Automobilismus und Tourismus. Er schlug sich in zahlreichen Arbeitsbeschaffungsmaßnahmen nieder, etwa der von 1930 bis 1935 gebauten Großglockner Hochalpenstraße, die bis heute eine der touristischen Top-Destinationen Österreichs geblieben ist.[100] Die Idee der Autobahn beruhte auf der Forderung von Aktivisten und Lobbyisten – wie dem 1926 gegründeten »Verein zur Vorbereitung der Kraftwagenbahn Hamburg-Frankfurt-Basel« (HAFRABA e. V.) –, dass Autos im Interesse eines kreuzungsfrei fließenden Verkehrs eine »freie Bahn« benötigten. Als Orientierung dienten die *autostradas* in Oberitalien.[101] Adolf Hitler, der einmal bekannte, dass das Auto ihm die schönsten Stunden seines Lebens geschenkt habe, und der Eisenbahnen für etwas Unpersönliches hielt, nahm sich der Idee begeistert an.[102] Zugleich sollten Autobahnen in enger Anschmiegung an das vorhandene Gelände zu einem harmonischen Gesamtbild mit der Landschaft verschmelzen.[103]

Auch hierbei gab es jedoch Widerstände, jedenfalls gegen den Bauherrn: Vor der Eröffnung des ersten Teilstücks der Autobahn zwischen Frankfurt und Darmstadt am 19. Mai 1935 hatten Aktivisten des Internationalen Sozialistischen Kampfbundes »Hitler = Krieg« auf die neuen Fahrbahndecken gemalt. Die hellsichtige Parole musste vor der Ankunft des »Führers« und der ihn begleitenden Medienvertreter überdeckt werden.[104] Weniger treffend war der direkte Bezug zwischen Straße und Kriegführung: Seit langem hatten Militärs in gut ausgebauten Straßennetzen auch eine Erleichterung für gegnerische Angriffe gesehen.[105] Nun fürchteten die Strategen zusätzlich, dass sie feindlichen Flugzeugen aus der Luft als Orientierung dienen könnten.[106]

Der Autobahn- und Fernstraßenbau war keineswegs eine deutsche Erfindung. Und auch bei ihm machte sich der grenzüberschreitende Impuls bemerkbar, der schon bei der Binnenschifffahrt und der Eisenbahn, der Telegrafie und der Elektrifizierung festzustellen war. Beinahe automatisch, so der Technikphilosoph Eugen Diesel im Jahr 1930, müssten die Staaten

»sich der Übernationalität durch ihre Organisation anpassen. Das kommt zum Ausdruck in Patentämtern, Fahrplankonferenzen, tausend den auswärtigen Ämtern angegliederten Sonderstellen, die Schifffahrt, Technik, Presse, Kautschuk usw. bearbeiten.«[107] Die stärkste Kraft zur Standardisierung, so Diesel weiter, gehe von den USA aus. Und dennoch sei, so schrieb er in Bezug auf seine Zeit, heute jeder Punkt der Welt zu jedem Augenblick kriegerisch bedroht.[108] Insofern hatten die Strategen, die um die nationale Sicherheit besorgt waren, durchaus recht: Das Zusammenwachsen der Infrastrukturen und die damit einhergehenden internationalen Vereinheitlichungen schufen neue Abhängigkeiten, die im Frieden segensreich, im Konfliktfall jedoch verheerend wirken konnten. Diese Umcodierung von zivil-friedlicher in militärisch-prekäre Infrastruktur sollte im Zweiten Weltkrieg noch einmal schlagend dokumentiert werden.

Die Zwischenkriegszeit hingegen war eher von der optimistischen Vision gekennzeichnet, dass Europa auf der Grundlage von gemeinsam genutzten Infrastrukturen auch politisch zusammenwachsen werde. Durch Reisen und Tourismus, so erwarteten viele, würden die Europäer einander zunehmend persönlich begegnen und erfahren, was sie aneinander haben. Gerade bei denjenigen, die im Sinne der Saint-Simonisten des 19. Jahrhunderts über integrative europäische Netzwerke nachdachten, war in diesen Jahren eine ausgeprägte Europabegeisterung festzustellen. Für sie waren die Fragmentierung Europas und die Abschottung der Nationalstaaten voneinander die Hauptursachen für die Krisen jener Zeit. Aus ihrer Sicht war, einmal mehr, stattdessen die freie Zirkulation von Menschen, Gütern und Ideen als friedenstiftendes Ideal erstrebenswert.[109]

Ende der 1920er und Anfang der 1930er Jahre wurden diverse Pläne für einen europäischen Kontinent entwickelt, auf dem die verschiedenen Regionen und Staaten über Europastraßen miteinander verknüpft wären, so wie dies in den USA schon ansatzweise der Fall war. Die Franzosen Francis Delaisi und André Citroën, der Niederländer Jan Romein, der Italiener Piero Puricelli, der Österreicher Richard Coudenhove-Kalergi oder der Deutsche Kurt Kaftan rivalisierten miteinander um die effizientesten Modelle. Sie waren sich einig, dass die technische Erschließung die beste Möglichkeit zur politischen und kulturellen Annäherung bieten könnte.

Der Direktor des Internationalen Arbeitsamts in Genf, Albert Thomas, schlug Ende der 1920er Jahre sogar die europaweite Planung öffentlicher Arbeiten vor, um den Vorschlag des französischen Außenministers Aristide Briand, auch politisch ein vereintes Europa zu schaffen, durch ein infrastrukturelles Gerüst zu stützen.[110] Ähnliche Vorschläge gab es für eine europaweite Kooperation bei der Elektrizitätsversorgung, beim Rundfunk und bei den Eisenbahnen.[111] Wieder andere schlugen vor, dass sich Europa bei der Erschließung Afrikas zusammenfinden solle, um gemeinsame Aufgaben und Arbeitsplätze zu schaffen.[112] Der Schriftsteller Bernhard Kellermann, der schon 1913 in einem Roman einen gewaltigen Verkehrs-, Post-, Energie- und Wassertunnel zwischen den USA und Europa entworfen hatte, fasste die dahinter stehende Überzeugung so zusammen: »Die Arbeit ist die Religion unserer Zeit!«[113]

In diesen Vorschlägen äußerte sich ein technokratischer Internationalismus, der auf den ersten Blick weltfremd und realpolitisch abstrus erscheinen mag. Doch schon der Völkerbund war 1920 aus der Beobachtung heraus entstanden, dass die politische Einigung zwischen den Nationen weit hinter der tatsächlichen Verschränkung durch Handel und Infrastrukturen zurückgeblieben war. Auf zahllosen Konferenzen und in endlos tagenden Ausschüssen wurden in Genf Prozesse entworfen, die freilich erst nach 1945 voll entfaltet werden sollten. Dazwischen schob sich der erneute Versuch, von Deutschland aus gewaltsam einen hegemonialen Großraum in Europa zu schaffen.[114]

Dem nach 1945 friedlich zusammenwachsenden Europa sollte sich – freilich nur nominell – ausgerechnet das Reise- und Durchgangsland Schweiz entziehen. Es machte seine nationale Eigenständigkeit gleichsam zu einem Markenprodukt. Daher bietet es sich bis heute für Zeitreisen an, und sei es nur über wenige Stockwerke hinweg in einem Basler Hotelaufzug. Vor einer allzu starken Verflachung durch den standardisierten und motorisierten Massentourismus, der nach dem Zweiten Weltkrieg einsetzen sollte, wurde das Land über das Mittel des Preises bewahrt: Die Schweiz muss man sich bis heute leisten können.

Aneignung und Ausgrenzung

Reisen bildet – nicht immer freilich in angenehmer Weise. Im Jahr 1893 kaufte Mohandas Karamchand Gandhi, der später den Beinamen *Mahatma*, die »große Seele«, bekommen sollte, am Bahnhof der südafrikanischen Stadt Durban ein Ticket. Per Eisenbahn sollte es erster Klasse nach Johannesburg gehen. Die erste Hälfte der Fahrt verlief reibungslos. In Pietermaritzburg jedoch wurde er vom Zugpersonal angesprochen und dazu genötigt, den Waggon zu verlassen. Denn Inder wurden in der ersten Klasse nicht geduldet. Der Vorfall ließ den jungen Anwalt fortan nicht mehr los; er wurde später sogar als eines der Schlüsselerlebnisse gewertet, die sein politisches Bewusstsein mitgeformt hatten.

Denn das Ereignis schlägt den Bogen nicht nur zur südafrikanischen Apartheid und zu Gandhis späterem Feldzug gegen die Eisenbahn als eines der wesentlichen Instrumente der britischen Kolonisierung Indiens.[115] Es erinnert auch an die Weigerung der Näherin Rosa Parks im Jahr 1955, eine den »Weißen« zugewiesene Sitzreihe eines Busses in Alabama zu verlassen. Die Afroamerikanerin hatte insofern den diskriminierungsfreien Zugang zu einer Infrastruktur eingefordert. Stattdessen wurde sie jedoch unter dem Vorwurf, die öffentliche Ruhe gestört zu haben, von der Polizei abgeführt. Die daraufhin von Martin Luther King und anderen organisierten Aktionen, vor allem der anschließende Boykott von öffentlichen Bussen in Montgomery, sollten der amerikanischen Bürgerrechtsbewegung einen entscheidenden Schub verleihen.[116]

Nicht nur in Automobilen, sondern auch bei Reisen mit öffentlichen Verkehrsmitteln zeigt sich bisweilen ein soziales Bedürfnis nach Distinktion. Gemeinschaftlich genutzte Infrastrukturen werden oft in Klassen eingeteilt oder privilegierte Zugänge zu ihnen geschaffen. Solche Abstufungen regulieren sich in aller Regel über den Preis. Weniger harmlos wird es, wenn in diese Distinktionen kolonialistische und rassistische Haltungen eingeschrieben sind, wie dies Gandhi, Parks und viele andere erlebten. Dass sie weniger Rechte besitzen sollten, hat sie empört und zu prominenten Gegnern des Kolonialismus und des Rassismus werden lassen. Gandhi kam immer wieder auf die Eisenbahn zurück, oft als Metapher für die Asymmetrien der indischen Gesellschaft. Aber er machte auch ganz konkret die entwürdigenden Konditionen der dritten Wagenklasse für die angegriffene Gesundheit und Moral der indigenen Inder verantwortlich. Schon zwei Monate nachdem Indien 1947 schließlich seine Unabhängigkeit erlangt hatte, kritisierte Gandhi die Eisenbahn nicht mehr, vielmehr sorgte er sich wegen des nachlässigen Umgangs der indischen Bevölkerung mit ihr:

»Die Passagiere sollten die Eisenbahn als ihren eigenen Besitz betrachten. Sie sollten die Züge sauber halten. Sie sollten in den Waggons weder spucken noch rauchen und die Notbremse nicht ohne zwingende Gründe betätigen. Und kein einziger Passagier sollte ohne Fahrkarte reisen. Erst dann könnte ich sagen, dass wir unsere wahre Unabhängigkeit erreicht haben.«[117]

Ob dieser Appell an den Gemeinsinn half, ist zweifelhaft. Die indische Gesellschaft versank nach der Unabhängigkeit mehr noch als zuvor in Zwietracht. Kurz darauf wurde Gandhi ermordet. Seine Asche wurde in der dritten Wagenklasse eines Zuges von Delhi in seinen Aschram nach Allahabad überführt. Es war ein Ritual von großer symbolischer Kraft, weshalb die dritte Klasse vorübergehend als *Gandhi-Klasse* bezeichnet wurde. Es ist nicht schwer, auch heute noch auf Vorbehalte zu treffen, wie Gandhi und Parks sie erfuhren. Sie nähren sich aus dem Affekt, dass jemand Einrichtungen einer Gemeinschaft nutzt, die als eine exklusive verstanden wird.

Zugehörigkeit setzt eine Vorstellung davon voraus, wer eben *nicht* dazu gehört. Als im Laufe des 19. Jahrhunderts immer mehr Nationalstaaten dazu übergingen, sich als möglichst homogene Einheiten zu verstehen, strahlte diese spezifische Dialektik von Teilhabe und Ausschluss auf zahllose Bereiche der Gesellschaft aus. Auf der Ebene einer Zuordnung der Bürger machte sie sich in der Spannung zwischen Kosmopolitismus und aggressivem Nationalismus bemerkbar, doch sie wirkte sich bis in die kleinsten gesellschaftlichen und alltäglichen Bereiche aus. Dies blieb bei den einerseits integrativen, andererseits grenzüberschreitenden Prozessen der Infrastrukturisierung nicht ohne Wirkung. Seit dem ausgehenden 19. Jahrhundert wurden in den europäischen Nationalstaaten die technischen Netzwerke immer stärker zu elementaren Bestandteilen eines nationalen Organismus, ihr Gebrauch sollte exklusiv bleiben.

Die erste Hälfte des 20. Jahrhunderts ist auch aus diesen Gründen eine Hochphase der organischen Metaphern vom Blutkreislauf und den Nervenbahnen, mit denen Verkehrs- und Kommunikations-, Ver- und Entsorgungseinrichtungen gern belegt wurden. Wie zuvor schon die Stadt wurde auch der moderne Wohlfahrtsstaat häufig als Organismus beschrieben. Für dessen Gesundheit müsse man ähnlich sorgen wie ein Arzt für seinen Patienten. Solche Metaphern träfen freilich nur eingeschränkt zu, meinte der Ingenieur Eduard A. Pfeiffer im Jahr 1937. In Anbetracht des allgemeinen Zustands vieler Infrastrukturen müsse man wohl eher an einen Körper denken,»der unter inneren und äußeren Wucherungen, Hypertrophien, Mangelkrankheiten u. a. m. zu leiden hat (etwas Hypochondrie mag auch nicht fehlen), der aber im Allgemeinen leistungsfähig geblieben ist«.[118] Der Autor schlug vor, das Gemeinwesen eher als eine Betriebseinheit zu verstehen. Für technokratisch orientierte Autoren wie Pfeiffer schien es sinnvoller, von einer gut geölten gesellschaftlichen Maschine zu sprechen als organische Analogien zu strapazieren.[119]

Welches Bild auch immer gewählt wurde: Sorgen bereiteten die Infrastrukturen der Zirkulation immer dann, wenn durch den Verkehr Unerwünschtes oder als gefährlich angesehene Informationen transportiert wurden. So wurde schon in den 1930er Jahren konstatiert, dass sich durch den immer stärker entwickelten Luftverkehr gefährliche Seuchen wie Pest, Gelbfieber, Cholera, Pocken oder Fleckfieber weltweit besonders schnell verbreitet hätten.[120] Dies legte Kontrollen nahe, insbesondere an den Außengrenzen der Staaten, aber auch Maßnahmen, um diejenigen genauer zu observieren, die an die Netzwerke angeschlossen waren.

In der Zwischenkriegszeit wurden in vielen Ländern Infrastrukturen als Instrumente beworben, mit denen eine lebendige Gemeinschaft hergestellt werden könne. In einigen Gesellschaften war dieser Impuls von Praktiken der Segregation begleitet. Beides wurde nicht unbedingt von denselben Personen und Instanzen betrieben und hatte auch nicht immer die gleichen Ursachen. Es fiel aber dennoch in auffälliger Weise zusammen. In den USA hatte sich nach einer Phase des privatwirtschaftlich dominierten Ausbaus insbesondere von Eisenbahnen, die bis Ende des 19. Jahrhunderts andauerte, ein neues Verständnis von *public works* etabliert, die nun zumeist *public utilities* genannt wurden. In einem wegweisenden Urteil des amerikanischen Supreme Court von 1876 war einem Getreidespediteur in Chicago zum ersten Mal der Status eines »business affected with a public interest«, also eines Unternehmens, das dem öffentlichen Interesse diente, zuerkannt worden.[121]

Insbesondere Verkehrseinrichtungen wurden nun zunehmend als »öffentlich« deklariert und diesen *public utilities* zugerechnet.[122] Zugleich avancierte der Begriff seit den 1890er Jahren zu einem Schlagwort all jener, die gegen den privatwirtschaftlichen Betrieb dieser Einrichtungen argumentierten. Er bezog sich vor allem auf Straßenbahnen, auf Elektrizitäts- und Wasserwerke sowie auf Einrichtungen des schnellen Nachrichtenverkehrs.[123] Der Schriftsteller Jack London trat Anfang des 20. Jahrhunderts für das städtische Eigentum von öffentlichen Einrichtungen ein. Bis dahin als gefährlicher Sozialist und bombenwerfender Anarchist diffamiert, war er mit dieser Forderung rehabilitiert. Denn inzwischen hatte sich selbst der republikanische Bürgermeister seiner Heimatstadt San Francisco die Ansicht zu eigen gemacht, dass kommunaler Besitz in den USA längst eine etablierte Politik sei.[124]

Bald wurde *public utilities* in den USA zu einem definierten Rechtsbegriff. Er umfasste die Erwartung, alle Menschen unterschiedslos und zu einem gerechten und günstigen Preis mit gemeinschaftsdienlichen und lebenswichtigen Diensten zu versorgen.[125] Auch in Frankreich setzte sich seit dem letzten Drittel des 19. Jahrhunderts der Begriff des *service public* durch. Zur gleichen Zeit verfolgte der zuständige Minister Charles de Freycinet den Plan, jedem Franzosen den Anschluss an die Eisenbahn zu garantieren.[126] Der Begriff *service public* wurde vom Verwaltungsjuristen Otto Mayer als »öffentliche Anstalten« in die deutsche Rechtssprache übersetzt, konnte sich als Sammelbegriff aber nicht etablieren.[127]

Lange Zeit wurde in Deutschland vielmehr von »öffentlicher Wohlfahrtspflege« gesprochen, bevor Ende der 1930er Jahre der Verwaltungsjurist Ernst Forsthoff den Begriff der »Daseinsvorsorge« einführte. Dieser nahm ältere Vorstellungen einer für die Sicherheit sorgenden »Policey« sowie einer Wohlfahrtspflege auf, die das basale Dasein der Untertanen gewährleisten sollten.[128] Dabei unterschied Forsthoff zwischen dem *beherrschten* Lebensraum des Individuums, der sich mehr und mehr verringere, und dem *effektiven* Lebensraum, der sich dank der Einrichtungen der Kommunikation und des Verkehrs, der Versorgung und Entsorgung stetig erweitere. Die mit der Daseinsvorsorge befasste staatliche Leistungsverwaltung wurde nach Auffassung des Juristen zum tragenden Element der Vergemeinschaftung in einem totalen Volksstaat. Dieser stelle den Individuen die »Lebensgüter« bereit, könne dafür aber von seinen Bürgern auch eine umfassende Unterwerfung einfordern.[129]

Dieser geradezu vormoderne Zusammenhang von Schutz und Gehorsam setzte jedoch eine relativ homogene Bevölkerung voraus. Er war spezifisch für die faschistischen Staaten der ersten Hälfte des 20. Jahrhunderts. Doch eigneten sich zu dieser Zeit auch politisch anders codierte Staaten die Verfügungsgewalt über die Infrastrukturen an. Sie wollen den Raum und die Gesellschaft gestalten und Infrastrukturen als etwas etablieren, das der in Wien geborene Publizist Anton Zischka in einem unveröffentlicht gebliebenen Buch von 1944 die »Lebensadern der Gemeinschaft« nannte.[130]

In der Sowjetunion allerdings musste ein Großteil dieser Infrastrukturen erst noch aufgebaut werden. Gerade dadurch konnten sie aber unmittelbar in den Dienst der sozialistischen Umgestaltung gestellt werden. Dabei kam es unter »entfernten Verwandten« wie den USA, Deutschland und der Sowjetunion zu einem konkurrierenden Austausch von technologischer Expertise.[131] Deutliche Parallelen zeigten sich auch bei der Arbeitsbeschaffung: Seit den späten 1920er Jahren schienen Investitionen in öffentliche Arbeiten international ein Königsweg aus der grassierenden, durch die Weltwirtschaftskrise verstärkten Arbeitslosigkeit zu sein. Infrastrukturen boten also arbeitsintensive Beschäftigung und damit Arbeitsplätze. Sie galten darüber hinaus als Integrationsfaktoren ersten Ranges, um eine organische oder aber sozialistische »Volksgemeinschaft« zu schaffen.[132]

Mit einer weitaus geringeren Emphase für die homogenisierenden Tendenzen der Infrastrukturen galt beides auch für die USA. Seit 1933 verfolgte der frischgewählte Präsident Franklin D. Roosevelt ein *New Deal* genanntes

Wirtschaftsprogramm. Dabei investierte der Bundesstaat in einem für amerikanische Verhältnisse ungewöhnlichen Umfang in *public works*-Projekte. Als Roosevelt 1940 eine Auswertung der hierdurch erzielten ökonomischen Effekte in Auftrag gab, stellte diese fest: »Es liegt in der Natur der Sache, dass öffentliche Arbeiten Investitionen in die Zukunft darstellen, und bis zu einem gewissen Grad haben wir gelernt, die Weitsicht oder den Idealismus von Staaten am Umfang zu messen, mit dem sie dauerhafte und sichtbare Beiträge zu einer künftigen Wohlfahrt leisten.«[133] In geradezu idealer Weise sei die *Public Works Administration* ihrer Aufgabe nachgekommen, »brachliegende Arbeitskraft und brachliegende Ressourcen für nutzbringende Bauwerke zusammenzuführen«.[134]

Als Musterprojekte des *New Deal* galten die Zähmung des Flusses Tennessee sowie der Bau des Hoover- und des Grand-Coulee-Staudamms.[135] Mit ihnen schien sich nicht nur die Idee der *internal improvements* aus den 1830er Jahren zu erneuern, auch die Vorstellungen der Hochmoderne schienen sich darin geradezu ideal zu verwirklichen: Es wurde Arbeit geschaffen für Menschen, deren Herkunft und Hintergrund keine Rolle mehr spielte, die Natur wurde gezähmt, und rückständige, bislang agrarisch geprägte Regionen erhielten zugleich einen Entwicklungsschub. Dass diese großtechnischen Lösungen überdies umweltfreundlichen Strom erzeugten, gab der *New Deal*-Propaganda zusätzliche Argumente an die Hand. In Filmen wie Elia Kazans *Wilder Strom* von 1960 wurden solche Projekte von Hollywood in zahlreichen Plots überformt. Meist ging es darin paradigmatisch um den Kampf des Alten gegen die Moderne.

Ähnlich gewaltige Großprojekte lassen sich für diese Jahre in Italien und in Deutschland, weniger ausgeprägt in Frankreich und England finden. Diese beiden Länder sahen sich stattdessen vor die Aufgabe gestellt, mit Mitteln, die seit dem Ersten Weltkrieg deutlich begrenzt waren, ihre kolonialen Imperien zu entwickeln und dort basale Infrastrukturen zu errichten.[136] Daher beließ man vieles in privater Hand, dennoch fanden sich auch hier Tendenzen, die Zuständigkeit für Infrastrukturen stärker zu zentralisieren. So war die englische Elektrizitätsversorgung 1939 die erste, die vollständig nationalisiert wurde.[137]

Bei allen Gemeinsamkeiten gab es natürlich gewichtige Unterschiede bei den ideologischen Begründungen und Zielen solcher Projekte. So hatte die vom Ökonomen John Kenneth Galbraith geleitete Auswertung der amerikanischen *public works*-Ausgaben im Jahr 1940 ausdrücklich festgestellt, dass die amerikanischen Investitionen in Infrastruktur ausschließlich friedlichen Zielen dienen würden. Das stimmte zu dieser Zeit zweifellos, sollte sich aber schon kurz darauf ins Gegenteil verkehren. Ab 1943 wurde die am Tennessee gelegene Stadt Oak Ridge wegen der dort verfügbaren Elektrizität zum Standort einer ungewöhnlichen Forschungseinrichtung. Das National Laboratory, das heute auf Energie- und Umweltfragen spezialisiert ist, leistete in den letzten Jahren des Zweiten Weltkriegs wesentliche Beiträge zur Entwicklung der ersten Atombombe.

Im nationalsozialistischen Deutschland lief der Ausbau der Infrastrukturen in den 1930er Jahren von vornherein darauf aus, mittelfristig einen Krieg zu ermöglichen. Die dazu durchgeführten Maßnahmen, vor allem der Reichsarbeitsdienst und der Autobahnbau, aber auch rechtliche Neuordnungen wie das Energiewirtschaftsgesetz und die Gemeindeordnung von 1935, brachten die Anbieter von Infrastruktur unter staatliche Aufsicht. Zugleich wurden ein Anschlusszwang für die Nutzer sowie eine Anschlusspflicht für die Anbieter durchgesetzt. Das war rechtlich ebenso weitreichend wie symbolisch. Denn es unterstrich die enge Verzahnung zwischen Staat und Bürgern, die durch Infrastrukturen hergestellt wurde. Der Staatssekretär im Reichspostministerium, Jakob Nagel, brachte 1937 das politisch umcodierte Verständnis von Infrastrukturen auf den Punkt: »Die Deutsche Reichspost ist kein Wirtschaftsunternehmen. Für ihre Arbeit sind erfolgswirtschaftliche Erwägungen nicht maßgebend. Sie dient dem ganzen Volke! Ihr Zweck ist die Förderung der kulturellen Aufgaben und Bedürfnisse des Staates und der Volksgemeinschaft und nicht Gewinnerzielung.«[138]

Diese »Gemeinwohlorientierung mit völkischer Rhetorik« diente aber nicht nur der Integration. Sie setzte auch Prozesse des Ausschlusses fort.[139] Schon seit dem Ende des 19. Jahrhunderts hatten sich in Deutschland antisemitische und rassistische Stigmatisierungen verstärkt. So priesen sich einzelne Restaurants, Hotels oder Vereine ausdrücklich als »judenfrei« an. Seit 1895 warb etwa der *Kölner Hof* im Frankfurter Bahnhofsviertel um »arische« Gäste, indem er an seinem Eingang ein Schild »Jüdischer Besuch verboten«

anbrachte.[140] Auch einzelne Bäder an der Nord- und Ostseeküste versuchten, die Anwesenheit von Juden und von Farbigen zu verhindern.[141] Ähnlich wie in der *petty apartheid* Südafrikas sollte verhindert werden, dass man »Fremdvölkischen« begegnete oder mit ihnen in Berührung kam – wenn sie schon nicht mehr zu ghettoisieren waren. Und das war vor allem an öffentlichen Orten und in gemeinschaftlichen Einrichtungen der Fall.

Zusammen mit dem Apartheidregime und den rassistischen Routinen der USA unter den Jim-Crow-Gesetzen war die seit 1933 staatlich forcierte Entrechtung und Verfolgung der Juden in Deutschland der bekannteste Fall des 20. Jahrhunderts, in dem ein Regime offen segregierte.[142] In Deutschland wurde die lange Emanzipationsgeschichte der Juden in kürzester Zeit zurückgedreht. Von den »politics of separated development of blacks and whites« in Südafrika unterschied es sich aber darin, bei dieser Isolierung nicht zu enden. Juden wurden zunächst vom Wahlrecht ausgeschlossen, danach Schritt für Schritt von nahezu sämtlichen bürgerlichen Rechten wie der Freizügigkeit, der Arbeit und dem Besitz.

Am demonstrativsten zeigte sich die Ausgrenzung von »Gemeinschaftsfremden« jedoch in den Verboten zur Nutzung von Parks und deren Bänken, von Schwimmbädern, öffentlichen Verkehrsmitteln, Toiletten, Krankenhäusern sowie im Ausschluss aus der »Solidargemeinschaft« der Krankenversicherung. Auch der Besitz von Radios, die nicht von ungefähr als Volksempfänger bezeichnet wurden, war ihnen untersagt.[143] Die Diskriminierung setzte sich später in den von den Deutschen besetzten Ländern fort.

In Paris etwa begann die Judenverfolgung 1940 mit einer Anweisung an jüdische Metronutzer, nur den letzten Waggon zu nutzen, der gehässig »die Synagoge« genannt wurde.[144] So wurden die Lebensgrundlagen von Juden nach und nach immer stärker eingeschränkt und die Teilhabe an den Netzen der Versorgung und Entsorgung immer prekärer. Für die in ihrem niederländischen Versteck ausharrende Familie Anne Franks konnte derweil schon eine verstopfte Toilette zu einer existentiellen Bedrohung werden.[145]

Bis 1935 wurden konsequenterweise alle jüdischen Beschäftigten der Deutschen Reichsbahn entlassen. Danach wurden Sonderzüge an die Reichsgrenzen und für Kindertransporte zu den Seehäfen eingesetzt, um die jüdische Auswanderung zu beschleunigen. Ab einem bestimmten Zeitpunkt war Juden die Benutzung öffentlicher Verkehrsmittel nur noch mit einer polizeilichen Sondergenehmigung erlaubt. Auch hierfür hatte es einen Vorlauf gegeben: Schon um die Jahrhundertwende wurden antisemitisch stigmatisierende Siegelmarken für Briefe oder aus Jux gefälschte Eisenbahnfahrkarten »4. Klasse« verkauft, auf denen »Nach Jerusalem. Hin, aber nicht zurück« zu lesen war.[146]

Die NS-Propaganda lieferte für diese diskriminierenden Maßnahmen suggestive Begründungen: In dem antisemitischen Film *Jud Süß* von 1940 war die erste Maßnahme des Josef Süß Oppenheimer, auf den Straßen und Brücken des Fürstentums Württemberg Zölle zu erheben. Die Botschaft war eindeutig: Juden hätten gerade Gemeinschaftseinrichtungen seit langem dazu missbraucht, ihre Geschäfte zu betreiben.

Im Schatten des Zweiten Weltkriegs organisierte dann das Referat IV B4 des Reichssicherheitshauptamtes, dem unter anderem Adolf Eichmann und der Transportoffizier Franz Novak angehörten, den reibungslosen Abtransport der europäischen Juden in die Konzentrations- und Vernichtungslager. Vorbild hierfür war bezeichnenderweise ein Kurswagensystem, das sich bis dahin bei der Anlieferung von Tieren zu deutschen Schlachthöfen bewährt hatte. Der Vorgang lag allerdings durchaus quer zur rationalen Logik der Kriegführung. Denn er band, um die Judenvernichtung durchführen zu können, »kriegswichtige« Kräfte.

Die Rampen von Auschwitz und anderen Lagern wurden für nahezu alle, die dort mit der Eisenbahn ankamen, tatsächlich zu Einbahnstraßen, aus denen es kein Zurück gab. Allenfalls einen Umweg auf dem Weg in die Vernichtung nahmen diejenigen, deren Arbeitskraft zuvor gnadenlos ausgebeutet wurde, etwa in den I. G. Farben-Werken von Auschwitz-Monowitz. Dort wurde paradoxerweise künstliches Gummi und Benzin für Kraftfahrzeuge hergestellt. So mussten die Verfolgten selbst dazu beitragen, die mangelnden Kriegsleistungen der Eisenbahn, die durch die Deportationsfahrten gebunden waren, zu kompensieren. Das Bild des Schienenstrangs, der auf das Lagertor von Auschwitz zuläuft, wurde zu einer fotografischen Ikone des 20. Jahrhunderts.

Die zuverlässigen Dienstleistungen der Deutschen Reichsbahn für die

Logistik der Vernichtung gelten als extreme Beispiele für den Missbrauch von Infrastruktursystemen. Deren oft banale Funktionsorientierung ließ sich eben allzu leicht für inhumane Zwecke verwenden.[147] Die Strukturen solcher großen, arbeitsteiligen und scheinbar neutralen Organisationen, gerade wenn sie so anonym arbeiten wie im Umfeld von Infrastrukturen, ermöglichen Verbrechen, wie sie namentlich von »Schreibtischtätern« begangen werden.[148]

Ähnlich große Herausforderungen an unser Verständnis stellen aber auch die Anfänge des Massentourismus im »Dritten Reich« dar, ebenso wie die Bereitstellung von Volkswagen, Volksempfängern und anderen standardisierten Massengütern, die auf einer – zumindest beabsichtigt – standardisierten Infrastruktur aufruhten. Vor allem irritiert der Bau der Autobahnen. Der kann zwar als eine »funktionelle Matrix« der Volksgemeinschaft gedeutet werden. Doch lag er ebenso quer zu der bis dahin oft dominanten Funktionslogik, da sich diese Straßen für eine militärische Nutzung eigentlich nicht eigneten. Vielmehr sollten durch den im »Dritten Reich« beginnenden Tourismus neue sozialräumliche Beziehungen hergestellt und dabei lokale wie familiäre Bindungen nach und nach gelöst werden.[149] Ebenso paradox erscheint es, dass die Autobahnen später gerade wegen ihres diskriminierungsfreien Zugangs und ihres – jedenfalls im Grundsatz – fehlenden Tempolimits zu einem deutschen Markenzeichen und zugleich zu einem Symbol der »freien« automobilen Nachkriegsgesellschaft werden sollten.

3 Maßstab der Moderne: Das späte 20. Jahrhundert

Unwiederbringliche Gefühle

Mit 30 Jahren Abstand erinnerte sich Familie Kaufmann aus dem Ruhrgebiet an die Anschaffung des ersten Kühlschranks im Jahr 1957:

»Wenn ich mir sonst noch so etwas Schönes kaufen kann, freu' ich mich (auch heute noch) darüber. Aber immer ging man an dem Kühlschrank dran vorbei, hat drüber gestrichen und machte ihn auf. Und das glänzte, und die Butter lag drin und die Wurst, noch so, wie man sie vorgestern gekauft hat. Wissen Sie, ich denke, man hat in der schweren Zeit so viele Glücksgefühle, ich würde sagen, unwiederbringlich. (…) Heute ist das alles eine Selbstverständlichkeit, dann noch Fernseher, Kühlschrank, Waschmaschine, selbst das Auto ist zur Selbstverständlichkeit geworden. *Einwurf des Sohnes*: Den Kühlschrank, den streichelste jetzt jedenfalls nicht mehr.«[1]

Erzählungen wie diese, bei denen bestimmte Anschaffungen zu wichtigen Bezugspunkten in der Familiengeschichte werden, sind für die Nachkriegsjahrzehnte charakteristisch. Denn die kollektive Erinnerung ist nicht identisch mit den individuellen Erinnerungen. Wird die eine durch die großen politischen Zäsuren dominiert, folgt die andere meist völlig anderen Rhythmen. Wer im letzten Jahrhundert gelebt hat, erinnert sich eher an Momente, in denen sich die Gestaltung des Alltagslebens markant veränderte, als an das, was Historiker als prägende Perioden der Geschichte festhalten.

Besonders im Gedächtnis bleiben Geräte und Ereignisse, die schubhafte Neuerungen und Horizonterweiterungen mit sich brachten: die verschiedenen Fahrzeuge, die man besessen hat, die erste Schiffs- oder Flugreise, der erste Kühlschrank, das Kofferradio, Fernsehereignisse der Jugendjahre oder der erste Computer – auch wenn der aus heutiger Warte eine lächerlich geringe Leistung aufwies, schwer, teuer und enorm groß war. Der Rückblick auf frühere Routinen, Gewohnheiten und allgegenwärtige Dinge erzeugt nostalgische Schauder. Die Gegenstände der Vergangenheit machen den Wandel der Zeit emotional erfassbar. Das gilt vor allem, seit wir von immer mehr Gerätschaften umgeben sind, deren Lebensdauer zudem immer kürzer zu werden scheint. In materiellen Dingen spiegelt sich Geschichte, und bestimmte Kulturerzeugnisse können zu Trägern der Erinnerung werden. Das gilt auch und gerade für Musik oder andere Geräusche, die mit einer biographisch besonders prägenden Zeit verbunden sind.

Für Infrastrukturen allerdings gilt dies nur in eingeschränktem Maße. Wer erinnert sich schon daran, wann eine bestimmte Straße asphaltiert oder ein Stromkabel gelegt wurde, sofern man nicht als Anlieger unter den entsprechenden Bauarbeiten besonders gelitten hat? Zumal ab 1945 der Konsum immer stärker in den Vordergrund rückte und immer mehr von sich ständig erneuernden und vermeintlich auch verbessernden Angeboten geprägt war. In den Nachkriegsjahrzehnten vollzog sich ein fundamentaler Wandel – der allerdings sehr viel mehr mit den Infrastrukturen und den damit verteilten Energie- und Rohstoffressourcen zu tun hatte, als allgemein wahrgenommen wurde. Umwelthistoriker haben von einem »1950er-Syndrom« und sogar von einer Epochenschwelle gesprochen.[2]

Im 19. Jahrhundert waren um Kohle, Eisen, Stahl und Eisenbahnen herum schwerindustriell geprägte und mit Schornsteinen gespickte Landschaften entstanden. In Anlehnung an Charles Dickens' Erzählung »Hard Times« von 1854 hat man sie im Englischen als *coketown cluster* bezeichnet. Sie bestanden, wie Dickens schrieb, eigentlich aus roten Ziegelsteinen, doch Rauch und Asche hatten diese wie das Gesicht eines »Wilden« mit schwarzen Mustern verziert. Eine Autostadt wie Detroit könnte man in Anlehnung daran spätestens seit den 1940er Jahren als *motown cluster* bezeichnen. Diese städtischen Landschaften beruhten auf anderen Energieformen als der Kohle, nämlich dem Erdöl, dem Erdgas und der Atomenergie, und sie waren von Fließbandproduktion, Elektrizität, Automobilen und

Flugzeugen, Chemikalien und Düngemitteln geprägt.[3] Die Leitmaterialien dieser Ära waren nicht mehr Stein und Eisen, sondern Plastik und Beton.[4] Vieles von dem, was europäische Gesellschaften schon in der Zwischenkriegszeit erhofft und erwartet hatten – Stabilität und Berechenbarkeit, die kalkulierbare Anerkennung von individueller Leistung und eine angemessene Entlohnung – ermöglichten ab den späten 1940er Jahren die Infrastrukturen der *motown cluster*. Wo es möglich war, sollte der Staat die Gelder, die er mit den ständig steigenden Steuern einnahm, in Infrastrukturen anlegen, die für jedermann zugänglich sein sollten. Die Chance auf gesellschaftliche Partizipation hing allerdings von der Kaufkraft ab. Die Politik sah sich deshalb vor allem in der Rolle, diese Chancen zu befördern und sozial und räumlich möglichst ausgeglichen zu verteilen. Zahlreiche Verantwortlichkeiten wurden auf die öffentliche Hand übertragen, während die Bürger sich auf die Familie und den privaten Konsum konzentrierten.

Anschaffungen wie der erste Kühlschrank, das erste Auto oder der erste Fernseher waren auch aus diesem Grund hoch emotional besetzte Vorgänge. Sie dokumentierten, dass sich die Lebensverhältnisse besserten.[5] Die Sehnsucht nach einer solchen Normalität ließ die Menschen übersehen, wie historisch einzigartig es war, dass sich die Informationshorizonte und Erfahrungsmöglichkeiten so rasant ausweiteten.[6] Die Möglichkeiten, die Technologien der Vernetzung und Versorgung boten, wurden seit den 1950er Jahren meist begierig aufgegriffen und angeeignet. Zeitgenossen erinnern dies oft als aufregende Lebensphase, in der nach und nach die individuelle Motorisierung, private Reisen, Radiohören und Fernsehen sowie die Ausstattung des Haushalts mit Technologien aller Art möglich wurden.

Obwohl sich dabei bereits der Trend zur Individualisierung zeigte, waren auch weiterhin Elemente einer gemeinschaftlichen oder genossenschaftlichen Nutzung zu beobachten. Zentrale Koch- oder Waschküchen, in denen Kühl- und Gefrierschränke oder erste Fernseher aufgestellt waren, gab es als *Kommunalka* in östlichen, als Dorfgemeinschaftshaus oder ähnliches aber auch in westlichen Ländern.[7] Schritt für Schritt wurden diese Geräte und Tätigkeiten schließlich auch verhäuslicht. In ähnlicher Weise wurde, zumindest in Westeuropa, der öffentliche Nahverkehr oft durch eine individuelle Motorisierung ersetzt, sobald man sich ein Moped, Motorrad, einen Kleinwagen oder sogar ein »richtiges« Auto leisten konnte.

Der wachstumsorientierte und sich selbst verstärkende Prozess, der schon für den *coketown cluster* festzustellen war, kam im *motown cluster* endgültig im Alltag und im Habitus breiter Bevölkerungsschichten an. Auch dem *motown cluster* wohnte eine starke Tendenz inne, sich ständig zu vergrößern und zu optimieren, so wie dies dem Prinzip der Massenproduktion eingeschrieben war. Das ließ eine Konsum- und Wegwerfgesellschaft entstehen, in der sich ständig neue zirkulative Logistiksysteme etablierten. »Ich bin nur noch im Wettlauf mit der Müllhalde«, ließ Arthur Miller schon 1949 seinen todgeweihten Handlungsreisenden äußern: »Kaum ist das Auto abbezahlt, pfeift es aus dem letzten Loch, und der Kühlschrank verschleißt Ventilatorenriemen wie ein Irrer. Die timen die Dinger. Kaum ist etwas bezahlt, ist es hinüber.«

Dieser Funktionsmodus ist als »geplante Obsoleszenz« beschrieben und aus ökologischer Sicht immer wieder heftig kritisiert worden.[8] Gebrauchsdinge, die früher fast ein Leben lang gehalten hätten oder doch zumindest hätten repariert werden können, seien – so die Kritik – absichtlich so gebaut, dass sie nicht nur funktional, sondern auch psychologisch verschleißen würden. Die meisten Gegenstände gälten rasch als veraltet, da ständig neue Designs als Innovationen angeboten und als Lifestyleprodukte vermarktet würden. Der Designer Brooks Stevens definierte »Planned Obsolescence« 1954 als »Wecken des Wunsches, etwas zu besitzen, was ein bisschen neuer ist und ein bisschen besser, ein bisschen früher als nötig«.[9] Komplementär dazu entstand ein spezifisches Verhältnis zum Müll, auf das später noch zurückzukommen sein wird.

So bildete sich in den 1950er Jahren ein bestimmender Funktionsmodus der Konsumgesellschaft heraus, der die Bedürfnisse von Konsumenten gezielt zu wecken, dann zu steuern und schließlich zu vereinheitlichen versuchte. Zugleich wurde die Verfügbarkeit von Energie immer mehr als ein Schlüssel verstanden, um eine gerechte Gesellschaft herzustellen. Beide Faktoren zusammen ließen im Ergebnis eine Hochenergiegesellschaft entstehen.[10] Der Staat, die Energieversorger, die Gerätehersteller, aber auch die Konsumenten bildeten geradezu eine »Koalition der Verschwender«.[11] Es schien ja genug Energie zu geben. Der Umgang mit dem Erdöl, das über Schiffe und Pipelines nach Europa gepumpt wurde, war charakteristisch. Die Anbieter gaben es zu einem Preis ab, der nicht nur Holz, Kohle, Gas, Petroleum und Spiritus, sondern auch die sich anbahnende Konkurrenz der Atomenergie unterlief und die Märkte geradezu flutete.[12] Das führte zu einer erhöhten Nachfrage. Aber auch insgesamt traf die Steigerung des Verbrauchs europaweit auf eine besonders günstige Konstellation: Die kriegsmüden Menschen konzentrierten sich auf ihr privates, individuelles Fortkommen, und das wachsende Angebot an Konsumgütern und Ressourcen wie dem Erdöl half ihnen, ihre Wünsche umzusetzen. Zugleich diente der Konsum während des Kalten Krieges dazu, sich gegenüber den Systemkonkurrenten im jeweils anderen politischen Lager zu profilieren.

Der Kühlschrank wurde nach und nach zu einem zentralen Bestandteil des Haushalts und seiner Organisation.[13] Er ermöglichte es, Lebensmittel auf Vorrat zu halten, und er veränderte das Essverhalten. Denn nun konnte sich jedes Familienmitglied nach Belieben daraus bedienen, das gemeinsame Familienessen wurde hierdurch in Frage gestellt.[14] Da man im Kühlschrank Vorräte anlegen konnte, lag es nahe, mit dem Automobil große Einkäufe zu tätigen. Dank einer sich ständig erweiternden Warenlogistik, für die seit den 1950er Jahren sinnbildlich der neu entwickelte Container stand, waren auf dem Markt oder im Supermarkt das ganze Jahr über Lebensmittel verfügbar.[15] Bis dahin hatten die Zyklen der heimischen Landwirtschaft oder des eigenen Gartens bestimmt, was auf den Tisch kam.

Solche Prozesse, mit denen sich das Alltagsleben zwar in kleinen Schritten, letztlich jedoch gravierend veränderte, könnten für eine ganze Reihe von Haushaltsgeräten beschrieben werden. Oberflächlich betrachtet vereinfachten, beschleunigten oder rationalisierten sie die häuslichen Vorgänge. In der Häufung aber brachten sie zugleich neue Bezüge, neue Vernetzungen und neue Herausforderungen an den Alltag mit sich. Denn sie setzten nicht nur globale Waren- und Kühlketten voraus. Sie ruhten auch auf Wasser-, Abwasser-, Elektrizitäts-, Verkehrs- und Kommunikationssystemen, die es ermöglichten, dass sich »der Markt« weiter entwickelte.[16] Das Skript des ständig steigenden Energiekonsums sollte sich derart stark festsetzen, dass es paradoxerweise selbst noch weiterfunktionierte, nachdem ab den

1970er Jahren die Forderung nach Energieeinsparung die Diskussionen bestimmte. Nun setzten neue Kreisläufe des Konsums ein, in denen alte durch vermeintlich energieeffizientere Gerätschaften ersetzt wurden. Um deren ökologische Fußabdrücke zu berechnen, wurden aber fast regelmäßig nur die Verbrauchswerte, nicht jedoch die Herstellungsenergie berücksichtigt.

Wenn überhaupt, dann wurden in diesen Jahren – je nach Land und System irgendwann zwischen den späten 1940ern und den frühen 1970ern – die mentalen Infrastrukturen der modernen Konsumgesellschaft geformt.[17] Sie ruhten auf dem lang anhaltenden Nachkriegsboom der westlichen, im Grunde auch der östlichen Wirtschaften, auf dem Ausbau der Wohlfahrtsstaaten und einer infrastrukturellen Philosophie des Angebots. Als geradezu »philosophisch« beziehungsweise als »kohärentes Bündel« von grundlegenden Annahmen könnte man auch das Konzept selbst bezeichnen, das sich im Begriff »Infrastruktur« abbildete. Der sickerte nun langsam in den allgemeinen Sprachgebrauch ein, und er enthielt die wesentlichen Elemente der in diesen Jahren dominanten Theorie, dass freie Gesellschaften sich gleichsam naturwüchsig modernisieren würden.[18]

Dabei wurde Infrastruktur zu einem Synonym für all das, was in vermeintlich »unterentwickelten« Regionen fehlte, um als modern zu gelten.[19] Und das bezog sich nicht nur auf die spätkolonialen Entwicklungsplanungen oder die internationale Entwicklungshilfe, als deren Beginn oft die Antrittsrede des US-Präsidenten Harry S. Truman von 1949 gewertet wird. Auch und vor allem innerhalb von Nationalstaaten sollten durch Raumordnung und Infrastrukturausstattung die Lebensverhältnisse in den verschiedenen Regionen einander angeglichen und vereinheitlicht werden.

Zusätzlich befeuert wurde dieser Prozess durch die internationale Konkurrenz der weltanschaulichen Systeme im Kalten Krieg. Angestoßen vom Marshallplan und dem ab Mitte der 1950er Jahre entstehenden einheitlichen europäischen Wirtschaftsraum entfaltete sich in den westeuropäischen Ländern nun eine der prägenden Phasen der Infrastrukturmoderne. Sie brachte ein wohlfahrtstaatliches Politikmodell hervor, das symbolisch in öffentlichen, meist von Politikern durchgeführten Zeremonien zur Eröffnung von Straßenabschnitten, Kläranlagen oder Stadthallen, später auch

6 Politikers Traum: Eröffnungszeremonie eines Autobahn- und Brücken-Ensembles
bei Neuenburg / Baden-Württemberg im Jahr 1959

von Sport-, Kultur- und Freizeiteinrichtungen sichtbar wurde. Das Modell
signalisierte: Es gibt etwas zu verteilen. Dabei kam es zu einem fortgesetzten
Wettbewerb um Urbanität und Weltläufigkeit, ständig blickte man auf Gesellschaften oder Regionen, in denen dieses oder jenes vermeintlich (noch)
besser organisiert war. In der Infrastruktur und damit verbundenen Politik
materialisierten sich Gemeinwohl, staatliche Legitimität, Wirtschaftsförde-
rung und Vorsorge für das Dasein. Und sie ergänzte sich geradezu ideal mit
der privaten Konsumorientierung.

Wissenschaft, Wirtschaft und Politik übernahmen daher begierig den
Begriff, der dieses vermeintlich neutrale Politikmodell repräsentierte. Sie
versuchten sich an Definitionen dessen, was Infrastruktur bedeutet, und
schrieben ihr eifrig Merkmale zu.[20] Einig waren sie sich vor allem bezüglich des dahinterstehenden Konzepts. Ausgehend von der raum- und gesell-
schaftsordnenden Wirkung von Infrastrukturen, entwickelte sich in allen
drei Bereichen der Gedanke, die Bevölkerung möglichst gleichmäßig zu
unterstützen und zu versorgen – insbesondere die kreativ und unternehme-
risch Tätigen. Der Zweck solcher Einrichtungen, meinte im Jahr 1970 der

damalige Bundesinnenminister Hans-Dietrich Genscher, sei es, »dem Bürger das Leben angenehmer zu machen, seinen Freiheitsraum zu vergrößern sowie die Wettbewerbschancen der Benutzer gegenüber den Konkurrenten anderer Gemeinden oder anderer Regionen zu verbessern«.[21]

So hieß es 1971 in der Bewertung eines Ortes im Westerwald, der sich am bundesweiten Wettbewerb »Unser Dorf soll schöner werden« beteiligt hatte:

»Zentrale Wasserversorgung und Vollkanalisation sind bereits lange vorhanden, ein Gruppenklärwerk mit fünf weiteren Gemeinden befindet sich in Planung; für staubfreie Müllabfuhr ist gesorgt. Der gut geleitete Kindergarten soll zur Mittelpunkteinrichtung auch für Nachbargemeinden werden. Neben dem Sportplatz ist eine neue Turnhalle im Bau, die mit angegliederten Mehrzweckräumen gleichzeitig die Funktion eines Dorfgemeinschaftshauses übernehmen soll. Die Erneuerung des Freibades ist geplant.«[22]

In diesen Jahren, in denen die Steuergelder üppig flossen, konnten sich selbst periphere Orte am Wettlauf um Lebensqualität beteiligen. Denn Lebensqualität, davon waren die meisten Politiker der Nachkriegsjahrzehnte überzeugt, äußerte sich vor allem in der großzügigen Anlage von Infrastrukturen. Deshalb wurde deren Ausbau von zahlreichen übergeordneten politischen Instanzen unterstützt. Gerade ländliche Gebiete erhielten zudem Zugriff auf scheinbar unerschöpfliche Fördertöpfe, etwa aus der Europäischen Wirtschaftsgemeinschaft beziehungsweise seit 1994 der Europäischen Union. Mit deren Hilfe gelang es, die Landwirtschaft umfassend zu technisieren, womit sich auch die ländlichen Lebenswelten in einem historisch beispiellosen Umfang veränderten.[23]

Hierzu konnten auch militärische Standorte beitragen. Sie wurden bisweilen zu Katalysatoren des ländlichen Anschlusses an Infrastrukturen.[24] Zunächst waren es Eisen- und Straßenbahnen, die ländliche Dörfer zu Vororten metropolitaner Zentren werden ließen.[25] Insbesondere die sich ausbreitende Kultur des Automobils ließ die Prozesse der Verstädterung des Landes und der Suburbanisierung der Städte dann immer stärker ineinander fließen.[26] Der Autobriefkasten, das Autokino, später *McDrive* und die den Ortschaften vorgelagerten Einkaufszentren wurden zu Ikonen des Zeitalters der individuellen Mobilität.[27]

So ging der in den Nachkriegsjahren betriebene Wiederaufbau nahtlos über in die Erweiterung, den Neubau und die Modernisierung von Straßen und von Nahverkehrssystemen, von Wasser- und Abwassersystemen, von Telefonverbindungen, Funk- und Fernsehmasten, bisweilen sogar von See- und Flughäfen. Bürger, Planer und Politiker orientierten sich in diesen Jahrzehnten darauf, dauerhafte und verlässliche Zustände herzustellen, wofür eben die infrastrukturelle und sozialstaatliche Ausgestaltung der Gemeinwesen wesentlich war. Auch Ernst Forsthoff, der – wenn auch unter anderen politischen Vorzeichen – den Begriff der Daseinsvorsorge geprägt hatte, begrüßte die stabilisierende Wirkung der staatlichen Leistungsverwaltung. Seit den 1950er Jahren befürchtete er aber auch, dass daraus ein galoppierendes Anspruchsdenken erwachsen würde.[28] Damit traf er einen Punkt. Denn tatsächlich sind in diesen Jahren Erwartungshaltungen geprägt worden, die bis heute nachwirken.

In den USA zeigten sich jedoch relativ bald Prozesse des Umdenkens. Da die US-Gesellschaft schon in den 1940er Jahren in die Nachkriegsmoderne durchgestartet war, wurden hier auch besonders früh erste Verschleißerscheinungen sichtbar, sowohl an der gebauten Umwelt als auch am begleitenden Konzept. Gegen die scheinbar unaufhaltsame Maschinerie der Modernisierung von Stadt und Land machten sich Widerstände bemerkbar. Hiermit war auch Robert Moses konfrontiert, der seit den 1930er Jahren – nach dem Muster der von Georges Eugène Haussmann konzipierten Neugestaltung von Paris – mit der Umgestaltung der öffentlichen Räume New Yorks befasst war. Schon in den 1950er Jahren gab es erste Bürgerproteste, als er den dichtbevölkerten Stadtteil Bronx zu sanieren und mit Stadtautobahnen zu überbauen versuchte. Sein Beispiel zeigt, wie die klassische Infrastrukturmoderne und das *motown cluster*, die er beide nahezu idealtypisch umzusetzen versuchte, langsam an ihre Grenzen stießen. Ironischerweise wurde Moses dann gerade für die nächste Generation, deren Zukunft oft als Rechtfertigung für den Ausbau von Infrastrukturen diente, zum Inbegriff eines seelenlosen Technokraten.[29]

Nachdem er 150 000 Wohnungen, 600 Spielplätze, unzählige Parks,

Zoos und Schwimmbäder, vor allem aber Straßen und Stadtautobahnen, etliche Tunnel und dreizehn Brücken, dazu Kraftwerke, Weltausstellungen und den Bau der UNO-Zentrale verantwortet hatte, musste Moses in seinen Siebzigern erleben, wie der Wert einer intakten Nachbarschaft, gewachsener sozialer Strukturen und historischer Identitäten sowie ökologische Bedenken gegen ihn aufgefahren wurden. Einer Initiative, die von der Architekturkritikerin Jane Jacobs angeführt wurde, gelang es in den 1960er Jahren, sich erfolgreich gegen Moses' Pläne zu einer Flächensanierung des Greenwich Village zu stellen.[30] Die genannten Argumente waren Moses natürlich keinesfalls fremd. Doch er hatte die Orientierung auf einen fortgesetzten Aufbau öffentlicher Einrichtungen verinnerlicht, und dieser waren solche Argumente aus seiner Sicht daher klar untergeordnet.

Vielen galt Moses nun als »Killer New Yorks«, und man unterstellte ihm undemokratische und sogar rassistische Absichten. Tatsächlich entsprach der autokratische Stadtplaner dem lange Zeit dominanten, nun aber nicht mehr zeitgemäßen amerikanischen Code, den der Soziologe Bernward Joerges so umschrieb: »eine reformistische, liberal-paternalistische Elite auf der Angebotsseite, aufwärtsmobile, automobile Mittelklassen auf der Nachfrageseite. Aufwärts in den neuen Automobilen, der Inkarnation des amerikanischen Traums von Massenproduktion, Massenkonsum, Massenkultur.«[31] Eine von Moses nach seiner Entmachtung verfasste Autobiographie trug den Titel »Public Works: A Dangerous Trade« – ein Titel, der seine Enttäuschung darüber, dass sein Weltbild allmählich ins Hintertreffen geraten war, deutlich zum Ausdruck bringt.

Ähnliche Erfahrungen machten Stadtbauräte und Infrastrukturplaner fortan in allen westlichen Ländern.[32] Das moderne Infrastrukturideal wurde seit den 1960er und 1970er Jahren zusehends brüchiger. Das lag nur zum Teil daran, dass auch die Bauwerke selbst nun zunehmend Alterungserscheinungen zeigten. In den USA wurde spätestens seit Mitte der 1970er Jahre unausgesetzt darüber diskutiert, dass »Amerika aus Ruinen« bestehe (»America in Ruins«). Bei schmaler werdenden öffentlichen Haushalten, so heißt es seitdem nahezu stereotyp, müsse vor allem in den Erhalt von Straßen, Brücken und anderen Infrastrukturen investiert werden.[33]

124   Die Forderung, die wirtschaftlichen Grundlagen der Gesellschaft mit

mehr öffentlichem Engagement immer weiter zu verbessern, war dem Begriff Infrastruktur von Beginn an eingeschrieben. Das belegt auch eine Artikelserie des Magazins *Der Spiegel* aus dem Jahr 1961. Darin wurde die Bundesrepublik mit kalkulierter Polemik als ein »unterentwickeltes Land« charakterisiert. Die Bundesregierung, so hieß es, gebe bis zum Jahr 1962 rund fünf Milliarden D-Mark für Entwicklungshilfe aus. Dabei seien die »Zivilisationsbauten« sowie die rund tausend D-Mark, die jeder Westdeutsche pro Jahr »für die Zivilisierung der Farbigen« zahle, im eigenen Land mindestens genauso notwendig wie »für farbige Völkerstämme in Wüsten und im Dschungel«. Denn es gebe »gefährliche Mängel in der Infra-Struktur der Bundesrepublik«.[34] Als solche wurden die Ausstattungen und Zustände von Krankenhäusern und Schulen, aber auch das »Krampfadergeflecht der bundesdeutschen Verkehrswege« identifiziert.[35] Die Serie endete mit der Forderung nach weitreichenden Reformen des bundesdeutschen Finanz- und Steuersystems. Dabei schlug sie immer wieder rassistische Untertöne an, erhob in ihrem Tenor aber vor allem jene Forderung, die sich seither im öffentlichen Raum des Politischen fest etabliert hat: die Forderung an den Staat und die Gemeinwesen, sich mehr und vornehmlich finanziell bei Ausbau und Erhalt von Infrastrukturen zu engagieren.

Durch Daseinsvorsorge und Konsum waren in (West-)Europa zumindest ansatzweise sozial nivellierte Mittelstandsgesellschaften entstanden. Doch wenn alle Bürger Zugang zu den zirkulativen Netzwerken besaßen, wo blieb dann das Bedürfnis nach individueller Distinktion? Hier lag ein gewisses Konfliktpotential. Zugleich führte das Leitbild der hochmobilen Gesellschaft dazu, dass die exzessive Nutzung der Infrastruktur deren Vorteile wieder aufzehren konnte.[36] Zwei Jahre nach seiner Infrastrukturbilanz berichtete *Der Spiegel* daher in einer weiteren Titelstory über die Ärgernisse, die der zunehmende Verkehr auf den deutschen Straßen inzwischen mit sich bringe. Zwischen dem für fast jedermann erschwinglichen Goggomobil und dem herrschaftlichen Mercedes, zwischen Rasern und Sonntagsfahrern gebe es Tag für Tag zahlreiche Reibereien. »Die aristokratische deutsche Autobahn, für 200 Stundenkilometer schnelle Renner gebaut«, mache im Stau am Ende alle gleich.[37] Um diese Verkehrsnot zu überwinden, behalfen sich die Verkehrsplaner damit, die Arbeitszeiten zu entsynchronisieren und so die Pendlerströme zu verteilen. Aus diesem Grund wurden auch die Urlaubszeiten in den Bundesländern zeitlich versetzt. Vor allem aber legte man immer neue Fahrbahnen an und richtete für den langsameren Verkehr sogenannte Kriechspuren ein, zusätzlich baute man Entlastungs- und Umgehungsstraßen. Dennoch wurde von Mal zu Mal die Feststellung des Umweltaktivisten Horst Stern bestätigt: »Wer Straßen sät, wird Verkehr ernten.«[38]

Eine ähnliche Dialektik zeigte sich bei den Konsumgütern. Diese zu besitzen bedeutete nicht immer eine Entlastung und vermehrte auch nicht immer Chancen. Oft genug brachten diese Güter umso größeren Ärger mit sich, je komplizierter die Technologie und die damit verbundene Logistik waren. Der französische Ingenieur Alain Monnier formte aus den entsprechenden Alltagserfahrungen im Jahr 2015 den Roman »Die wunderbare Welt des Kühlschranks in Zeiten mangelnder Liebe«, dessen Plot sich um die Tücken der Technik und der modernen Kommunikation dreht: Marie, eine französische Durchschnittsfrau, hat sich einen neuen Kühlschrank zugelegt. Weil der Thermostat sich als defekt erweist, versucht sie sich zunächst im Dschungel der Hotlines zu orientieren, versinkt aber in deren Servicehöllen. Letztlich erhält sie die Nachricht, dass ein Ersatzteil aus Indonesien besorgt werden müsse. Dies setzt eine Kaskade an ungewollten Nebeneffekten und abstrusen Kettenreaktionen frei, wie sie in der anonymen, vernetzten Welt von heute längst zum Alltag geworden sind. Zufällige Zeugen von Maries Bemühungen organisieren Hilfe, irrläufige Informationen verstärken sich selbst. Am Ende landen in Maries Küche nicht weniger als siebzehn Ersatzkühlschränke.[39]

Kontrollierte Kollektive

»Die Wirtschaftsleistung eines Staates mithilfe von Statistiken einzuschätzen, ist ungefähr so, als wolle man einen Zug mit dem Fahrplan vom letzten Jahr erreichen.« Auf diese Aussage des britischen Premierministers Harold Macmillan aus den frühen 1960er Jahren pflegte sich der Brite Stafford Beer des Öfteren zu beziehen. Der gelernte Betriebswirt war einer der Begründer der *Operations Research*. Mit dieser Methode hatte das britische Militär seit den 1930er Jahren versucht, optimierte Entscheidungen zu treffen. Sie bestand darin, ein Höchstmaß an Informationen zu sammeln und anschließend von Großrechnern verarbeiten zu lassen. Nach dem Zweiten Weltkrieg war diese Erwartung an technisierte Informationsverarbeitung zunächst von privaten Unternehmen aufgegriffen worden. In den 1960er Jahren tauchte die Idee dann auch in politischen Umfeldern auf.[40] Zu Beginn der 1970er Jahre wurde Beer nach Chile eingeladen, wo Salvador Allende gerade versuchte, eine sozialistische Gesellschaft aufzubauen. Zusammen mit dem chilenischen Ingenieur Fernando Flores wurde Beer beauftragt, ein System der kybernetischen Synergie zu installieren, das *Cybersyn* getauft wurde und mit dessen Hilfe die Wirtschaft gesteuert werden sollte.

Die Kybernetik schien in diesen Jahren die Wissenschaft der Stunde zu sein. Sie ging davon aus, dass sich die nationalen und internationalen Vernetzungen durch Verkehrs- und Kommunikationseinrichtungen weiter ausweiten würden. Zugleich setzte sie eine fortgeschrittene Verschränkung von Mensch und Maschine voraus und suchte nach Mechanismen, beide so effizient wie möglich zu steuern und die wichtigsten Arbeitsprozesse früher oder später zu automatisieren.[41] Das war in den 1960er Jahren, als der Wettlauf der politischen Systeme noch nicht entschieden zu sein schien, eine Verheißung.

Allende jedenfalls sah in *Cybersyn* die Chance, die mittlerweile weithin verstaatlichte Wirtschaft des Landes zentral zu koordinieren. Am 12. November 1971 traf er mit Beer und Flores zusammen. Die schlugen vor, die wichtigsten Unternehmen Chiles telegrafisch miteinander zu vernetzen. Die eingehenden Daten sollten anschließend von einem IBM 360/50-Computer verarbeitet werden. Sobald eine der Kennziffern über Produktivität, Energieverbrauch und Arbeitskraft von der gesetzten Norm abwich, sollte in der Zentrale in Santiago ein Alarm ausgelöst werden. Und der hätte dann unmittelbare Gegenmaßnahmen ermöglicht.

Tatsächlich verarbeitete der Regierungscomputer ab dem 21. März 1972 täglich an die 2000 Telex-Nachrichten, die aus 400 Betrieben im ganzen Land eingingen. Im Oktober desselben Jahres brach ein Streik von Transportunternehmern aus. Die Logistik Chiles drohte zu kollabieren. Dank der verfügbaren Daten gelang es, die negativen Folgen für die Versorgung der Bevölkerung deutlich abzufedern. Die britische Zeitung *The Observer* war begeistert:»Chile run by a computer«. Das Kontrollzentrum des Regierungscomputers wurde im September 1973 sogar in den Präsidentenpalast *La Moneda* überführt. Drei Tage darauf jedoch putschte das chilenische Militär, und das Experiment einer volksnahen Herrschaft wurde beendet.[42] In der sozialistischen Welt wurde Allende anschließend zu einem Mythos stilisiert, hatte er doch den amerikanisch dominierten Transport- und Energiesektor verstaatlicht und war nun ein vermeintliches Opfer der US-Geheimdienste geworden.

In den 1960er und frühen 1970er Jahren sah es eine Zeitlang so aus, als befinde sich der real existierende Sozialismus auf der Überholspur der Weltgeschichte. Der Ostblock war scheinbar festgefügt, und Sympathien für den Sozialismus gab es zunehmend auch in den westlichen Ländern. Zahlreiche der dekolonisierten Länder schienen auf einen Weg einzuschwenken, den die Sowjetunion vorgezeichnet hatte. Die durch den Satelliten *Sputnik* symbolisierten Erfolge in Wissenschaft und Technologie kamen hinzu, und all dies schien für die Zukunft der »zweiten« Welt zu sprechen. In der »ersten«, also der westlichen Welt suchte man auch aus diesen Gründen nach Möglichkeiten, von der Konfrontation des Kalten Krieges zu einer Kooperation hinüber zu wechseln.

Im Jahr 1966 schlug US-Präsident Lyndon B. Johnson vor, den Westen technisch weiter mit den Ostblockländern zu vernetzen. Unabhängig von ideologischen Differenzen wollte man gemeinsam an globalen Problemen arbeiten. Meteorologische Institute, Einrichtungen der Erdbebenforschung, der internationale Luftverkehr und die größeren Nachrichtenagenturen hatten zu dem Zeitpunkt längst darauf gedrängt, solche weltweiten Computernetzwerke zu errichten.[43] Im Juli 1977 schien es so weit zu sein. Das *International Institute for Applied Systems Analysis* in Laxenburg bei Wien stellte eine erste Datenverbindung zwischen Österreich, Polen, der UdSSR und den USA her. Das Experiment dauerte ganze drei Wochen. Denn die Datenleitungen des Ostblocks, die sich des vorhandenen Telefonnetzes bedienten, waren einfach zu schlecht.[44]

Aus heutiger Sicht ist dieses Ergebnis kaum erstaunlich. Zwar hatte schon Lenin einen umfassend elektrifizierten Kommunismus gefordert, doch die Diskrepanz dieses Anspruchs zu den Realitäten des existierenden Sozialismus war enorm. Dennoch nahm der Westen vor 1989/90 mangels ausreichender Informationen vor allem beeindruckende Einzelleistungen der Ostblockstaaten wahr und eine industrielle Produktion, die sich an der sogenannten Tonnenideologie orientierte, also auf Massenproduktion abzielte. Hinzu kam die propagandistisch verbreitete, verzerrte Selbstsicht des Ostens, nach der dem Sozialismus eine historische Pionierrolle zukam.

An sich hätten Infrastrukturkonzept und Sozialismus eine perfekte Kombination darstellen müssen.[45] Versprach die kommunistische Idee doch eine nivellierte Zugänglichkeit zu Einrichtungen der Ver- und Entsorgung, des Verkehrs und der Kommunikation, da sie dem Volk gehörten. Doch zwei prinzipielle Orientierungen, die sich schon in der frühen Sowjetunion ausgebildet hatten, konterkarierten diese theoretische Wahlverwandtschaft. Die eine war der umfassende Führungsanspruch der marxistisch-leninistischen Partei als Avantgarde des revolutionären Umwälzungsprozesses. Er brachte die Idee der Zentralisierung aller Informationen hervor, und das führte dazu, dass Kommunikation vor allem von oben nach unten, also vertikal erfolgte. Einer horizontalen Zirkulation von Informationen stand die Sowjetführung – bis zu Gorbatschows viel zu später Glasnost-Kampagne – äußerst misstrauisch gegenüber. Innovationen gesellschaftlicher oder technischer Art konnten sich daher nicht frei ausbreiten.

Die andere Orientierung war die starke Ausrichtung der sowjetischen und der anderen realsozialistischen Ökonomien auf die schwerindustriellen Produktivkräfte. Sie erlaubte rasante Erfolge im Feld der ersten, teilweise auch der zweiten industriellen Revolution. Sie vollzog aber nur noch ansatzweise den Umbruch zu einer Wissens- und Informationsgesellschaft und noch viel weniger den Wandel zu einer Dienstleistungsgesellschaft. Industrielle Infrastrukturen und einzelne Vorzeigeprojekte wurden deutlich bevorzugt, entwickelten sich aber letztlich zu Schwachstellen des gesamten Systems. Denn sie waren nicht selbstregulierend angelegt, sondern blieben stets einer kontrollierten Gesamtplanung unterworfen.[46] Die Kontrolle des kollektiven Wissens war einer der zentralen Nachteile des realen Sozialismus gegenüber den offen zirkulativen und durch Wettbewerb gekennzeichneten Gesellschaften des Westens.

Bei der Entwicklung der Telefonnetze, an denen die Zusammenarbeit mit dem Westen 1977 scheiterte, zeigte sich dies überdeutlich. Fernsprecher sollten im realen Sozialismus eher der Beschleunigung von Weisungsketten als der offenen Kommunikation dienen.[47] Der Ausbau des Telefonnetzes und die Qualität der Übertragung gerieten gegenüber westlichen Systemen im Lauf der Jahrzehnte immer stärker ins Hintertreffen. Im Westen entwickelte sich das Telefon zu einem zentralen Medium der freien Kommunikation und der spontanen Vergesellschaftung. Für die Bevölkerungen der sozialistischen Länder hingegen war anhand der Telefonie deutlicher spürbar als bei den meisten anderen Infrastrukturen, dass es mit dem Sozialismus nicht voranging. Der Ausbaustand war bis in die 1980er Jahre miserabel und schwankte je nach Land und Region zwischen fünf und maximal zwanzig Prozent. Auslandsgespräche ohne lange Wartezeiten und ohne Handvermittlung waren im Ostblock nahezu unmöglich. Wer eines der nur begrenzt vorhandenen Telefone besaß, wurde häufig von Bekannten gebeten, es benutzen zu dürfen. Er musste aber auch mit geheimdienstlichen Kontrollen rechnen. In Dissidentenkreisen war jedem bewusst, dass alle, die einen eigenen Telefonapparat bekamen, Gefahr liefen, überwacht zu werden.[48] Eine weitere Folge der wenigen vorhandenen Anschlüsse war, dass man sich oft nicht telefonisch verabreden konnte, und so war es unter Bürgern des Ostblocks üblich, bei Bekannten unangemeldet zu Besuch zu erscheinen. An vielen Wohnungstüren hingen Papierblöcke mit Stiften. Falls die Bewohner nicht zu Hause waren, konnte man ihnen auf diesem Weg immerhin eine Nachricht hinterlassen.[49] Ansonsten war, wenn man denn telefonierte, die Qualität der Übertragung meist schlecht, da die – mangels Kupfer – oft stählernen Leitungen anfällig gegenüber Witterungseinflüssen waren. Für Entstörer gab es jedenfalls viel zu tun.

Nicht nur an die Anschlüsse selbst, auch an die Nummern privater Telefone war generell schwer heranzukommen. Lange Zeit waren hierfür Auskunftskioske zuständig, doch man nahm die Mühe, dort vorbeizugehen, nicht immer auf sich, zumal es ohnehin zuverlässiger schien, Nachrichten persönlich, per Postsendung oder durch Vertraute zu übermitteln.[50] Noch

1989 besaßen Tausende Gemeinden in der DDR keine öffentlichen Fernsprecher. Wo sie vorhanden waren, wurden sie nicht selten durch Vandalismus zerstört. Den allerdings durfte es offiziell ebenso wenig geben wie den Trick, fremde, aber passende Münzen in den Apparat zu stecken. Ein gutes Viertel der öffentlichen Apparate war ständig außer Betrieb. Die Armee, die Polizei, die Staatssicherheit, die Partei, die sowjetische Armee und einzelne Betriebe waren von diesen Einschränkungen nicht betroffen. Sie verfügten häufig über Sondernetze, die vom öffentlichen Telefonnetz unabhängig waren.[51]

Man kann den Eindruck gewinnen, der Ausbau mobilisierender Infrastrukturen wie des Telefonnetzes sei im Realsozialismus künstlich verzögert worden, um die Gesellschaft kontrollierbarer zu halten. Das gilt auch für den Straßenbau, dessen Zustand tendentiell umso beklagenswerter war, je weiter östlich man sich befand. Auf sowjetischen Straßen, die oft unbefestigt waren und daher starke Witterungsschäden aufwiesen – die Schlaglöcher waren berüchtigt –, hatten Reisende oft den Eindruck, »auf eckigen Rädern« zu fahren.[52] Der Automobilismus mit seinen weitreichenden Konsequenzen für die Mobilität, die Kommunikation unter Bekannten und die Erweiterung von Horizonten setzte sich im Realsozialismus daher nur ansatzweise durch.

Doch gab es einzelne Prestigeprojekte, über deren Trassierung vor allem nach politischen Gesichtspunkten entschieden wurde. Die zentrale Autobahn in Bulgarien führte trotz eines deutlichen Umwegs am Geburtsort des Staatschefs Todor Schiwkow, der Kleinstadt Prawets, vorbei. Die Straße sollte diese Stätte nationalen Stolzes erfahrbar machen.[53] Albanien wiederum baute zahlreiche Straßen, ohne auch nur ansatzweise ein entsprechendes Fahrzeugaufkommen aufzuweisen.[54] Die jugoslawische »Autobahn der Brüderlichkeit und Einheit« wurde unter großen Anstrengungen wenigstens teilweise verwirklicht. Als Teil der Gastarbeiterroute zwischen München und Istanbul wurde die »Autoput« in den 1970er Jahren allerdings zu einer »Todesstraße der Touristen«. Der Spiegel vermutete, für die zahlreichen Unfälle sei letztlich das Auto selbst verantwortlich. In der Regel waren dies westliche Karossen, die den Ostautos überlegen waren und deshalb den Touristen aus Westeuropa ermöglichten, auf der »Alptraumstraße des Kontinents« vorübergehend zu kleinen Königen zu mutieren.[55] In der Schweiz nannte man sie daher »Balkanraser«.[56]

Die Fahrzeugproduktion der sozialistischen Länder blieb zunächst deutlich hinter dem Ausbau des Straßennetzes zurück. Trotz der geringen Möglichkeiten zu sozialer Distinktion, die das schmale Angebot an unterschiedlichen Typen bot, avancierte das Auto nach und nach auch im real existierenden Sozialismus zu einem der begehrtesten Luxusgüter und Leistungsanreize. Nun drehte sich das Verhältnis allmählich um, der Grad der Motorisierung stieg, während der Zustand der Straßen sich nicht weiter verbesserte.[57] Das Auto blieb in sozialistischen Ländern vorwiegend ein Privileg der Männer, insbesondere der älteren. Der Führerschein konnte oft während des Militärdienstes erworben werden, die Wartezeiten auf ein neues Fahrzeug blieben aber legendär.

Den osteuropäischen Parteizentralen wird bewusst gewesen sein, dass eine umfassende Individualmotorisierung unweigerlich gesellschaftliche Zentrifugalkräfte nach sich gezogen hätte, wie sie sich in vielen kleinen Alltagsphänomenen bereits andeuteten. So münzten sowjetische Lkw-Fahrer ihre beruflichen Spielräume gern in persönliche Freiheiten um: Der in die eigene Tasche wirtschaftende und den ganzen Tag unproduktiv herumfahrende Trucker wurde zu einem sozialen Phänomen und zum folkloristischen Stereotyp.[58]

In der DDR war seit den ausgehenden 1950er Jahren zwar ein dichtes Autobahnnetz geplant worden, doch der Aufbau einer Infrastruktur, die das Sozial- und Wirtschaftsleben verbessern – und zugleich beherrschbar machen – würde, wurde im DDR-Sozialismus permanent verzögert. Priorität hatte zunächst der sukzessive Ausbau der innerdeutschen Grenzanlagen, danach wurde unter Erich Honecker ein ehrgeiziges Wohnungsbauprogramm umgesetzt.[59] Die individuelle Mobilität der DDR-Bürger blieb daher begrenzt, man fuhr gleichsam »mit angezogener Handbremse«, wie der Historiker Axel Doßmann dies einmal beschrieb. Soweit Urlaubsfahrten stattfanden, verstärkten sie die Bedenken der staatlichen Kontrollorgane, dass die Reisenden unerwünschte Kontakte zu Menschen knüpfen könnten, die nicht aus der DDR kamen. Die Parkplätze und Raststätten an den Transitstrecken stellten für Polizei und Geheimdienst besondere Herausforderungen dar. Immerhin gelang es der DDR-Führung, sich den Unterhalt der Transitwege – und manches andere, was die ostdeutsche Volkswirtschaft dringend benötigte – von der Bundesrepublik bezahlen zu lassen. Viele osteuropäische Gesellschaften setzten eher auf die Eisenbahn als wichtigstes Verkehrsmittel. In der Sowjetunion wurden sogar Großprojekte wieder aufgegriffen, die ihren Ursprung im 19. Jahrhundert hatten. So forcierte Parteichef Leonid Breschnew 1974 den Weiterbau der Baikal-Amur-Magistrale, die parallel zur Transsibirischen Eisenbahn verlief. Eine Mobilisierung der sowjetischen Jugend wie bei den Großprojekten des Kommunismus in den 1920er und 1930er Jahren gelang freilich nicht.[60]

Die deutsch-deutsche Geschichte schließlich hält einige der absonderlichsten Kapitel in der Infrastrukturentwicklung bereit. Bis zur Errichtung der Mauer am 13. August 1961 waren entlang der innerdeutschen Grenze – die mit 1378 Kilometern exakt genauso lang war wie die der DDR aus dem NS-Erbe zufallenden Autobahnkilometer – bereits zahlreiche Maßnahmen ergriffen worden, um den Verkehr zwischen Ost und West zu unterbrechen. Alles, was unerwünscht über die Grenze zirkulierte, Menschen, Waren und Informationen, wurde penibel kontrolliert. Seit der Berliner Blockade zwischen Juni 1948 und Mai 1949 war aber auch die versorgende Infrastruktur der geteilten Stadt ein politischer Spielball zwischen den Systemen.[61] Die legendäre Luftbrücke der westlichen Alliierten ließ freilich erkennen, dass solche Unterbrechungen des Verkehrs und der Kommunikation bei entsprechendem politischen Willen rasch zu kompensieren waren.

Der Ausbau der innerdeutschen Grenze zog eine aufwendige begleitende Infrastruktur nach sich. Was später als eine der am besten gesicherten Grenzen des 20. Jahrhunderts und zugleich als ein politisches Dokument der Inhumanität galt, war freilich niemals so undurchlässig, wie dies von politischer Seite behauptet wurde.[62] Der innerdeutsche Handel florierte über Jahrzehnte und pendelte über die Grenze hinweg, ohne große Aufmerksamkeit zu erregen.[63] Gehandelt wurde zwischen den Deutschen beiderseits der Mauer mit allem Möglichen, bis hin zu Müll und Blutkonserven.[64] Geflüchtet und gereist wurde ebenfalls, spioniert und ausgekundschaftet sowieso. Insgesamt erscheint die innerdeutsche Grenze im Rückblick als Beispiel eines besonders konsequent und brutal verfolgten, letztlich aber hilflosen Versuchs, sich abzuriegeln. Die mitteleuropäischen Landschaften und Gesellschaften waren bereits mit einer gut ausgebauten Infrastruktur versehen, und so war es nahezu unmöglich, unerwünschte Flüsse und Ströme vollständig zu unterbinden.

Die Neue Ostpolitik der Regierung Willy Brandts erscheint aus heutiger Sicht als Versuch, diese eingeschränkten Flüsse durch politische Maßnahmen wie das Passierscheinabkommen, das Transitabkommen, den innerdeutschen Handel, die Politik der »menschlichen Erleichterungen« und dergleichen nach und nach wieder zu intensivieren. Auch sorgte man vom Westen aus dafür, dass auf anderen Wegen zwischen West und Ost kommuniziert werden konnte, etwa über das Radio und das Fernsehen. Das ist durch entsprechende Kampagnen in der DDR, etwa den Betrieb von Störsendern, die forcierte Neuausrichtung von Hausantennen oder den Versuch, das Hören von »Feindsendern« zu ächten, zwar ansatzweise unterlaufen worden. Es musste mittelfristig aber erfolglos bleiben. Spätestens seit den frühen 1970er Jahren wurde das Westfernsehen im DDR-Alltag mehr oder weniger geduldet.

Auf der »Konferenz für Sicherheit und Zusammenarbeit in Europa« gelang es 1975 in Helsinki, das Recht auf einen freien Austausch von Informationen für alle Europäer zu vereinbaren. Das wurde von vielen Bürgern des Ostblocks als Chance begriffen, die Meinungsmonopole der zentralistischen Parteien zu durchbrechen. In Dissidentenkreisen und in westlichen Medien kursierten zusehends mehr Informationen über die osteuropäischen Länder. Zugleich wurden die geheimdienstlichen Kontrolleinrichtungen, die diese Vorgänge wieder einzuhegen versuchten, in geradezu groteskem Maße ausgebaut. 1989 vermochte eine eigene Abteilung des Ministeriums für Staatssicherheit 4000 Telefonanschlüsse in der DDR gleichzeitig abzuhören, und in der Bundesrepublik standen fast 100 000 verdächtige Anschlüsse unter ihrer »Zielkontrolle«.[65]

Westliche und westdeutsche Geheimdienste horchten ihrerseits selbstverständlich auch die DDR aus. Aus vorwiegend antikommunistischen Motiven heraus gab es sogar über Jahrzehnte hinweg eine intensive Post- und Telefonkontrolle der westdeutschen Bevölkerung.[66] Doch schwächte sie sich seit den 1970er Jahren deutlich ab. Das Post- und Telefongeheimnis sowie die Datensicherheit wurden für viele zu einem Recht, das geschützt werden musste. Währenddessen nahm die Bespitzelung in den Ländern des Ostblocks umso mehr zu, je mehr sich die Menschen dort an westlichen Mobilitäts-, Kommunikations- und Informationsmustern orientierten.

Da half es wenig, dass Länder wie Ungarn oder die DDR sich langsam von der einseitigen Orientierung des Infrastrukturausbaus auf die Produktion abwandten. Man wollte stattdessen, wie zum Beispiel mit dem bereits erwähnten großen Wohnungsbauprogramm Erich Honeckers, die verglichen mit westlichen Standards allergrößten Versorgungslücken schließen. Und doch ließen die ökonomischen Voraussetzungen, die unflexible Planwirtschaft und die zunehmende Orientierung auf den Export von Waren, um dringend benötigte Devisen zu erlangen, eine umfassende Modernisierung von Infrastruktureinrichtungen nicht zu. Das Niveau ihres Ausbaus stagnierte in vielen Bereichen auf dem Stand der 1960er Jahre, und die mangelnden Ressourcen für einen Erhalt wurden zu einem Dauerthema des realsozialistischen Alltags. Engpässe gab es vor allem in der »Infrastruktur der Infrastruktur«, also den Einrichtungen, die für den Betrieb unabdingbar waren. Der schleppende Ausbau der Verkehrsnetze, der Service- und Reparaturstationen und der Zulieferindustrie warf zahlreiche Probleme auf.[67] Noch 1986 brüsteten sich DDR-Experten paradoxerweise damit, dass man nach vier Jahrzehnten sozialistischer Entwicklung immerhin bereits 90 Prozent aller DDR-Bürger zentral mit Trinkwasser versorgen könne.[68]

Umgekehrt hatten die im Ostblock reichlich vorhandenen Erdöl- und Gasressourcen, die durch gewaltige Pipeline- und Fernwärmenetze flossen, zu einem großzügigen Verbrauch geführt, zumal die Energiepreise aus politischen Gründen subventioniert wurden. Die Zimmertemperatur regulierte man meist über das Öffnen des Fensters, nicht über einen Thermostat. Die Energieversorgung blieb allerdings nahezu der einzige Bereich, in dem es einen solchen Überfluss an Ressourcen gab. Charakteristisch waren stattdessen Netzüberlastungen, Stromausfälle und eine »Kultur der Vernachlässigung«. Diese zeigte sich besonders in ideologiefernen Einrichtungen wie etwa den Friedhöfen, die mehr oder weniger verfielen.[69] Zum Alltag der späten UdSSR gehörten die Hinweisschilder *ne rabotaet* (außer Betrieb, außer Funktion), die einen erheblichen Teil der technischen Infrastruktur kennzeichneten.[70] Vor den maroden Infrastruktureinrichtungen wirkten die politisch mobilisierenden Parolen auf Plakaten oder an Hauswänden besonders schal. Sie wurden später zu Ikonen des Verfalls im späten Sozialismus.

Seit den ausgehenden 1970er Jahren äußerte sich die Unzufriedenheit der osteuropäischen Bevölkerungen – wenn auch auf bescheidenem Niveau – vor allem in Bezug auf Umweltprobleme. Denn hier dokumentierte sich besonders augenfällig, dass es mit der verkündeten Gemeinwohlorientierung des realen Sozialismus, geschweige denn mit seiner rituell beschworenen Rolle als Avantgarde der Geschichte, nicht weit her sein konnte. Die Havarie des Atomreaktors von Tschernobyl 1986 und die abwiegelnde Kommunikation, die auf die Katastrophe folgte, machten endgültig deutlich, dass es im Bereich der technischen Sicherheit seit langem gravierende, ja lebensbedrohende Erosionserscheinungen gab. Ende der 1980er Jahre kam es im ganzen Ostblock zu Protesten, die sich meist an größeren Infrastrukturprojekten entzündeten. Gefordert wurde, insbesondere in ökologischen Fragen, eine von der Sowjetunion unabhängige Zuständigkeit sowie ein Mitspracherecht der lokalen Bevölkerungen.

1989 lag der Ausbaustand der Infrastruktur in der DDR im Vergleich zu Westdeutschland bei unter 40 Prozent.[71] Insbesondere in der Mikroelektronik hatte man den Anschluss an den Westen verloren. Nach der Wiedervereinigung – in den osteuropäischen Ländern erst nach deren Beitritt zur Europäischen Union – kam es hingegen zu einer infrastrukturellen Explosion. Während das klassische Infrastrukturideal aus der Zeit des Wiederaufbaus in den westlichen Ländern längst in Frage gestellt war, erlebte es in Osteuropa in den 1990er Jahren eine Renaissance. Dabei mag eine Rolle gespielt haben, dass Politiker wie Hans-Dietrich Genscher oder Helmut Kohl, die diesen Ausbau mitverantworteten, zu einer Generation gehörten, die selbst in einer Hochphase des Infrastrukturausbaus sozialisiert worden waren.[72]

So erhielt das Gebiet der ehemaligen DDR, wo oft noch Anlagen aus dem frühen 20. Jahrhundert in Betrieb gewesen waren, nach 1990 das modernste Fernmeldenetz Europas. Das »Verkehrsprojekt Deutsche Einheit« brachte großzügige Autobahnen und Verbindungsstraßen. Wie andere Infrastrukturmaßnahmen auch erweisen sie sich zugleich als überdimensioniert, da die massiven Abwanderungen und die Deindustrialisierung in den ostdeutschen Regionen nur unzureichend einkalkuliert wurden. Es gab sogar Vorschläge, Ostdeutschland zu einem Experimentierfeld für das Gegenteil dessen zu machen, was die realsozialistische Propaganda stets verkündet hatte: nämlich für eine Entzerrung, Verkleinerung und Entschleunigung jenseits der Wachstumslogik.[73]

Der vormalige Staatsratsvorsitzende Erich Honecker verbrachte derweil seine letzten Lebensjahre in Chile. Das Land war zu Zeiten von Salvador Allende im Ostblock als sozialistischer Brückenkopf tief im Herzen des ideologischen Gegners überhöht worden. Doch nach 1973 hatte eine harsche Wende stattgefunden, das Land wurde zu einem Vorreiter des Neoliberalismus. Stafford Beer hatte seither ein bescheidenes Leben zwischen Wales und Toronto geführt und der *World Organization of Systems and Cybernetics* vorgesessen. Sein Rat wurde in Ländern wie Mexiko, Uruguay und Venezuela immer dann gesucht, wenn sich linke Regierungen darum bemühten, ihre Gesellschaften effizienter zu steuern – womit sie in der Regel freilich scheiterten.

Machtspeicher

Im Jahr 1962 veröffentlichte der iranische Autor Ǧalāl Āl-Ahmad ein Buch über eine vermeintlich aus dem Westen kommende Krankheit, die er *Okzidentosis* nannte. Der historische Hintergrund des Werks war die bevorstehende Weiße Revolution, mit der Schah Reza Pahlewi sein Land zu verwestlichen versuchte. Dabei orientierte er sich an dem Muster, das Mustafa Kemal Atatürk seit den 1920er Jahren in der Türkei etabliert hatte. Āl-Ahmad war davon überzeugt, dass die iranischen Eliten von einer Art Euromanie befallen und gleichsam vergiftet worden seien. Für ihn stellte das Paket aus westlicher Massenkultur und Technik ein trojanisches Pferd dar, das eine ganze Reihe von fatalen Folgen in sich trug: Entwurzelung und Isolation, Misstrauen und Zynismus sowie eine Proletarisierung der Massen. Nicht zuletzt ziehe es, so warnte er, die Emanzipation der Frau nach sich – mit allen negativen Folgen für Familien und seit Jahrhunderten bewährte Traditionen.[74]

Der Autor schätzte, dass neunzig Prozent der iranischen Bevölkerung dieser grenzauflösenden Maschinerie der Verwestlichung mit Befremden gegenüberstünden. Als Gegenmittel zu deren bezwingender Kraft empfahl er den Boykott von verwestlichten Schulen und Radiosendern und rief dazu auf, die Zahlung von Steuern zu verweigern.[75] Es ist nicht schwer, in solchen Diagnosen Vorformen der Iranischen Revolution von 1979 und einen frühen Beitrag zum islamischen Fundamentalismus zu erkennen. Das Buch richtete sich gegen die heimlichen Lehrpläne, die den Angeboten eines Anschlusses an die westlich geprägte Weltwirtschaft und Weltgesellschaft eingeschrieben waren. Diese Angebote suggerierten, dass man die beeindruckenden materiellen Entwicklungsschritte Westeuropas und der USA rasch nachvollziehen könne, wenn man sich nur an deren zirkulative Netzwerke anschließe. Das Konzept Infrastruktur stand auch hierbei im Zentrum der Aufmerksamkeit. Nur wurde es eben zum Teil nicht als Angebot, sondern vielmehr als Mittel einer unerwünschten Unterwanderung gewertet.

Tatsächlich hatte der europäische Kolonialismus des 19. Jahrhunderts auf der Vorstellung einer »Zivilisierungsmission« beruht, die vordergründig religiös geprägt war. Bald aber brach der Hunger nach Ressourcen aller Art auf, die sich in vermeintlichen Eldorados finden ließen. Und so verfolgte die imperiale Expansion der Europäer vor allem die Absicht, die fernen Gebiete »in Wert« zu setzen. Das bedeutete, sie einer Produktivität zu unterwerfen, die dem von Wachstum und Fortschritt geprägten Denken Europas entsprach. Mit der Behauptung, man wolle helfen, aus den Potentialen überseeischer Gebiete »etwas zu machen«, legitimierten die Europäer ihre Intervention. Mehr noch: Wer sich nicht beugte, wurde als bedauerliches Opfer am Wegesrand des Fortschritts betrachtet oder gar als Angehöriger einer »unproduktiven Rasse« dem Aussterben überantwortet. Der europäische Kolonialismus lässt sich daher als Versuch beschreiben, die Prinzipien der Leistung, der Arbeitsteilung und der Verkehrswirtschaft auf möglichst viele Gebiete der Welt zu übertragen. Diese sollten infrastrukturell angeschlossen werden, um sie letztlich im Sinne der Weltwirtschaft, vorerst jedoch zum Nutzen der eigenen Nation zu integrieren.

Imperiale Infrastrukturen, vornehmlich Medizin, Waffen- und Verkehrstechnik, halfen den Kolonisatoren bei der Erforschung und Erschließung dieser Gebiete. Sie machten das Vordringen in unbekannte Regionen Lateinamerikas, Afrikas, Asiens und Ozeaniens zu Unternehmen von vergleichsweise kalkulierbaren Risiken.[76] Später umfasste die Erschließung alles, was darauf abzielte, die kolonisierten Länder wirtschaftlich zu entwickeln, vor allem Häfen, die Flussschifffahrt, Eisenbahnen und die Telegrafie.[77] In zahlreichen Darstellungen, die von diesem europäischen Blick geprägt waren, wurden etwa Eisenbahnen mit Zivilisation geradezu gleichgesetzt. In diese »Inwertsetzung« der Kolonien flossen unendliche Investitionen. Dabei fällt auf, dass der Begriff »Infrastruktur« häufig dann beschworen wurde, wenn private Unternehmer von den kolonialen Regierungen und den Administrationen im »Mutterland« Investitionen einforderten.[78]

Die Legitimität des klassischen Kolonialismus wurde freilich von zwei Faktoren untergraben. Erstens widersprach der Kolonialismus den von den Kolonisierern selbst formulierten humanitären und menschenrechtlichen Ansprüchen an Freiheit, Gleichheit und Brüderlichkeit. Zweitens wurden die den kolonisierten Gesellschaften in Aussicht gestellten Zugeständnisse, als Lohn für ihre Beteiligung am Ersten und Zweiten Weltkrieg mehr Autonomie zu erhalten, nicht eingelöst. Als sich die europäischen Kolonialmächte schließlich unfreiwillig aus ihren Imperien zurückziehen mussten, schienen es neben den Verwaltungsstrukturen vor allem die Einrichtungen der Kommunikation und des Verkehrs, der Versorgung und Entsorgung zu sein, die von der »Zivilisierungsmission« der Europäer gleichsam als Morgengaben übrigblieben.

Hieran knüpfte die in den 1950er Jahren einsetzende Entwicklungshilfe an. Sie verstand sich noch immer als »ein Kampf zwischen Fortschritt und Dunkelheit, Rationalität und Aberglaube, Wissenschaft und Religion«.[79] Neben der Sicherung einer basalen Ernährung und der Gesundheitsfürsorge sind Infrastrukturen bis heute der unhinterfragte Schwerpunkt dieses Bemühens um Entwicklung geblieben. Denn sie werden als derjenige Bereich angesehen, für den zentrale, staatliche Einrichtungen verantwortlich sind, während die Produktion von Waren und der Handel von privaten Initiativen ausgehen sollen. Armut wird in der »Dritten« und »Vierten Welt« bis in die Gegenwart als Abwesenheit eines Mindestmaßes an Infrastruktur – die Versorgung mit Wasser, Nahrung, Unterkunft und Bildung – definiert.

Hierauf zielen nicht nur die Bemühungen humanitärer Hilfsagenturen ab, sondern auch die von internationalen Organisationen wie der Weltbank. Noch 1994 beschrieb diese in einem umfassenden Bericht über »Infrastructure for Development« den Stand des Ausbaus in düsteren Farben, bestätigte aber zugleich noch einmal, dass sie Infrastrukturangebote als zentrale Hebel zur Bekämpfung der Armut verstehe. Ihr Aufbau dürfe sich aber nicht auf prestigeträchtige Großprojekte beschränken, sondern müsse nutzerorientiert, kostendeckend und kontrolliert ausfallen.[80] Bis heute gehören *equipment, construction, plant, port, road, irrigation, steel, highway, railway* und *dams* in den jährlichen Weltbank-Berichten zu den häufigsten Substantiven.[81] Dennoch kochen heute noch weltweit 2,6 Milliarden Menschen ausschließlich mit Holz oder mit Dung, sind 2,5 Milliarden ohne ausreichende Sanitäranlagen, 1,3 Milliarden ohne Strom und 0,8 Milliarden ohne eine verlässliche und technisierte Trinkwasserversorgung.[82]

Zwar sind aus der Rhetorik der internationalen Politik offene koloniale Ambitionen, Räume und Ressourcen zu beherrschen, seit langem verschwunden. Doch wird seit der einsetzenden Welle der Dekolonisation immer wieder hinterfragt, ob die in der Kolonialzeit gelegten Fundamente zu einem Anschluss an die zirkulativen Netzwerke der Weltwirtschaft und Weltgesellschaft nicht eine fortdauernde Abhängigkeit des Globalen Südens vom industrialisierten Norden begründen. Gerade Infrastrukturen scheinen hier gleichsam als Machtspeicher der Europäer gewirkt zu haben. Sie sind nicht nur langlebig, sondern überwiegend auf den Export ausgerichtet. Damit schreiben sie die einmal etablierten Asymmetrien zwischen den armen und den reichen Ländern über die politische Unabhängigkeit hinaus fort.[83]

Tatsächlich mag die Dekolonisation auch auf der Einsicht der Kolonisatoren beruht haben, dass die betreffenden Länder nicht mehr formal beherrscht werden mussten, um einen bestimmenden Einfluss auf sie auszuüben und dort Gewinne zu erzielen. Zumal diese Herrschaft stets gefährdet sein würde. Infrastrukturen waren insofern alles andere als neutrale Angebote. Denn fest mit ihnen verbunden waren vereinheitlichte Zeitordnungen, westliche Rechts- und Verwaltungsstrukturen, bestimmte Standards der Information, der Versorgung und des Handels wie auch das Denken in den Kategorien der Produktivität.

Daher hatten etwa bengalische Intellektuelle in der sogenannten *Bhadralok-Debatte* schon um die Wende ins 20. Jahrhundert darüber diskutiert, welche Haltung gegenüber der europäischen Wirtschaft, Wissenschaft und Technik angemessen sei. Die entsprechenden Artikel der in Kalkutta erscheinenden Zeitschrift *The Dawn* wiesen drei paradigmatische Positionen auf:[84]

Erstens zeigt sich in ihnen eine emphatische Ehrfurcht gegenüber europäischer Aufklärung und analytischer Wissenschaft. Sie ist verbunden mit der Aufforderung, die eigene Rückständigkeit durch eine möglichst vollständige Übernahme des westlichen »Erfolgsmodells« zu überwinden. Daraus sind im 20. Jahrhundert auf der ganzen Welt Reformphasen, ja ganze Modernisierungsregime entstanden, oft nach dem Muster der frühen Sowjetunion, der kemalistischen Türkei oder des iranischen Regimes unter dem Schah.

Die Übergänge zur zweiten, vermittelnden Position waren freilich fließend. Sie zielte darauf, sich westliche Hardware inklusive der – modern gesprochen – Betreibersoftware anzueignen, dabei aber traditionelle Werte und lokale Kulturtechniken beizubehalten. Diese selektive Bemächtigung ist besonders erfolgreich von den Japanern seit der Meiji-Restauration praktiziert worden. Eine dritte Position deckte sich mit den Diagnosen von Ǧalāl Āl-Ahmad: Er empfahl, die suggestiven Angebote des Westens möglichst vollständig abzuwehren, weil sie in eine fremde und moralisch zweifelhafte Welt mündeten. Diese Position war oft verbunden mit der Betonung des eigenen spirituellen Wissens über die Natur und die Medizin, dessen Ganzheitlichkeit dem westlich-zergliedernden Denken letztlich überlegen sei.

Der ambivalente Anschluss der jungen Nationen an die übrige Welt sorgte in den politisch dekolonisierten Gesellschaften meist für innere Spannungen. Die einen argumentierten eher fundamentalistisch, andere nahmen offenere und vermittelnde Positionen ein. Dabei gab es auch in nichtmuslimischen Gesellschaften religiös begründete Versuche, dem Sog der materialisierten Moderne und ihren Versprechungen auf Luxus zu widerstehen. Anabaptisten wie die Amish, die Hutterer, die Mennoniten, aber auch die orthodoxen Juden streben nach einem Leben jenseits weltlicher Annehmlichkeiten. Daher scheuen sie vor Einrichtungen zurück, die sie leichter in Kontakt mit den suggestiven Angeboten der profanen Welt bringen, etwa motorisierte Fahrzeuge oder private Telefone.[85] Generell hat sich eine ländlich-isolierte Lebensweise auch in Europa und den USA als alternative Lebensform profiliert, die sich gegen eine Vernetzung mit all ihren Konsequenzen sträubt. Denn in den Augen derjenigen, die die Dinge so lieben, wie sie sind und scheinbar schon immer waren, bringt ein solcher Anschluss nichts als Hektik, Anonymität und eine Gefährdung der Selbstversorgung mit sich.[86]

Diese Genügsamkeit ist freilich für den Großteil der Länder, die sich nach 1945 dekolonisierten und unabhängig wurden, keine wirkliche Alternative gewesen. Vielmehr lag insbesondere für die Eliten junger Nationalstaaten eine starke Verführungskraft darin, sich die von den Kolonialherren hinterlassenen Infrastrukturen, Nachrichteneinrichtungen und Produktionsstätten anzueignen, sie zu nationalisieren und für die eigenen Ambitionen zu nutzen.[87] Von zentraler Bedeutung war der Zugriff der jungen Staaten auf die natürlichen Ressourcen. Sie zu gewinnen und anzubieten wurde in aller Regel als Eintrittsbillett für eine Integration in die Weltwirtschaft verstanden. Das galt vor allem für die Rohstoffe, von denen die industrialisierten Länder inzwischen abhängig waren, namentlich Erdöl und Metalle, bestimmte Lebensmittel und Mineralien. Doch erwies sich die Anpassung der jungen Länder an die weltwirtschaftlichen Zirkulationssysteme als enorm schwierig. In den meisten Fällen kamen die politisch wie ökonomisch oft unerfahrenen Regierungen nicht ohne Hilfen ausländischer Investoren oder Unternehmer, Hilfsorganisationen oder Berater aus. Diese wiederum buhlten eifersüchtig miteinander um ökonomische oder politische Vorteile und um Einflusssphären.

So entwickelten sich oft Konstellationen, die weder den Kriterien der Effizienz noch der Wirtschaftlichkeit entsprachen, sondern oft augenblicklichen Interessenlagen und politischen Machtkonstellationen geschuldet waren. Soweit war dies für die Infrastrukturgeschichte nicht ungewöhnlich.

Doch waren die Diskrepanzen zwischen dem Globalen Norden und dem sich herausbildenden Globalen Süden, zwischen den vormaligen Kolonisatoren und den selbständig gewordenen ehemals Kolonisierten meist gravierend. Eine erfolgreiche Entwicklung von funktionierenden Infrastrukturen entstand deshalb nur selten. Die lateinamerikanischen, afrikanischen, asiatischen und ozeanischen Gesellschaften hatten vollkommen andere historische Prägungen durchlaufen als die Europäer und Nordamerikaner. Das in westlichen Ländern entstandene Konzept der Infrastruktur traf dort meist auf deutlich andere Konfigurationen und Konzepte zur Organisation von Gesellschaften.

Für die überaus widersprüchlichen Schub- und Sogkräfte, die dabei entstehen konnten, stehen exemplarisch eine ganze Reihe von Staudammprojekten in Afrika. Manche davon waren noch in der spätkolonialen Zeit geplant worden. Sofern sie nach der Dekolonisation umgesetzt wurden, galten die entsprechenden Projekte als Symbole der nationalen Unabhängigkeit oder standen dafür, sich am europäischen »Exportschlager Wohlfahrtstaat« zu orientieren. Die spätkolonialen Entwicklungsökonomien hinterließen in den unabhängigen Ländern nicht nur die Erwartung, dass der Lebensstandard kontinuierlich steigen werde. Die Bevölkerungen waren oft auch in besonderer Weise auf den Staat fixiert.[88] Die Versprechen großer Infrastrukturprojekte, damit möglichst rasch an die Moderne anzuschließen und die ökonomischen Mehrwerte zu vergemeinschaften, verwirklichten sich jedoch in den seltensten Fällen.[89]

So verhielt es sich auch beim *Volta River Project* in der vormals britischen Goldküste, seit 1957 Ghana genannt. Das Vorhaben war schon im ausgehenden 18. Jahrhundert vom schottischen Afrikaforscher Mungo Park angeregt und seit dem frühen 20. Jahrhundert von der Kolonialadministration in London projektiert worden. Realisiert wurde der Akosombo-Damm, hinter dem sich der flächenmäßig größte künstliche See der Welt aufstauen sollte, zwischen 1961 und 1965 unter der ersten Regierung des unabhängigen Landes. Kwame Nkrumah, der erste Ministerpräsident und spätere Präsident, sah sich selbst als afrikanischen Lenin, womit er auf dessen Vorhaben anspielte, die frühe Sowjetunion zu elektrifizieren.[90] Es traf aber auch in ganz anderer Hinsicht zu, denn Nkrumah wurde zu einem charakteristischen Beispiel für die vielen afrikanischen und asiatischen Führer, die bald nach der Unabhängigkeit zu Despoten mutierten.[91]

Um den Volta-Stausee herum entstand aber tatsächlich ein umfassender Infrastrukturkomplex: Tiefseehäfen und Elektrizitätsnetze, Eisenbahnlinien, Straßen- und Brückenbauten, Telegrafenlinien sowie Nachrichtenagenturen, Radio- und Fernsehanstalten. Letztere verpflichtete Nkrumah sofort auf eine unkritische Berichterstattung über seine Regierung. Insgesamt setzte er auf eine rasche Industrialisierung nach sowjetischem Muster. Mit Großprojekten, zu denen ganz im Geist der Zeit auch ein Atomprojekt gehörte, sowie mit langfristigen Entwicklungsplänen brachte er die ghanaische Ökonomie freilich in Bedrängnis. Statt ökonomisch unabhängig zu werden, häufte das an Ressourcen so reiche Land finanzielle Verpflichtungen an. Die erhöhten sich weiter, als die Weltmarktpreise für Kakao fielen, der eines der wesentlichen Exportgüter Ghanas war. 1966 wurde Nkrumah, der sich gerade auf einer Reise nach Nordvietnam und China befand, durch einen Militärputsch gestürzt.

Ähnliche Wege gingen zahlreiche Länder in Afrika – wenn sie nicht schon in politischen Turbulenzen versanken, bevor es zu einer beherzten Infrastrukturisierung und Industrialisierung kommen konnte. Gerade Staudammprojekte, die nicht ohne internationale Hilfen zu realisieren waren, gerieten schnell zwischen die politischen Fronten. Am prominentesten war dies beim Assuan-Staudamm in Ägypten oder später beim Cahora-Bassa-Damm in Mosambik der Fall.[92] Als nicht weniger charakteristisch erwies sich der Kariba-Damm in der Zentralafrikanischen Föderation. Wie bei anderen Dämmen schien es in der *win-win*-Rhetorik der Planer durch das Projekt nur Gewinner zu geben: Die ausländischen Investoren und Unternehmen, die ortsansässige Bevölkerung, die unabhängige Nation als Ganze, sogar die Natur selbst schien von solchen Bauwerken zu profitieren. Man musste eben daran glauben, dass das Bauwerk den »afrikanischen Primitivismus« gleichsam auf einen Schlag überwinden und an den Ufern des Stausees eine ebenso multiethnische wie harmonische Gemeinschaft entstehen würde.[93]

Der am Sambesi angesiedelte Dammbau zeigte freilich, dass kaum etwas davon eintraf. Vielmehr suchten die am Projekt Beteiligten und die vom

Bau Betroffenen ihre jeweiligen Vorteile, wobei sie sich aus ihrer jeweiligen Warte vollkommen rational verhielten. Doch die widersprüchlichen und eigensinnigen Interessen häuften sich, und die Kohärenz des Planungsvorgangs löste sich schrittweise auf. Kaum war der Staudamm gegen alle Widrigkeiten doch noch fertiggestellt worden, zerbrach die Zentralafrikanische Föderation und häuften sich die Auseinandersetzungen über die Nutzung der aus dem Staudamm gewonnenen Energie und anderer Ressourcen.

Doch auch die Erwartungen der westlichen Planer, über Infrastrukturen die sogenannten Entwicklungsländer auf die gedanklichen Horizonte des Westens auszurichten, wurden selten erfüllt. Die »trojanischen Pferde« des Westens waren nicht immer erfolgreich. Wurden die Angebote überhaupt aufgegriffen, eigneten die Bevölkerungen in den vermeintlich »rückständigen« Gebieten sie sich sehr kreativ an und pflegten sie in meist unerwarteter und hybrider Weise in ihre vertrauten Alltagsroutinen ein. So wurden Stromkabel immer wieder als Wäscheleinen genutzt und traditionelle Eselskarren mit Achsen und Rädern von Kraftfahrzeugen versehen.[94]

Das konnte eigentlich nur diejenigen erstaunen, die Technik für etwas Neutrales hielten, das überall gleich funktioniert. Gerade Einrichtungen für Kommunikation, Verkehr, Versorgung und Entsorgung sind jedoch soziale und kulturelle Artefakte. Sie können nur dann zu Infrastrukturen einer Gesellschaft werden, wenn Angebot und Bedarf parallel laufen und die Nutzer routinierte Praktiken entwickeln.[95] Dazu müssen die neuen Angebote nicht nur technische, sondern auch soziale oder kulturelle Vorteile bringen. Denn Infrastrukturen materialisieren soziale Beziehungen im Raum.[96]

Zwischen den Ländern des Globalen Südens gibt es natürlich große infrastrukturelle Unterschiede. Der oft chaotische Straßenverkehr oder die unzuverlässige Wasserversorgung, die unkalkulierbaren Probleme der Kommunikation oder der Elektrizitätsversorgung beanspruchen teilweise einen bedeutenden Teil des Alltagslebens. Der Anspruch, »moderne« Einrichtungen vorzuhalten, geht nicht immer mit der Fähigkeit einher, sie auch funktionstüchtig zu halten.[97] Für die »Dritte Welt« sind daher aus westlicher Sicht immer wieder Bilder geprägt worden, die vermeintlich die Diskrepanz zwischen Tradition und Moderne einfangen: rauchende Schlote im

Urwald, Farbige im Habit eines europäischen Postbeamten, Telegrafenkabel über scheinbar unberührtem Wüstensand.[98]

Bisweilen wurde aus europäischer Sicht der Schluss gezogen, dass die Moderne möglicherweise zu rasch über die traditionellen Gesellschaften hereingebrochen sei. Dabei seien die zuvor sozial eingebundenen Individuen entwurzelt worden.[99] Entwicklungsexperten empfahlen, die Bevölkerungen besser aufzuklären, wobei sie stets davon ausgingen, dass »Entwicklung« notwendig sei, weil es eine unerfüllt bleibende Bedürftigkeit gebe. Auch scheinbar neutrale Angebote von basalen Infrastrukturen brachten also versteckte, oft sogar unbewusst bleibende Eingriffe in die vermeintlich unzulänglich ausgestatteten Gesellschaften des Globalen Südens mit sich.[100] In kolonialen und postkolonialen Zusammenhängen war die Entstehung von Infrastrukturen stets von asymmetrischen Machtverhältnissen begleitet. Gerade deswegen war es nie ganz vorhersehbar, in welcher Weise technische Angebote tatsächlich angeeignet wurden.

Für die eigensinnige Aneignung von Infrastrukturen in außereuropäischen Kontexten gibt es zahlreiche Beispiele.[101] Im Fall der Elektrifizierung Sansibars kam es namentlich durch das elektrische Licht, das Fernsehen und den elektrischen Herd meist zu deutlichen Veränderungen im Zeitmanagement der Familien. Frauen, so wurde von Anthropologen festgestellt, wurden hierdurch tendenziell unabhängiger, zugleich kochten sie weniger. Männer hingegen wurden durch das Licht tendenziell häuslicher. Dabei kam es – auch wegen kürzerer Schlafphasen – häufiger zu innerfamiliären Konflikten und zwischen Paaren wohl auch zu weniger Intimitäten. Ältere Menschen fühlten sich durch die Beleuchtung sicherer, jüngere Mädchen gingen häufiger zur Schule. Schließlich erhöhte sich in den »erleuchteten« Regionen auch die Wahrscheinlichkeit, dass Touristen auftauchten. Das wurde von der Bevölkerung so lange als eher negativ empfunden, bis sie begann, materiell oder ideell davon zu profitieren.[102]

Von Experten für »Entwicklungshilfe« ist immer wieder analysiert worden, weshalb bestimmte öffentliche Einrichtungen in den betreffenden Ländern und Gesellschaften nicht funktionierten oder nicht angenommen wurden. Dabei wurde beispielsweise festgestellt, dass viele Menschen, die vom Land in die Städte gezogen waren, ihre Gewohnheiten und Routinen nicht von heute auf morgen umzustellen vermochten. Sie brauchten eine geraume Zeit, um in technischen Infrastrukturen auch Vorteile zu erkennen. Die mangelnde Kompetenz lokaler Regierungen und Verwaltungen, die oft auf schlechte Bezahlung oder Vetternwirtschaft zurückzuführen war, trug zu einer generellen Skepsis bei, sich von anonymen Dienstleistungen versorgen zu lassen, statt weiterhin auf persönliche Netzwerke zu vertrauen. So entstehen im Umfeld von Infrastrukturen der Versorgung und Entsorgung oft diffuse Schattenbereiche des Gemeinwohls, und es entwickelt sich allgemein eine löchrige Zahlungsmoral. Wo dies nicht effektiv sanktioniert wird, zahlen nicht nur private Nutzer, sondern oft auch die lokalen oder nationalen Verwaltungen selbst ihre Wasser- und Stromrechnungen nicht. Und wo Einrichtungen nicht zuverlässig gewartet werden, gehen lokale Bevölkerungen immer wieder dazu über, sich etwa bei dem Bezug von Strom und Energie selbst zu bedienen oder die öffentlichen Einrichtungen der Versorgung oder Entsorgung ganz zu boykottieren.[103] Schon 1955 wurde festgestellt, dass eine auf Hochenergie beruhende Technologie es erfordere, Gewohnheiten kontinuierlich zu modifizieren und eine enorme Anzahl von Menschen fortlaufend auszubilden und zu beschäftigen.[104]

Dass Toleranz und Nachsicht rasch an ihre Grenzen stoßen, wenn es um die vitalen Interessen der Versorgung geht, hat sich in den vermeintlich »entwickelten« und industrialisierten Ländern immer wieder gezeigt. Seit dem 19. Jahrhundert bildete sich – vor allem hinsichtlich der Versorgung mit Erdöl – eine Real- und Geopolitik der Ressourcenströme heraus.[105] Die offenen oder verdeckten Interventionen der Europäer und Amerikaner in Ländern, die rohstoff- oder militärstrategisch relevant waren, sind Legion geworden.

Neben dem Sturz Salvador Allendes im Jahr 1973 war die langfristig vielleicht fatalste dieser Aktionen die von britischen und amerikanischen Geheimdiensten orchestrierte Absetzung des iranischen Ministerpräsidenten Mohammad Mossadegh im Jahr 1953. Dabei ging es vor allem um die Rücknahme der von Mossadegh veranlassten Verstaatlichung der *Anglo-Iranian Oil Company*. Die dahinterstehende Grundsatzfrage, wem die Ressourcen eines Landes gehören, war hier rein machtpolitisch entschieden worden. Dies führte zu einer weiteren Entfremdung zwischen »Erster« und

»Dritter Welt«, zwischen rohstoffbedürftigen und rohstoffproduzierenden Ökonomien. Einer der Bewunderer Mossadeghs war übrigens Ğalāl Āl-Ahmad. Erstaunlich selten gelang es den rohstoffproduzierenden Ländern, sich miteinander zu verständigen, um Druck auf die Industrieländer auszuüben. Das in den 1970er Jahren prominenteste und für die Länder des Globalen Nordens auch lehrreichste Beispiel war der Boykott des Rohstoffkartells der erdölproduzierenden Länder (OPEC) im Jahr 1973, das zur ersten Ölkrise führte. Vergleichbares ist später, aus welchen Gründen auch immer, nicht wieder eingetreten. Die Bilder leerer Autobahnen als schlagartig funktionslos gewordene Modernitätssymbole brannten sich jedoch in das Gedächtnis westlicher Länder ein.[106] Seither haben die Industrieländer in Bezug auf ihre Energienutzung vorsichtig umgesteuert und verstärkt auf einen Energiemix gesetzt, zu dem zunächst auch die Atomkraft gehörte.

Im 21. Jahrhundert stellen sich die Akteure dieser Rivalität um Ressourcen anders dar als im 19. und 20. Jahrhundert. China etwa war während der Hochphase des Kolonialismus eine der am heißesten umkämpften Regionen und zudem das primäre Objekt des europäischen und amerikanischen Eisenbahnimperialismus.[107] Als zweitgrößte Volkswirtschaft ist China heute in der Lage, selbst eine globale Export-Infrastruktur aufzubauen, etwa entlang der alten Seidenstraße. Während es im eigenen Land schon einmal Schlägertrupps mobilisiert, um renitente Bevölkerungen von Bauland zu vertreiben, operiert es beim weltweiten Bau von Eisenbahnen, Häfen und Pipelines eher mit Hilfe einer »Diplomatie des Lächelns«.[108] Dabei dringt China nicht nur bis nach Lateinamerika vor, etwa mit dem Bau der 5300 Kilometer langen *Ferrovia Transoceânica*, welche die brasilianische Atlantikküste mit der peruanischen Pazifikküste verbindet.[109] Mittlerweile ist es sogar in das Herz der europäischen Industrialisierung vorgedrungen. In kein anderes europäisches Land haben chinesische Investoren in den letzten Jahren mehr Geld gesteckt als in Großbritannien. Das *China Investment Corps* sorgte für den Ausbau und die Erneuerung der Abwasserversorgung in der Grafschaft Kent, für die Stromversorgung in weiten Teilen von England und Wales, für den Ausbau des Flughafens Heathrow und den Bau der Hochgeschwindigkeitsbahn zwischen Manchester und

London: »Wo sich westliche Industrienationen in langwierigen demokratischen Prozessen verfangen«, hieß es 2014 in einer Analyse, »ermöglichen chinesische Investoren den weiten Blick nach vorne.«[110] Werden Infrastrukturen hier erneut zu Machtspeichern imperialer Ambitionen?

Rückkehr des Verdrängten

In den Reisejournalen der westlichen Welt und den Foto-Communities des Internets haben die ägyptischen Zabbalin eine gewisse Berühmtheit erlangt. Die rund 60 000 Menschen, zumeist Angehörige der christlichen Gemeinschaft der Kopten, sammeln auf den Straßen Kairos täglich rund 3000 Tonnen Müll zusammen. Das ist nicht einmal ein Drittel dessen, was Tag für Tag in einer der größten Megacitys der Welt an Abfall anfällt. Mit Bastkörben und Eselskarren durchstreifen die männlichen Familienmitglieder im Schatten der Nacht die Straßen auf der Suche nach verwertbarem Material. Das Gesammelte wird anschließend, meist von den weiblichen Familienmitgliedern, durchsucht, getrennt und gegebenenfalls aufbereitet. Zabbalin bedeutet »Misthaufen«, und natürlich schwingt in der Bezeichnung etwas Abschätziges mit. Die Berichte westlicher Beobachter sind jedoch durchweg von Bewunderung, aber auch von leichten Anflügen eines schlechten Gewissens durchzogen. Denn durch die Zabbalin scheint man an etwas erinnert zu werden, das ansonsten sorgfältig ins Unterbewusste verschoben wurde.

Müll ist ein soziales Konstrukt und eine kulturell geprägte Zuschreibung. Die Kategorie bezeichnet etwas, das dem Kreislauf des Verwertbaren nicht mehr angehört. Das kann politische, wirtschaftliche oder moralische Gründe haben. Wenn die entwerteten Dinge nicht oder nur verzögert entsorgt werden, wird Müll heute auch in einem übertragenen Sinn mit Unordnung und Gefahr für die öffentliche Gesundheit gleichgesetzt.[111]

Zu den Zabbalin gibt es Entsprechungen in nahezu sämtlichen Megastädten Afrikas, Asiens und Lateinamerikas. Sie repräsentieren einen Umgang mit Überresten, der auch in den USA und in Europa lange Zeit verbreitet war, heute aber nahezu verschwunden ist. Er wurde im 19. und

20. Jahrhundert von Müllregimen abgelöst, die mit einer Technisierung einhergingen. Der Müll wird heute so weit wie möglich unsichtbar gemacht – und durch Desodorierung wird auch sein Gestank überdeckt. Dass Menschen wie die Zabbalin im Müll herumwühlen und sogar ihre Kinder darin spielen lassen, mag uns daher leichte Schauder des Entsetzens einjagen. Es nötigt uns aber eben auch Anerkennung ab, da sie etwas, das von anderen für nicht mehr verwertbar gehalten wird, dennoch »entschaffen«.[112]

Tatsächlich weisen die Kairoer Müllsammler mit ihren vorsortierten Funden angeblich eine fünfundachtzigprozentige Recyclingquote auf. Ein Teil des von ihnen Gesammelten geht zur Weiterverwertung nach China. Dem gegenüber steht eine Quote von zehn Prozent, die in europäischen Ländern heute bestenfalls erreicht wird. Damit kann man die Zabbalin als Helden des ökologischen Denkens ansehen.[113] Dass Stoffe und Energien in einen Kreislauf eingebunden und wechselseitig transformierbar sind, gehört eigentlich zum Kernwissen vormoderner wie moderner, europäischer wie außereuropäischer Gesellschaften. Doch dieses Wissen wurde oft beiseitegeschoben. Stattdessen wurden Praktiken etabliert, mit denen die unliebsamen Überreste entweder in anderen Regionen abgeladen und / oder für lange Zeit gelagert werden – sie werden also räumlich wie zeitlich einfach verschoben, statt sie in einen Verwertungskreislauf einzuspeisen. Dies bleibt ein insgesamt erstaunlicher Befund für Gesellschaften, die sich ansonsten auf ihre wissenschaftlich-technischen Analysen so viel zugutehalten.

Die erneute Nutzung einzelner entwerteter Bestandteile wurde aber auch in »Wegwerfgesellschaften« nie vollständig verdrängt. Vielmehr lebte sie in Phasen der Knappheit von Ressourcen, etwa in Kriegs- oder Krisenzeiten, immer wieder auf.[114] Den Müll zu deponieren, ihn zu versenken oder zu verbrennen waren jedoch die weitaus geläufigeren Praktiken. Es schien schlicht einfacher und oberflächlich wohl auch billiger, vor allem jedoch zügiger umzusetzen zu sein, Abfälle bei ihrer Entsorgung der sinnlichen Wahrnehmung zu entziehen, als sie wiederzuverwerten. Die Entsorgung avancierte damit zu einem Dauerproblem der industriellen Gesellschaften.[115]

»Abfall«, so wurde schon vor Jahrzehnten festgestellt, »ist so umfassend gegenwärtig, dass er dabei ist, zur zentralen Kulturmetapher aufzusteigen.«[116] Müll hat materielle, metaphorische und darüber hinaus sozialpsychologische Komponenten, die zusammengenommen eine der Kehrseiten der modernen Gesellschaft ausmachen.[117] Lange ist dieser Zusammenhang wiederum mit Analogien zu lebenden Körpern veranschaulicht worden. So sprach man etwa von den »Ausscheidungen« eines Haushalts, einer Stadt oder einer Gesellschaft. Nach den medizinischen und Reinlichkeitsvorstellungen etwa des bürgerlichen 19. Jahrhunderts galt es, sich ihrer auf eine möglichst unauffällige Art zu entledigen.[118]

Dabei veränderten sich sowohl individuelle Emotionen und Affekte als auch Verhaltensstandards, so dass beispielsweise für Reisende die Sauberkeit zu einem zentralen Aspekt in der Wahrnehmung von Fremdheit wurde. Jede Stockung in der Abfuhr von Müll, etwa durch Streiks, und jede sinnliche Erinnerung an das Verdrängte, etwa durch austretende Kanalgase oder die Nähe einer Kläranlage, wurde für Anwohner zu einem ultimativen Ärgernis. Schon 1897 las man in einem Übersichtswerk zur Städtereinigung:

> »Die möglichste Verhütung der Anhäufung von Abfallstoffen in der menschlichen Nähe ist nicht nur eine Hauptforderung der Gesundheitspflege, sondern auch eine solche der über ein gewisses Minimum hinaus fortgeschrittenen, allgemeinen Kultur, die beleidigende oder unangenehme Wahrnehmungen des einen oder andern Sinnes – besonders solche von längerer Dauer – nicht dulden kann.«[119]

Dabei scheinen rationale Einwände den emotionsverhafteten Sinneseindrücken regelmäßig zu unterliegen. Der »urbane Müll« tritt in Form von Ratten, Krankheiten, Obdachlosigkeit, Müllbergen, verschmutztem Wasser, Überschwemmungen oder schadhaften Rohren zwar immer wieder an die Oberfläche. Er bleibt aber prinzipiell ein Feld der täglichen Verdrängung.[120]

Sauberkeit ist aber nicht nur auf den Müll bezogen ein Wert an sich geworden. Ihre Bedeutung zeigt sich auch in unserem alltäglichen Umgang mit Wasser, etwa bei jedem Gang ins Badezimmer. Als »innerhäusliche Ausbuchtung der technischen Fließräume des Wassers« ist es zu einem psychisch-kulturell geprägten Übergangsraum geworden. Er wird heute geradezu zeremoniell genutzt, etwa durch das tägliche Baden oder Duschen, um uns von den Spannungen und Konflikten des modernen Alltags zu reinigen.[121] Ähnliche psychologische Prozesse sind für die dialektischen Tätigkeiten des Kaufens und Aussortierens, des Essens und Fortwerfens oder des Schenkens und Beschenktwerdens beschrieben worden – Tätigkeiten des Überflusses, der sozialen Distinktion und der ritualisierten Bestätigung. Der Umgang mit Wasser hat eine extreme Bandbreite an kulturellen Aufladungen ausgebildet: vom verschwenderischen Umgang bei der Bewässerung von Gärten oder der Toilettenspülung über Prozesse der Reinigung und damit verbundenen Läuterung bis zur sakral aufgeladenen Aura des »Gesundbrunnens«, die teure und mit ungeheurem logistischem Aufwand bereitgestellte Mineralwässer heute umgibt.[122]

Bis weit ins 20. Jahrhundert hinein sind flüssige und schwemmbare Materialien meist in Erdböden versickert oder über Kanalrohre, Rinnsale, Bäche und Flüsse in die Meere dieser Welt getragen worden. Das ist weltweit zu einem großen Teil auch heute noch so. Die dazu getroffenen Vorkehrungen sind vor allem darauf ausgerichtet, die Abflüsse möglichst frei zu halten von Stockungen – und die Abwässer von Giften. Flüsse wurden begradigt, betoniert und gedeckelt. Einige wurden sogar als reine Abwasserkloaken ausgewiesen, so dass zum Beispiel die Emscher seit dem 19. Jahrhundert geradezu als ein »künstlicher Darmausgang des Ruhrgebiets« genutzt wurde.[123] Im Einzugsbereich großer Städte wurden zwar Rieselfelder zur Abwasserreinigung und Versickerung angelegt, aber letztlich haben die Menschen darauf vertraut, dass sich vor allem die Ozeane als gewaltige Kläranlagen bewähren. Doch wurden auch andere Arten von Müll darin verklappt. Die gewaltigen Wirbel von Plastik, die in den Strömungen des Pazifik kursieren, werden inzwischen als eine ebenso große Herausforderung gesehen wie die oft leichthin erfolgten Versenkungen atomarer oder anderer giftiger Stoffe in zahlreichen Gewässern dieser Welt.

Das einfach zu bewerkstelligende Verschwinden gröberer und festerer Materialien aus der unmittelbaren Wahrnehmung symbolisierte in besonderer Weise die metaphorisch als »Müllschlucker« bezeichnete Einrichtung in Gebäuden. Man warf seinen Hausmüll oben in eine Klappe, und über einen Schacht nach unten geleitet sammelte er sich in einem Container.[124] Doch auch der Umstand, dass für das Einsammeln von Kehricht oder Müll auf öffentlichen Flächen oft Angehörige von Minderheiten oder »Gastarbeiter« zuständig waren, führte dazu, dass diese Arbeiten einen geringen sozialen Stellenwert hatten. Die Menschen, die sie verrichteten, galten selbst als »Bodensatz« der Gesellschaft. So wurden im 19. Jahrhundert die Insassen von Arbeitshäusern für die Entsorgung und auf den Rieselfeldern eingesetzt. Denn in der Wahrnehmung der Bürger mussten sie in einem übertragenen, moralischen Sinn, eben durch Arbeit, ebenfalls gesäubert werden.[125]

Für die größeren Überreste aus dem Kreislauf der Ressourcen wurden meist Deponien eingerichtet, in denen Erdlöcher mit Abfällen gefüllt oder Müllberge angehäuft wurden. Diese Sammelstellen, die meist in der Nähe urbaner Zentren angelegt wurden, waren bei Anwohnern selten beliebt. Für die Logistik der Müllabfuhren mussten sie aber in einer vertretbaren Reichweite liegen. Das Verbrennen von Müll war eine weitere, sehr verbreitete Variante der Entsorgung. Sie wurde schon im 19. Jahrhundert in eigens dafür angelegten städtischen Anlagen durchgeführt, war zu der Zeit aber noch kaum mit der Idee verknüpft, dass sich auf diese Weise wiederum Energie gewinnen lässt.

Ein alternativer Umgang mit dem Wertlosen war die Wiederverwertung. In Zeiten knapper Ressourcen, also vor der Überflussgesellschaft, war sie auch in Europa eine selbstverständliche Alltagspraxis. Essbares wurde an Tiere verfüttert, Zerbrochenes wurde repariert, organische Substanzen wurden gesammelt und als Düngemittel verwendet, Metalle wurden eingeschmolzen und erneut verarbeitet. Keine dieser Praktiken ist vollständig verschwunden, doch standen sie zwischenzeitlich in Gefahr, marginalisiert zu werden.[126]

Als 1907 in Charlottenburg bei Berlin eine frühe Form der Mülltrennung eingeführt wurde, mit Sammelstellen für Küchenabfälle, für Lumpen, Scherben, Holz und Metall sowie für Asche und Kehricht, geriet dies rasch zu teuer und wurde 1917 wieder eingestellt.[127] Halbwegs funktioniert hat das Sammeln bestimmter kriegswichtiger Rohstoffe während des Ersten und Zweiten Weltkriegs. Dies gelang allerdings nur aufgrund massiver propagandistischer Begleitung (»Gold gab ich für Eisen«) und einer gezielten Koordination, etwa durch die im August 1914 von Walther Rathenau aufgebaute Kriegsrohstoffabteilung.

In Friedens- und ökonomischen Wachstumszeiten fielen die Raten der Wiederverwertung meist rapide ab. Lumpen-, Schrott- und Altstoffsammler verschwanden in der zweiten Hälfte des 20. Jahrhunderts nach und nach aus dem Alltag. Umgekehrt häuften sich Industrie- und Hausmüllkippen oder Sammelstellen für defekte Gebrauchsgeräte, etwa die sogenannten Autofriedhöfe. Was seit den 1970er Jahren eher unfreiwillig ins Bewusstsein vieler Europäer zurückkehrte, war nicht nur die Tatsache begrenzter Ressourcen. Sie führte zu innovativen Schüben des Nachdenkens darüber, wie man diese Energien effizienter zu nutzen oder durch nachwachsende Energien zu ersetzen vermag. Ebenso wichtig war die Erkenntnis, dass die Menschheit zu viel von dem produziert, was sich nicht wieder- oder weiterverwerten lässt. Sinnbildlich hierfür wurde das nicht kompostierbare Plastik, etwa in Form von Abermillionen Einkaufstüten. Zum Thema wurden aber auch die weniger sichtbaren Emissionen im Grundwasser, im Boden und im vormals »unendlichen Meer der Lüfte«. In diesem waren bis dahin durch immer höher gezogene Schlote die Abgase recht bedenkenlos verteilt worden.[128]

Infrastrukturen der Entsorgung waren lange Zeit vornehmlich darauf ausgerichtet, Abfälle aus den Augen und dem Sinn derjenigen zu schaffen, die sie produziert hatten. Im besten Fall fand sich für die abgelegten Dinge der westlichen Konsumgesellschaften an anderen Orten eine Zweit- oder Drittverwertung. So wurden über viele Jahrzehnte vermeintlich unmodern gewordene Autos aus Europa nach Afrika verschifft, wo sie noch lange in Gebrauch waren.[129] Zudem etablierte sich ein umfangreicher internationaler Mülltourismus, so auch zwischen den beiden deutschen Staaten.[130] Allmenden wie das Wasser, der Boden oder die Luft wurden aber weiterhin ungeniert als Depots für belastende Stoffe benutzt, die dort diffundieren sollten. Erhöhte Zumutungen für Anwohner wurden als »ortsübliche Belastungen« deklariert und von den meisten, wenn auch nicht ohne Murren, als Begleiterscheinungen des modernen Lebens akzeptiert.[131]

Diese Muster der raumzeitlichen Verschiebung des Unliebsamen und der Vergesellschaftung von negativen Folgen gerieten jedoch seit den 1970er Jahren in Westeuropa und den USA zunehmend in die Kritik. Der internationale Informationsaustausch auf den Feldern des Umweltschutzes, der

Meteorologie und des Klimas machte unmissverständlich klar, dass viele der ökologischen Probleme längst globale Dimensionen besaßen. Vor ihnen konnte man auf lokaler oder nationaler Ebene zwar kurzfristig die Augen verschließen. Es war aber unübersehbar geworden, dass sie mittel- bis langfristig unweigerlich zurückkehren würden. Phänomene wie das Abschmelzen von Gletschern und von Polareis, die Ausweitung von Wüsten, das Waldsterben, das Ozonloch oder die Erwärmung der Ozeane sind seither zu Schlagworten geworden, die signalisieren, dass es so wie bisher nicht weitergehen kann. Dass sich parallel immer mehr Länder den Konzepten einer fortschreitenden Infrastrukturisierung und Industrialisierung angeschlossen haben, hat den Problemdruck zusätzlich erhöht.

Seit der Aufklärung war das Bewusstsein vieler Menschen davon gekennzeichnet gewesen, dass sich die Schere zwischen begrenzten Erfahrungsräumen auf der einen Seite und den offenen und vom Fortschritt bestimmten Erwartungshorizonten auf der anderen Seite immer weiter öffnete. Diese Konstellation drehte sich nun langsam um. Der Erfahrungsraum der industrialisierten Wohlfahrtsstaaten mit ihrer weithin künstlichen, auf einen wachsenden Ressourcenverbrauch ausgerichteten Umwelt wurde durch die Erwartung einer immer begrenzteren natürlichen Umwelt herausgefordert. Das hat zu zahlreichen kulturkritischen Reflexionen geführt, die in jeder neuen Umweltdiskussion Anlässe zu Selbstanklagen geben. Es hat aber auch zu einem konstruktiven Umdenken beigetragen, das sich auf ökologische Praxen des vorindustriellen Zeitalters besinnt und sie zeitgemäß interpretiert.[132]

Zu diesem Umdenken hat auch die Atomdebatte beigetragen. Die zivile Nutzung der Atomenergie galt in den 1950er und 1960er Jahren als eine vielversprechende Möglichkeit, sich von den globalen Abhängigkeiten des Erdöls zu emanzipieren und fossile Emissionen zu vermeiden. Insofern schien dieser vermeintlich sauberen Energie kurzfristig eine große Zukunft bevorzustehen. Andere Aspekte kosteten sie jedoch mittelfristig ihre Glaubwürdigkeit und öffentliche Akzeptanz: Zum einen war dies eine hochkomplexe Technologie, deren Risiken nur durch ein spezialisiertes Betreiberpersonal zu kontrollieren waren, bei dem man aber auch die Möglichkeit »menschlichen Versagens« eingestehen musste. Zum anderen drängte sich langfristig die ungelöste Problematik der Aufbereitung und der Endlagerung von Atommüll auf. Diese folgte letztlich dem alten Muster der Hochmoderne, unliebsame Folgen auf der Zeitachse zu verschieben und auf eine endgültige Lösung in der Zukunft zu setzen. Die Reaktorunfälle in Harrisburg (1979), Tschernobyl (1986) und Fukushima (2011) sowie die akuten Gefahren, die weltweit von oft sehr improvisiert deponiertem oder versenktem Atommüll ausgehen, stellten jedoch jede Form von Optimismus in Frage.

Für die Zufuhr von Energien und Ressourcen zeigt sich seither in den Industriegesellschaften, wie schwer es ist, aus den *coketown* und *motown clustern* wieder auszuscheren, von denen in den vorangegangenen Abschnitten die Rede war. Denn die entsprechenden Infrastrukturen richteten sich auf die ständige Verstärkung und weltweite Verteilung solcher Cluster. Viele Positionen des Natur- und Heimatschutzes und dessen Kampf gegen die landschaftsverändernden Insignien der industriellen Moderne (Stromleitungen, Straßen oder Talsperren) galten in der Hochmoderne als bremsende Relikte einer vormodernen Haltung. Erst in der »reflexiv« gewordenen Moderne wurden solche Vorbehalte immer stärker rehabilitiert.[133] Die vormalige Entsorgung ist heute bezeichnenderweise zur Umwelttechnik mutiert. Sie folgt dem Gedanken einer umweltgerechten Wiederverwertung auch des sogenannten Infrastrukturabfalls wie Klärschlamm, Baggergut, Kanal- und Sinkkastenschlämme oder Straßenkehricht.[134] Noch weitgehend ungelöst ist aber die Problematik des Exports von Giftmüll. Der sammelt sich weiterhin an brisanten Orten wie der Elektromülldeponie Agbogbloshie in Accra, das als *toxic city* inzwischen zu trauriger Berühmtheit gelangt ist.[135]

Jede Planung neuer Infrastrukturen muss sich heute der Frage stellen, ob sie gesellschaftlich akzeptiert wird und ebenso nachhaltig wie umweltverträglich ist. Weil sich in Infrastrukturprojekten so etwas wie das Gemeinwohl äußert, boten sie den Bürgern seit den 1970er Jahren immer wieder Anlass, sich kritisch über Grundfragen der Gesellschaft auseinanderzusetzen.[136] Der Protest gegen die Atomkraft trug auch Widerstände gegen zentralistische Großstrukturen in sich, gegen eine Ballung von Macht und den Verlust an demokratischer Kontrolle. Bei Autobahnen und Flughäfen ging es immer auch um den Schutz der Landschaft und des Klimas, um Lärmschutz, nicht zuletzt um den verunsichernden Eindruck einer permanenten Beschleunigung des Lebens. In Protesten gegen die Müllverbrennung drückte sich eine Kritik am sorglosen Umgang mit Schadstoffen, an der Durchbildung des Lebens mit chemischen Produkten und an der Wegwerfgesellschaft aus. Am Beispiel von Großstaudämmen wurde diskutiert, wie Wasser gespart und die natürlichen Gewässer vor Schadstoffen geschützt werden könnten. Und im Widerstand gegen Bau- und Gewerbeflächen, Überlandkabel, Deponien oder Kraftwerke äußerten sich Bedenken gegen eine Versiegelung der Landschaft und eine Verschandelung der natürlichen Umwelt.[137]

Politiker, Raumplaner und Ingenieure mag diese Aufladung mit außertechnischer Symbolik frustriert haben. Denn sie nahm ihnen die Möglichkeit, ihre Projekte integral durchzuplanen, weil sich in einer pluralistisch verfassten Demokratie Entscheidungen von gesellschaftlicher Tragweite eben in komplizierten und dialogisch organisierten Prozessen herausbilden. Zudem werden öffentlich verausgabte Gelder inzwischen oft einer deutlich stärkeren Kontrolle unterworfen. In der prestigeorientierten Aufbauphase der 1950er bis 1970er Jahre waren allerorten sogenannte Hallenbadeffekte zu beobachten gewesen – die großzügige Ausstattung mit Infrastrukturen aller Art bis ins kleinste Dorf. Diese Praxis wurde deutlich eingeschränkt, wenn auch nie vollständig überwunden. Sie steht in vielen Industrieländern heute unter Vorbehalt, denn die Einrichtung von Infrastrukturen muss den demographischen Schwankungen entsprechen.[138] Die zuvor sehr freigiebig aufgebauten Infrastrukturen des Sozialen und des Kulturellen sind heute oft nicht mehr ausgelastet, es gibt Leerstände, Einrichtungen müssen sich an veränderte Nutzungen anpassen, bisweilen sogar rückgebaut werden. Last not least müssen bei der Planung und dem Bau die inzwischen schmaler gewordenen Spielräume der öffentlichen Haushalte berücksichtigt werden.

Seit Vorstellungen von einer Post-Konsumgesellschaft kursieren, haben sich viele Bewohner großer Städte darum bemüht, wieder stärker in die Zirkulation ökologischer Kreisläufe eingebunden zu werden. Müllvermeidung, Reduzierung von Emissionen und Recycling sind hierfür die wesentlichen Schlagwörter.[139] Seither werden die Stoffe immer aufwendiger ge trennt und die Inhalte des Mülls selbst, etwa als »Biomasse«, zu einer Ware. Für kommunale Behörden ist es attraktiv geworden, den Müll zu sammeln und wiederaufzubereiten. Und so werden auch die ägyptischen Zabbalin nun durch die Stadt Kairo, die diese Prozesse stärker kontrollieren will, herausgefordert. Inzwischen hat die Verwaltung spanische und italienische Firmen damit beauftragt, ein kommunales System der Feststoffsammlung aufzubauen.[140]

II Knotenpunkte der Debatten um die Infrastruktur

4 Public, private oder partnership?
Wie Infrastruktur organisiert wird

Öffentliche und unsichtbare Hände

Schon lange gibt es das sogenannte Freifahrerverhalten, das auch Thema einer Geschichte war, die ich in der siebten Klasse im Englischunterricht gelesen habe: Es war im 19. Jahrhundert unter den ärmeren Kunden der britischen Post wohl durchaus üblich, aus der Fremde Nachrichten in die Heimat zu senden, ohne das Porto zu entrichten. Die *Royal Mail* war seinerzeit dazu übergegangen, statt des Absenders den Empfänger eines Briefes zur Kasse zu bitten. Daraufhin brachten einige Kunden, die Briefe aufgaben, auf den Umschlägen unauffällige Zeichen an, auf die beide Briefpartner sich vorab geeinigt hatten. So konnte mitgeteilt werden, ob es dem Absender gut gehe, er mit seinen Plänen vorankomme und wann gegebenenfalls mit seiner Rückkehr zu rechnen sei. Überbrachte der Postbote nun den Brief, prüfte der Empfänger den Umschlag ausführlich. Dabei schien er den Absender missbilligend zu registrieren und verweigerte die Annahme. Auf diese Weise wurden zahlreiche kostenfreie Botschaften versandt.

Diese Geschichte muss sich vor dem 1. Mai 1840 zugetragen haben. An diesem Tag nämlich führte das Vereinigte Königreich in Reaktion auf solche Strategien der Gebührenvermeidung die Briefmarke ein. Damit wurde eines der ersten Prepaid-Systeme installiert. Die erste Marke, mit der die Gebühren im Voraus zu entrichten waren, war die sogenannte *One Penny Black*, die das Profil der damals noch sehr jungen Queen Victoria zeigte. Die Marke wurde bereits nach einem Jahr durch eine hellere Version in Rot ersetzt. Denn die Stempel, die zur Entwertung eingesetzt wurden, hatten sich auf der schwarzen Farbe nicht deutlich genug abgehoben. Einzelne

Postkunden waren dazu übergegangen, die Marken vom Umschlag abzulösen und ein weiteres Mal zu verkleben.[1] Natürlich dachte man bei der von Sir Rowland Hill durchgeführten Postreform noch nicht an das leidenschaftliche Sammeln der Briefmarken. Dennoch sollte die sieben Jahre später in Umlauf gebrachte *Blaue Mauritius* wegen ihrer Seltenheit schon Ende des 19. Jahrhunderts zu einem der legendärsten und wertvollsten Stücke für Philatelisten werden. Bei der Postreform ging es dagegen überaus profan darum, wie man Gemeindienste am effizientesten finanziert und zugleich verhindert, dass sie missbräuchlich genutzt werden.

Diese Fragen werden bis heute mit weltanschaulich motivierter Leidenschaft diskutiert. Ein Blick in die Geschichte hilft für ihre Beantwortung zunächst kaum weiter. Denn der Bau, der Betrieb und die Nutzung von Infrastrukturen haben unter den denkbar unterschiedlichsten Umständen funktioniert. Aber warum gab und gibt es immer wieder Menschen, die diese vermeintlichen Gemeingüter nutzen, aber weder schonend damit umgehen noch dafür bezahlen wollen? Und weshalb erhalten sie hierfür unter bestimmten Voraussetzungen auch noch klammheimliche Sympathien, wie jene »Spontis«, die in den 1970er Jahren für den Nahverkehr in deutschen Großstädten forderten: »Nulltarif, Nulltarif, sonst biegen wir die Schienen schief!«?

Von Wissenschaftlern und Praktikern wurde das Frei-, Schwarz- oder Trittbrettfahrerverhalten immer wieder beschrieben und problematisiert. Tatsächlich geht es bei diesem Thema um politische, ökonomische und moralische Grundannahmen über den Menschen und sein Sozialverhalten. Im Bereich der landwirtschaftlichen Produktion ist darüber in allen Phasen ihrer Geschichte viel diskutiert worden, und zwar hinsichtlich der als Allmende oder *commons* bezeichneten Gemeingüter: Wie verhalten sich Individuen in Bezug auf den allgemeinen Besitz im Dorf? Kann eine gemeinschaftliche Nutzung von öffentlichen Gütern wie Wäldern oder Weiden überhaupt funktionieren?[2] Das sind Fragen, die auch für die »zweite Natur« und insbesondere für die gemeinwohlorientierten Infrastrukturen eine Rolle spielen.[3]

Immer wieder mussten und müssen sich die Betreiber von Kommunikations- und Verkehrs- sowie von Versorgungs- und Entsorgungseinrichtungen Gedanken darüber machen. Welches Verhältnis dürfen Kosten und Einnahmen zueinander haben, wenn man ein Angebot als Infrastruktur versteht, sie also kein Luxusgut darstellt, sondern allgemein zugänglich sein soll? Wie bei den Briefmarken bilden die vielen unterschiedlichen Bezahlmodelle, mit denen in den vergangenen zwei Jahrhunderten operiert wurde, ganz eigene Welten: Billetts für den Eintritt, Karten für den Bahnsteig oder die Fahrt im Nah- und Fernverkehr, Münzen, Token, Smartcards oder auch Telefonkarten, heute auch Bezahl-Apps oder sogar Flatrates – sie begleiten unseren Alltag seit vielen Jahrzehnten, und nicht wenige von ihnen sind später zu Nostalgierelikten geworden.[4] Wo sie nicht inzwischen virtuell und digitalisiert vorliegen, füllen sie noch immer unsere Handtaschen oder Börsen, werden entwertet und auf Verlangen hervorgeholt und vorgezeigt.

Auch wenn sie meist schlicht gestaltet daherkommen, repräsentieren diese Gebührennachweise hochkomplexe Systeme, mit denen Maut und Entgelte, Beiträge oder Abgaben erhoben werden. Sie stehen für Modelle einer individualisierten Zahlung, die dann erfolgt, wenn die Angebote tatsächlich genutzt werden, und sie haben den Vorteil, zumindest im Prinzip von fast allen Kunden akzeptiert zu werden. Die Nachteile solcher Zahlungsweisen sind meist nur den Experten bewusst. Denn Einnahmen unterliegen betriebswirtschaftlichen Schwankungen, und Angebote der Daseinsvorsorge rentieren sich in der Summe oft nur durch öffentliche Subventionen. Auch das *free riding* verursacht immer wieder Probleme. Deshalb entwickeln Ökonomen häufig Verfahren und Modelle, mit denen die Bürger für eine regelmäßige Nutzung lange im Voraus zahlen, etwa durch Subskriptionsverfahren wie Monats- oder Jahreskarten. Damit wird nicht zuletzt auch das vitale Interesse der Einzelnen an öffentlichen Gütern deutlicher sichtbar: Jede verkaufte Dauerkarte belegt, dass der Käufer die entsprechende Infrastruktur umfassend nutzt, vielleicht auch darauf angewiesen ist.[5]

Eine zweite Variante sind Bezahlmodelle, bei denen Grundgebühren erhoben werden und ein zeitlich befristeter Vertrag geschlossen wird. Insbesondere bei fließenden Ressourcen wie Wasser oder Energien haben sich Versionen durchgesetzt, bei denen der Verbrauch mit Messvorrichtungen erfasst und nach festen oder auch flexiblen Tarifen berechnet wird. Sie setzen aufseiten des Anbieters jedoch komplexe Mechanismen voraus, mit denen der Verbrauch beziffert, die Kosten berechnet und die Zahlungen eingezogen werden. Aufseiten des Nutzers ist zugleich eine entsprechende Einsicht und Zahlungsmoral unerlässlich. Sollte auf das Ablesen von Gas-, Strom- und Wasseruhren und entsprechende Rechnungen keine Reaktion erfolgen, kann säumigen Zahlern mit dem Einstellen aller Leistungen gedroht werden. Sozial hat sich die Unterbrechung der Stromzufuhr als ungemein stigmatisierend erwiesen.[6]

Parkuhren, mit denen nichts Fließendes, sondern vielmehr eine Zeit des Stillstands im öffentlichen Raum erworben wird, erfordern ein spezifisches Management an Zeit und Aufmerksamkeit. Wie die mit Münzen betriebenen Zähleruhren, die in früheren Zeiten für Wasser, Strom oder Gas benutzt wurden, haben sie die Konsequenzen einer eventuellen Missachtung auf die Nutzer verlagert. Ursprünglich wurden diese *prepaid meter* in England als eine flexibel verwendbare Einrichtung eingeführt, bei der keine Grundgebühr erhoben wurde. So sollten den proletarischeren Schichten der Gesellschaft Angebote wie das Stadtgas leichter zugänglich sein.[7] Mittlerweile sind sie an zahlreichen Orten der Welt zu einem Instrument der biopolitischen Steuerung geworden. In den südafrikanischen Townships etwa dienten sie dazu, die Tradition der Mietstreiks zu brechen, mit denen der weißen Apartheidregierung seit den 1980er Jahren politische Zugeständnisse abgetrotzt worden waren. Ein Protestierender aus Soweto klagte jedoch: »Alles muss heute im Voraus bezahlt werden. Wir zahlen im Voraus für die Elektrizität, für das Telefon, und nun zahlen wir auch noch für das Wasser voraus. Wer weiß, vielleicht werden wir bald noch im Voraus dafür bezahlen müssen, dass die Sonne an- und ausgeschaltet wird.«[8]

Genau diese Befürchtung einer Kommerzialisierung von Lebensnotwendigem hatte sich in Bolivien realisiert. Im Jahr 2000 führte das zum legendär gewordenen *Guerra del Agua*, zum Wasserkrieg von Cochabamba. Die Weltbank hatte als Bedingung für weitere Hilfen an die Stadt eine Privatisierung der dortigen Wasserversorgung gefordert. Als die Firma *Aguas de Tunari* anschließend die Preise derart anhob, dass die Wasserkosten in vielen Haushalten mehr als ein Viertel des Einkommens aufzehrten, endeten die Proteste in einem Generalstreik und in tödlicher Gewalt. Die Privatisierung wurde schließlich zurückgenommen. Der Vorfall, dessen Geschichte der 2010 entstandene Film *Und sogar der Regen* erzählt, gilt seither als eine Wegmarke, denn die Deregulierung – so die Kritik – drohte weit über das Ziel hinaus in basale Rechte einzugreifen.[9]

Eine praktikable Alternative dazu, Gebühren individuell bei einer konkreten Nutzung zu erheben, bot sich insbesondere für Kommunen, Bundesländer und Staaten an. Denn sie können allgemeine Abgaben und Steuern einziehen, ohne deren Verwendung im Einzelnen ausweisen zu müssen. Der Kulturhistoriker Wilhelm Heinrich Riehl umschrieb das Entstehen dieses Zusammenhangs schon im Jahr 1883 so:

>»Die große Reform des Straßenbaues im 18. Jahrhundert fällt zeitlich ziemlich genau zusammen mit den durchgreifenden modernen Reformen der Staatsverwaltung. (…) Die Landstraße war der erste sichtbare, greifbare Gegenstand, an dem es dem gemeinen Manne deutlich gemacht wurde, daß im modernen Staate der einzelne seinen besonderen Vorteil opfern müsse, um ihn aus dem Ganzen nachher mit Zinsen wieder zu erhalten.«[10]

Ob dies nun tatsächlich schon für den Straßenbau zutrifft oder erst für spätere Einrichtungen: Neben der Gewährleistung von Schutz durch das Militär und die Polizei ist der Auf- und Ausbau von Infrastrukturen bis heute der zentrale – und im Grundsatz meist unwidersprochen gebliebene – Aufgabenbereich der öffentlichen Hand geblieben. Die dem Gemeinwohl dienenden Einrichtungen, die vom Staat oder der Kommune geschaffen werden, sind eines der schlagkräftigsten Argumente geblieben, um Steuern zu rechtfertigen. Dabei verschoben sich die Schwerpunkte im Laufe der europäischen Geschichte tendenziell: Von repräsentativen Einrichtungen, die vornehmlich der Demonstration von Herrschaft dienten, ging der Trend hin zu eher alltagsnützlichen Einrichtungen, die sich vornehmlich durch ihren Funktionswert legitimierten.

In den Wohlfahrtsstaaten der Gegenwart mit ihren gewaltigen Haushalten entstehen allerdings Akzeptanzprobleme anderer Art, denn kaum jemand kann mehr überblicken, welche Gelder wohin fließen. Daher fordern Bürger ein gewisses Mitspracherecht bei deren Verteilung ein. So stellt etwa der deutsche Bund der Steuerzahler jedes Jahr aufs Neue fest, wo öffentliche Gelder vermeintlich ineffizient eingesetzt oder gar verschwendet werden. Geradezu notorisch wird in den Debatten auf solche Steuern verwiesen, die einstmals für konkrete Zwecke eingeführt, dann aber kontinuierlich weiter einbehalten wurden, um andere Aufgaben zu finanzieren. So war 1902 die Schaumweinsteuer eingeführt worden, um den Bau der deutschen Flotte und des Nord-Ostsee-Kanals zu finanzieren – sie wird jedoch bis heute erhoben und bringt dem Bund jährlich mehrere hundert Millionen Euro ein.

Seit 1991 wird in Deutschland ein Solidaritätsbeitrag für den »Aufbau Ost« erhoben. Auch in diesem Fall hat man die positive Konnotation einer Ergänzungsabgabe für Infrastrukturen genutzt. Was freilich wodurch finanziert wird – ob etwa die Kraftfahrzeugsteuer tatsächlich in den Straßenbau fließt –, vermag kaum noch jemand nachzuvollziehen. Der Nationalökonom Adolph Wagner hat diese Beobachtung schon 1863 verallgemeinert und daraus ein »Gesetz der wachsenden Staatsausgaben« abgeleitet. Das traf für seine Zeit, in der wohlfahrtsstaatliche Aufgaben immer weiter zunahmen, zweifellos zu. Dass der Staat diese Aufgaben in dem Umfang übernehmen soll, den wir heute erreicht haben, wird jedoch in den demokratischen Staaten der Gegenwart zusehends in Frage gestellt. Denn viele sehen darin ein Übergewicht des bevormundenden Staates und kritisieren zudem die vermeintlich ineffizienten Strukturen.[11]

Seit den 1970er Jahren ist in der Bundesrepublik und anderen westlichen Ländern unausgesetzt darüber gestritten worden, welche Rolle der Staat bei der Bereitstellung von Leistungen des Gemeinwohls spielen soll. Wie schon in den amerikanischen Diskussionen um die *internal improvements* verschränken und vermischen sich hierbei grundlegende Positionen zum Verhältnis zwischen Individuum und Gemeinschaft, zwischen privatem und öffentlichem Wohl, zwischen Wirtschaft und Gesellschaft – und es gibt noch viele andere Spannungsfelder. Oft drehen sich diese Debatten um die Steuerlast, denn so wird die Kritik auf die scheinbar objektive Ebene der Zahlen gehoben. Dabei wurde immer wieder auch die Geschichte der Infrastrukturen neu durchleuchtet, um Argumentationshilfen zu finden. So diente 1974 dem neoliberalen Nobelpreisträger für Wirtschaftswissenschaften Ronald Coase die Geschichte der Leuchttürme als Argument. Er stellte fest, dass diese keineswegs, wie bis dahin angenommen, Musterbeispiele öffentlicher Güter waren. Vielmehr seien sie in England anfangs durchaus privat errichtet und durch Hafenabgaben finanziert worden.[12] Tatsächlich sind solche Debatten stark ideologisch überformt. In ihnen wird mit unterschiedlichen Menschen- und Gesellschaftsbildern operiert, daher sind vollkommen neutrale Haltungen kaum denkbar. In den Diskussionen über Steuerlasten und Steuerfluchten ist das moralische Postulat, jeder Bürger müsse sich an den Kosten der Allgemeinheit beteiligen, implizit immer enthalten. Genauso findet es sich in den zeitgenössisch und kulturell stark wechselnden Einstellungen zu Trittbrettfahrern, »Beförderungserschleichern«, Stromabzweigern, blinden Passagieren, Hobos und Trampern, Personen also, die sich an Fließströme anheften, ohne dafür zu bezahlen.[13] Ist es ethisch und ökonomisch zulässig, noch gültige Straßenbahnbilletts oder nicht abgelaufene Parktickets vom Erstbesitzer zu übernehmen und weiter zu nutzen? Für die einen ist das Katz- und Mausspiel mit den Kontrolleuren und Finanzbeamten ein »Kavaliersdelikt«, das manchen eine klammheimliche Sympathie für den vermeintlichen Widerstand gegen die Staatsmacht oder das Großunternehmen abnötigt. Für die anderen sind dies eindeutige Vergehen an der Allgemeinheit, die den strafenden Arm des Gesetzes verlangen.[14]

Bei Unfug, mutwilliger Zerstörung und Vandalismus ist das moralische Urteil vergleichsweise eindeutig, wenngleich deren Ursachen sehr unterschiedlich gedeutet werden.[15] Achtlosigkeit, die mit der systematischen Ausblendung von Infrastrukturen einhergeht, mag auch eine Rolle spielen. Für Deutschland hat man errechnet, dass den Verkehrsunternehmen durch Schwarzfahrer jährlich rund 250 Millionen Euro entgehen. Die Kontrollen kosten weitere 100 Millionen Euro. Schätzungen zufolge fahren regelmäßig drei bis dreieinhalb Prozent aller Fahrgäste ohne Ticket. Die regelmäßige Anhebung der Strafgebühren scheint daran über die Jahre gesehen kaum etwas geändert zu haben.[16]

Das Freifahrverhalten war eines der Argumente, mit denen seit den 1970er Jahren in fast allen Ländern der westlichen Welt – und später weit darüber hinaus – eine Welle der Privatisierung von Infrastrukturen eingeläutet wurde. Unter dem Schlagwort der Deregulierung sollten viele Auf-

Wer Telegraphen- oder Fernsprechanlagen beschädigt, macht sich strafbar. (Nach § 317 StGB. Gefängnis von einem Monat bis zu 8 Jahren.)

7   Warnung vor mutwilliger Zerstörung (aus dem »Postmerkbuch für den Schulunterricht«, herausgegeben vom Reichspostministerium im Jahr 1938)

gaben des modernen und vermeintlich hypertroph gewordenen Leistungsstaates an unternehmerische Strukturen rückgebunden werden. Tatsächlich hatten Kommunen und Staaten seit dem 19. Jahrhundert tendentiell immer mehr solcher Aufgaben an sich gezogen. Stadtwerke waren gegründet, Regionalversorger übernommen und sogar national tätige Großunternehmen wie die Deutsche Reichsbahn oder die Deutsche Post gebildet worden. Diese waren oft zuverlässig operierende Verwaltungen mit Beamten, einem eigenen Ethos und einer *corporate identity.* Nicht selten waren sie zudem in ihren Ländern die größten Arbeitgeber. So wurde die Deutsche Reichsbahn als »das wertvollste Vermögen des Reichs« bezeichnet, weshalb sie nach dem Ersten Weltkrieg zum Unterpfand für gegebenenfalls ausbleibende Reparationszahlungen an die Alliierten wurde.[17]

Solche Infrastrukturverwaltungen waren in der Hochmoderne, also etwa zwischen 1880 und 1960, als Folgen einer allgemeinen Tendenz zur Ver-

4 Public, private oder partnership? Wie Infrastruktur organisiert wird

staatlichung hoheitlicher Planungsaufgaben entstanden. Mit Ausnahme der osteuropäischen Zentralverwaltungen blieben jedoch staatlich gelenkte Wirtschaftstätigkeiten nie ganz unumstritten. Daher kehrte sich der Trend, großtechnische Systeme durch die öffentliche Hand integral zu verwalten, schließlich wieder um. Gründe hierfür gab es eine ganze Reihe: Der Planungsoptimismus schien sich seit den 1970er Jahren generell abzuschleifen. Geburtenzahlen stagnierten oder gingen sogar zurück, und die entsprechenden demographischen Veränderungen konnten nicht ohne Auswirkungen auf die Infrastrukturen bleiben. Zudem lief in diesen Jahren nicht nur die außergewöhnliche Steuerschwemme der Nachkriegsjahrzehnte aus. Auch verschlangen die Erhaltungskosten der bis dahin großzügig ausgebauten Infrastrukturen ebenso viele Investitionen wie die hohen Personal- und Rentenkosten des spezialisierten, teilweise verbeamteten Betreiberpersonals.

Die infrastrukturelle Macht des Staates schien immer mehr Lebensbereiche zu durchdringen, und sie drohte in der Wahrnehmung vieler Bürger eine vollkommen verwaltete Welt zu schaffen. Eine Kritik an Planung, an zunehmender Bürokratie und an einer undemokratischen Herrschaft von Experten schien daher ebenso zeitgemäß wie geboten. Sie wurde begleitet von einer geradezu feldzugartigen Publikationskampagne von Ökonomen, die argumentierten, es sei an der Zeit für einen liberalen Sturm auf die Institutionen des überdehnten Sozialstaats. Der Staat müsse »Eigenverantwortung« fördern statt eine allgemeine »Frührentnermentalität« (so der Ökonom Herbert Giersch) zu bestärken. Die unsichtbare, weil selbstregulative Hand des Marktes, so hieß es meist, sei einer Steuerung durch die öffentliche Hand überlegen. Unternehmerisches Handeln reagiere flexibler auf technische Innovationen und könne »Servicewüsten« beseitigen, wie sie in vielen Bereichen der staatlichen Infrastruktur vermeintlich vorherrschten.

Ökonomische Theorien, die man später als neoliberal kennzeichnen sollte, argumentierten, dass der Staat als ökonomischer Akteur allenfalls subsidiär oder in solchen Feldern tätig sein solle, in denen der Markt eindeutig versage. Der Begriff Infrastruktur wurde von Verteidigern des ausgebauten Wohlfahrtsstaates in durchaus polemischem Sinne dagegengehalten. Er sollte darauf hinweisen, dass die kritisierten Einrichtungen weiterhin als eine Staatsaufgabe zu verstehen seien.[18] Für die neoliberalen Kritiker war

der erreichte Wohlstand wiederum nur auf der Basis einer internationalen Konkurrenz auf dem Weltmarkt zu erhalten. Staatliche Regulierungen
wurden von ihnen als Einschränkungen der unternehmerischen Freiheit
dargestellt.[19]

Vorwiegend linke Regierungen, etwa in Lateinamerika, verstaatlichten –
unbeeindruckt von den Vorgängen, die 1973 in Chile stattgefunden hatten – Infrastrukturen auch weiterhin, um eine vermeintliche Abhängigkeit
von amerikanischen und europäischen Unternehmen zu reduzieren. Das
trug freilich nicht gerade dazu bei, diese Diskussion zu versachlichen. Doch
galt es – neben Prestigeprojekten des Neubaus – in vielen der jungen Nationalstaaten als ein kraftvolles Statement der Unabhängigkeit, bestehende
Infrastruktursysteme zu enteignen. Wenn ausländische Investoren sich in
der essentiellen »Daseinsvorsorge« engagierten, rief dies dagegen besonderes Misstrauen und Kritik in der Bevölkerung hervor – beziehungsweise
konnte beides gezielt geschürt werden. Dabei wurde auf zahlreiche historische Vorbilder verwiesen, die zeigten, das ganze Länder durch den Aufbau
von Infrastrukturen von europäischen Banken abhängig geworden waren.
So war es etwa Ägypten im 19. Jahrhundert unter anderem durch den Bau
des Suezkanals ergangen. Überhaupt entstand der globale Kapitalmarkt
ganz wesentlich durch die Finanzierung weltumspannender Transportnetze,
die von staatlicher Seite erbaut und betrieben wurden.[20]

Infrastrukturprojekte, die im Ausland durchgeführt wurden, waren stets
besonders gefährdet und mussten sich deswegen besonders rasch rechnen.
Denn nachdem sie mit ihren anfangs sehr hohen Investitionen durch internationale Investoren aufgebaut wurden, konnten sie anschließend relativ
risikoarm von den Verwaltungen des jeweiligen Empfängerlandes weiter
betrieben werden. Die Gewinne stiegen mit zunehmender Amortisation
meist fortlaufend weiter an, flossen jedoch überwiegend an die Kreditgeber
im Ausland. Das hatte zur Folge, dass ein anfangs »vernünftig« aussehen-
der Deal mit auswärtigen Finanziers im Laufe der Jahre immer stärker wie
eine »Ausbeutung« durch fremde Investoren erschien – oder zumindest so
dargestellt werden konnte.[21] Das legte dann politische Konsequenzen nahe.

Wo mit solchen Begründungen Verkehrs- und Versorgungsbetriebe tatsächlich »nationalisiert«, also ausländische Betreiber oft handstreichartig

enteignet wurden, konnte dies zu internationalen Krisen führen. Dies war 1956 erneut beim Suezkanal der Fall, weil Briten, Franzosen und Israelis sich zu einer brisanten »Strafaktion« gegen die Ägypter hinreißen ließen. In vielen Ländern Afrikas oder Asiens vollzogen sich die Enteignungen meist jedoch schleichend: Zunächst wurden immer neue Preisregulierungen und Vertragsänderungen eingeführt. Dann wurde die Arbeitserlaubnis für ausländische Manager eingeschränkt oder die Eröffnung einer neuen Einrichtung so lange hinausgezögert, bis sich die ausländischen Investoren aus ihren Verträgen herauskauften. Für sie, so die *Harvard Business Review* im Jahr 1995, bleibe es letztlich ein mit Infrastruktur verbundenes Investitionsparadox, »dass höhere Gewinne auch höhere Risiken mit sich bringen«.²²

Hier ist nicht der Ort, die Frage zu beantworten, ob grundsätzlich die öffentliche oder die private Hand Infrastrukturen besser zu organisieren vermag. Gezeigt werden soll stattdessen, in welcher Weise sich die Organisationsformen im Alltag der Nutzer jeweils niederschlagen. Tatsächlich hat sich in vielen Bereichen, in denen ein öffentlicher Monopolversorger durch einen privaten Anbieter ersetzt wurde, die Auswahl meist verbreitert. Nun war zumindest rhetorisch oft sehr viel mehr von Preisen und von Angeboten die Rede, und diese schienen sich endlich an Marktgesetzen zu orientieren. Sie nötigten den Nutzer oder Verbraucher aber auch dazu, sich diesen Markt genauer anzuschauen und anschließend zahlreiche Entscheidungen zu treffen.

Strom- oder Mobilfunkanbieter mit ihren oft wuchernden Offerten sind hierfür prominente Beispiele geworden. Die Orientierung im Tarifdschungel kostete viele Menschen Zeit und Nerven. Unzulänglich waren oft auch die »Betreuung« von Verträgen und die Kommunikation durch den Anbieter. Das Outsourcen einiger Leistungen von öffentlichen Betreibern an private Dienstleister führte ebenfalls zu Problemen, kurzum: Alles, was nun nicht mehr als eine behördliche Leistung, sondern als Service dargestellt wurde, war für die Kunden nicht unbedingt eine Verbesserung. Denn der Service schien sich, anders als der Begriff und die begleitende Bewerbung nahelegten, meist eher an der betrieblichen Effizienz als an der Zufriedenheit der Kunden zu orientieren.

Die Bilanzen der in den 1980er und 1990er Jahren vorgenommenen

Privatisierungen und Deregulierungen fielen sehr gemischt aus. Gelunge-
nen Beispielen standen eindeutig gescheiterte gegenüber.[23] Zu Letzteren
wurde oft die Privatisierung der *British Rail* gerechnet. Die Regierung John
Majors zerschlug sie zu Beginn der 1990er Jahre in rund 100 Einzelunter-
nehmen. Der Erwerb einer Fahrkarte, die für die Gebiete mehrerer Bahngesellschaften galt, wurde fortan für die Kunden zu einem Intelligenztest. Die
Preise stiegen ebenso rapide wie die Unpünktlichkeit und die Gefährdung
für Leib und Leben, da regelmäßige Investitionen in die Sicherheit ausblieben. 2005 zitierte die *Times* eine Studie, nach der sich die Summe aller
Zugverspätungen seit der Privatisierung auf 11 000 Jahre belaufen habe.[24]
Letztlich nahmen auch die öffentlichen Subventionen eher zu als ab. Das
Unternehmen *Railtrack* ging 2001 in Konkurs und wurde teilweise in das
öffentlich-rechtliche Unternehmen *Network Rail* zurückverwandelt.[25]

Es war eine verbreitete, aber keineswegs allgemeine Erfahrung, dass private Anbieter oft basale mit Infrastruktur verbundene Kriterien wie den
diskriminierungsfreien Zugang und die Gemeinwohlorientierung außer
Acht ließen. Wenn dies der Fall war, wurde vonseiten zuständiger Behörden
oft mit neuen Regulierungen darauf reagiert. Generell wird seit den 1990er
Jahren weniger von einer Daseinsvorsorge des Staates als vielmehr von einer
Grundversorgung oder einem Universaldienst gesprochen. Der Staat und
die Kommunen sollen die Verantwortung für die Infrastruktur übernehmen und gewährleisten, dass die Gemeindienste – trotz unternehmerischer
Gewinninteressen – möglichst für alle Bürger zu kalkulierbaren Bedingungen verfügbar sind.[26] Auch soll verhindert werden, dass private Anbieter
ihre Verfügungsgewalt über Infrastrukturnetze dazu missbrauchen, Konkurrenten im Wettbewerb zu benachteiligen.[27]

Dennoch sind seither auch staatspolitische Ziele unter Beschuss geraten,
etwa die »Schaffung gleicher Lebensverhältnisse«, wie es im Bundesraum-
ordnungsgesetz von 1965 formuliert wurde. Schon in den 1970er Jahren
wurde nur noch von »gleichwertigen« Lebensverhältnissen gesprochen.[28]
Infrastrukturen der öffentlichen Hand waren primär Instrumente gewesen,
um Räume und Gesellschaften auch an deren Rändern zu ordnen und zu
integrieren. Private Anbieter dagegen sahen Räume eher unter wirtschaftlichen als politischen oder sozialen Rationalitäten. Oft konzentrierten sich

4 Public, private oder partnership? Wie Infrastruktur organisiert wird

die deregulierten Versorgungsunternehmen auf Orte mit einer hohen Verbraucherdichte. Sie waren die Rosinen im Kuchen, während der Betrieb von Versorgungsnetzen in strukturschwachen Räumen vergleichsweise teuer war.[29] In der Folge wurde sogar von einem *splintering urbanism* gesprochen, also einer Urbanität, die sich in besser und schlechter versorgte Bezirke aufspaltete. Dies führt dazu, dass sich privilegierte Stadtregionen mit sogenannten Premiumnutzern herausbilden, die nun meist weltweit miteinander vernetzt sind. Umgekehrt sind die weniger privilegierten Regionen für die Anbieter eher uninteressant und werden allenfalls basal versorgt.[30]

Dennoch bleibt die Frage weithin unentschieden, wer Infrastruktur am besten organisiert und welche Rolle dabei Unternehmen, welche dem Staat und welche schließlich dem Nutzer oder dem Verbraucher zukommen sollte. Auch deswegen haben sich der Staat, die Kommunen und private Firmen immer öfter zu sogenannten Public Private Partnerships zusammengefunden. Hierbei übernehmen private Unternehmen, in der Regel solvente Großfirmen aus der Baubranche, den Aufbau einer Verkehrs- oder Versorgungseinrichtung. Im Verkehrsbereich betrifft dies zum Beispiel Autobahnen – so geschehen im Fall der Hansalinie (A1) zwischen Hamburg und Bremen. Im Gegenzug vereinbaren die betreffenden Unternehmen mit dem Staat oder der Kommune Modelle, wie diese Investitionen abbezahlt werden können. Eine häufig genutzte Möglichkeit ist ein zeitlich befristeter Bezug von Mautgebühren.[31] Ähnliche Deals wurden inzwischen auch für öffentliche Schulgebäude inklusive Schulkantinen vereinbart: Die betreffenden Gemeinden zahlen dabei einen jährlichen Betrag an den privaten Betreiber.[32]

Andere Gemeinden haben mit Leasingmodellen experimentiert. Klärwerke, Straßenbahnen, Messehallen oder Kanalsysteme wurden an ausländische Investoren verkauft, um sie anschließend von ihnen zurückzumieten.[33] Wieder andere haben sich ihres kommunalen Tafelsilbers, etwa des Bestands an kommunalen Wohnungen, komplett entledigt, um die klammen öffentlichen Kassen zu füllen. Auch Infrastrukturfonds wurden ins Gespräch gebracht.[34] Anders als viele Auslandsinvestitionen – die zumindest vor der Bankenkrise von 2008 geradezu als Goldminen für Hedge-

Fonds-Betreiber galten – waren sie wegen unsicherer Renditeaussichten im Inland bislang jedoch kein Erfolg.[35]

Ob die Bilanz der Privatisierung insgesamt positiv oder negativ ausfällt, muss vermutlich für jeden Fall separat beantwortet werden. In den vergangenen Jahren nahmen die kritischen Rückblicke auf die Phase der Deregulierungen jedenfalls deutlich zu. Für den Nutzer hat sich vor allem geändert, dass er sich nun über weitaus mehr als nur die simple Tatsache des Zugangs oder des Anschlusses den Kopf zerbrechen muss. Zwar suchen heute kaum noch Gasmänner oder Wasseruhrenableser die Haushalte heim. Dafür melden sich verstärkt Serviceanbieter für Telefone, Fernseher, Internet, Mobilfunk, Strom, Wasser oder Bankgeschäfte beim Kunden. Und so muss dieser fortlaufend Entscheidungen treffen und zugleich kontinuierlich Dinge erledigen, die ihm früher einmal ein mehr oder weniger freundliches Personal abgenommen hat. Aufgrund des inzwischen ausgedünnten Netzes läuft man nun deutlich länger zu Briefkästen und Poststationen, und bei den neuesten Angeboten der E-Post soll man seine Briefe nach Möglichkeit gleich selbst frankieren. Kaum vorstellbar, dass die ausgedruckten Umschläge einmal zu Sammlerstücken werden und für mehrere Millionen Euro den Besitzer wechseln, wie einst die *Blaue* und die *Rote Mauritius*.

Werktätiger Gemeinsinn

Am 5. Juli 1942 setzte das japanische Militär im siamesischen Nong Pladuk einen Nullkilometerstein. Der zwei Stunden westlich von Bangkok gelegene Ort sollte zum Ausgangspunkt einer Eisenbahnverbindung zwischen dem Golf von Siam und dem Indischen Ozean werden, die 415 Kilometer weiter nordwestlich im burmesischen Thanbyuzayat endete. Damit wollten die Japaner den im Zweiten Weltkrieg besonders riskanten Seeweg um die Malaiische Halbinsel herum entlasten, und dies war Teil der Vorbereitungen für einen militärischen Angriff auf Britisch-Indien. Für den Bau wurden an die 60 000 kriegsgefangene Briten, Niederländer, Amerikaner und Australier eingesetzt. Daneben rekrutierten die Japaner fast 200 000 Zwangsarbeiter, darunter auch eigene Soldaten, die wegen Desertion oder ähnlichen Vergehen »ihre Ehre verloren« hatten. Das Gleismaterial wurde aus den von Japan eroberten Gebieten herbeischafft, die damals als »Großostasiatische Wohlstandssphäre« bezeichnet wurden und dem zeitgleich in Europa expandierenden »Großgermanischen Reich« unter deutscher Führung vergleichbar waren. Der Bau selbst wurde mit äußerster Härte vorangetrieben. Die westlichen Gefangenen nannten die Thailand-Burma-Eisenbahn, die schon im Dezember 1943 auf 424 Kilometern befahren werden konnte, »Eisenbahn des Todes«.[36] Es hieß, jede Schwelle habe ein Menschenleben gekostet. Über 100 000 Asiaten und 12 000 Kriegsgefangene der Alliierten starben während der Arbeiten. Zahlreiche der 688 Bahnbrücken auf der Strecke führten über den Khwae-Yai-Fluss. Eine von ihnen wurde zum Schauplatz des 1957 mehrfach oscarprämierten Films *Die Brücke am Kwai*. Die erste Lokomotive, die diese Strecke befuhr, wird bis heute im ultranationalistischen Yasukuni-Schrein in Tokio ausgestellt. Gleichwohl konnte die Strecke von den Thailändern nach dem Krieg nicht weiter genutzt werden, sie musste fast vollständig neu gebaut werden. Denn viele der Kriegsgefangenen waren keineswegs darum bemüht gewesen, Qualitätsarbeit zu leisten. Vielmehr arbeiteten sie gezielt nachlässig, und in durchaus sabotierender Absicht spekulierten sie darauf, dass die Bahn nur von kurzer Lebensdauer sein werde.[37]

Nur einem sehr geringen Teil der Infrastrukturen, die auf der Basis von Zwangsarbeit entstanden, widerfuhr später eine solche Aufmerksamkeit wie der »Todeseisenbahn«. Dabei war der Anteil von Zwangsarbeit gerade bei Verkehrsprojekten keineswegs gering, auch wenn er nicht im Einzelnen zu beziffern ist. So heißt es in lokalen Überlieferungen des Kongo über die in den 1890er Jahren entstandene Bahnstrecke von Matadi nach Léopoldville, »jede Schwelle stehe für das Leben eines Afrikaners, jeder Telegrafenmast für das eines Europäers«.[38] Hintergrund solcher Bahnbauten war eine Überzeugung, die der britische Entdeckungsreisende Henry Morton Stanley in die prägnanten Worte gefasst hatte: Afrikanische Länder wie der Kongo seien ohne die Eisenbahn keine zwei Schillinge wert, *mit* einer solchen Eisenbahn aber ungezählte Millionen.[39]

Besonders schwere und besonders verlustreiche Bauarbeiten sind im 175

8 Erzwungene Arbeiten für das »Gemeinwohl«: Häftlinge beim Bau der Buchen-
wald-Bahn im Frühjahr 1943

19. und 20. Jahrhundert oft von Straf- oder Kriegsgefangenen sowie von
Häftlingen aus Konzentrationslagern oder aus dem Archipel Gulag verrich-
tet worden. Das betraf die Trockenlegung von Sumpfgebieten, die Anlage
von Kanälen der Bewässerung oder Entwässerung, den Bruch von Steinen
für Bauwerke oder Trassierungsarbeiten für Bahnen und für Straßen.[40] Allen diesen Tätigkeiten war gemeinsam, dass sie als schwer und undank-
bar galten. Auf humanitäre oder völkerrechtliche Bestimmungen, die solche Praxen seit dem ausgehenden 19. Jahrhundert einzuhegen versuchten,
wurde selten Rücksicht genommen. Zugleich wurde die erzwungene Arbeit
damit gerechtfertigt, dass sie einer wie auch immer definierten Allgemeinheit zugutekomme und eine erzieherische und moralisch läuternde Funktion habe.

In diesem Sinne wurden Zwangs- und Strafarbeiten besonders häufig in
kolonialen Umfeldern eingesetzt, um die vermeintlich »arbeitsscheuen« Farbigen zur Arbeit zu erziehen.[41] Und auch in diese Wahrnehmung war der
Geist des europäischen Produktivismus eingeschrieben. Denn die als selbst-

genügsam erscheinende Lebensweise der Menschen in Afrika und anderen kolonisierten Teilen der Welt wurde von den selbsternannten Missionaren der Zivilisierung als Ärgernis wahrgenommen. Sie schien sich einer internationalen Arbeitsteilung zu entziehen. Die»Eingeborenenpolitik« der europäischen Kolonisatoren vor Ort hat daher mit allen denkbaren Methoden operiert, um solche vorgeblich»freiwilligen« Leistungen zu erzwingen. Dabei rekurrierte sie auf europäische Traditionen seit der Vormoderne, auf Hand- und Spann-, Fron- und Schippendienste. Auch in Europa blieben diese feudalen Relikte in abgeschwächter Form teilweise lange erhalten – zum Beispiel im Straßenbau –, bis sie durch darauf spezialisierte Dienstleistungen oder Technologien abgelöst wurden.[42] Letzte Reste hiervon sind bis heute beispielsweise in der Pflicht von Anwohnern erhalten, angrenzende öffentliche Wege von Laub und Schnee frei zu halten.

In angeblichen oder tatsächlichen Notstandssituationen verwischte sich die Grenze zwischen Freiwilligkeit und Zwang oft noch einmal erheblich. Auf solche Ausnahmezustände wird noch zurückzukommen sein. Generell müssen in Krisen- und Katastrophensituationen die nicht mehr funktionsfähigen Systeme der Kommunikation und des Verkehrs, der Versorgung und Entsorgung oft durch einfachere Dienste kompensiert werden. Das sind nicht selten solche, in denen Handarbeit zu verrichten ist.

In Kriegs- und Nachkriegszeiten wurden daher oft umfangreiche Arbeitspflichten verordnet, bis die beschädigten Infrastrukturen einigermaßen wiederhergestellt waren. Die Methoden, mit denen die Menschen zu diesen Arbeiten angehalten wurden, konnten durchaus drastisch sein. So wurden in den Monaten nach dem Ende des Zweiten Weltkriegs in einigen deutschen Städten zufällig vorbeikommende Passanten für einige Stunden festgehalten und zu Entrümpelungen genötigt, etwa wenn diese erforderlich waren, um den Verkehr wieder in Gang zu bringen. Diese»Arbeitsfallen« erwiesen sich als durchaus effektive Maßnahmen. Denn da zu Hause ihre Angehörigen auf die Entrümpler warteten und es keine Möglichkeit gab, sie zu verständigen, beeilten sich die Betroffenen, die Arbeiten zu erledigen.[43]

Ähnlich mögen sich viele derjenigen gefühlt haben, die in Osteuropa zum sogenannten Subbotnik verpflichtet wurden. Der russische Begriff bezeichnete einen meist am Wochenende abzuleistenden Dienst zum Wohle der sozialistischen Gemeinschaft. Das konnten Arbeiten zur Entrümpelung und beim Straßenbau sein, zum Anlegen von Plätzen oder Parks, aber auch solche zur Verschönerung des Wohnumfeldes. Aktivisten verwiesen hierbei auf Lenins Schrift »Die große Initiative« aus dem Jahr 1919, in der er die Subbotniks innerhalb des sozialistischen Kampfes als »Helden des Hinterlands« verklärt hatte. Oft wurden mit solchen Arbeitseinsätzen aber auch schlichtweg die Schwächen der Planwirtschaft kompensiert. Die gemeinsamen Maßnahmen zur Pflege öffentlicher Einrichtungen entwickelten sich in den 1950er und 1960er Jahren in realsozialistischen Ländern oft zu langfristigen Arbeitseinsätzen, die feste Bestandteile der volkswirtschaftlichen Entwicklungsplanung wurden, wie etwa die tschechische »Aktion Z«.[44]

In der DDR wurde in den frühen 1950er Jahren das Nationale Aufbauwerk (NAW) gegründet, das Menschen für die unvergütete Arbeit mobilisieren sollte. Das erste Projekt waren die berühmten Wohnungsbauten an der Ostberliner Stalinallee. Später kamen Parks, Sportstätten und Kultureinrichtungen hinzu. Oft waren solche Arbeiten in disziplinierende Umfelder wie den Sozialistischen Wettbewerb eingebunden, ansonsten musste dem mehr oder weniger freiwilligen Einsatz häufig durch eine Mischung aus sozialer Kontrolle und individuellen Leistungsanreizen nachgeholfen werden. Um etwa einen Telefonanschluss oder eine Neubauwohnung zu erhalten, konnte es von Vorteil sein oder sogar zur Voraussetzung gemacht werden, sich in der Mach-mit- oder der Initiativbewegung der DDR auszuzeichnen. Spöttisch wurde die Abkürzung NAW auch als »Narren am Werk« aufgelöst, um sich davon zu distanzieren. Später wurde das NAW durch die Volkswirtschaftliche Masseninitiative ersetzt, in der sich vor allem Arbeitskollektive gemeinsam bewähren sollten.[45]

Vorläufer solcher organisierten Formen der gemeinnützigen Arbeit fanden sich überall, so schon in der Zwischenkriegszeit in Bulgarien oder mit dem »Freiwilligen Arbeitsdienst« seit 1931 auch in Deutschland. Nach 1933 entstand daraus der paramilitärische Reichsarbeitsdienst. Die dort eingesetzten Arbeitskräfte erschlossen Ödland und bauten Siedlungen, Talsperren oder Straßen. Dabei wurde behauptet, man wolle vor allem die Jugend durch die Arbeit an Projekten, die für die Allgemeinheit nutzbringend waren, körperlich und moralisch »ertüchtigen«.[46] Ähnliche Mobilisierungen fanden in der gesamten realsozialistischen Welt statt, zuletzt beim Bau der Baikal-Amur-Magistrale.[47]

In den USA finden sich vergleichbare Projekte im *Civilian Conservation Corps*, das den Ausbau von Infrastrukturen mit dem Umweltschutz verband. Diese Arbeitsbeschaffungsmaßnahmen, die junge Menschen vorübergehend in Lohn und Brot brachten, standen im Zusammenhang mit der Politik des *New Deal*, der die Folgen der Weltwirtschaftskrise zu bekämpfen versuchte. Zwischen 1933 und 1942 wurden durch dieses Projekt nahezu dreieinhalb Millionen Menschen zu »Soldaten der Arbeit« erklärt.[48] Parallel hierzu brachte die *Works Progress* (später: *Project*) *Administration* ab 1935 weiteren acht Millionen Menschen bezahlte Arbeit. Die beiden Initiativen des *New Deal* wurden in der westlichen Welt zu Musterprojekten einer gezielt antizyklischen Wirtschaftspolitik, die später mit dem Namen des britischen Ökonomen John Maynard Keynes verknüpft wurde. Diese staatlichen Investitionen, die gerade dort erfolgten, wo private ausblieben, halfen bei der Überwindung der amerikanischen Wirtschaftskrise und ermöglichten die Errichtung berühmt gewordener Bauwerke wie der Golden Gate Bridge in San Francisco. Auch der Umbau des Tennessee-Tals zum größten Stromversorger der USA gehört in diesen Kontext. Selbst arbeitslose Künstler wurden einbezogen, um gegen Honorare öffentliche Räume auszugestalten oder dem *New Deal* Publizität zu verschaffen.[49]

Diese Erfolge wurden später immer wieder denen entgegengehalten, die argumentierten, der Staat habe sich wirtschaftlicher Betätigung so weit wie möglich zu enthalten. Rufe nach keynesianischen Infrastrukturprogrammen, die in wirtschaftlichen Krisen und bei steigender Arbeitslosigkeit helfen sollen, sind seither nicht mehr verstummt. Denn Infrastrukturen gelten in der westlichen Ökonomie weder als eindeutig öffentlich noch als eindeutig privat. So kann der Staat sich hier wenigstens ansatzweise engagieren, ohne in eine prinzipielle Konkurrenz zum freien Unternehmertum zu treten. Was zur Infrastruktur gehört, wurde in solchen Situationen aber oft flexibel definiert.

Als Nutzer oder Kunde von Infrastruktureinrichtungen nimmt man die **179**

Unterschiede zwischen öffentlichem und privatem Wirtschaften sowieso nicht immer wahr. Das liegt auch daran, dass oft überhaupt nur Spezialisten einzuschätzen vermögen, ob es sich um das eine oder das andere handelt.[50] Denn gemischtwirtschaftliche Unternehmungen sind im Bereich der öffentlichen Arbeiten nicht erst seit dem Schlagwort einer Public Private Partnership eine verbreitete Erscheinung geworden. Hierbei werden wirtschaftliche Interessen und öffentliche Aufgaben in einer Zweckgesellschaft miteinander verschränkt. Das hat eine Fülle von Organisations- und Rechtsformen hervorgebracht, über deren Vor- und Nachteile fortgesetzt diskutiert worden ist.[51] Denn ob man eine Einrichtung lediglich baut, sie mietet, betreibt oder ganz besitzt, macht einen deutlichen Unterschied. Bei Projekten wie der privat ausgebauten Autobahn A1 zwischen Bremen und Hamburg oder der schottischen Skye Bridge wurden vor allem die Intransparenz der Verträge und die Anfälligkeit für Korruption kritisiert.[52]

Weitere spezielle Einrichtungen, die Infrastrukturen entwickeln und verwalten, sind Institutionen wie das US-amerikanische *Bureau of Reclamation* oder die niederländische *Rijkswaterstraat*. Hierbei handelt es sich um große Wasser- und Bodenverbände, die zunächst für die staatliche Aufsicht über Wasserbauprojekte zuständig waren. Nach und nach wurden sie jedoch zu Behörden, die ein ganzes Spektrum an Infrastrukturen verwalteten. Die Mission der niederländischen Behörde, die schon 1798 als »Büro für den Wasserbau« gegründet wurde, lautet: »Wir sind nicht nur für den technischen Zustand der Infrastruktur verantwortlich, sondern auch für ihre Zugänglichkeit. Reibungslose und sichere Verkehrsflüsse, ein ebenso sicheres und sauberes wie nutzerfreundliches Wasserstraßensystem sowie der nationale Schutz vor Hochwasser: Das ist es, was die *Rijkswaterstraat* ausmacht.«[53] Eine solche Infrastrukturgesellschaft ist auch die österreichische Autobahnen- und Schnellstraßen-Finanzierungs-Aktiengesellschaft. In Deutschland wurde im Jahr 2003 eine (an Waliser Ortsnamen erinnernde) Verkehrsinfrastrukturfinanzierungsgesellschaft gegründet. Mit der Bundesnetzagentur existiert zudem seit 1998 eine Regulierungsbehörde, die für die Telekommunikation und die Post verantwortlich war, inzwischen aber auch für Elektrizität, Gas und Eisenbahnen zuständig ist.[54] Solche steuerfinanzierten Großeinrichtungen beanspruchen jedoch nirgendwo, für Infrastrukturen allzuständig zu sein. Vielmehr beschränken sie sich meist auf die Organisation größerer und national relevanter Projekte.

Selbst in Jahren, in denen sich der Staat sehr weitgehend auf eine eigene Wirtschaftstätigkeit einließ, wurden in freien Gesellschaften alternative Modelle diskutiert, um Infrastrukturen zu errichten, zu betreiben oder zu erhalten. So wurden etwa genossenschaftliche Modelle, die auf eine lange Tradition zurückblicken können, vielfach wiederbelebt. Bis in das 19. Jahrhundert hinein hatten sich zum Beispiel Brunnengenossenschaften erhalten, die für die gemeinsame Pflege der Wasserstellen zuständig waren. Heute wird diese Idee einer Infrastrukturgenossenschaft auf einem ganz anderen Gebiet wiederentdeckt: In der staureichen Gegend um Heilbronn wurde im Jahr 2014 diskutiert, ob man nicht etwa 70 000 Genossenschafter zusammenbekäme, um die baufälligen Autobahnen und Brücken der Region zu erneuern.[55] Manche Turnhalle und manches Hallenbad, die in den Speckphasen des Wohlfahrtsstaates entstanden sind, werden heute von lokalen Trägervereinen betrieben. Die Energiewende in Deutschland hat auch die Idee einer Bürgerdividende hervorgebracht. Die künftigen Anlieger der neuen Stromautobahnen werden dabei zu Anlegern, deren Einlagen sich garantiert verzinsen sollen. Mit einer solchen Mobilisierung von Eigeninteressen sollen natürlich auch denkbare Widerstände gegen die neuen Trassen gemildert werden.[56]

Gerade im Bereich der Infrastrukturen hat sich niedergeschlagen, was heute zivilgesellschaftliches Engagement genannt wird, früher jedoch als »werktätiger Gemeinsinn« oder Ähnliches umschrieben wurde. Gemeint sind privat organisierte und finanzierte Projekte zur Errichtung materieller Infrastrukturen oder von Bauwerken, die durch Spenden, aber auch durch freiwillige Arbeitseinsätze entstehen. Das kann eine Parkbank sein oder ein Theaterneubau, eine Sportanlage oder eine Umgehungsstraße. Durch Stiftungen oder anderes mäzenatisches Engagement entstehen hingegen meist soziale oder kulturelle Projekte. Die mag man dann den Infrastrukturen im engeren Sinne zurechnen oder auch nicht. Viele dieser Einrichtungen wurden auch über Gewinne aus staatlich betriebenen Casinos oder durch Lotto und Toto mitfinanziert – ein Deal, bei dem Gemeinnützigkeit und als mehr oder weniger anrüchig empfundene Glücksspiele eine symbiotische Beziehung eingehen. Die Idee hat Schule gemacht: Auch in Bangladesch wurde in den vergangenen Jahren versucht, den privaten Bau von Latrinen mit Hilfe von Lotteriegewinnen zu fördern.[57]

Bleibt als letzte Variante der überwiegend privatwirtschaftliche Ursprung und Betrieb, wie er in vielen Ländern insbesondere bei Verkehrs- und Kommunikationseinrichtungen üblich war, seltener bei Versorgungs- und Entsorgungseinrichtungen. Einzelne Unternehmen haben sich mit einem Stab von spezialisierten Arbeitnehmern darauf eingestellt. Bestimmte Hoch- und Tiefbaufirmen sind seit dem 19. Jahrhundert im Zusammenhang mit dem Bau von Straßen, Kanälen oder Eisenbahnen, Brücken oder Tunneln, dem Verlegen von Leitungen und von Rohren aller Art, von Elektroinstallationen oder von Einrichtungen der Kommunikation immer wieder aufgetaucht.

Der Tiefbau – zu dem auch Brückenbauwerke gerechnet werden – ist weitgehend deckungsgleich mit den materiellen Infrastrukturen, die Gegenstand dieses Buches sind. Einzelnen Unternehmen der Baubranche ist es gelungen, über viele Jahrzehnte hinweg und auf weltweiten Baustellen spezialisiertes Wissen, entsprechendes Personal sowie internationale Erfahrungen zu akkumulieren. Damit wurden sie zu wesentlichen Akteuren der Globalisierung. Ab einer gewissen Projektgröße sind bis auf den heutigen Tag fast immer dieselben Namen – unter ihnen Hochtief, Bilfinger, URS Corporation, HDR Inc. oder Bechtel – im Gespräch.[58]

Welche Anteile jeweils öffentliches und privates Engagement im Sektor der Infrastruktur haben, ist von Land zu Land sehr unterschiedlich und wird von den jeweiligen nationalen Wirtschaftskulturen mitbestimmt.[59] Doch bleiben der Staat oder andere Regierungsbehörden nie ganz außen vor. Sie müssen das Land für neue Verkehrstrassen erwerben oder es im Fall verkaufsunwilliger Besitzer auch enteignen. In Frankreich etwa war diese Möglichkeit schon seit 1833 gesetzlich vorgesehen, um den Bau von Eisenbahnen zu ermöglichen.[60] Zentrale Verwaltungen treiben außerdem Wegezölle, Zwangsabgaben oder Erschließungsbeiträge ein.[61] Solche *impact fees* wurden 1947 zum ersten Mal in Hinsdale in Illinois eingeführt, als dort Abwasserleitungen zu verlegen waren. Diese weiteten sich dann zu einer allgemeinen Infrastrukturgebühr für diejenigen aus, die von der Erschließung am meisten profitieren. Der charakteristisch-amerikanische Wahlspruch hierzu hieß: »Growth should pay its own way«.

Dieser Maxime und seiner leeren Kassen eingedenk, hatte 2010 der Bürgermeister von Niederzimmern in Thüringen eine zunächst skurril erscheinende Idee. Er wollte Bürger zu »Besitzern« eines Schlaglochs machen. Die Aktion »Teer muss her« erwies sich als voller Erfolg. Für 50 Euro pro Schlagloch konnten die maroden Straßen des Dorfes vollständig verfüllt werden. Inzwischen gibt es dort sogar ein Schlagloch-Denkmal, und ein aus dem Ort gebürtiger Deutschrocker hat einen entsprechenden Song komponiert.[62] Freie Fahrt, so möchte man daraus schließen, entsteht eher durch spendende, nicht durch schwarzfahrende Bürger.

5 Prestigeprojekte: Symbolwert und Scheitern von Infrastruktur

Sichtbarkeit des Selbstverständlichen

»Wir leben in einer Umwelt, in der das meiste, was wir sehen, von Menschen gemacht ist. Auf sommerlichen Urlaubsausflügen mögen wir den Appalachian Trail entlangwandern. Aber für den Rest des Jahres fahren wir über die Autobahn von New Jersey, auf der die landschaftlichen Ausblicke aus Containerhäfen, Raffinerien, Strommasten und 14 Fahrspuren bestehen. (...) Noch vor ein paar Jahrzehnten überwogen ganz andere Sehweisen, etwa an der amerikanischen *frontier*. Die Natur galt als wild, abweisend und grausam. Berge und Wälder erschienen als Hürden, nicht als Orte der Zuflucht. Die Lichter der Zivilisation boten eine beruhigende Perspektive. (...) Vor wenigen Jahren stand ich an einem Winternachmittag in der Nähe von Gallup in Neu-Mexiko am Rand einer Landstraße. Ich blickte auf ein geradezu klassisches Panorama des amerikanischen Westens, auf Spitzkuppen aus rotem Sandstein, die aus einem Tal hervorragten. Es war die Art von Landschaft, die durch Filme, Gemälde und Postkarten berühmt geworden ist, insbesondere durch die Werbung mit dem Marlboro-Mann. In die Aussicht mischte sich aber noch etwas anderes hinein. Vor den Felswänden und weit über sie hinaus ragten mehrere zylindrische Türme auf, mit denen, wie ich nach und nach erkannte, nach Erdöl gebohrt wurde.«[1]

Das aufschlussreiche Erlebnis, das der Wissenschaftsjournalist Brian Hayes 2005 in seinem »Guide to the Industrial Landscape« beschrieben hat, erinnert an das Gemälde *Manifest Destiny* von Peter Gast, von dem schon die Rede war. Wohl jeder kann nachempfinden, was für eine unmittelbare Verstörung es bedeutet, wenn das Inbild einer unberührten Natur durch profane Produktionsstätten beeinträchtigt wird. Hayes zog daraus die Konsequenz, eine Art Naturführer durch »the world we have made for ourselves« zu schreiben, ein bislang einzigartiges Buch.[2] Dabei verweist die Anekdote des Autors auf einen säkularen Wandel unserer Wahrnehmung und unseres moralischen Empfindens. Die erste Natur ist für uns Heutige zu etwas Gutem und Bewahrenswertem geworden, zu einem Refugium des vermeintlich Authentischen. Die zweite, selbstgemachte Natur hingegen erscheint uns als etwas Problematisches, das der ständigen Bearbeitung bedarf.

Es wurde schon darauf hingewiesen, dass die allermeisten Infrastrukturen sich unserer Aufmerksamkeit entziehen und dass dies in aller Regel ein durchaus erwünschter Effekt ist. Wenn sie aber sichtbar werden oder ins Bewusstsein treten, ist dies oft mit Ärger verbunden, so wenn das, was fließen soll, ins Stocken gerät, wenn die Preise überhöht erscheinen oder wenn Ressourcen oder Gelder offenkundig verschwendet werden. Die Sichtbarkeit von Infrastrukturen reicht vom Unmerklichen bis zum großen Spektakel, mit sämtlichen Schattierungen dazwischen.[3] Dabei besitzt jede Infrastruktur repräsentative Elemente. Bisweilen kommt es sogar gerade auf ihre Sicht- und Wahrnehmbarkeit an. Ihr Vorhandensein soll in der Regel zumindest politisch bemerkbar sein, oft ist sie sogar aus keinem anderen Grund errichtet worden.

Infrastrukturen signalisieren Anschluss und Moderne. Sie können aber natürlich auch veraltete technische Standards sichtbar werden lassen, etwa wenn man noch mit Telefonen operiert, die an Schnüren hängen. Und so wird manchmal versucht, entsprechende Illusionen zu erzeugen. Auf dem ersten Höhepunkt der Mobilfunkmanie in den 1990er Jahren bildete sich in Lateinamerika ein schwunghafter Handel mit Handy-Imitationen heraus. Mit ihnen konnte in der Öffentlichkeit demonstrativ kommuniziert werden, wobei die lautstarken Botschaften nur die stillen Beobachter als soziales Signal erreichten.[4]

Bis heute sind Handys und Automobile Musterbeispiele für die ästhetischen, funktionalen und sozialen Dimensionen, die bei sogenannten Endgeräten stets eine Rolle spielen. Auch deshalb sind sie den Kriterien der Mode ebenso unterworfen wie denen des Marktes. Dabei geht es im

185

Bereich der Handys oder anderer Gadgets nicht nur um Industriedesigns, sie unterliegen auch einem deutlichen Trend, Technologien ständig zu verkleinern. Ihre Funktionen verstecken sich zunehmend hinter neutralen oder benutzerfreundlichen Fassaden, letztlich werden die mit ihnen verbundenen Möglichkeiten entmaterialisiert, gerade in der digitalen Phase ihrer Fortentwicklung.

Diese Tendenzen sind auch und gerade bei der Elektrizität oder der drahtlosen Funk- und Satellitentechnik festzustellen. Eine besondere ästhetische Ausgestaltung haben ansonsten nur die Ein- und Ausstiegspunkte der Infrastrukturnetze erfahren, also solche des Zugangs oder des Umstiegs in andere Netze. Bahnhöfe, Flughäfen oder Metrostationen und andere »intermodale Orte« erhalten daher oft Namen, die mit einer starken historischen Aussagekraft und einem hohen symbolischen Wert aufgeladen sind. Ebenso wie bei Straßen sind diese Benennungen in der Öffentlichkeit oft heftig umkämpft.

Für die eigentlichen Netzwerke der Zirkulation gilt diese Sichtbarkeit oft nur während ihrer Entstehung, wenn sie in besonders auffälliger Weise die Landschaftsbilder zerschneiden oder die gewohnten Routinen der Bürger stören. In dieser Phase müssen sich Anwohner oder Nutzer an sie gewöhnen. Dies ist nicht jedem Zeitgenossen sofort leichtgefallen. Vielmehr sorgten Kanalbauten, Eisenbahntrassen und deren Überbauten, Straßen und elektrische Oberleitungen, in jüngerer Zeit auch Windräder, für fortgesetzten Ärger. Viele Anwohner fanden, dass die gewachsenen Landschaftsensembles beeinträchtigt wurden. Andere fühlten sich auf unangenehme Weise an das produktionsorientierte Getriebe der Industriegesellschaft erinnert. Heimat- und Umweltschützer setzten sich deshalb mit diesen Bauten ebenso wenig ins Benehmen wie Kulturpessimisten, die in jedem Strommast und jeder asphaltierten Straße eine Zeit symbolisiert sehen, die nicht (mehr) die ihre ist. Henry David Thoreau hatte dies 1854 in *Walden*, einem Klassiker des alternativen Lebens, als den Zwang umschrieben, »to march to a different drummer«, also dem Takt eines anderen Trommlers folgen zu müssen.

Auch neutralere Zeitgenossen haben natürlich Anstoß genommen an bestimmten Sinneseindrücken, die sie als unangenehm empfanden und an die sie sich nur schwer anpassen konnten. Das betraf vor allem üble Gerüche, die aus Abwasserrohren, von Kläranlagen oder Mülldeponien herüberwehten. Viele der sicht-, hör- oder riechbaren Tätigkeiten der Entsorgung – wie die Straßenreinigung, die Müllabfuhr oder die Leerung der Latrinen – wurden daher soweit wie möglich in die Nacht oder in den frühen Morgen verlegt. Nahezu unausweichlich war allerdings das Geläut von Kirchturmglocken oder das Schlagen der Uhrzeit.[5] Wie bei allen Geräuschen kann darin unter Umständen zwar eine erinnerungsträchtige Vertrautheit anklingen. Dass die Erinnerung jedoch nicht immer positiv sein muss, weiß jeder, der in den Zeiten des Kalten Krieges das Heulen von Sirenen ertragen musste. Nicht nur, dass diejenigen, die noch den Zweiten Weltkrieg erlebt hatten, sich an die Bombennächte erinnerten. Die Testläufe hatten eine Lautstärke von 101 Dezibel, was bis heute auch für Jüngere eine unangenehme Erinnerung ist.[6] Längst vergessen sind hingegen die Klänge der Posthörner. Mit ihnen wurde bis ins 19. Jahrhundert hinein die Ankunft von Postwagen signalisiert, woraufhin die zu wechselnden Pferde schon bereitgestellt oder die Stadttore geöffnet wurden – oder der Weg freigemacht wurde, da der Postwagen Vorfahrt hatte. Eine Schilderung des Lyrikers Wilhelm Müller aus dem frühen 19. Jahrhundert fing das Gefühl ein, mit dem solche Postboten einst erwartet wurden:

»Von der Straße her ein Posthorn klingt. / Was hat es, daß es so hoch aufspringt, / mein Herz? / Die Post bringt keinen Brief für dich: / Was drängst du denn so wunderlich, / mein Herz? / Nun ja, die Post kommt aus der Stadt, / wo ich ein liebes Liebchen hatt', / mein Herz! / Willst wohl einmal hinübersehn / und fragen, wie es dort mag gehn, / mein Herz?«[7]

Ob solche Pendelausschläge des Gefühls, für die das Warten ein wesentlicher Bestandteil war, auch von heutigen E-Mail- oder WhatsApp-Signalen ausgehen können? Jedenfalls beklagten sich schon zu Zeiten der Pferde und Kutschen viele Menschen über den vermeintlich ständig zunehmenden Lärm, der mit dem eiligen Verkehr eben auch verbunden war. Aus diesen

9 Ein Berliner Gasriecher 1921 bei der Arbeit. Zweck der Prozedur war es, Lecks in unterirdischen Gasleitungen möglichst frühzeitig zu identifizieren.

Gründen experimentierten Ingenieure immer wieder mit unterschiedlichen Straßenbelägen. Auch Holz und Gummi kamen versuchsweise zum Einsatz. Wirkliche Erfolge zeitigten aber erst neue Materialien für die Räder der Fahrzeuge, vor allem die mit Luft aufgefüllten Reifen.[8]

Spätestens seit der Einführung der Düsenjetantriebe in den 1950er Jahren ist der Fluglärm als dauerhaftes Ärgernis hinzugekommen.[9] Bei Eisenbahnen wurden immer wieder quietschende Bremsen und der laute Abrieb bei Kurvenfahrten beklagt, bei Straßenbahnen ging es außerdem um das ständige Klingeln, das als Warnsignal diente. »Das Läuten aller dieser Vehikel ist ohrenzerreißend«, meinte die württembergische Baronin Hildegard von Spitzemberg schon 1898 bei einem Besuch in Berlin. Und sie ergänzte, ungeübte Provinzler würden sich nach dem Überqueren von Straßen gelegentlich sogar erleichtert in die Arme fallen, weil sie am Leben geblieben seien.[10]

Stellvertretend für alle Nervenbündel versuchte der Philosoph Theodor Lessing schon vor dem Ersten Weltkrieg, einen Feldzug gegen das rüpelige und lärmende Verhalten seiner städtischen Mitmenschen zu führen.[11] Sein Kampf für eine »Hygiene des Ohrs« blieb weitgehend folgenlos.[12] Inzwischen sind die Autos für sich genommen zwar deutlich leiser geworden, ihre Zahl und die intensiven Phasen des Verkehrs nahmen dafür jedoch deutlich zu.[13] Seit den 1970er Jahren wurden deshalb hier und dort Schallschutzwände errichtet – die wiederum nicht selten ästhetische Zumutungen darstellen. Die Fahrzeuge selbst sind hingegen immer mehr zu Schallkapseln geworden. Das Wageninnere wurde zu einem Rückzugsort mit eigenem Klangraum, der auch die persönlichen Stimmungen zu regulieren vermag.[14] Eine solche Schallkapsel ist auch die steril gewordene Reise in Hochgeschwindigkeitszügen, in denen heute kein Fenster mehr geöffnet werden kann.[15] Viele Reisende isolieren sich zusätzlich durch Kopfhörer von den Geräuschen der Außenwelt – und die übrigen empfinden schon die Unterhaltung zwischen anderen Reisenden gelegentlich als störend.

Wie der Sound und die Geräusche sind auch die Sichtbarkeit und die Ästhetik von Infrastrukturen stets kulturell und historisch variabel.[16] Im 19. Jahrhundert wurden solche Netzwerke aus repräsentativen Gründen oft noch demonstrativ sichtbar verlegt. Wasser- und Gasbehälter oder Kraftwerke wurden zu urbanen Fetischen und zur Mitgift der Moderne. Entsprechend anspruchsvoll wurden sie baulich ausgeschmückt und ornamental verziert. Beobachter verglichen die öffentlichen Bauwerke ab einer bestimmten Größe fast schon stereotyp mit den Kirchenbauten des Mittelalters. Das traf auf Bahnhofsgebäude wie den bis heute beeindruckenden *Milano Centrale* oder die *Grand Central Station* in New York zweifellos zu. Auch Wassertürme oder Staumauern wurden immer wieder als »Kathedralen des Fortschritts« bezeichnet.[17] Das *Murray-Hill*-Wasserreservoir in New York wurde 1842 im Stil der ägyptischen Renaissance errichtet.[18] Das nach dem *Great Stink*, also der katastrophalen Geruchsbelästigung durch eine nahezu ausgetrocknete Themse, Mitte des 19. Jahrhunderts in London erbaute *Abbey-Mills*-Pumpwerk wurde sogar als »stolze Mischung aus venezianischer Gotik und einem Hauch von Byzantinischem« beschrieben.[19]

Noch vor dem Ersten Weltkrieg wurde der repräsentative Raum, der eine ästhetische Moderne kennzeichnete, jedoch langsam durch den abstrakten Raum der kapitalistischen Moderne abgelöst.[20] In der funktional aufgeteilten Stadt der Zwischen- und Nachkriegszeit wurden solche Infrastrukturbauten, die von Anwohnern als Beeinträchtigung empfunden wurden, also Kläranlagen, Heiz-, Pump- und Umspannwerke, Gefängnisse und Krankenhäuser, Polizei- und Feuerwehrstationen, immer stärker camoufliert, hinter nüchterne Fassaden verbannt oder ganz aus den Stadtkernen verdrängt.[21] Das betraf auch oberirdisch verlegte Leitungen und Kabel, die sich in der ersten Hälfte des 20. Jahrhunderts oft wie Spinnennetze über die Städte gelegt hatten.

Es ist argumentiert worden, dass sich in der unterirdischen Verlegung auch eine Verlarvung von Machtverhältnissen im Sinne des Soziologen Pierre Bourdieu äußere. Denn man sehe nicht mehr, wer angeschlossen und wer abgehängt ist.[22] Folgt man dieser Sichtweise, dann sagen Abwasserkanäle und Stromleitungen tatsächlich etwas über Planungsmacht und Verteilungsgerechtigkeit aus.[23] Der Stadthistoriker Lewis Mumford wiederum argumentierte, die unterirdische Verlegung sei vor allem militärischen Erwägungen gefolgt.[24] Allerdings fand diese weitgehende Kaschierung überwiegend in Westeuropa statt. In den USA und Osteuropa blieb die oberirdische Verlegung von Strom- und Telefonleitungen und teilweise auch von Fernwärme- oder Erdölpipelines bis heute verbreitete Praxis. Einerseits sind Bau und Reparatur hierbei deutlich günstiger, andererseits sollten insbesondere die Pipelines als Zeichen des Zuflusses von Ressourcen gerade sichtbar bleiben.

Doch selbst wenn Infrastrukturnetze und Leitungen materiell präsent bleiben, drückt die alltägliche Wahrnehmung sie in aller Regel ins Unterbewusste. Ihre Unkenntlichkeit beruht dabei, wie Paul Edwards feststellte, auch auf ihrem spezifischen Zeitregime: Infrastrukturen sind auf Dauer gestellt für eine je gegenwärtige Nutzung. Der Anwender will weder über die Vergangenheit noch über die Zukunft nachdenken. Daher existieren Infrastrukturen gleichsam auf einer Mesoebene der historischen Zeit, die sich vom individuellen Zeitempfinden des täglichen Nutzers abhebt.[25] Infrastrukturen, so die Soziologin Susan Leigh Star, sind eng eingebunden in soziale Strukturen, kulturelle Arrangements und Technologien, so dass sie nicht für jede zu erledigende Alltagsaufgabe neu erfunden werden müssen. Vielmehr unterstützen sie solche Aufgaben, und dabei bleiben sie in aller Regel *unterhalb* einer subjektiven Wahrnehmung.[26] Dies kann auch als Prozess des Unsichtbar-Werdens bezeichnet werden, der mit der Gewöhnung an Infrastrukturen in der Regel einhergeht.[27] Insofern gilt auch für Infrastrukturen wohl das, was Robert Musil einmal für Denkmäler feststellte. Diese seien nämlich »durch irgend etwas gegen Aufmerksamkeit imprägniert, und diese rinnt Wassertropfen-auf-Oelbezug-artig an ihnen ab, ohne auch nur einen Augenblick stehenzubleiben«.[28]

Nicht wenige Infrastrukturen sind mit ausdrücklichen Hinweisen darauf versehen worden, in welchen Kontexten sie entstanden sind. Auch dies macht sie Denkmälern ähnlich. Solche Hinweise werden aber vermutlich von Passanten wenig registriert, auch wenn etwa Brunnenanlagen oft mit ganzen Bilderserien verziert wurden. Auf Kanaldeckeln findet man bisweilen heute noch Angaben zu ihrer Entstehung und ihrer Zugehörigkeit.[29] An Brücken werden gelegentlich Tafeln angebracht, die auf ihre Erbauer verweisen – und so weist manches Bauwerk auch heute noch ein Hakenkreuz auf, was immer wieder für Debatten sorgen kann. So war es ausgerechnet bei den Pfeilern der Hirschberger Autobahnbrücke über die Saale der Fall, die in den 1960er Jahren als frühes Symbol der gegenseitigen Annäherung von Bundesrepublik und DDR gemeinsam rekonstruiert worden waren.[30]

Überall in der Landschaft gibt es solche sichtbaren, aber zugleich auch rätselhaften und daher selten bewusst registrierten Hinweise auf verborgene Infrastrukturen. Die kleinen, verschiedenfarbigen Schilder für sogenannte Straßeneinbauten sind für Bautrupps, Feuerwehren oder andere Einsatzkräfte gedacht. Sie zeigen an, wo eine Pipeline oder eine Leitung für Fernwärme, Gas, Abwässer und Versorgungskabel verläuft oder wo im Notfall der nächste Wasserhydrant zu finden ist. Solche Zeichen können einen Spaziergänger in der Natur durchaus überraschen und dabei möglicherweise ebenso ernüchternde Effekte auslösen, wie Brian Hayes sie für die Landschaften des amerikanischen Westens beschrieb.

Andere Zeichen dagegen sind so evident wie unmissverständlich. Feuermelder sollen jedem sofort auffallen. Über viele Jahrzehnte hinweg mussten für entsprechende Anlässe auch Telefonzellen möglichst sichtbar aufgestellt sein, weshalb sie mit einer deutlichen Farbgebung versehen waren. Es gab sogar private Initiativen, um Notrufsäulen flächendeckend aufzustellen:

Seit 1969 versucht die Björn-Steiger-Stiftung, auf diese Weise die Rettungs-
ketten nach Verkehrsunfällen zu verkürzen. Denn der Junge, in dessen Namen die Stiftung tätig wurde, hatte nach einem Unfall allzu lange auf Hilfe
warten müssen.

Überhaupt sind im Straßenverkehr ein umfassender Überblick und
Sichtbarkeit notwendig. Räume, Richtungen und Anweisungen müssen so
transparent wie möglich sein. Anders würde eine Teilnahme an diesem rasanten wie wuseligen Geschehen zu einem unkalkulierbaren Risiko. Dazu
sind über die Jahrzehnte hinweg umfassende Zeichensysteme ersonnen
worden. Bürgersteige waren zunächst angelegt worden, um dem überwiegend dem Adel geschuldeten Durchgangsverkehr mit Kutschen und Pferden Platz zu verschaffen. Später wurden getrennte Fahrbahnen angelegt,
um das heillose Durcheinander auf den Straßen in Zonen mit unterschiedlichen Geschwindigkeiten – und sozialer Distinktion – zu unterteilen.[31]

Im 19. Jahrhundert kamen eindeutige Straßennamen, oft mit hoher
symbolischer Codierung, sowie Hausnummern zur besseren Orientierung
hinzu.[32] Begleitend mussten die Nutzer durch immer umfassendere Zeichensysteme orientiert und in ihrem Verhalten entsprechend konditioniert
werden – der öffentliche Raum wurde gleichsam »betextet«.[33] Heute existieren auf deutschen Straßen 650 unterschiedliche Schilder – auf das heute
700 000 Kilometer umfassende deutsche Straßennetz bezogen sind es insgesamt rund 25 Millionen.[34] Aber auch für öffentliche Verkehrsmittel gilt,
dass Zugang und Abgang so klar wie möglich und außerdem international
verständlich geregelt sein sollten. Die Zeichensysteme des Verkehrs und
der Orientierung im öffentlichen Raum haben sich über viele Jahrzehnte
hinweg herausgebildet. Sie waren Gegenstand langwieriger internationaler
Bemühungen, nicht nur technische Standards zu synchronisieren, sondern
auch Piktogramme, die selbst der jeweiligen Sprache Unkundige verstanden. Dabei taten sich etwa der Völkerbund oder die *International Organization for Standardization* hervor.[35] Die ISO verwaltet heute nicht weniger
als 18 000 technische Standards.[36]

Dennoch haben sich nationale oder lokale Eigenheiten erhalten, nicht
nur bei der Frage des Links- oder Rechtsverkehrs. Sie zeigen sich auch
daran, wie sich Passagiere etwa an den Ein- und Ausgängen von Bussen

oder Bahnen verhalten und organisieren. Die meisten Reisenden aber orientieren sich intuitiv an internationalen Usancen. Die seit etwa hundert Jahren auf den Rolltreppen der Londoner U-Bahn etablierte Verhaltens-regel »rechts gehen, links stehen« etwa, die für eiligere Zeitgenossen eine Gasse zum rascheren Fortkommen schafft, hat sich – wenn auch spiegel-bildlich – auf erstaunliche Weise globalisiert. Das trifft auch auf die abs-trahierten Fahr- und Liniennetzpläne zu, die sich mittlerweile fast weltweit an der 1933 von Henry C. Beck gezeichneten *London Underground*-Karte orientieren.[37]

Die unweigerliche Anonymisierung des Straßenbetriebs hat Edgar Allen Poe schon 1840 in seiner Parabel »The Man in the Crowd« als Gefährdung thematisiert, die Verbrechen Vorschub leistet. Unzählige Plots in Literatur und Film drehten sich seither um das Auftauchen und Verschwinden Ein-zelner in den wogenden Massen des öffentlichen Verkehrs. Für die Polizei ergab sich daraus die Notwendigkeit, Reisende durch Nummernschilder, Pässe, Führerscheine und eindeutige Fahrausweise identifizieren zu können und so eine unerwünschte Mobilität zu kontrollieren. Auch Menschen, die kommunizieren, kontrolliert und lokalisiert man seit langem über Te-lefonnummern und inzwischen auch über E-Mail- und IP-Adressen oder Social-Media-Accounts.

In Systemen der Bewegung musste dazu von zuständigen Behörden der jeweilige Aufenthalt des reisenden Individuums bestimmt werden können, um abweichendes oder gesetzwidriges Verhalten ahnden zu können. Denn genau dazu wurden die anonymen Zwischenräume des Transits und der Kommunikation immer wieder genutzt. Auch die zeitlichen Vorsprünge, die dadurch entstanden, dass mit der Telegrafie die Kommunikation und der Transport voneinander entkoppelt waren, wurden schon im 19. Jahr-hundert zu kriminellen Machenschaften wie Geschäfts- und Börsenspeku-lationen oder Wettbetrug genutzt. Die rasche Kommunikation ermöglichte es aber wiederum der Polizei, flüchtige Verbrecher zu melden und dingfest zu machen. So konnte der später berüchtigte Frauenmörder Dr. Hawley Crippen zwar 1910 aus England fliehen, indem er ein Schiff Richtung Ka-nada bestieg. Die Polizei telegrafierte jedoch dem Kapitän des Dampfers hinterher und vermochte den Flüchtigen im nächsten Hafen zu ergreifen.[38] **193**

Fragen der öffentlichen Sichtbarkeit, der Transparenz und der Lesbarkeit individuellen Verhaltens durch berufene oder unberufene Kontrollorgane sind inzwischen zu den drängendsten Problemen der Infrastrukturpolitik überhaupt geworden.[39]

Prestige und Poesie

Vor einigen Jahren wurde in Russland eine Quellenedition über die XXII. Olympischen Sommerspiele von 1980 herausgegeben. Sie dokumentiert geradezu exemplarisch, wie Infrastrukturen von herausragenden Ereignissen profitieren, wie sie aber auch an ihnen scheitern können. Schon 1956 hatte die Sowjetunion beim Internationalen Olympischen Komitee zum ersten Mal beantragt, das renommierte Sportereignis ausrichten zu dürfen. Doch führte erst eine günstige Konstellation in der Zeit der politischen Entspannung dazu, dass sie 1974 tatsächlich nach Moskau vergeben wurden. Nun musste von den Sowjets nicht nur in Sportstätten, sondern auch in Unterkünfte investiert werden. Der Transport und die Kommunikation waren zu verbessern, Sicherheit und Energieversorgung mussten gewährleistet und dabei auch Fragen der Umwelt berücksichtigt werden. All das wurde zwar unverzüglich auf den Weg gebracht. Da die Zusage jedoch mit einer stagnierenden sowjetischen Wirtschaftslage zusammentraf, wurde der politischen Führung um Leonid Breschnew schon um das Jahr 1976 überdeutlich, dass die hochgesteckten Erwartungen an das Ereignis nicht realisierbar waren. Fast hätte man die Spiele wieder abgesagt, doch die anschließenden Imageschäden wären enorm gewesen.[40]

Das Projekt nahm seinen Lauf wie viele solcher Großprojekte: Aufgrund von Sparzwängen und Zeitdruck wurden die Qualitätsstandards nach und nach immer weiter abgesenkt. Damit war auch die Langlebigkeit der gebauten Objekte beeinträchtigt. Mit dem Ausbau des Moskauer Autobahnrings und anderer Zufahrten geriet man in Verzug. Um sie den ausländischen Besuchern dennoch zur Verfügung stellen zu können, sahen die Verantwortlichen sich genötigt, für die Zeit der Spiele den öffentlichen Verkehr für Sowjetbürger stark einzuschränken. Auch sonst musste man pragmatische

Entscheidungen treffen: Ein in Bau befindlicher Wohnkomplex wurde kurzerhand zum Olympischen Dorf umgewidmet, und die Fernsehtechnologie zur Übertragung der Spiele ließ das Organisationskomitee nahezu komplett aus den USA importieren.

Kaum hatten die improvisierten Vorbereitungen 1980 ihren vorläufigen Abschluss erreicht, traf die Absage der USA und eines namhaften Teils westlicher Länder ein. Anlass war der Einmarsch der sowjetischen Armee in Afghanistan im Jahr zuvor gewesen. Nicht zum ersten Mal wurde damit Protest gegen ein teilnehmendes Land zum Ausdruck gebracht, und es sollte auch nicht das letzte Mal sein. Die Olympischen Spiele fanden dennoch statt. Sie werden im ehemaligen Ostblock bis heute als eines der letzten großen Ereignisse vor dem Zerfall der UdSSR erinnert, in denen sich die symbolische Macht des sozialistischen Lagers zu zeigen schien. Denn die Medaillen gingen nahezu konkurrenzlos an dessen Länder. Entsprechend viele Anlässe gab es, sich selbst zu bejubeln. Das sollte sich vier Jahre später in Los Angeles für die westliche Welt nahezu spiegelbildlich wiederholen. Vor allem aber wiederholte sich in den USA die Erfahrung, dass solche Großprojekte zwar kurzfristige Investitionsschübe mit sich bringen, sich langfristig aber nur selten rechnen.[41]

Ökonomische Analysen kamen zwischenzeitlich sogar zu dem Schluss, dass sich weder reichere noch ärmere Länder von der Ausrichtung solcher Großveranstaltungen wirtschaftliches Wachstum erhoffen sollten. Bei den reicheren Ländern wären die Effekte nur gering, bei den ärmeren würden die Haushalte zu stark belastet.[42] Die Olympischen Spiele von 2004 in Athen trugen daher mehr zur andauernden Staatsverschuldung Griechenlands bei als zur Entwicklung der dortigen Infrastruktur.[43] Die 2014 im russischen Sotchi ausgerichteten Winterspiele verschlangen ganze 50 Milliarden Dollar. Es waren die ersten, die in einer subtropischen Stadt ausgerichtet wurden, dennoch floss ein Großteil des Geldes nicht in die Schaffung winterlicher Verhältnisse, sondern tatsächlich in die lokale Infrastruktur. Die wurde anschließend zu einem großen Teil nicht weitergenutzt. Es ginge aber fehl, wenn man die Ausrichtung von Großereignissen generell für ausschließlich prestigeorientiert und finanziell desaströs halten würde.[44] Vielmehr kommen in ihnen ganze Bündel von Motiven und Erwartungen zusammen. Ob diese sich verwirklicht haben oder nicht, ist hinterher sehr schwer festzustellen.

Bevor es die modernen Olympischen Spiele, Fußballweltmeisterschaften oder andere Großereignisse des Sports gab, hatten die eher industriell ausgerichteten Weltausstellungen eine verdichtete Entwicklung angestoßen.[45] Die erste hatte 1851 in London stattgefunden. Seither wurden die Ausstellungen in den ausrichtenden Städten wie New York, Paris, Wien, Philadelphia, Chicago oder Mailand jeweils zu Leistungsschauen des technisch Möglichen.[46] Das betraf immer auch die infrastrukturelle Logistik, die um das Ereignis herum entstand. So wurde während der *Exposition Universelle* am Nationalfeiertag des Jahres 1900 die erste Linie der Pariser Metro eröffnet. Die neuen Bahnhöfe *Gare d'Orsay, Gare des Invalides* und *Gare de Lyon* verbesserten das Angebot im Fernverkehr durchaus nachhaltig. Auch die eigens gebaute Brücke *Pont Alexandre III*, damals ein Symbol der französisch-russischen Allianz, wurde von den über 50 Millionen Besuchern der Stadt ausgiebig gewürdigt.

Die Hauptgründe, sich trotz zahlreicher Risiken auf solche konzentrierten Anstrengungen einzulassen, sind sicher einerseits die Konkurrenz zu anderen Standorten und andererseits der Umstand, dass die Demonstration des Machbaren politische Mehrwerte erzeugt. Staatliche Macht schlägt sich in großtechnischen Unternehmungen nieder, »weil sie ein fundamentales Problem der Politik ansprechen: Gemeinsamkeit aus Verschiedenartigkeit hervorzubringen«.[47] Um die Bevölkerung dafür zu gewinnen, werden solche Projekte primär als gemeinschaftsstiftend oder völkerverbindend dargestellt.

Die Neigung von Politikern zum »Euergetismus«, zur Herrschaft durch Festspiele, Wohltätigkeit oder das Geschenk gemeinnütziger Bauten, hat sich von den Monarchien der Vormoderne bis in die Demokratien der Gegenwart hinein erhalten. Ein Großteil der heutigen Infrastrukturnetze beruht freilich eher auf der Kumulation mittlerer bis kleinerer Projekte, die sich miteinander verschränkt und synchronisiert haben. Daraus ist rückblickend gelegentlich der Eindruck entstanden, die großtechnisch-sozialen Systeme, von denen wir heute umgeben sind, seien das Ergebnis einer kohärenten Planung. Dies trifft aber nur für Ausnahmefälle zu, namentlich in Phasen einer forcierten Modernisierung oder wenn spezifische Macht-konstellationen in einzelnen Städten, Regionen oder Nationen entstanden, innerhalb deren man sich einig war, dass es solcher Strukturen bedarf, um eine vorgeblich »rückständige« Entwicklung aufzuholen.[48] Menschen, die beruflich mit Planung und Bau von Infrastrukturen zu tun haben, mögen sich immer wieder Konstellationen herbeigewünscht haben, in denen solche repräsentativen, prestigeträchtigen Großprojekte möglich waren. Oft stand im Hintergrund eine technokratische Ideologie, deren primäre Orientierung an Kriterien der Effizienz auch erklären mag, warum Planer von Infrastrukturen immer wieder eine gewisse Anfälligkeit für autoritäre Politikmodelle zeigen.[49] Bis zu einem gewissen Grad ist sogar die Faszination Albert Speers nachvollziehbar, wenn man liest, wie Adolf Hitler das gemeinsam ersonnene und auf zehn Millionen Einwohner er-rechnete Zukunfts-Berlin namens *Germania* beschwor:

> »Wer die neue Reichskanzlei betritt, muss das Gefühl haben, vor den Herrn der Welt zu treten, und schon der Weg dahin durch den Triumphbogen auf den breiten Straßen an der Soldatenhalle vorbei zum Platz des Volkes soll ihm den Atem nehmen. Damit allein sind wir in der Lage, den einzigen Konkurrenten, den es gibt für uns, Rom, in Schatten zu stellen. (…) Diese Bauten werden, wenn inzwischen nicht wieder das Meer die norddeutsche Ebene überspült, unverändert noch in zehntausend Jahren stehen!«[50]

Rom ist in Bezug auf Infrastruktur- und Repräsentationsbauten bis heute eine wiederkehrende Referenzgröße geblieben. Nur selten wurde jedoch bei der Planung von Großprojekten so deutlich ausgesprochen, dass man andere damit überwältigen, ihnen »den Atem nehmen« wollte. Genau das ist aber der Grund, warum bei ihrer Eröffnung immer wieder militärische Aufmärsche und andere zeremonielle Spektakel zelebriert werden – sie ver-stärken diese Wirkung noch. Dieser Mechanismus, den Betrachter gezielt zu beeindrucken, hat insbesondere in kolonialen Zusammenhängen eine ganze Zeit lang funktioniert, um die vermeintliche Überlegenheit europäi-scher Kultur in Szene zu setzen.[51]

Auch die im realen Sozialismus gepflegte Rhetorik des Aufbaus, die in den 1920er Jahren in der Sowjetunion entstand, bildete eine spezifische Poesie der Infrastruktur aus. Sie diente als eine Art Kitt zwischen den Experten, den politisch Verantwortlichen und der Bevölkerung. Damit sie akzeptiert wurden, mussten Infrastrukturmaßnahmen nicht nur ein schlaraffenlandähnliches Versorgungsniveau in Aussicht stellen. Sie mussten auch aus der Sprache des Technischen herausgeführt und an lebendige Prozesse angelehnt werden, um nachvollziehbar zu werden. Schon für die Großbaustellen des Kommunismus hatte Josef Stalin eine ganze Reihe von Schriftstellern, die er »Ingenieure der Seele« nannte, dazu verpflichtet, die Segnungen der Staudämme und Kraftwerke in eine entsprechende Sprache zu gießen.[52]

Bei der Bewässerung der Hungersteppe im Kaukasus bemühte die sowjetische Propaganda fortlaufend das Bild einer multiethnischen Zusammenarbeit, etwa auf der riesigen Baustelle des Newinnomyssker Kanals, durch die angeblich die Völkerfreundschaft befördert wurde. Auch wurden immer wieder organische Metaphern geprägt. So wurde die Umgestaltung der Wüsten zum Zweck des Baumwollanbaus als eine Wiederbelebung, als originäre Schöpfung und als Wachstum beschrieben. Als seit den 1970er Jahren deutlich wurde, dass der Aralsee durch die Bewässerung austrocknete, verlandete und in mehrere Teile zerfiel, wurden diese organischen Zuschreibungen freilich kritisch gegen die politische Führung gewendet. Nun ging es eher um Assoziationen wie Krankheit, Siechtum und Verfall.[53]

Zahllose Groß- und Erschließungsprojekte in lateinamerikanischen, afrikanischen und asiatischen Ländern zeigen, dass dort die Kraft der technokratischen Ideologie bis heute ungebrochen ist. Diese geht wie eh und je davon aus, dass sich mit gewaltigen Erschließungsprojekten und Bauvorhaben wirtschaftliche, technische und soziale Probleme auf einen Schlag lösen lassen. Genau diese Erwartung wurde jedoch seit den 1970er Jahren in Westeuropa und den USA immer stärker in Zweifel gezogen. Seither gehen hier wohl tatsächlich nur noch unverbesserliche Technokraten davon aus, dass es für praktisch alle Problemlagen die »eine beste Lösung« gibt. In Zusammenhang mit Großprojekten entstehen seither häufig politische und soziale Differenzen. Das muss kein Nachteil sein, sind sie doch Ausdruck einer freien, pluralisierten und auf das offene Austragen von Konflikten ausgerichteten Gesellschaft.

Je stärker die Begleitrhetorik ein Projekt als repräsentativ herausstellt, umso wahrscheinlicher erscheint es heute, dass sich Bürger mit detaillierten bis grundsätzlichen Einwänden dagegenstellen. Das ist in Deutschland zuletzt bei einer ganzen Reihe von Großprojekten wie Stuttgart 21 oder dem Berliner Hauptstadtflughafen zu beobachten gewesen. Waren infrastrukturelle Großprojekte bis in 1970er Jahre hinein Ikonen der wissenschaftlich-technischen Rationalität, sind sie inzwischen eher zu Brennpunkten des zivilgesellschaftlichen Protests geworden. Den damit zusammenhängenden Entscheidungsprozessen wird fast regelmäßig ein »Demokratiedefizit« und den Beteiligten eine Neigung zur Korruption bescheinigt. Der Bürger sieht sich durch diese Projekte als Steuerzahler herausgefordert und wittert bisweilen eine willkommene Chance, sich gegen Autoritäten aufzulehnen.[54]

Zwar lassen sich auch in pluralistischen Gesellschaften staatliche oder private Geldgeber weiterhin gern auf Großereignisse und Großprojekte verpflichten. Denn diese versprechen nach wie vor, an deren symbolischen Mehrwerten teilzuhaben. Zugleich muss bei heutigen Projekten eine immer größere Anzahl an Akteuren miteinander koordiniert werden, für die unterschiedliche Überlegungen und Ziele eine Rolle spielen. Und die tragen spezifische Risiken in sich: Fördergelder müssen bis zu einem bestimmten Zeitpunkt verausgabt werden. Politiker drängen auf eine Fertigstellung ihrer Lieblingsprojekte innerhalb gewisser Wahlperioden. Und Baufirmen erzielen bisweilen größere Gewinne, wenn die Vorhaben sich verzögern und sie vertraglich vereinbarte Kompensationen erhalten.[55] Hinzu kommt ein wucherndes Gestrüpp von Bauvorschriften und Brandschutzverordnungen, wie es etwa auch den neuen Berliner Flughafen behinderte. Dabei verstärken sich die nationale Ordnungswut und die Regelungswut der Europäischen Union bisweilen wechselseitig. Großbaustellen werden so zu Labyrinthen für Heere von spezialisierten Experten. Unter Umständen besitzt keiner von ihnen mehr den Überblick über das Gesamte.[56]

Aufmerksame Planer haben daraus den Schluss gezogen, dass Projekte nicht mehr wie in der Hochmoderne integral geplant und für eine jahrzehntelange, unveränderte Nutzung konzipiert werden sollten. Vielmehr hat sich eine Projektierung, die dem Überraschenden und Unwahrscheinlichen gegenüber offen bleibt, meist als die erfolgreichere erwiesen. Das gilt zumal, wenn man bei der Planung unterschiedliche Interessen schon im Vorhinein moderierend auszubalancieren versucht. Auch müssen Faktoren wie technologische Innovationen, der Wertewandel der Nutzer, soziale Entwicklungen oder Kriterien der Nachhaltigkeit mit einbezogen werden. Das verleiht den Projekten den Charakter einer jederzeit korrigierbaren, aber auch unabgeschlossenen Planung.[57]

Aller Erfahrung nach sollte zudem die Möglichkeit querlaufender Prozesse mit einkalkuliert werden. Denn sie sind nicht selten dafür verantwortlich, dass idealtypische Verfahrenswege ausgebremst, unterwandert oder übergangen werden. Das ist zum Beispiel der Fall, wenn Akteure vollendete Tatsachen schaffen oder informelle Absprachen getroffen werden, um eigene Interessen durchzusetzen. Die inzwischen allenthalben eingeführten Planfeststellungsverfahren haben diese Gefährdungen reduziert und bieten abgestufte Möglichkeiten der Partizipation. Bestimmte Gefährdungen vermochten aber auch sie nicht auszuschließen. Nach wie vor endet ein Großteil der Infrastrukturplanungen vor einem Mediator oder sogar vor dem Richterstuhl. Denn die mündigen Bürger haben gelernt, sich eines breiten Spektrums an Möglichkeiten zu bedienen, um Einsprüche zu erheben. Bisweilen mag auch eine sogenannte NIMBY-Haltung (»not in my backyard«) dahinterstehen.[58]

Eine ganze Reihe von Studien hat inzwischen detailliert analysiert, weshalb es bei Großprojekten fast regelmäßig zu erheblichen Kostensteigerungen kommt. Risiken schleichen sich demnach immer dann ein, wenn es unklare Verantwortlichkeiten gibt, wenn Technologien sich als unausgereift erweisen, wenn für Unternehmen falsche Anreize gesetzt werden, wenn zu optimistisch geplant wird und wenn die politische Rahmung sich an Teilinteressen orientiert statt am Wohl größerer Gemeinschaften.[59] Das erweist sich nahezu regelmäßig beim Bau regionaler Flughäfen, die als eine gezielte politische »Landschaftspflege« verstanden werden.[60] Hier zeigt sich unter Umständen der Fluch des mythisch überhöhten Erfolgs einzelner Projekte der Vergangenheit. Denn manche Planer glauben, ein großer Wurf müsse sich jederzeit wiederholen lassen. Gefordert wird daher auch eine stärkere persönliche Haftung der jeweils Verantwortlichen.[61] Planungsprojekte der Vergangenheit zeigen freilich auch, dass hierfür problematische historische Vorbilder existieren. So konnte es Architekten und Ingenieuren in der frühen Sowjetunion schon bei leichten Abweichungen in der Bauausführung widerfahren, dass sie auf dem Altar der Planraison symbolisch geopfert wurden.[62] Aber auch in westlichen Gesellschaften waren solche radikalen Berufsrisiken nicht ausgeschlossen. Mit dem »Town and Country Planning Act« von 1947 wurden in Großbritannien sogenannte *Planning Officers* eingesetzt, die jegliche Bautätigkeit an *homes and castles* überwachen sollten. Sie machten den bauwilligen britischen Bürgern das Leben aber derart schwer, dass am 20. Juni 1991 ein aufgebrachter Hausbesitzer einen der Offiziere kurzerhand erschoss. Der Vorgang wurde zufällig gefilmt, und der Schütze avancierte zu einer nationalen Berühmtheit.[63]

6 Bröckelnde Brücken:
Lebenszyklen von Infrastrukturen

Tempi passati

1985 hatte der Feuilletonchef einer führenden deutschen Wochenzeitung in einem Leitartikel den Geheimen Rat Goethe mit dem Satz zitiert: »Man begann damals, das Gebiet hinter dem Bahnhof zu verändern.« Aufmerksame Leser stutzten: Dem deutschen Geistesheroen war vieles an Prognosen zuzutrauen. Doch die erste deutsche Eisenbahn war erst drei Jahre nach dessen Tod im Jahr 1832 zwischen Nürnberg und Fürth gefahren. Einen Bahnhof konnte er also unmöglich beschrieben haben. Der Vorgang wurde von der Redaktion zum Anlass genommen, den Autor Fritz J. Raddatz loszuwerden. Er galt als schwierig und hatte es mit Details auch sonst nicht immer allzu genau genommen.

Ähnlich erging es dem Schriftsteller Martin Mosebach. In einem 2014 veröffentlichten Roman, der im Jahr 1991 spielte, hatte er seine Protagonisten schon wie selbstverständlich Handys benutzen lassen. Deren Betrieb über allgemein zugängliche digitale Netze war in Deutschland aber erst im Jahr darauf überhaupt möglich geworden. Noch ärger war, dass auch Laptop, E-Mail und Internet für den Autor schon zur selbstverständlichen Ausstattung des damaligen Alltags zählten.[1] Wenngleich beide Vorfälle sicher auch prägnante Beispiele für die abnehmende Präzision von Vielschreibern sind, belegen sie doch ebenso, dass man in Bezug auf Infrastrukturen oft der Gefahr erliegt, von der Geschichte gleichsam enthoben zu sein.

Doch auch solche Einrichtungen sind einmal entstanden, gealtert und bisweilen auch wieder verschwunden. Dass sie Lebenszyklen unterliegen, gerät meist so lange aus dem Blick, wie sie als selbstverständlich betrachtet werden. Allenfalls die Aus- und Einstiege in die Netze sowie die Fahr- oder die Endgeräte scheinen den Moden der Architektur und des Industriedesigns zu unterliegen. An ihnen offenbaren sich zeitliche Schichtungen, an sie heften sich nostalgische Erinnerungen an Tempi passati. Alte Bahnhofsgebäude und Oldtimer, die letzten Doppeldeckerbusse Berlins, ältere Computer oder Handys sind sichtbare Relikte einer früheren Zeitschicht. Als solche werden sie gelegentlich auch gehandelt oder vermarktet. Für die eigentlichen Netze gilt dies in aller Regel nicht, es sei denn, sie werden – wie die mittelenglischen Kanäle – neu oder verändert genutzt. An alte Telefon- oder Strommasten heften sich jedoch nur selten sentimentale Gefühle. Im Gegenteil: Der Gedanke an bleierne Wasserrohre in älteren Häusern verursacht uns ein ebensolches Unbehagen wie jeder Anflug von sichtbarem Rost an tragenden Verkehrsbauten.[2]

Hinweise von älteren Menschen auf Beschwernisse früherer, weniger komfortorientierter Zeiten zählen zu den prekären Gesprächsthemen zwischen den Generationen. Denn die Einführung neuer Technologien wird oft als Konflikt zwischen Alterskohorten erfahren, in dem Jüngere sich gegen die vermeintlich strapaziösen Gewohnheiten der Älteren stellen, während umgekehrt die Älteren am Gewohnten festhalten. Besonders in der Landwirtschaft sträubten sich viele der Älteren lange dagegen, technisiert und elektrifiziert zu werden. Damit erschienen sie den Jüngeren freilich als »far behind the times«.[3] Daher können viele Jüngere, die ihre Eltern mit den Segnungen der modernen Technik beschenken, nicht sicher sein, ob diese Angebote von den Beschenkten auch tatsächlich in die Alltagsroutinen integriert werden und sie noch »mit der Zeit« gehen.

Wie eine Reminiszenz an das Gewohnte erscheint es, wenn Bezeichnungen für neue Technologien sich an funktionalen Vorläufern orientieren, wie das Dampfross, der Flughafen, die E-Mail oder die Datenautobahn. Oft haben sich neuere Technologien auch ästhetisch an ältere Gegenstände angelehnt, um einen ebenso seriösen Eindruck zu erwecken: Staumauern sahen wie Burgwälle aus, Eisenbahnwaggons wie Kutschen oder wie luxuriöse Interieurs von Passagierschiffen. Fernseher wurden eine Zeitlang in klassizistische Möbel eingebaut und Videokassetten in Schutzhüllen gesteckt, die an Bücher erinnerten. Auch Klingeltöne oder die digitale Welt der Icons sind voll von Anspielungen auf die vormalige, nämlich analoge Welt.

Gerade in Zeiten raschen Medienwandels häufen sich regelmäßig die nostalgischen Rückerinnerungen an untergehende Erfahrungen. Die britische Band *The Buggles* landete 1980 mit »Video killed the radio star« einen weltweiten Hit. Konsequenterweise wurde das Lied im Jahr darauf das erste vom amerikanischen Sender MTV ausgestrahlte Musikvideo. 1984 konstatierte *Queen* mit »Radio Ga Ga« dann schon einen durch solche Videos mitbewirkten Wandel: »We watch the shows, we watch the stars / On videos for hours and hours / We hardly need to use our ears / How music changes through the years.« Dabei spielte das Lied auf bedeutende Hörfunkereignisse an wie das 1938 ausgestrahlte Hörspiel *The War of the Worlds* von Orson Welles und Winston Churchills Kriegsrede aus dem Jahr 1940 *This Was Their Finest Hour.*

Seit es gemeinschaftlich geteilte Medien gibt, kamen Altersgenossen über geteilte Programminhalte fast unfehlbar miteinander ins Gespräch, bis sich auch diese Angebote pluralisierten und individualisierten. 2015 begann sich bereits ein um 1980 Geborener gegenüber den Digital Natives als ein historischer Hybride zu empfinden: »Wir kennen noch: am Fernseher umschalten, Autofenster kurbeln, Telefonkabel vertüddeln lassen, Überweisungsvordrucke holen, Auskunft anrufen, Kettenbriefe, Billignummern vorwählen, Kassette überspielen, etc.«[4]

Tatsächlich sind zahlreiche Generationen des 19. und 20. Jahrhunderts von spezifischen Infrastrukturen mitgeprägt worden.[5] Vor allem Einrichtungen des Verkehrs und der Kommunikation trugen dazu bei, die individuellen Reichweiten schubhaft zu erhöhen und Horizonte der Information und des gemeinsamen Erlebens zu erweitern. Damit wurden Infrastrukturen letztlich auch zu Medien der Selbsterfahrung. Das ist für Dampfschiffe, die Eisenbahn oder die Postbusse – in den USA für die seit 1914 verkehrenden *Greyhound*-Busse[6] – ebenso leicht nachzuvollziehen wie für das Fahrrad, das Motorrad und das Automobil.

Näher an der Gegenwart sind die generationellen Erlebnisse mit den jeweils neuesten Empfangsmedien. Auf den Senderskalen der frühen Weltempfänger spiegelte sich für die ersten Radiobesitzer die globale Er-

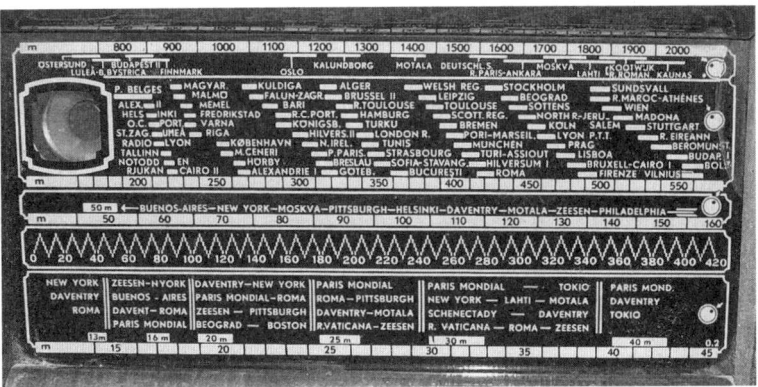

10 Die Radioskalen der analogen Epoche spiegelten bekannte und unbekannte Orte des weltweiten Sendernetzes, die von den Hörern im Handumdrehen ausgewählt werden konnten.

reichbarkeit von Programmen – Orte wie Hilversum oder Luxemburg schienen für viele Menschen überhaupt nur im Äther zu existieren.[7] Vor allem haben diese Sender und deren Inhalte dabei geholfen, innerhalb von Sendegebieten kollektive Identitäten zu festigen.[8]

Das Kino und das Fernsehen lieferten Generationen von Zuschauern Gesprächsstoffe für die nächsten Tage. Die Strukturen ihrer Programme formten zeitliche und soziale Routinen tiefgreifend mit. Auch hier zeichnete sich freilich eine Tendenz zu immer stärkerer Mobilität ab. Waren Plattenspieler, das Tonband und die Jukebox noch weitgehend stationär, konnten später Empfangs- oder Abspielgeräte wie das Kofferradio, der Walkman, der MP3-Player oder das Smartphone das Versprechen mobiler Freiheit mit der Verheißung verknüpfen, dabei auch noch unterhalten zu werden oder gar online zu sein.[9]

Schon 1913 formulierte ein Nürnberger Altphilologe und Journalist eine Maxime, die sich auf die zeitliche Abfolge von Medien bezog. In der Kommunikationsgeschichte firmiert sie seither als »Riepl'sches Gesetz«:

»Andererseits ergibt sich gewissermaßen als ein Grundgesetz der Entwicklung des Nachrichtenwesens, dass die einfachsten Mittel, Formen und Methoden, wenn sie nur einmal eingebürgert und brauchbar befunden worden sind, auch von den vollkommensten und höchst entwickelten niemals wieder gänzlich und dauernd verdrängt und außer Gebrauch gesetzt werden können, sondern sich neben diesen erhalten, nur dass sie genötigt werden, andere Aufgaben und Verwertungsgebiete aufzusuchen.«[10]

Selbst wenn dies für einzelne Medien vielleicht nicht zutreffen mag, so verweist die These doch darauf, dass neue Medien die alten nur selten vollständig verdrängen. In der Regel tragen sie aber dazu bei, diese zu verändern, sie herauszufordern und sie bisweilen in den Hintergrund treten zu lassen.

Solche Konflikte säumen die Infrastrukturgeschichte seit ihren Anfängen. So stellten Eisenbahnen die binnenländischen Kanäle in Frage, Lastkraftwagen die Eisenbahnen, Funknetze die leitungsgebundene Telegrafie, E-Mails den postalischen Briefverkehr und so weiter. Manche Einrichtung des Nachrichtenwesens ist darüber fast vollständig wieder verschwunden. So erging es etwa dem Pantelegrafen oder der optischen Telegrafie. Ihre Funktionen übernahmen in aller Regel andere Medien.[11] Bisweilen schreiben die älteren den jüngeren Medien aber auch Begrenzungen vor, die ihnen anachronistische Ebenen einziehen. Durchsagen auf Bahnhöfen operieren bis heute mit einer – oft unverständlich bleibenden – Frequenz von bis zu 3400 Hertz. Die rührt noch aus den Tagen des analogen Telefons, das aus Kapazitätsgründen alle weitergehenden Frequenzen beschränken musste.[12]

Ein weiteres und besonders prägnantes Beispiel für eine sich überlebende Infrastruktur hatte sich aus ersten Versuchen mit einer »atmosphärischen Bahn« herausgebildet, die seit 1853 in England stattfanden. Die hieraus entwickelte Rohrpost weitete sich in vielen europäischen Städten zu breit verzweigten Netzen aus. Berlin besaß zeitweilig 91 Rohrpostämter und 400 Kilometer unterirdischer sowie 2000 Kilometer oberirdischer Bahnen.[13] In London und New York wurde um 1870 sogar damit experimentiert, durch die Tunnel auch Personen zu befördern. Den *Pneumatic Dispatch* oder *Transit* gab man aber bald wieder auf. Denn er war nicht schneller als die oberirdische Beförderung, und er setzte zudem eine Disposition der Reisenden für Geisterbahnfahrten voraus.[14] Mit der Teilung Berlins verlor das Rohrpostsystem der Stadt nach 1945 seine Bedeutung,

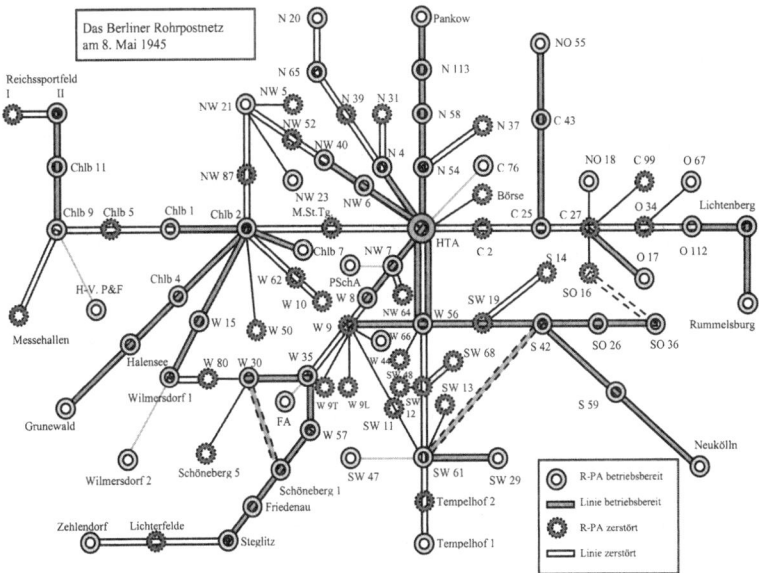

11 Vor 1945 hatte sich in Berlin wie in anderen Großstädten ein ausgedehntes Rohrpostnetz etabliert, das Briefe in Windeseile zu transportieren vermochte.

wurde jedoch in Ostberlin und in einzelnen Betrieben noch lange Jahre weiter genutzt. Das traf auch für die Leitungswege zu, durch die später nicht selten Telefon- oder Elektrokabel gezogen wurden.

Die Abhängigkeit von einmal vorhandenen Pfaden und Trassen, die sich auch in Nachkriegs- und Umbruchszeiten bemerkbar machte, ist ein begleitender Aspekt der Langlebigkeit von Infrastrukturen. Zahlreiche Wegverläufe des heutigen Verkehrs sowie der Versorgung und Entsorgung folgen Routen, die sich in Jahrhunderten oder sogar in Jahrtausenden herausgebildet haben. Die hierfür einmal okkupierten Räume sind teilweise deutlich dauerhafter als die ständig neuen oder revidierten Infrastrukturen, die in ihnen verlegt werden.[15]

Eine Bestandsaufnahme zur Langlebigkeit von Infrastrukturen aus dem Jahr 1988 meinte, dass gerade der Widerstand vieler Bürger gegen neue Trassenführungen belege, »dass das geographische Rückgrat unserer Gesellschaft wahrscheinlich sehr stabil ist und sich kaum noch verändern wird.«[16] Neue Technologien legen sich gleichsam über die alten, sie werden »überplant« und schaffen, wie beim Internet in Bezug zum Telefonnetz, ein *Overlay*-Netzwerk, bis auch dieses durch ein neues Netz, etwa der Breitband- und Glasfaserkabel, abgelöst wird.[17] Generell werden jedoch die Durchschlagskräfte von technischen Innovationen meist stark überschätzt. *Unter*schätzt hingegen wird, wie langfristig Technologien parallel zu dem jeweils Neuen weiterhin genutzt werden.[18]

Eine die Grenzen zwischen Generationen überbrückende Einigkeit kann man jedoch herstellen, wenn es gilt, sich aus nostalgischen Gründen technische Relikte aus längst vergangenen Zeiten anzueignen. Beispiele wären hier Fahrten mit Schaufelraddampfern oder Reisen in Luxuszügen wie dem Orientexpress, Touren mit den in San Francisco seit 1878 laufenden *Cable Cars* oder mit der Mailänder Straßenbahn *Ventotto*, die dort seit über hundert Jahren im Alltagsbetrieb läuft. In Routinen und Verrichtungen, derer man aktuell längst enthoben ist, werden frühere Schichten des Alltäglichen wieder erlebbar. Erinnerungen hieran wirken wie Zeitreisen. Genau aus diesem Grund bilden sie starke Konsum- und Tourismusmagnete. So wurde die *Mother Road*, die legendäre *Route 66* zwischen Chicago und Santa Monica, als Touristenstraße wiederbelebt und entsprechend beworben. Fahrten mit den wenigen noch verbliebenen Nachtzügen gehören zu den Erfahrungen, die ohne die zahlreichen Filme und Romane, die in ihnen spielten, längst ganz verschwunden wären.[19] Und eine Fahrt mit dem Fiaker scheint zu einem Besuch Wiens einfach dazuzugehören, schon weil die damit verbundene Entschleunigung auf den Luxus verweist, sich die dafür benötigte Zeit gerade leisten zu können.

Solche Möglichkeiten, etwas scheinbar Vertrautes noch einmal zu erleben, beziehen sich längst nicht nur auf Infrastrukturen vergangener Tage, aber eben *auch* hierauf. Auf die Initiativen zum Erhalt der Gaslaternen auf Berliner Straßen wurde bereits hingewiesen. Die Initiatoren erklären sie rundheraus zu einem bewahrenswerten Kulturgut: Gaslicht sei »pure Natur, es wirkt entspannend und schafft Atmosphäre«.[20] Auch für den Erhalt von Leuchttürmen haben sich Bürgerinitiativen formiert. Zwar hat der satellitengestützte *Global Positioning Service* (GPS) deren technische Funktionen längst ersetzt. Für die Landbewohner scheinen Monumente wie der

Rote Sand in der Wesermündung oder der Leuchtturm am galicischen Kap Finisterre jedoch an Bedeutung gewonnen zu haben.[21] Leuchttürme und Feuerschiffe wurden zu prominenten Erinnerungsträgern, zu Geschichtszeichen und darüber hinaus zu beliebten Sujets in Literatur und Film. In ihnen scheinen sich spannungsreiche Konstellationen wie soziale Isolierung, herausgeforderte Verlässlichkeit und (Des-)Orientierung besonders gut widerzuspiegeln.[22]

Noch ein weiteres, eher seltenes Artefakt der Kommunikation hat sich mit hoher Symbolkraft aufgeladen. Nachdem im Juli 2013 im *Central Telegram Office* von Kalkutta ein letztes Fernschreiben abgesetzt wurde, ging dort eine 158 Jahre währende Episode zu Ende. Seit Samuel Morse im April 1845 die erste Botschaft »What hath God Wrought« von Washington nach Baltimore geschickt hatte, waren unzählige Telegramme um die Welt gegangen. Dabei hatte diese Form der Nachrichtenübermittlung ihren elitären Charakter nie ganz abgelegt. Ein Telegramm signalisierte bis zuletzt eine besondere Dringlichkeit oder Bedeutsamkeit. Namentlich Staatsoberhäupter telegrafierten Glückwunsch- und Dankesschreiben oder sandten Grußbotschaften, die dann offiziell verlesen oder – wie vor allem im Ostblock – in offiziellen Organen abgedruckt wurden. Zwischenzeitlich wurde auch mit gesungenen oder Dufttelegrammen experimentiert. Wie zur Bestätigung des Riepl'schen Gesetzes nimmt die Deutsche Post heute noch telefonische, gefaxte oder gemailte Botschaften an. Die müssen dann als Telegramm jedoch den Weg der *Snailmail* zu ihrem Empfänger nehmen.[23]

Die räumlichen Rudimente verlassener Infrastrukturen – scheinbar unmotiviert in der Landschaft stehende Brücken, überwucherte Autobahnabschnitte oder Eisenbahntrassen – wirken oft wie ein Memento der Vergangenheit und der Vergänglichkeit.[24] Bisweilen erscheint es, als erobere sich die Natur diesen Raum zurück. Die ausrangierten Waggons der New Yorker *Subway* werden entlang der amerikanischen Ostküste ins Meer versenkt. Dort mutieren sie zu künstlichen Riffs, die dann zur Freude der lokalen Fischer und Taucher Meerestiere anlocken.[25] Die meisten Relikte vormaliger Infrastrukturen werden jedoch überbaut oder umgewidmet.

Zahllose Einrichtungen der materiellen Infrastruktur sind später auf diese Weise zu Institutionen der sozialen oder kulturellen Infrastruktur geworden: Schlachthöfe, Gasometer, Wassertürme oder verlassene Bahnhöfe erfuhren oft ein zweites Leben als Kulturzentren. Zu den Bauten, die am stärksten mit einer vergangenen Zeit verbunden werden, gehören Bunkeranlagen.[26] Sie sind oft zu solide errichtet worden, um einfach beseitigt werden zu können. Ihre Nachnutzung bereitet freilich gerade dann Kopfzerbrechen, wenn nicht ausgeschlossen werden kann, dass in Zukunft noch einmal auf sie zurückgegriffen werden muss.

Die Stadtregierung Pekings hat in den 1990er Jahren dennoch die rund 5000 Bunkeranlagen, die unterhalb der Stadt vorgehalten wurden, für eine zivile Nutzung freigegeben. Nun konnten sie individuell angemietet werden. Heute leben dort Schätzungen nach rund eine Million Menschen, bei denen es sich überwiegend um Wanderarbeiter vom Land handelt. Statt die horrenden oberirdischen Durchschnittsmieten der Stadt zu entrichten, wollen sie das Geld lieber ansparen und nach Hause an die Familie schicken. Die hygienischen Zustände der unterirdischen Wohnungen werden als durchaus befriedigend eingeschätzt. Latente Furcht erzeugt bei den Bewohnern lediglich die Vorstellung, es könnte irgendwo einmal Gas austreten oder ein Feuer ausbrechen.[27]

Ein überschaubares, wenn auch unübersichtliches Land wie die Schweiz hat in den letzten Jahrzehnten an die 300 000 Bunker errichtet. Jedes Anwesen ab einer bestimmten Größe wurde vonseiten der Regierung dazu verpflichtet, Schutzräume zu bauen. Um sie auch jenseits des Ernstfalls zu nutzen, wurden einige von ihnen zu Musikräumen, andere zu Heimen für Asylsuchende, wieder andere zu Bibliotheksarchiven. In einem wurde von Konzeptkünstlern das erste »Null-Sterne-Hotel« eröffnet. Doch muss laut geltendem Zivilschutzgesetz noch immer jeder Schweizer Bunker innerhalb von 24 Stunden zu räumen sein.[28]

Den abstrusesten Fall der Verbunkerung eines Landes stellte freilich Albanien dar. Staatschef Enver Hoxha hatte durch seinen anachronistischen Stalinismus das Land vollkommen isoliert und sah es von allen Seiten bedroht. Ab 1972 ließ er daher standardisierte Bunker entwickeln und flächendeckend über das Land verteilen. Denn der Feind lauerte für ihn überall, auch im Innern. Als Hoxha im Jahr 1985 starb, war die anvisierte Zahl von 750 000 Bunkern zwar noch nicht erreicht. Das Land war jedoch ökonomisch längst am Ende. Seit den frühen 1990er Jahren werden die Bauten umgenutzt, und sie fordern eine international zusammengesetzte Kreativszene dazu heraus, etwas Originelles aus ihnen zu machen. Manche wurden zu willkommenen Umkleidemöglichkeiten am Strand, andere zu Ställen für das Weidevieh. Einige wurden kunstvoll bemalt, andere zu Burgerbratereien oder, mit Tür und Fenstern versehen, zu einer basalen Gelegenheit für Bed & Breakfast.[29]

Warten auf die Wartung

Viele der Großstadtmythen der Moderne haben einen besonderen Bezug zur Welt der Infrastrukturen. Wenn sie mit unvorhergesehenen, vielleicht phantastischen Ereignissen kombiniert werden, dann lässt sich aus den anonymen Versorgungsnetzen und den unpersönlichen Landschaften des Urbanen sogar poetisches Kapital schlagen. Zu einem Musterfall solcher *Urban legends* ist ein Albino-Alligator geworden. Einem Bericht der *New York Times* vom Februar 1935 zufolge soll er sich seinerzeit in den Abwasserkanälen New Yorks eingerichtet haben.[30] Wie der Weiße Elefant sich zum Sinnbild für gescheiterte Großprojekte entwickelte, so wurde der Weiße Alligator zu einem Symbol für haarsträubende Geschichten aus dem Halbschatten der Realität. 1959 wurde die Geschichte in Robert Daleys Buch »The World Beneath the City« erneut aufgegriffen und weiter popularisiert.[31] 1980 erschien die Story unter dem Titel *Der Horror-Alligator* als Film, 1991 folgte das Sequel *Alligator II: Die Mutation*. Damit schlossen sich die Streifen an eine mindestens zwei Jahrzehnte dauernde Konjunktur von Hollywood-Produktionen über Gefahren an, die mit Infrastrukturen verbunden sind. Die Filme spielten offen mit den Ängsten derjenigen, die sich täglich mehr oder weniger routiniert in den gebauten Umwelten der Städte bewegen, dies aber mit einem Grundvertrauen tun, das ebenso gezielt wie kalkulierbar zu erschüttern ist.

Die Grundkonstellation dieser Katastrophen- oder Desasterfilme war dabei immer die gleiche: Porträtiert wurde eine überschaubare Anzahl an Personen mit ihren alltäglichen Hoffnungen und Konflikten, die in ein

Verhängnis geraten, das sich durch zahlreiche Indizien bereits angekündigt hatte. Isoliert bleibenden Warnern und Mahnern stehen meist abwiegelnd agierende Vertreter von Institutionen gegenüber, die oft ein falsches Vertrauen in die staatlichen oder infrastrukturellen Einrichtungen repräsentieren. Im Mittelpunkt steht selbstverständlich ein Held, der die Eigenschaften in sich verkörpert, die für den sich anbahnenden Ausnahmefall benötigt werden: Umsicht und Entscheidungsfreude, Empathie und solidarisches Handeln, vor allem jedoch den unerschütterlichen Willen, sich gegen Kräfte zu stemmen, gegen die sich zu behaupten zunächst aussichtlos erscheint. Diese in ihrer apokalyptischen Zerstörungswut darzustellen nimmt denn auch einen Großteil der Filmhandlung ein.

Dramaturgien wie diese scheinen ebenso simpel wie unendlich variierbar zu sein. Im Grunde waren sie in *King Kong und die weiße Frau* (1933), *San Francisco* (1936) oder den japanischen *Godzilla*-Filmen vorgezeichnet. In den 1970er Jahren nahmen sie jedoch eine spezifische Wendung, indem sie realitätsnahe Szenarien aus einer brüchig werdenden Alltagswelt darstellten. Gegenstände des Desasters wurden vor allem die technischen Medien des Massentransports, also Schiffe, Eisenbahnen und U-Bahnen. Vor allem aber das Flugzeug als das am stärksten angstbesetzte Transportmittel schien sich hierfür zu eignen. Sie alle fielen in diesen Filmen technischen Defekten oder menschlichem Versagen zum Opfer, je mehr es auf die Gegenwart zuging immer häufiger auch einem terroristischen Anschlag. Daneben ging es um brennende und kollabierende Hochhäuser und deren Aufzüge, um spröde werdende Tunnel, Brücken oder Talsperren, um die Gefährdungen der Wasser- und der Stromversorgung. Filmwissenschaftler haben diese Basistypen als »The Ship of Fools« und »The City Fails« zusammengefasst und Filmen gegenübergestellt, in denen das Desaster eher auf äußere Ursachen wie Naturkatastrophen oder die Ankunft von Außerirdischen zurückzuführen ist.[32]

Filme und Mythen hätten kaum einen solchen Erfolg, wenn sie reine Phantasieprodukte wären. Tatsächlich haben jedoch reale Desaster die Geschichte der Technisierung begleitet. In den Reaktionen darauf werden sowohl allgemeinmenschliche Ängste als auch kulturelle, soziale und gendertypische Prägungen sichtbar. Dem funktional erwünschten Normalfall stand daher stets der Unfall gegenüber. In einer Welt, die weithin durch Menschenhand geformt wurde, ist die Interpretation solcher Ereignisse als ein göttliches Fatum, wie sie im 19. Jahrhundert noch vorherrschte, im 20. Jahrhundert durch innerweltliche Ursachenforschungen ersetzt worden. Der Unfall wurde nun als eine in Zukunft abwendbare Ausnahme gewertet. Und diese Zukunft sollte für Sicherheitsingenieure, das Haftungsrecht, den Versicherungsagenten sowie letztlich auch den Richter zunehmend lesbar werden.[33]

Ereignisse wie der Untergang der *Titanic* und andere Schiffbrüche wurden zu einer Epochensignatur des 19. und frühen 20. Jahrhunderts.[34] Der Einsturz der Eisenbahnbrücke am schottischen Firth of Tay am 28. Dezember 1879 bot für Schriftsteller wie Theodor Fontane Anlass für Reflexionen über den »Tand« als »Gebilde von Menschenhand« oder für ein allgemeines *Memento mori*. Doch zeigt insbesondere die Geschichte des Autounfalls, dass solche Vorkommnisse innerhalb eines kalkulierbaren technischen Risikos teilweise bis heute als ein unabwendbares Schicksal hingenommen werden.[35]

Tatsächlich haben Vorfälle wie Gas- und Dampfkesselexplosionen, Brückeneinstürze oder gebrochene Staumauern stets dazu beigetragen, dass sich sowohl die ingenieurtechnischen Kenntnisse erweiterten als auch soziale Erfahrungen mit Ausnahmezuständen gesammelt und daraus Konsequenzen für künftige Ereignisse gezogen werden konnten. Insofern haben sie kontinuierliche Lernprozesse in Gang gesetzt.[36] »Wir denken aber auch an die unzähligen Opfer an Menschenleben«, hieß es 1937 in einer Bestandsaufnahme städtischer Infrastrukturen, »die erst fallen mußten, bis sich die aus Unfällen gewonnenen Erfahrungen zu fast lückenlosen Vorschriften für Bau und Betrieb, Fahrdienst und Signalwesen verdichtet hatten.«[37] Dies ist sicher eines der am wenigsten bekannten Kapitel der Infrastrukturgeschichte: die im Hintergrund angesammelten und ausgetauschten Erfahrungen mit Einrichtungen, die auf eine möglichst unmerkliche Verlässlichkeit ausgelegt sind.

Infrastrukturen sind insofern materialisiertes Wissen. Die damit befassten Experten und das dafür tätige Personal, das nicht nur für den Bau, sondern auch für die Wartung und den Unterhalt verantwortlich ist, besitzen eine paradoxe gesellschaftliche Position. Denn auch ihr Wirken findet üblicherweise jenseits der öffentlichen Aufmerksamkeit statt. Es soll die funktionalen Routinen der zirkulativen Netzwerke möglichst wenig beeinträchtigen. Fortschritte, so stellte die *American Public Works Association* 1976 im Rückblick auf 200 Jahre Erfahrung fest, »etablierten sich in der Regel mit wenig Getöse, meist wurden sie für selbstverständlich erachtet«. Dabei, so die Vereinigung weiter, machten diese doch nichts Geringeres aus als die Fundamente der amerikanischen Zivilisation.[38]

Wo die Konstrukteure sich trotzdem bemerkbar machen, sei es als Arbeiter auf der Autobahnbaustelle oder unter dem Bürgersteig, sei es als Lobbyist, der eine entsprechende Allokation von Steuermitteln einfordert, schlägt ihnen nicht selten Missmut entgegen. Schon 1880 hatte der Journalist Julius Rodenberg über die Arbeit an der Berliner Kanalisation geklagt, »welche jahrelang bald hier, bald da die Stadt aufwühlt und in tiefe Gruben und unübersteigliche Sandberge verwandelt«.[39] Urbane Legenden behaupten sogar, solche Bauarbeiten würden absichtlich auf den Beginn der Urlaubszeiten verlegt, um allen Vorbeifahrenden die Notwendigkeit der Investitionen zu verdeutlichen.[40] Die Baustelle wurde zu einem allgegenwärtigen Synonym für Bremsendes und Unfertiges, zugleich aber auch zu einem Versprechen gegenwärtigen Reichtums und künftigen Glücks.[41]

In der Hochmoderne war dies eher ein vorübergehender Zustand, der auf rasche Überwindung und auf die Re-Etablierung von Regelhaftigkeit abzielte. Rodenberg stellte denn auch zu anderer Gelegenheit fest, »es musste geschehen, wenn dem ungeheuren Wachstum Berlins die freie Circulation und Entfaltung gesichert« werden sollte.[42] In der Postmoderne hat man sich an Baustellen als einen dauerhaften und regelmäßig wiederkehrenden Zustand gewöhnt. Bei der Vielzahl an Netzen, die heute existieren, scheint immer irgendetwas zu kollabieren oder erneuert werden zu müssen. Solche Störungen fordern die davon Betroffenen zu Gleichmut und Geduld auf. Von Streiks und anderen durchaus beabsichtigten Unterbrechungen wird noch die Rede sein. Hier sind die nicht intendierten Effekte gemeint, durch die der reibungsarme Betrieb einer Infrastruktureinrichtung gefährdet wird und sich unliebsam in das Bewusstsein der Nutzer drängt.

214 Die Frage der Alterung von Infrastruktureinrichtungen wurde am frü-

hesten in den USA thematisiert. Denn hier war deren Entwicklung vergleichsweise konzentriert, kontinuierlich und ohne kriegerische Zerstörungen verlaufen. Aufgrund der dort früher boomenden Wirtschaft gelangten die Straßen und Brücken in den USA auch eher an die Grenzen ihrer Haltbarkeit als in Europa. Daher machte sich hier nicht nur die Umweltbewegung früher bemerkbar, sondern auch die Debatte über die verfallende Infrastruktur. Der Weckruf in Bezug auf die erste Umwelt war Rachel Carsons 1962 veröffentlichtes Buch »Der stumme Frühling«, in Bezug auf die zweite, die gebaute Umwelt leistete Ähnliches das 1981 veröffentlichte »America in Ruins«. Dessen zentraler Satz lautete: »Die öffentlichen Einrichtungen der USA verschleißen rascher als sie ersetzt werden können.«[43]

In der seither nicht mehr verstummten Debatte über ein »zerfallendes Amerika« identifizierte die *Business Week* im Jahr 1982 Infrastruktur als das neue Modewort.[44] Dabei konnte sich die »Nahe-am-Abgrund-Rhetorik«, so das Magazin *Fortune*, auf eine ganze Reihe von fatalen Ereignissen berufen, wie die Totalausfälle der Stromversorgung in New York in den Jahren 1965 und 1977, denen im Jahr 2003 ein weiterer folgen sollte. Sie brachten wiederum entsprechende Hollywoodfilme hervor sowie die urbane Legende vom anschließenden Anstieg der Geburtenrate in der Stadt.[45]

Überlastung und die Folgen einer Ermüdung des Materials wurden aber vor allem am Beispiel von Brücken diskutiert. Schon im 19. Jahrhundert waren in Europa mehrere Hängebrücken eingestürzt, während Militärkolonnen darüber marschiert waren. Obwohl zu diesem Zeitpunkt schon bekannt war, dass durch den Gleichschritt gefährliche Schwingungen erzeugt wurden, kam es am 16. April 1850 im französischen Angers erneut zu einem Unglück, bei dem nicht weniger als 226 Menschen starben. Eine Untersuchungskommission unter Leitung des Ingenieurs Jules Dupuit stellte fest, dass die schlecht isolierten Drahtseile der erst 1839 eröffneten Brücke bereits korrodiert waren. Dupuit wurde später als der erste Ökonom bekannt, der die Effizienz von öffentlichen Bauaufträgen berechnete. Im Jahr 1907 stürzte dann schon bei ihrem Bau die *Quebec Bridge* über dem Sankt-Lorenz-Strom ein, da ihr Eigengewicht falsch berechnet worden war. Unter den 75 Toten befanden sich auch 33 Mohawk-Indianer. Sie wurden oft bei Hochbauarbeiten eingesetzt, weil sie als schwindelfrei galten.[46]

Zum Musterfall einer von vornherein fehlerhaften Konstruktion wurde die *Tacoma Narrows Bridge* im US-Bundesstaat Washington. Nach nur drei Monaten Betrieb hatten Windböen sie im Jahr 1940 immer heftiger aufschaukeln lassen und schließlich zum Einsturz gebracht. Ihre kühne, aber anfällige Konstruktion wurde seither in Einführungsseminaren für Physikstudenten zu einem abschreckenden Lehrbeispiel.[47] Charakteristischer für die Probleme der Gegenwart war jedoch der Einsturz der *Silver Bridge* über dem Ohio im Jahr 1967. Denn die war 40 Jahre zuvor vor dem Hintergrund eines Verkehrsaufkommens konstruiert worden, das sich seitdem vervielfacht hatte. Längst konnte man nicht mehr von den knapp 700 Kilogramm Fahrzeuggewicht ausgehen, die für eine *Tin Lizzy* der Marke Ford im Jahr 1927 noch veranschlagt worden waren. Vielmehr hatte sich das Durchschnittsgewicht der Fahrzeuge inzwischen verdoppelt. Vor allem waren die in der Popkultur der USA so prominenten Trucker nun mit Fahrzeugen unterwegs, die bis zu 27 000 Kilogramm wiegen konnten.[48] Mitten im Feierabendverkehr führte eine geringfügige Korrosion eines tragenden Pfeilers daher zum plötzlichen Kollaps der Brücke. Sie riss 46 Menschen mit sich in den Fluss.

Solche Nachrichten kommuniziert niemand gern. Sie setzen meist eine hektische Betriebsamkeit in Gang, um die kurz- und langfristigen Folgen zu bewerten. Die *Silver Bridge* war schon wenige Monate nach ihrem Einsturz wieder befahrbar, doch hatte US-Präsident Lyndon B. Johnson vorsorglich die Überprüfung von 1800 weiteren Brücken fortgeschrittenen Alters angeordnet. Die Analysen von solchen Unfallursachen gehen auch international in das akkumulierte Erfahrungswissen von Ingenieuren ein. Dessen Umsetzung ist nicht immer sofort möglich und stößt lokal auf wiederkehrende Hindernisse. Seit den späten 1960er Jahren waren das nicht nur die schrumpfenden öffentlichen Haushalte, sondern auch etablierte Politikmuster. Denn lieber werden bis heute spektakuläre Neubauten eröffnet, als dass in profane Wartungsarbeiten investiert wird.

Reparaturen verursachen ärgerliche Verzögerungen und bleiben im Erfolgsfall meist vergleichsweise unsichtbar. Daher muss oft mit dramatischem Vokabular, mit bedrohlichen Szenarien und mit unvorstellbar erscheinenden Bedarfssummen argumentiert werden, um politische Reaktionen auszulösen. Als dauerhaft zugkräftig erwies sich das Argument, dass man im interkommunalen, interregionalen oder internationalen Wettbewerb um attraktive Standorte zurückfallen werde, falls nicht ebenso unverzüglich wie großzügig in den Erhalt bestehender Infrastrukturen investiert werde.[49]

Kalkulierter Verschleiß, wie er lange etwa im Fall der Glühlampen und anderer »Konsumprodukte« wie Automobilen eingerechnet wurde, um auf diese Weise weniger technische als eher ökonomische Gewinne zu erzielen, kommt im Fall von Infrastrukturen äußerst selten vor.[50] Auch die Mechanismen der *Reinventive modernity* scheinen auf sie nicht zuzutreffen, einer Moderne also, die von ständiger, meist vorgetäuschter Erneuerung lebt, ohne sich wirklich neu zu erfinden. Vielmehr werden in ihr »vergessene« Dinge als neu vermarktet, werden Innovationszyklen zu einem Geschäftsmodell gemacht, das von der Logik der ständigen Neuerung zehrt. Es gibt mit der *Component Obsolescence Group* sogar einen Interessenverband, der sich diesen immer kürzeren Zyklen im Leben eines Produkts zu entziehen versucht. Die Gruppe ist hinsichtlich der Raumfahrt sowie der Technologie für das Militär, für die Bahn oder für Kraftwerke bemüht, die dauerhafte Verfügbarkeit von Teilen sicherzustellen, um etwaige Reparaturen zu ermöglichen.[51]

Dennoch unterliegen Infrastrukturen gleichsam natürlichen Lebenszyklen und Alterungen. In der Frühphase des Eisenbahnbaus etwa konnten die Schienenschwellen noch nicht ausreichend imprägniert werden; sie mussten infolgedessen alle fünf bis sieben Jahre ausgetauscht werden. Vom europäischen Streckennetz, das sich zwischen 1845 und 1870 auf 80 000 Kilometer verzehnfachte, befanden sich also jedes Jahr 15 bis 20 Prozent in Reparatur. Der entsprechende Bedarf an Holz ließ die europäische *Timber frontier* rasant voranschreiten.[52] Nach bewährter Ingenieurspraxis sind die meisten Infrastruktursysteme, die auf Metall oder Beton basieren, heute für eine Lebensdauer von 50 bis 75 Jahren ausgelegt.[53] Die Erfahrungen der letzten Jahrzehnte zeigen, dass diese Fristen sich meist deutlich verkürzen, vor allem weil die Frequenzen und Belastungen der Nutzung ständig steigen.

Lange Zeit wurden bei Infrastrukturbauten keine systematischen Vorkehrungen für eine Reparatur oder den Austausch einzelner Komponenten getroffen. Oft sind daher Straßen, Datennetze oder Bahngleise von ihren Lebenszyklen her nicht nur verschlissen und ihre Modernisierungen überfällig. Zugleich sind sie stärker im Gebrauch als jemals zuvor und mit ständig steigenden Ansprüchen an Gesundheit, an Komfort, an Mobilität oder an den Umweltschutz konfrontiert. Das treibt die Kosten ihres Erhalts zusätzlich in die Höhe und vermehrt die Probleme ihres Austauschs.

Besonders schlecht scheint das Infrastrukturkonzept auf den demographischen Wandel vorbereitet zu sein, die mittelfristige Alterung und den langfristigen Rückgang der Bevölkerung. Denn ständig steigende Bevölkerungs- und Verbrauchszahlen sind bei Infrastrukturplanern und Politikern argumentative Grundfiguren. Bei ihnen scheint sogar, wie schon 1992 festgestellt wurde, »eine tiefe Abneigung gegen Schrumpfung oder Reduktion zu bestehen. Sie scheinen Assoziationen von Abstieg oder Rückschritt hervorzurufen – Perspektiven, die in einer durch und durch wachstumsorientierten Gesellschaft tiefes Unbehagen auslösen«.[54]

Nicht nur die Infrastrukturen selbst unterliegen also Lebenszyklen, sondern auch die Nutzer mit ihren spezifischen Erfahrungen in Bezug auf Innovationen und Interaktionen. Die meisten der heute schon etwas Älteren – ob Planer, Politiker oder Nutzer – sind durch eine außergewöhnliche Ära des Wohlstands in den Jahrzehnten nach 1945 geprägt. In diesem Klima konnten Staat und Politik nahezu ungehindert die Anlage von Infrastrukturen planen und umsetzen – die Rhetorik zu ihrer Rechtfertigung wurde nicht in Frage gestellt. Im Laufe der Jahrzehnte sind dann immer mehr Einrichtungen in die Jahre gekommen und erforderten immer aufwendigere Erhaltungsmaßnahmen. Dies führte dazu, dass sich die Rhetorik der umfassenden Vorsorge inzwischen verschoben hat und eher Aspekte wie Verlässlichkeit und Nachhaltigkeit problematisiert werden. Statt von der Schaffung gleichwertiger Lebensverhältnisse durch Infrastrukturen ist seitdem eher von Sanierungsstaus, von Instandhaltungskrisen und der Sicherung eines zuverlässigen Betriebs die Rede.

Das scheint eine nahezu herkulische Aufgabe zu sein: Die *American Society of Civil Engineers* vermutet bei einem Viertel der rund 600 000 Brücken des Landes Defekte in der Struktur. Ein Drittel der größeren Straßen sei in einem schlechten oder mittelmäßigen Zustand. Mehr als 4000 Staudämme der USA besäßen gravierende Sicherheitsmängel. Der Investitionsbedarf für Infrastrukturen wird auf 2,2 Billionen Dollar geschätzt.[55] Das hört sich erneut nach einer dramatischen Übertreibung an, um politische Reaktionen zu provozieren. Dass die dahinterstehende Realität bitter sein kann, belegte im Jahr 2007 der erneute Einsturz einer achtspurigen Autobahnbrücke in Minneapolis. Mitten im Berufsverkehr fanden diesmal 13 Menschen einen kalten Tod im Mississippi.

Das *Deutsche Institut für Wirtschaftsforschung* berechnete in einer Studie von 2013 den jährlichen Investitionsbedarf für den Erhalt der deutschen Infrastruktur auf ganze 75 Milliarden Euro. Allein der Bund ist für die Substanzsicherung von 38 000 Autobahnbrücken verantwortlich, dazu kommen noch die Brücken in der Verantwortung von Ländern und Kommunen, insgesamt sind dies weitere 120 000. Die werden in der Regel alle drei Jahre auf Mängel geprüft und alle sechs Jahre einer Hauptprüfung unterzogen. Oft muss ihr Befahren eingeschränkt oder sie müssen sogar vorübergehend ganz geschlossen werden. Dann sucht sich der tägliche Pendlerverkehr großräumig neue Wege und verursacht dort neue Überlastungen. Schwerlasttransporte müssen oft gewaltige Umwege nehmen, um tragfähige Brücken nutzen zu können.[56]

Bei dieser Verkehrsarthrose werden auch Fehlentwicklungen sichtbar, deren Ursachen historisch weit zurückreichen. So ist etwa das deutsche Schienennetz viele Jahrzehnte über nicht gewachsen, sondern eher ausgedünnt worden. Einzelne Stellanlagen haben ein ganzes Jahrhundert des Betriebs hinter sich.[57] Aus der einst stolzen Eisenbahnnation USA ist im 20. Jahrhundert ein Land des Automobils und des Flugzeugs geworden.

Ähnlich verhielt es sich mit lateinamerikanischen Ländern: Das im 19. Jahrhundert gut ausgebaute Schienennetz wurde in den letzten Jahrzehnten fast überall stark vernachlässigt und etwa zugunsten privater Busunternehmen zurückgefahren. Europäische und amerikanische Autokonzerne hatten dort nach neuen Absatzmärkten gesucht und, von der Weltbank assistiert, die lateinamerikanischen Regierungen dazu gedrängt, in den Ausbau der Straßeninfrastruktur zu investieren.[58] Argentinien besaß in den 1930er Jahren noch 43 000 Kilometer Schienen, auf denen früher

Bananen, Salpeter, Zuckerrohr und Erz oder auch Bauarbeiter transportiert worden waren. Heute wird nur noch ein Fünftel dieses Netzes befahren. Vereinzelt wiederbelebte Touristenzüge wie der *Tren le las Nubes*, der zu einem 4144 Meter hohen Viadukt in den Anden und wieder zurück fährt, werden von Anwohnern immer wieder mit Steinen beworfen, weil niemand dort von einem solchen Tourismus profitiert.[59]

Viele der staatlichen Eisenbahnen Mittel- und Lateinamerikas sind seit den 1990er Jahren dereguliert und privatisiert worden. Das geschah auch, um den Einfluss der machtvollen Eisenbahner-Gewerkschaften einzudämmen. Seither verhinderten die mächtigen Lobbys der südamerikanischen Spediteure jede weitere Investition in die Schiene. Das hat die neoliberalen Regierungen in den Augen linker Kritiker zu *ferrocidas* gemacht, zu Eisenbahnmördern. Wo hier und dort einzelne Bahnen dennoch reaktiviert wurden, schien der einst routinierte alltägliche Umgang mit dieser Infrastruktur bereits vergessen worden zu sein: Auf der Anschlussstrecke in Peru, hieß es 2010 in einer Reportage, müssten die Marktfrauen in Juliaca, wenn die Bahn käme, erst ihre Stände wegräumen. Und in Costa Rica verursache ein reaktivierter Vorortzug immer wieder Unfälle, weil die Passanten in San José einfach nicht mehr daran denken würden, dass auf Schienen gelegentlich auch Züge fahren.[60]

7 Achillesfersen:
Die Verwundbarkeit großtechnischer Netze

Ungehinderte Betriebsabläufe

In einem 1894 erschienenen »Anstandsbüchlein für das Volk« war dem »Benehmen auf der Straße« ein eigenes Kapitel gewidmet. Darin stellte der Autor Franz Vogt fest, das gesamte Verhalten einer Person auf der Straße sei »der öffentlichen Aufmerksamkeit und Beurteilung ausgesetzt«.[1] Er empfahl daher unter anderem, auf der Straße stets den sozialen Status der übrigen Passanten zu beachten: »Gehst Du mit einer vornehmeren oder höheren Person, so lasse ihr allzeit den Ehrenplatz.«[2] Das gelte auch für die Kommunikation: »Das Gespräch auf der Straße sei kurz; man sage einander nur das Notwendigste. Das Zeichen zum Verabschieden hat der Höhere zu geben.«[3]

Natürlich galt eine solche Hierarchisierung auch in Bezug auf das Lebensalter, der Jüngere hatte sich also dem Älteren unterzuordnen. Zwar appellierte Vogt mit solchen Empfehlungen noch an die bürgerlichen Tugenden der Höflichkeit. Doch zeichnete sich in seinen Benimmregeln bereits der implizite Ratschlag ab, im Getriebe des großstädtischen Verkehrs ein reibungsarmes und anstoßfreies Mittelmaß zu pflegen. Insofern leitete sich das richtige Verhalten nicht mehr bloß aus den Werten des Anstands ab, sondern ebenso aus der Funktionslogik einer möglichst ungehinderten Zirkulation. Und die machte aus Bürgern Passanten oder Passagiere, die möglichst wenig auffallen sollten.

Damit sich die Bürger im Straßenraum mit einem kalkulierbaren Risiko bewegen konnten und dabei so etwas wie Sicherheit empfanden, bedurfte es zweier Initiativen. Erstens musste der Straßenraum entsprechend gestaltet werden, und zweitens mussten diejenigen, die sich darin aufhielten oder bewegten, pädagogisch erzogen werden. Schon im Jahr 1902 bestimmte daher der Präsident des westdeutschen Regierungsbezirks Arnsberg, dass »die Schulen im Unterricht über die Unfallursachen zu belehren und die Eltern auf den Konferenzen zu sorgfältiger Beaufsichtigung der kleinen, unvernünftigen Kinder anzuhalten hätten«. »Insbesondere müsse«, so wird der Inhalt in einer Geschichte des Verkehrs und der Verkehrserziehung wiedergegeben, »der Missstand abgestellt werden, dass schulpflichtige Kinder trotz der Warnsignale der Straßenbahnführer aus reinem Übermut im letzten Augenblick das Geleise überquerten. (…) Als Methoden sollte die Einschärfung der Sorge um die körperliche Unversehrtheit nach Gottes fünftem Gebot, die Veranschaulichung der weitreichenden Folgen von leichtsinnig verschuldeten Verkehrsunfällen und die Verabreichung präziser, situationsbezogener Verhaltensmaßregeln fungieren.«[4]

In keinem Bereich der Infrastrukturgeschichte geht der Anschluss an die zirkulativen Netze so offensichtlich mit erziehenden, oft disziplinierenden Wirkungen einher wie beim Straßenverkehr. Nirgendwo ist so greifbar, dass die Zielvariablen Freiheit und Sicherheit einander widersprechen. Und nirgendwo sind die Folgen eines Versagens von Alltagsroutinen oder eingeübten Kulturtechniken so tragisch wie im Falle von Menschen, zumal von Kindern, die im Verkehr verletzt werden oder sogar umkommen. Denn bei ihnen handelt es sich um Opfer eines Systems, dessen wohlbekannte Risiken wir bewusst in Kauf nehmen. Deshalb werden Kinder bereits möglichst früh angeleitet, einen »siebten Sinn« einzuüben, also ein möglichst intuitiv-angepasstes Verhalten innerhalb der gebauten Umwelt.

Der Zusammenhang zwischen Habitat und Habitus, zwischen der Lebenswelt und einer darauf orientierten umsichtigen Reaktionsweise wurde schon im 19. Jahrhundert debattiert, etwa im Zusammenhang mit der Eisenbahn. Wie schon die wenigen Zitate des »Anstandsbüchleins« belegen, wandelten sich diese Steuerung des Verhaltens und die Ausbildung eines »Gefahrensinns« seither noch einmal deutlich.[5] Was heute Mobilitäts- und Kommunikationserziehung genannt wird, wurde zu einer exemplarischen Arena psychologischer Analyse, pädagogischer Ambitionen und gesellschaftlicher Moral.

Es war ein psychosoziales Großprojekt. Die Bürger, die ein verkehrsgerechtes Verhalten einüben mussten, waren sowohl die motorisierten Teilnehmer als auch Fußgänger oder die domestizierten Tiere. Fahrradfahrer hingegen erwiesen sich urbanen Legenden zufolge als einer Sozialdisziplinierung nur bedingt zugänglich. Allerdings blieb die Zivilisierung insgesamt lückenhaft und stark an lokale Kulturen rückgebunden.[6] Und immer gab es unkalkulierbare Ausreißer, zu deren gefürchteter Ikone der Geisterfahrer geworden ist.

Auch die Anwohner von Straßen, die für den Verkehr reguliert wurden, zeigten sich oft sperrig. Denn durch die Regulierungen und ein erhöhtes Verkehrsaufkommen wurden ihre eingespielten Routinen und Wege verändert. Gerade Ortskundige dokumentierten gegenüber anonym oktroyierten Vorschriften oft eine gewisse Sturheit, und sie verhielten sich noch lange Zeit so, wie sie es vermeintlich »immer schon« gewohnt waren. Umgekehrt nahmen sie besonders auswärtige Verkehrsteilnehmer oft als »tollwütige Benzinrüpel« wahr.[7] Wie stark Verhaltensroutinen je nach Land und Kultur voneinander abweichen können, weiß jeder, der sich in Rio de Janeiro oder in Neu-Delhi an einem Zebrastreifen auf die Rücksichtnahme der Teilnehmer des fließenden Verkehrs verlässt.[8]

Die meisten Verkehrsteilnehmer akzeptierten die Zeichen und Regeln im Allgemeinen jedoch aus einem wohlverstandenen Interesse am Überleben. Die Bereitschaft, sich Tag für Tag dieser in der Nutzung vielleicht riskantesten aller Infrastrukturen auszusetzen, beruht darauf, dass der frühere Lebensraum Straße nach und nach zu einem Leitungsweg umgestaltet wurde.[9] Weil sie fortgesetzt zum erforderlichen Verhalten erzogen und in entsprechende Routinen praktisch eingeübt wurden, haben alle Verkehrsteilnehmer Automatismen ausgebildet – und können sich daher auf halbwegs berechenbare Verhaltensroutinen aller anderen verlassen. Die Straße als Fließraum steht stellvertretend für andere Räume, in denen Menschen, Waren oder Informationen bewegt werden. Sie ist insofern repräsentativ für viele gesellschaftliche Bereiche, die sich über einen mehr oder weniger »von oben« regulierten Bereich hinaus selbst organisieren müssen, weil nicht überall eine Ordnungskraft darüber wachen kann. Nur auf dieser Basis der wechselseitigen Verlässlichkeit des Verhaltens entsteht so etwas wie ein kollektives Sicherheitsempfinden.[10] Denn Regelvertrauen und Erwartungssicherheit sind wiederum Voraussetzung nicht nur für das Funktionieren solcher Räume, sondern auch dafür, die Verkehrsleistung weiter zu steigern.[11] Dennoch sterben weltweit im Straßenverkehr jährlich weitaus mehr als eine Million Menschen. Die Verkehrssicherheit wird daher mittlerweile als eine globale Herausforderung betrachtet.[12]

Fast noch erstaunlicher ist es, dass sich inzwischen Tag für Tag fast ebenso viele Menschen, über eine Million, zur selben Zeit in irgendeinem Flugzeug in der Luft befinden. Auch wenn die statistische Wahrscheinlichkeit die Sicherheit dieses Verkehrsmittels bestätigt, ist es dennoch rätselhaft, wieso sich die Passagiere in einem solchen Verkehrsmittel halbwegs sicher fühlen. Das galt besonders für die ersten Passagiere in der Luftfahrt, aber auch in frühen Eisenbahnen. Darin hatte sich im 19. Jahrhundert mancher gefühlt wie »lebendiges Stückgut«.[13] Wer nach dem Ersten Weltkrieg in eines der ersten Kabinenflugzeuge stieg, bekam bei einigen Fluglinien einen Pelzmantel, eine Fliegerbrille und eine gefütterte Ledermütze ausgehändigt.[14] Die Ausgabe alkoholischer Getränke und die Erlaubnis zu rauchen, später der Konsum von ablenkenden Medien aller Art, waren und sind daher als beruhigende Maßnahmen zu verstehen.

Um 1930 wurden die ersten *Sky Girls* eingesetzt. In Kabinen, die noch ohne Druckausgleich auskommen mussten, waren sie als eine Art Krankenschwestern für alle Fälle gedacht. Später wurden die Stewardessen auch für die ständig steigenden Sicherheitsstandards zuständig. Mit ihrer meist unerschütterlich freundlichen Bereitschaft, sich ansprechen zu lassen, leisteten sie auf professionelle Weise Gefühlsarbeit und trugen zur Angstbewältigung derjenigen Reisenden bei, die weniger abenteuerlustig waren als andere.[15] Denn anders als im Straßenverkehr gab und gibt es im Flieger für den Passagier keinerlei Möglichkeit, aktiv in das Verkehrsgeschehen einzugreifen. Abstraktes Wissen um die relative Sicherheit des Fliegens und die Phantasien, die denkbare Gefährdungen freisetzen, fallen hier besonders weit auseinander. Jede entsprechende Meldung ist verheerend. Dennoch ist ein Verschweigen von Flugzeugabstürzen, wie dies noch im Dezember 1986 nach der Havarie einer sowjetischen Tupolew 134 bei Berlin mit 72 Toten durch die DDR-Behörden versucht wurde, heute kaum noch vorstellbar.[16]

Die Arbeit an Verlässlichkeit und Sicherheit, zu der die Fluggesellschaften genötigt sind, ist ein komplexes Spiel aus Transparenz und Camouflage. Vor dem Hintergrund massenhafter Abfertigungen und des nach wie vor möglichen menschlichen Versagens wurde sie zu einer hochprofessionellen Aufgabe. Dabei setzen Flughäfen und Fluggesellschaften auf die unterschiedlichsten vertrauensbildenden Maßnahmen. Nach einer Reihe von Flugzeugentführungen wurden beispielsweise seit den frühen 1970er Jahren Sicherheitsschleusen eingerichtet. Das hebt das Dilemma freilich nicht auf, denn seither wird permanent über deren Zuverlässigkeit debattiert.[17]

Neben technischen Vorkehrungen und der Kontrolle von Menschen und Maschinen sind dies aber auch Prozeduren, die man als *security theater* bezeichnet hat. Damit sind Maßnahmen gemeint, die zum Sicherheitsempfinden von Menschen beitragen, ohne dass sie tatsächlich substantiell die Sicherheit erhöhen. Dazu gehören etwa die Präsenz von Uniformierten auf dem Flughafengelände, die Rituale der Kontrollen vor dem Einstieg in das Flugzeug oder die Sicherheitshinweise der Kabinencrew vor dem Abflug.[18] Die Bewegungsfreiheit der Passagiere von deren Ankunft am Flughafen bis zu ihrem Abflug wurde in den vergangenen Jahrzehnten stark eingeschränkt und vielfachen Überprüfungen unterworfen. Die Aufmerksamkeit der Reisenden in diesen Übergangsräumen wurde dabei vor allem auf kommerzielle Angebote gerichtet, um auf eine einträgliche Weise abzulenken. Das mag im Einzelnen, so bei vielen schikanösen Kontrollen nach 9/11, viel Murren hervorgerufen haben. Widerstände gab es aber letztlich kaum.[19]

Das Grundvertrauen in die Zuverlässigkeit von Infrastrukturen bleibt dennoch stets prekär. Es immer wieder neu zu schaffen stellt sich als umso aufwendiger heraus, je weniger Begleit- oder Betreiberpersonal zur Verfügung steht, um solche ungehinderten Betriebsabläufe gleichsam zu personifizieren. Dass deren Zahl immer weiter abnahm, liegt nicht nur an ihren Kosten und ihrer Ersetzbarkeit durch Technologien oder Verfahren, mit denen die Kunden sich selbst organisieren. Es liegt auch daran, dass dieses Personal die Betriebsabläufe selbst lahmzulegen vermag, besonders durch die industriegesellschaftlich zentrale Möglichkeit eines Streiks. Die vielfach potenzierten Störungen und Kosten, die bestreikte Infrastruktureinrichtungen bergen, können den Verhandlungsdruck enorm erhöhen. Das gehört zu den dialektischen Folgen der zunehmenden Abhängigkeit,

225

in welche die meisten Menschen geraten sind. Die Möglichkeit des Streiks war daher von Beginn an umkämpft.

Am 19. Mai 1900 etwa legten die Angestellten der Großen Berliner Straßenbahn AG die Arbeit nieder, um höhere Löhne und bessere Arbeitsbedingungen durchzusetzen. Der überwiegende Teil der Straßenbahnkunden ergriff dabei für die Ausständigen Partei. Näherte sich eine von Streikbrechern gesteuerte Straßenbahn, wurde sie mit Steinen beworfen und aus den Gleisen gehoben. Die Zugtiere der Pferdestraßenbahn wurden von wütenden Streikenden ausgespannt. Kutscher blockierten die Gleise.[20] Im November 1932 riefen dann sogar Nationalsozialisten und Kommunisten gemeinsam zu einem Streik gegen Lohnkürzungen der Berliner Verkehrsgesellschaft auf.[21]

Auf Solidarität in Teilen der Gesellschaft stießen auch die Streiks in Südafrika, die seit Beginn des 20. Jahrhunderts Einrichtungen des Verkehrs, der Versorgung und der Entsorgung trafen. Aus ihnen entwickelte sich innerhalb der antikolonialen und antirassistischen Bewegungen sogar eine regelrechte Tradition. Denn die Symbolik von Anschluss und Ausgrenzung war einfach zu naheliegend.[22] Aufseiten von Streikgegnern, in aller Regel Kreise, die dem freien Unternehmertum nahestanden, wurde dagegengehalten. Sie argumentierten dramatisierend, Streiks bei *public utilities* führten zu allgemeinen Entbehrungen und zu enormen Schäden für die Volkswirtschaft, wenn nicht sogar zu Toten. Sie seien daher grundsätzlich nicht hinzunehmen. Die antigewerkschaftliche *American Anti-Boycott Association* forderte daher schon 1917, Ausstände sollten für diesen Bereich sowohl im Krieg als auch im Frieden gesetzlich untersagt werden.[23]

Bisweilen wurde das Streikrecht tatsächlich aufgehoben oder ausgehebelt, indem weite Teile des Betreiberpersonals verbeamtet wurden. Meist konnten die Streikenden aber, wie in Berlin, darauf bauen, dass ihnen Verständnis oder gar Unterstützung zuteilwurde. In der Regel wurden die vorübergehenden Beeinträchtigungen von den Betroffenen geduldig hingenommen oder mit Improvisationsgeschick minimiert. Denn bei den Streikenden handelte es sich in aller Regel um schlecht bezahlte Arbeiter für – namentlich im Bereich der Entsorgung – besonders undankbare Tätigkeiten.

12 Um von Streikbrechern gefahrene Straßenbahnen aufzuhalten, wurden im November 1932 in Berlin-Schöneberg Schienen blockiert.

Die Solidarität nahm jedoch stets in dem Maße ab, in dem die Öffentlichkeit den Eindruck bekam, hier würden die Nutzer in Geiselhaft für Partikularinteressen genommen, deren Berechtigung nicht immer sofort einleuchtete. Dies war regelmäßig bei Piloten, Fluglotsen oder anderen Berufen der Fall, die hervorgehobene Schaltstellen von Infrastruktursystemen besetzten und im Vergleich bereits als sehr gut bezahlt gelten konnten. Auch wurde immer wieder argumentiert, dass der Leidtragende bei Arbeitskämpfen im Bereich der Daseinsvorsorge nicht der jeweilige Arbeitgeber, sondern der unbeteiligte Nutzer sei. Die Verhältnismäßigkeit von Streikaktionen müsse daher enger definiert werden.[24] Umgekehrt hat der Europäische Gerichtshof für Menschenrechte inzwischen eine »aufgabenbezogene Streikerlaubnis für nicht hoheitlich tätige Beamte« festgeschrieben. Damit werden »Staatsdiener« auch in diesen Rechten prinzipiell gleichgestellt.[25]

Reibungslose Betriebsabläufe werden für Infrastrukturen üblicherweise vorausgesetzt. Es sei denn, man hat sich an regelmäßig auftretende Beeinträchtigungen gewöhnt und nimmt sie entsprechend hin, je nach Temperament entweder mit verärgertem Murren oder mit Humor. Während der mündige Verbraucher beim individuellen Konsum offenbar gelernt hat, den Versprechungen der Werbung nur eingeschränkt Glauben zu schenken, klaffen der Anspruch auf eine zuverlässige Grundversorgung durch Infrastrukturen und die vom Nutzer erlebte Wirklichkeit weitaus häufiger auseinander. Die Deutsche Bundesbahn warb in den 1960er Jahren mit dem Slogan »Alle reden vom Wetter. Wir nicht.«. Dieser Slogan wird der heutigen Deutschen Bahn bei jeder witterungsbedingten Störung – vereiste Weichen oder Oberleitungen, ausgefallene Klimaanlagen usw. – noch immer zuverlässig entgegengehalten.

Dabei funktioniert die Beseitigung entsprechender Störungen meist zügig und reibungslos. Denn auch hierfür stehen spezielles Material und spezialisiertes Personal bereit: Schneepflüge, Räumdienste, Feuerwehren, Bauarbeiter, Elektromonteure, zur Not auch das Technische Hilfswerk. Vielen von ihnen begegnet man im Alltag praktisch nie, denn schon in der Planung wird versucht, Gefahren zu minimieren. Für besonders unfallträchtige Straßenverläufe beispielsweise werden Kommissionen eingesetzt, die in mühevoller Kleinarbeit und langfristiger Beobachtung den Ursachen hierfür nachspüren.[26]

Auch für den Ernstfall wurden zumeist detaillierte Vorkehrungen getroffen, Notfall- und Fluchtlinienpläne, die baupolizeilichen Anordnungen genügen müssen. Diese schreiben vor, wie der Straßenraum gestaltet sein muss, damit sich Rettungs- und Löschfahrzeuge ungehindert bewegen können. Wirklich ernst wird es, wenn diese »resilienten« Strukturen versagen, wenn also Funktionen unter unvorhergesehenen Belastungen nicht aufrechterhalten werden oder nach ihrer Störung nur sehr verzögert wieder in Gang gebracht werden können. Der Begriff Resilienz tauchte in den 1970er Jahren erstmals in der Psychologie auf für die Fähigkeit insbesondere von Kindern, mit traumatischen Belastungen umzugehen.[27] Inzwischen wurde er auch zu einer Schlüsselkategorie für die Überlebensfähigkeit soziotechnischer Großsysteme, die nach Möglichkeit auch unter Stress flexibel bleiben sollen.

Aus zahllosen unliebsamen Vorfällen wurde inzwischen ein umfassendes

Wissen über Eventualitäten und Ernstfälle generiert. Allerdings wird dieses Wissen oft restriktiv gehandhabt und verlässt die entsprechenden Expertenkreise nicht. Denn um Sicherheit zu gewährleisten, sollte nicht jeder alles erfahren, schon um die Menschen nicht zu beunruhigen. So halten etwa Schädlingsbekämpfer den elektronischen Rattenplan in Hamburg geheim, damit sich die Anwohner nicht gruseln oder gar in Panik versetzt werden.[28] Anderes Wissen wiederum ist prekär und wird nicht veröffentlicht, weil sich die Wahrscheinlichkeit von Anschlägen oder von Missbrauch erhöhen könnte, wenn diese Informationen frei kursieren würden.

In der heute umfassend vernetzten und intermodal verknüpften Welt der Infrastrukturen hat sich seit langem ein Bewusstsein für das eingestellt, was seit einigen Jahren als deren Vulnerabilität (Verwundbarkeit) bezeichnet wird. Mit der hohen Interdependenz, die zwischen verschiedenen Infrastrukturbereichen, etwa der Energie- und der Wasserversorgung, besteht, hat sie sich fortlaufend weiter erhöht. Denn inzwischen verstärken sich innerhalb der großtechnischen Systeme im Fall einer Störung fast notwendig die Effekte, die sich zudem schneeballartig weiter ausbreiten. Nicht die eigentlichen Defekte – gleich welcher Art – erzeugen erfahrungsgemäß die größten Schäden. Es sind die Kettenreaktionen, die mit ihren »kaskadierenden Schadenswirkungen« auf die angeschlossenen Systeme übergreifen.[29]

Besonders gefährdet sind daher die »Infrastrukturen der Konnektivität«, also Häfen oder Flughäfen, Bahnhöfe, Elektrizitäts- und Wasserwerke, Nachrichtenzentralen und die Knotenpunkte des Internets.[30] Hierfür existieren zwar seit langem spezielle Sicherheitskräfte mit teilweise exekutiven Vollmachten, etwa die Bahn- oder die Hafenpolizei, der Zoll oder die Sicherheitsdienste an Flughäfen. Solche Knotenpunkte sind aber nicht nur besonders anfällig gegenüber bewusster Zerstörung, sondern auch gegenüber umweltbedingten oder versehentlichen Schäden. Berühmt wurde im Jahr 2011 der Fall der damals fünfundsiebzigjährigen Hajastan Shakarian, die, offenbar auf der Suche nach Altmetall, mit einem Fuchsschwanz die Internetverbindung zwischen Armenien und Georgien durchtrennt haben soll. Die Rentnerin verteidigte sich anschließend mit dem Argument, sie wisse nicht einmal, was das Internet sei.[31]

Naturkatastrophen wie etwa Überschwemmungen oder Stürme wiederum werden vor allem deshalb so genannt, weil hier die *erste* die *zweite* Natur überlagert. Beides wird in der Regel als sorgsam voneinander getrennt vorgestellt.[32] Katastrophal ist dabei aber vor allem, wenn sich die vitalen Systeme der Versorgung oder der Kommunikation dieser Herausforderung durch die Natur, durch ein Versagen oder einen gezielten Angriff nicht gewachsen zeigen, sie also nicht resilient reagieren. Es gibt aber auch Katastrophen, die durch Fehler in den Systemen selbst entstehen und sich oft über einen längeren Zeitraum hinweg anbahnen, weshalb man auch von einer »Inkubationszeit für Desaster« spricht. Dabei addieren sich mehrere kleinere, zunächst unbemerkt bleibende Fehler im System zu einem finalen Kollaps.[33] Solche Blackouts waren in der Frühphase der Gas- und Elektrizitätsversorgung geradezu an der Tagesordnung, und sie sind es in vielen Teilen der Erde noch heute. Die Betroffenen wussten oder wissen sich dabei in aller Regel durch die Anwendung früherer Praxen zu behelfen, oft greifen sie auch auf eigentlich ausrangierte und für den Notfall vorgehaltene Geräte zurück.

Eine Falle der heute umfassenden Vernetzung besteht jedoch darin, dass – bei aller durch selbstoptimierte Menschen zur Schau gestellten *outdoor-* und *survival-*Kompetenz – solche Praktiken der Improvisation wie etwa das Reparieren von technischen Geräten oder scheinbar überlebte Kulturtechniken wie Feuermachen oder Kochen bei vielen Jüngeren kaum noch abrufbar sind.[34] Hinzu kommt, dass die Bereitschaft, für eventuelle Notfälle vorzusorgen, kontinuierlich abnimmt, je länger die Systeme funktionieren oder nicht durch Kriege bedroht sind. Das könnte man als Sicherheits- oder Verletzlichkeitsparadox bezeichnen: Je besser eine Gesellschaft in ihren Versorgungseinrichtungen funktioniert, umso stärker wirkt sich jede Störung aus.[35]

Experten, die die gegenwärtige Entwicklung gefährdeter Infrastrukturen beobachten, sind jedenfalls alarmiert. Sie halten das ständig höher werdende Niveau von sich selbst verstärkenden und überlagernden Vernetzungen für eines der größten Risiken der Gegenwart wie der Zukunft. Das gilt vor allem für die *Smart grids*, also die digitale und vermeintlich »intelligente« Kontrolle der Erzeugung und des Verbrauchs in Stromnetzen.

Damit werden die potentiellen Folgen eines Stromausfalls noch einmal verstärkt, weil möglicherweise auch die Wasserversorgung und die Kommunikation daran hängen. Eine Gefahr entsteht unter anderem daraus, dass weder die Individuen noch die Strukturen Schritt für Schritt und bewusst auf frühere technische Niveaus zurückgehen können.[36] Experten gehen daher von dramatischen Szenarien aus: Mit zunehmender Dauer eines Ausfalls etwa der Stromversorgung würden sich auch die alltäglichen Routinen auflösen, laufe der Prozess der Zivilisierung gleichsam rückwärts – mit allen Folgen für die öffentliche Ordnung, die das voraussichtlich nach sich zieht.[37] Entsprechende Vorgänge bei längeren Blackouts, wie sie sich etwa bei den Stromausfällen in New York 1965 und 1977 zeigten, haben immer wieder einen nachhaltigen Eindruck von solchen Prozessen vermittelt.[38]

Im Bewusstsein solcher Gefahren steigt in vernetzten Gesellschaften die Bereitschaft, sich von entsprechend spezialisierten Experten schützen zu lassen. Dafür nehmen es viele Bürger hin, dass ihre individuellen Freiheiten eingeschränkt werden. Das jeweilige noch akzeptable Ausmaß staatlicher Überwachung entwickelte sich im 20. Jahrhundert zu einem dauerhaften Verhandlungsthema der offenen Gesellschaft. Nach Bedrohungen – seien sie real oder vorgestellt – stieg dabei stets die Bereitschaft vieler Menschen, sich entsprechend überprüfen und überwachen zu lassen.

Umfragen legen nahe, dass nicht nur bei Bedrohungslagen, sondern auch mit zunehmender Abhängigkeit von Infrastrukturen den entsprechenden Sicherungsmaßnahmen oft mehrheitlich zugestimmt wird. Es ist aber zugleich frappierend zu beobachten, dass nach kleineren Störungen von Betriebsabläufen meist unmittelbar zum *Status quo ante* zurückgekehrt wird, als sei nie etwas gewesen. Die meisten Menschen kehren oft geradezu reflexartig zu ihren Alltagsroutinen zurück. Diese Formen des Verdrängens oder Vergessens haben nicht nur individual-, sondern eben auch sozialpsychologisch ihren spezifischen Sinn.[39] So ist nach den vielen terroristischen Anschlägen der letzten Jahre die Betonung, man lasse sich durch solche Herausforderungen in seinem Lebensstil nicht beeinträchtigen, zu einem rhetorischen Topos des Trotzes geworden.

Insgesamt gehört die unauflösbare Dialektik zwischen ermöglichender Freiheit und beschränkender Sicherheit zu den erstaunlichsten Facetten im Bereich der Infrastrukturen. Zahlreiche Diskussionen in der medialen

Öffentlichkeit gehen inzwischen auf Anlässe zurück, bei denen die Schattenbereiche der Versorgung und Entsorgung, der Kommunikation und des Verkehrs sichtbar werden. Das sind oft Skandale, die etwa hygienische oder gesundheitliche Probleme betreffen (vor allem im Bereich der Lebensmittelversorgung), mangelnde oder überzogene Kontrollen und menschengemachte oder zufallsgenerierte Pannen.

Die darum kreisenden Diskussionen spiegeln einmal mehr das leicht zu erschütternde Grundvertrauen in die Verlässlichkeit der Systeme wider, in das wir von Kindesbeinen an hineinsozialisiert werden. Die Gemütsruhe der Infrastruktur- und Wohlstandsgesellschaft erweist sich dabei als umso verletzlicher, je länger man bereits in diesen Systemen lebt. Oft sorgt es schon für nachhaltige Irritationen, wenn auf Straßen, Plätzen oder anderen Orten der Infrastruktur auf eine rücksichtslose oder kaltschnäuzige Art gegen den Anstand und die Verkehrsmoral verstoßen wird. Beides definiert sich heute sicher anders als in Franz Vogts »Anstandsbüchlein« von 1894. Dafür ist das unauffällige Mittelmaß mehr denn je zu einer Norm geworden. Die mag ungehinderte Betriebsabläufe befördern, stellt aber keine Garantie für Sicherheit dar.

Kritikalität der Netze

Um das Jahr 1898 herum entstanden, vermutlich in Russland, die berüchtigten »Protokolle der Weisen von Zion«. Sie sollten zu einer der wirkmächtigsten wie fatalsten Propagandaschriften des 20. Jahrhunderts werden. Das weithin fiktive, von antisemitischen Unterstellungen durchzogene Werk bot eine Blaupause für alle späteren Verschwörungstheorien, wonach in der sich global immer stärker vernetzenden Welt so etwas wie geheime Mächte und Drahtzieher wirken würden. Eine zentrale Behauptung der »Protokolle« war, dass diese Verschwörer sich vor allem die Anonymität der modernen Infrastrukturen zunutze machten, um ihre Interessen durchzusetzen. Als Ultima Ratio einer vermeintlichen jüdischen »Weltverschwörung« wurde dabei ein Szenario »protokolliert«, das geradezu idealtypisch die unterschwelligen Befürchtungen heraufbeschwor, welche die moderne

Gesellschaft in anonymen Netzwerken oft entwickelt.[40] So wurden den angeblichen Verschwörern die Worte in den Mund gelegt, sie hätten »ein letztes, fürchterliches Mittel in der Hand, vor dem selbst die tapfersten Herzen erzittern sollen.« Und weiter hieß es:

»Bald werden alle Hauptstädte der Welt von Stollen der Untergrundbahnen durchzogen sein. Von diesen Stollen aus werden wir im Falle der Gefahr für uns die ganzen Städte mit Staatsleitungen, Ämtern, Urkundensammlungen und den Nichtjuden mit ihrem Hab und Gut in die Luft sprengen.«[41]

Angespielt wurde in diesem Zitat zum einen auf die Untergrundbahn, die ab 1897 in Paris gebaut und 1900 eröffnet wurde. Zum anderen wurden tiefsitzende Urängste angesprochen. Diese waren nicht nur mit Verkehrsmitteln verknüpft, denen man sich als Passagier auslieferte. Sie bezogen sich ebenso auf die urbanen Untergründe, in denen sich mutmaßlich versteckte – und kriminelle – Vorgänge ereigneten. Die »Protokolle« verwiesen zudem auf das Inbild solcher Befürchtungen in der Vormoderne, die Vorstellung, dass Juden Brunnen vergiftet hätten und für die Pest im 14. Jahrhundert verantwortlich gewesen seien.[42]

In Wirklichkeit sind die Stationen und Tunnel der Untergrundbahnen in Krisen- und Kriegsfällen des 20. Jahrhunderts eher zu Schutzräumen umgewidmet worden, wie dies im Zweiten Weltkrieg bei der Londoner *Underground* oder der Moskauer Metro der Fall war. Dennoch konnten sie auch zu gefährlichen Fallen mutieren. Im März 1995 zeigte sich dies bei einem Anschlag der apokalyptischen *Ōmu Shinrikyō* (Aum-Sekte) in der hochfrequentierten U-Bahn Tokios. Mit den Spitzen ihrer Regenschirme durchlöcherten einige Sektenmitglieder zuvor platzierte, mit einer giftigen Flüssigkeit befüllte Plastikbeutel. Die austretenden Sarindämpfe verbreiteten sich anschließend über 15 U-Bahn-Stationen. Dreizehn Menschen starben, Tausende wurden verletzt. Der Schriftsteller Haruki Murakami sprach anschließend von einem »Untergrundkrieg«.[43] Schon 1977 hatte es einen Anschlag auf die Moskauer Metro durch armenische Terroristen gegeben, weitere Anschläge durch vermutlich tschetschenische Separatisten sollten 2004 und 2010 folgen. 2004 und 2005 verübten islamistische

Attentäter Anschläge auf U-Bahnen in Madrid und in London. Auf das Fahrgastverhalten haben sich diese Vorfälle kaum ausgewirkt. Aus Furcht vor versteckten Bomben werden heute in vielen Metrostationen aber keine Abfallbehälter mehr aufgestellt.

Ein legendär gewordener Anschlag geht freilich auf einen der konsequentesten Antisemiten zurück, der sich von den »Protokollen der Weisen von Zion« hatte beeindrucken lassen. Die Sprengung des Nord-Süd-Tunnels der Berliner S-Bahn unter dem Landwehrkanal, in deren Folge es auch zu einer weitreichenden Flutung der U-Bahn kam, ist wohl auf Adolf Hitlers berüchtigten *Nero*-Befehl vom 19. März 1945 zurückzuführen. Darin hieß es:

>»Es ist ein Irrtum zu glauben, nicht zerstörte oder nur kurzfristig gelähmte Verkehrs-, Nachrichten-, Industrie- und Versorgungsanlagen bei der Rückgewinnung verlorener Gebiete für eigene Zwecke wieder in Betrieb nehmen zu können. Der Feind wird bei seinem Rückzug uns nur eine verbrannte Erde zurücklassen und jede Rücksichtnahme auf die Bevölkerung fallen lassen. Ich befehle daher: (…) Alle militärischen Verkehrs-, Nachrichten-, Industrie- und Versorgungsanlagen sowie Sachwerte innerhalb des Reichsgebietes, die sich der Feind zur Fortsetzung seines Kampfes irgendwie sofort oder in absehbarer Zeit nutzbar machen kann, sind zu zerstören.«[44]

Rüstungsminister Albert Speer, mit dem zusammen Hitler eben noch ein umgebautes Berlin namens »Germania« geplant hatte, weigerte sich jedoch, den Befehl umzusetzen. Aus welchem Kalkül heraus er das tat, wird bis heute diskutiert. Seit der Haager Landkriegsordnung von 1907 sollte das Ausmaß von Zerstörung und Verwüstung im Krieg jedenfalls auf das militärisch notwendige Minimum begrenzt werden. Oft geschah in den Konflikten des 20. und 21. Jahrhunderts freilich das genaue Gegenteil. Seit dem Ersten Weltkrieg zielt, wie schon beschrieben, die Kriegführung darauf ab, die infrastrukturellen Achillesfersen des Gegners und damit dessen empfindlichste Stellen zu treffen.

Die militärische Logik und die dadurch ausgelösten Gewaltspiralen bewirkten daher eher einen Wettlauf um den möglichst langfristig vorbereiteten und effizienten Schutz kriegswichtiger Einrichtungen auf der einen, ihre möglichst rasche und effektive Zerstörung auf der anderen Seite.[45] Tatsächlich wurden nach dem Ausbruch von Kriegen nicht allein Soldaten mobilisiert und das, was einen bis dahin mit dem jetzigen Feind verbunden hatte, als trennend umgewertet. Es sollten auch ganz konkret die vorher womöglich gemeinsam genutzten oder verbindenden, nun aber fremden oder fremd gewordenen Verkehrs- und Kommunikationskanäle unterbrochen werden – oder aber angeeignet. Gegnerische Seekabel wurden durchschnitten, Funkmasten zerstört und Radiostationen beschlagnahmt. Schon im amerikanischen Sezessionskrieg hatte es Eisenbahnbrücken gegeben, die von wechselseitig erobernden Kriegsparteien bis zu siebenmal demoliert und anschließend wieder aufgebaut worden waren.[46]

Dass es so kommen würde, hatten geostrategische Deuter der Weltläufe schon im 19. Jahrhundert geahnt. Sie wiesen fortgesetzt auf die Verwundbarkeiten hin, die einzelne Stützpunkte, militärische Einrichtungen, Kommunikationsleitungen oder Verkehrsachsen mit sich brachten. So stellte der Geograph Friedrich Ratzel fest: »Da die inneren Verkehrswege Organe des inneren Zusammenhanges der Staaten sind, richten sich gegen sie in erster Linie die auf die Losreißung von Teilen eines Staates oder auf die Erschütterung des inneren Zusammenhangs gerichteten kriegerischen Unternehmungen.«[47] Damit verwies er auf ein Dispositiv des Sicherheitsdenkens »in militärischer Beleuchtung«, das in den zivilen Einrichtungen permanent die Gefahr witterte, verwundet zu werden.

Hierzu wurde sogar ein Grundaxiom des Kriegstheoretikers Carl von Clausewitz abgewandelt: »Als mit kräftigeren Ausdrucksmitteln fortgesetzte Politik«, schrieb der preußische Offizier Willibald Stavenhagen 1905, »ist der *Krieg* im wesentlichen eine eigentümliche, nicht gerade sehr höfliche, vielmehr recht gewaltsame Art des Verkehrs.«[48] Im Ersten Weltkrieg sollte diese Formel zumindest in Europa nicht aufgehen. Die Kriegsparteien verbissen sich vielmehr in festgefahrenen Fronten und konzentrierten die Logistik weitgehend auf die Nachschubwege zu den Schützengräben. Auf parallelen Kriegsschauplätzen in Afrika und dem Vorderen Orient war deutlich mehr in Bewegung. Thomas E. Lawrence (Lawrence von Arabien) etwa erprobte neue Kampftaktiken mit seinen numerisch wie technisch unterlegenen Kämpfern. Sie griffen die von Deutschen erbaute Hedschas-bahn, Wasserversorgungssysteme und Hafenstädte an und prägten so Muster, die im Verlauf des 20. Jahrhunderts von zahlreichen Guerillakämpfern und Partisanen aufgegriffen und verfeinert wurden.[49]

Der Zweite Weltkrieg stand dann ganz im Zeichen der Nachrichten und des Verkehrs; beides versuchte der jeweilige Gegner zu behindern oder ganz zu unterbinden. Folgerichtig fanden die ersten, überwiegend vorgetäuschten Kampfhandlungen im September 1939 am Radiosender Gleiwitz und im Danziger Postamt statt. Dies gilt auch für den japanischen Überfall auf die Mandschurei im Jahr 1931, der aus einer globalen Sicht als eigentlicher Beginn des Zweiten Weltkriegs angesehen werden kann: Im Mukden-Zwischenfall hatten japanische Offiziere einen Sprengstoffanschlag auf die Südmandschurische Eisenbahn fingiert und anschließend die Chinesen beschuldigt, ihn durchgeführt zu haben.[50]

In den Weltkriegen kam es mehr denn je auf eine blitzartige Überwältigung und die operative Lähmung des Gegners an. Notorisch wurden die strategischen Bombardierungen, die alliierte Bomberverbände auf deutsche Verkehrseinrichtungen flogen. Sie zielten insbesondere auf logistisch zentrale Eisenbahnstrecken und deren Knotenpunkte, auf Bahnhöfe und Reparatureinrichtungen, auf Kanäle und auf Schleusen, später auch auf ganze Städte. Heroisch überhöht wurden später Figuren wie Barnes Neville Wallis, der britische Flugzeugingenieur, der die *Dambuster*-Bomben für die Talsperren an der Möhne, der Eder und der Sorpe entwickelte sowie weitere Geräte, mit denen deutsche Infrastrukturen zerstört werden sollten. Die ausführlichen Auswertungen, die Briten und Amerikaner nach dem Krieg über die Auswirkungen der strategischen Luftoffensiven auf die deutschen Versorgungs- und Nachschubsysteme sowie die Moral der deutschen Bevölkerung durchführen ließen, fielen freilich eher ernüchternd aus. Beides, die Systeme wie die Moral, hatte man unter hohen Verlusten und letztlich vor allem im Bodenkrieg zerstören müssen.[51]

Was daraus gelernt wurde, gehört wiederum zum teilweise geheim gehaltenen Wissen militärischer Experten.[52] Angesichts der Atombombe aber verlor dieses Wissen an Relevanz. Denn den Folgen eines Atomschlags konnte keine noch so stabile Infrastruktur und keine noch so gefestigte

Moral etwas entgegensetzen. Mitteleuropa sah sich im Kalten Krieg denn auch als das erste und mutmaßlich am stärksten von Zerstörungen heimgesuchte Schlachtfeld. Dennoch richteten sich die mutmaßlichen Antagonisten eines künftigen Krieges auch auf konventionell geführte Angriffe ein. Das betraf nicht nur den Bunkerbau, sondern auch und vor allem solche Vorkehrungen, die den gegnerischen Vormarsch hätten einschränken können. Pioniertruppen bereiteten sich über viele Jahre hinweg darauf vor, im Ernstfall eine Vielzahl von Brücken und Straßen zu sprengen, um Angreifern die Wege zu versperren. Tunnel sollten durch Betonhindernisse, Geländeabschnitte durch Atomminen unpassierbar gemacht werden.[53]

Solche Szenarien hatten eine Fülle absehbarer Folgen, die zu unabsehbaren Eskalationen geführt hätten. Dieser Umstand trug letztlich dazu bei, die Spannungen und Konflikte des Kalten Krieges eher an stellvertretenden Orten außerhalb Europas auszutragen. Dort vermischten sie sich mit Dekolonisationsprozessen und trafen auf Kampftaktiken, die von Befreiungsbewegungen und Guerillatruppen mitbestimmt wurden. Auch diese zielten meist darauf ab, den bisweilen übermächtigen Gegner an dessen empfindlichsten Stellen zu treffen. Dabei wurde nicht nur von einer systemischen, sondern auch einer symbolischen Verwundbarkeit des Gegners ausgegangen, wenn man ihn denn strategisch zu treffen vermochte. Wieder spielten Infrastrukturen hierbei eine herausgehobene Rolle: Die Sprengung des Elektrizitätswerks im nordvietnamesischen Hanoi wurde am 19. Dezember 1946 zum Auslöser des ersten Indochina-Krieges. Ihn vermochten weder die Franzosen noch in deren Nachfolge die Amerikaner zu gewinnen. Er endete 1975 – Sinnbild für die überstürzte Evakuierung der Amerikaner wurde das Foto eines Hubschraubers, der mit CIA-Leuten und Flüchtlingen an Bord vom Dach eines von der CIA genutzten Wohngebäudes in Saigon startete.

Mao Zedong prägte den Ausspruch, der Partisan solle sich in den Volksmassen bewegen wie ein Fisch im Wasser. Das verwies auf die enorm gestiegenen Möglichkeiten von Untergrundkämpfern, den Ort zu wechseln und in den anonymen Strukturen der Massengesellschaft unterzutauchen. Maos Spruch verweist auf Taktiken der Guerilla, die in allen möglichen Zusammenhängen angewandt wurden. Sie wurden zunehmend auch von Personen übernommen, deren Terrorakte darauf abzielten, die jeweilige

Mehrheitsgesellschaft oder die vermeintlich herrschenden Klassen zu ver-
unsichern. Legendär wurde der Angriff, den Comandante Ernesto ›Che‹
Guevara mit zwei Dutzend Rebellen auf einen Panzerzug des kubanischen
Staatschefs Fulgencio Batista verübte. Am 29. Dezember 1958 ließ Guevara in Santa Clara mit einer Planierraupe die Gleise zerstören, über die
der Zug fahren musste, in dem Batista saß. Der Zug entgleiste, und durch
Molotowcocktails konnten die 300 in den Waggons sitzenden Soldaten in
die Flucht geschlagen werden. Der mit Waffen und Munition gefüllte Zug
wurde von den Aufständischen geplündert, die mit dieser Beute anschließend die Stadt Santa Clara eroberten. Noch am Neujahrstag 1959 floh Batista ins Ausland.[54] Der Mythos der kubanischen Revolution war geboren,
und die erfolgreiche Guerillataktik sollte bei ähnlich asymmetrischen Aus-
gangskonstellationen zahlreiche Nachahmer inspirieren.

Seit der Entstehungsphase des modernen Terrorismus in der Mitte des
19. Jahrhunderts haben sich dessen Taktiken kaum gewandelt, lediglich die
hierbei verwendeten Technologien.[55] Meist zielten die Anschläge auf Personen mit Positionen von besonderer symbolischer Bedeutung. Oft nahmen
sie aber auch prominente Bauwerke ins Visier. Am 11. September 2001 trafen die systemische und die symbolische Kritikalität paradigmatisch auf-
einander.[56] Bei dem Angriff handelte es sich um ein Übersteigern aller Ka-
tastrophenfilme und um eine Synthese sämtlicher Befürchtungen in Bezug
auf Flugzeuge, Untergrundbahnen, Aufzüge, Hochhäuser und dergleichen.
Dabei zielen Terroristen nicht unbedingt auf die Anzahl der Opfer ab, obgleich auch hier ein morbider Wettbewerb greifen mag. Vielmehr geht es
um die Fanalwirkung des Anschlags und eine maximale Wirkung hinsichtlich einer gesellschaftlichen Verunsicherung.[57]

Auf die zentrale Bedeutung von Infrastrukturen und die latenten Ängste,
die mit ihrer Nutzung verbunden sein können, verweist auch der Umstand,
dass bei festgenommenen *Al-Qaida*-Kämpfern Baupläne von amerikanischen Staudämmen und Atomkraftwerken gefunden wurden. Die Terroristen hatten im Internet gezielt nach Informationen über die Steuerung
von Strom, Verkehr, Kommunikation und Wasser gesucht.[58] Die Anschläge
wurden denn auch von westlichen Deutern unmittelbar als ein »Angriff auf
die Moderne« interpretiert, die diese an ihrer verwundbarsten Stelle traf

und auf die man mit einer Entflechtung der Systemarchitekturen reagieren müsse.[59] Spätestens mit diesem Anschlag von 2001 gewann das Sicherheitsdenken von Europäern und Amerikanern zumeist die Oberhand über den Anspruch, individuelle Freiheiten zu wahren. Hatten die zunehmende Dichte der Vernetzung und Verflechtung des Verkehrs, der Versorgung und der Kommunikation politische Grenzen aufgeweicht oder wie in der Europäischen Union sogar beseitigt, wird genau das seither zunehmend *sub specie securitatis* betrachtet und zu einem Problem erklärt.

Daraus entstand unter anderem das Paradigma einer dezentralen Vernetzung, wie es auch dem ARPANET / Internet zugrunde liegt. Militärischer Logik nach ist dieses Paradigma aber deutlich älteren Datums. Schon im Zweiten Weltkrieg waren in London die vorhandenen Telefonlinien absichtlich weitläufig und verzweigt vernetzt worden, um die Gefahr, dass sie im Kriegsfall unterbrochen werden könnten, zu minimieren.[60] Auch sollten durch eine »Vermaschung« von Stromnetzen und von Oberleitungen gezielte Angriffe auf die Hauptschlagadern der Energieversorgung reduziert werden. So hoffte man, die rasche Herausbildung resilienter Alternativstrukturen zu befördern.[61] Trotz aller denkbaren Sicherheitsmaßnahmen bleibt es freilich unabwendbar, durch Terroranschläge die öffentliche Moral immer wieder zu erschüttern. Die prekär bleibende Unterstützung der amerikanischen Regierung durch die Bevölkerung ist von George W. Bush nach 9/11 daher ihrerseits als eine »kritische Infrastruktur« identifiziert worden.[62]

Eine *President's Commission on Critical Infrastructure Protection* war in den USA schon 1996 gegründet worden. Sie sollte den durch Vizepräsident Al Gore forcierten Ausbau von *information superhighways* flankieren. Im Widerspiel zwischen Computerhackern und Softwareentwicklern ist seit den 1980er Jahren zu beobachten, wie eine zunächst exklusive, dann immer offenere Infrastruktur entstand und sich in rasendem Tempo globalisierte.[63] Dabei war sie ständig vor die Herausforderung gestellt, die Daten vor einem Missbrauch und vor Cyberangriffen zu schützen. Der Durchbruch des Internets erfolgte solcher Gefahren ungeachtet vor allem durch die unternehmerische Aneignung. Zahlreiche *E-commerce*-Angebote entstanden, die sich die Bequemlichkeit der User ebenso zunutze machten wie andere Bedürfnisse – insbesondere erotischer Natur.[64]

Inzwischen basieren immer mehr politische, administrative, ökonomische und technische Vorgänge auf einem vermeintlich verlässlichen Internet, in welchem die ursprünglich partikularen Informationsströme immer stärker miteinander verschmelzen. Damit werden sie zu Voraussetzungen vorgeblich »intelligenter« logistischer Gesamtlösungen im Rahmen eines *Smart home*, einer *Smart factory* oder einer *Smart city*. Alle diese Lösungen produzieren mit ihren Sensoren, Messungen und Berechnungen ungeheure Mengen an Daten. Diese *Big-data*-Technologien können aber wiederum mit enormen Folgewirkungen angegriffen oder missbraucht werden. Sicherheitsexperten befällt daher ein wachsendes Unbehagen, gerade in Bezug auf personenbezogene Daten und die *Cyber security*.[65] Denn mittlerweile lebt ein Großteil der Menschheit in Städten, und die Urbanisierung des Lebens mit all ihren Konsequenzen und Risiken schreitet weiter voran. Sie erfordert neue Wege und neue Methoden des Monitorings und der Selbstkontrolle und insgesamt ein neues Verständnis von Sicherheit, gegen das die Einübung in die Verkehrssicherheit oft wie ein Kinderspiel erscheint.[66]

Unter den zahlreichen Definitionen der Vulnerabilität, die durch die Technisierung und Infrastrukturisierung maßgeblich mit entstanden ist, sei hier die des deutschen Bundesinnenministeriums von 2004 zitiert:

»Kritische Infrastrukturen sind Organisationen und Einrichtungen mit (lebens-)wichtiger Bedeutung für das staatliche Gemeinwesen, bei deren Ausfall oder Beeinträchtigung für größere Bevölkerungsgruppen nachhaltig wirkende Versorgungsengpässe oder andere dramatische Folgen eintreten.«[67]

In den 1960er Jahren hatte die Verabschiedung von Notstandsgesetzen in Westdeutschland noch zum Aufkommen von studentischen Straßenprotesten beigetragen. In den 1980er Jahren waren die Volkszählung und die Einführung eines angeblich fälschungssicheren Personalausweises hart umkämpft. Heutige Maßnahmen in Bezug auf die Kritikalität von Infrastrukturen werden hingegen nur noch in Details diskutiert, kaum noch im Grundsatz. So erregt etwa die Frage aus der analogen Welt, ob ein gekapertes Flugzeug, wenn es größere Schäden anzurichten droht, abgeschossen werden darf oder nicht, die Gemüter mehr als umfassende Überwachungsmaßnahmen aus der digitalen Welt. Solche Fragen scheinen für Menschen, die sich immer mehr in virtuellen Umwelten bewegen, zu Gegenständen alltäglicher Strategiespiele geworden zu sein. So entbrannte 2002 im Forum des Computerspiels *Civilization* folgender, hier grammatisch bereinigter, ansonsten aber nicht untypischer Dialog:

Brümmelbär: »Mich würde mal interessieren, welche Wirkung bei euch die Zerstörung der gegnerischen Infrastruktur besitzt? Da die Zerstörung gut befestigter Städte mittels See- und Lufteinheiten nicht die gewünschte Wirkung zeigt, (…) stellt sich mir z. B. die Frage, ob man gegnerische Städte tatsächlich durch die Eliminierung ihrer Agrar- und Schienenflächen populationsmäßig minimieren kann. Oder lasst ihr die gegnerische Infrastruktur völlig unberührt, um diese nach der Übernahme einer Stadt optimal nutzen zu können?«

SoerenS: »Also ich zerstöre ziemlich selten die Infrastruktur der Gegner, außer eben bei Ressourcen (…), der Rest bleibt bestehen, (…) falls ich die Städte mal einnehmen sollte, bin ich doch über die geschenkte Infrastruktur froh.«

Angsthäschen: »Immer dieser Krieg! Leider produzieren die Computercivilisationen auch ohne Minen fleißig Einheiten. Also warum immer alles kaputt machen? Ich verliere so oder so fast immer …«

Vossibeer: »Also, sobald mir mein eigener Kontinent gehört, interessieren mich auf anderen Kontinenten sowieso nur noch Städte mit Luxusgütern und Ressourcen. Und da ich die anderen Städte überhaupt nicht haben will, bombe ich halt während eines Krieges alles nur kurz und klein. Ich versetze den gegnerischen Kontinent halt in seinen Urzustand von 4000 BC.«[68]

8 Die Kalte Persona:
Nutzer und Betreiber der Infrastrukturen

Verkehrsteilnehmergesicht

Als *jinshin jiko* – Personenschäden – werden von den Betreibern der U-Bahnen in Tokio die Suizide bezeichnet, die verzweifelte Menschen fast täglich verüben, indem sie sich vor einen Triebwagen werfen. Damit wird ein individuelles Schicksal zu einer infrastrukturellen Störung, deren »Bereinigung« in aller Regel vierzig Minuten dauert. Das kann für die wartenden Passagiere in den Waggons, die oft zweifach überfüllt sind, eine lange Zeit sein. Die meisten reagieren darauf mit Gelassenheit und informieren über ihre Handys eventuell wartende Personen. Viele lassen aber zugleich erkennen, dass sie das Verhalten der Selbstmörder im Grunde als asozial ansehen. Denn diese nötigen eine eng getaktete Mehrheit von rund zwanzig Millionen Pendlern dazu, die Folgen ihrer individuellen Befindlichkeiten zu tragen.

Die U-Bahn-Unternehmen wiederum haben in Reaktion auf die Vorfälle die unterirdischen Räume und Waggons besser illuminiert. So sollen bei Suizidgefährdeten düstere Gedanken vertrieben werden. Es wurde aber auch damit gedroht, die Angehörigen für die entstandenen Schäden haftbar zu machen. Beides zeitigte freilich kaum Resultate.[1] Wirksamer war es, das logistische System neu zu definieren. Schon seit den 1920er Jahren hatte sich, ausgehend von den USA, weltweit ein System des *Centralized Traffic Control* verbreitet. Dieses Kontrollsystem überwachte von einer Zentrale aus sämtliche Züge und die Einhaltung der Fahrpläne. In Katastrophenfilmen wie *Stoppt die Todesfahrt der U-Bahn 1–2–3* (1974) spielten

solche Stellwerke und Leitzentralen eine wichtige Rolle, denn dort liefen alle Fäden zusammen. Seit 1996 gingen auch die mittlerweile privatisierten U-Bahn-Unternehmen Tokios dazu über, ein alternatives *Autonomous Decentralized Transport Operation Control System* nach den Ideen des Informatikers Kinji Mori einzurichten. Diesem lag nicht mehr das Konzept der Hochmoderne zugrunde, nach dem die Infrastrukturen innerhalb eines zwar komplexen, aber zentral steuerbaren Organismus die Rolle von Venen, Arterien oder Nervenbahnen innehatten. Es ging vielmehr von einer heterogenen techno-sozialen Umwelt aus, die – analog zur ersten Natur – auf Störungen reagiert wie ein sich fortlaufend veränderndes Ökosystem.[2]

Um dies zu realisieren, mussten Teilsysteme dazu ermächtigt werden, mit Unvorhersehbarem möglichst selbständig und proaktiv umzugehen. Seither werden Vorfälle wie die Suizide nicht mehr als eine irreguläre Infragestellung des Systems begriffen. Vielmehr werden sie zu – wenn auch herausfordernden – Bestandteilen einer stets prekären Funktionslogik, die jedoch über die *distributed autonomy* jederzeit wieder stabilisiert werden kann. Der Fahrplan der Tokioter U-Bahnen folgt keinen festen Zeiten mehr, die sowieso nicht eingehalten werden können, aber doch einer halbwegs verlässlichen Taktung. Die Passagiere werden über den laufenden oder stockenden Verkehr, so gut es geht, über Anzeigetafeln oder SMS-Nachrichten informiert. Mit diesen Hinweisen können sie eigenständig die beste Verbindung zum Ziel wählen. Innerhalb einer als *normal* verstandenen Krise stabilisiert sich das System auf diese Weise autopoietisch.

Umgekehrt fand im Jahr 1984 die Gewalttat eines U-Bahn-Passagiers in New York durchaus öffentliche Zustimmung und rief sogar Genugtuung hervor. Ein Mann namens Bernhard Hugo Goetz hatte bei einer Fahrt in der U-Bahn auf vier Jugendliche geschossen, weil er sich von ihnen bedroht fühlte. Der Fall wies auffällige Parallelen zum zehn Jahre zuvor produzierten Film *Death Wish* auf. Darin hatte ein übel gelaunter Charles Bronson in der Hauptrolle zwei Kleinkriminelle erschossen, die ihn als Passagier provoziert hatten. Tatsächlich hatten viele New Yorker Bürger zu dieser Zeit das Gefühl, den zahllosen Verbrechen in der Stadt, besonders aber in der U-Bahn, hilflos ausgeliefert zu sein. Zwischen den Stationen fühlte man sich in den Waggons wie in einer Falle. Und so waren viele Menschen überzeugt, dass der *Subway Vigilant* Goetz in Notwehr gehandelt hatte.[3]

Freilich bringt das Einüben des Umgangs mit Infrastrukturen in erster Linie weder Gefühlskälte und Gleichgültigkeit noch eruptive Gewalt und Selbstjustiz hervor, und sie sind auch nicht die vorherrschenden Folgen einer »psychosozialen Zurichtung der Nutzer«.[4] Vielmehr haben die meisten Menschen gelernt, sich in Situationen des Verkehrs und der Kommunikation so zu verhalten, dass eine möglichst gefahrenarme und reibungslose Begegnung, Information oder Fortbewegung erfolgt. Der Umgang mit immer mehr Infrastrukturen hat sich im individuellen Bewusstsein und im sozialen Verhalten niedergeschlagen und zu einem flexiblen und spezifisch urbanen Lebensstil beigetragen.

Kritische Deuter der Zeitläufe bestätigt eben dieser Umstand bis heute in der Annahme, dass der Mensch der Moderne, der sich in Verkehrsmitteln oder an Nicht- und Niemandsorten wie Bahnhöfen, Flughäfen oder Hotels aufhält, zunehmend an Individualität verliere. Er werde immer konformer und dabei zunehmend gesichtslos.[5] Weil damit auch eine Unverbindlichkeit des Umgangs einhergehen kann, mussten die Nutzer den angemessenen Gebrauch neuer Infrastrukturen oft lernen. Zugleich wurden sie – vom »richtigen« Telefonieren (»Fasse Dich kurz! Nimm Rücksicht auf Wartende«) bis zur »Netiquette« – in neue Formen des zwischenmenschlichen Umgangs und der Höflichkeit sowie in die Einhaltung einer jeweils angemessenen Distanz zueinander eingeübt.[6]

Künstler und Wissenschaftler, namentlich Literaten und Soziologen, haben sich mit diesen Prozessen einer scheinbaren Normierung und Vereinzelung von Individuen innerhalb einer anonymen Masse immer wieder beschäftigt. Meist wurden die Menschen dabei den scheinbar eigendynamisch expandierenden, abstrakten Systemen gegenübergestellt. »Der Berliner ist Sklave seines Apparats«, meinte Kurt Tucholsky im Jahr 1919, er sei mehr Fahrgast als Mensch.[7] Andererseits konnte man sich aber auch fühlen wie Phileas Fogg aus dem berühmten Roman Jules Vernes, dem es gelang, die intermodale Vernetzung für seine achtzigtägige Reise um die Welt zu nutzen. Bisweilen erging es einem aber auch wie der Figur K. aus den Erzählungen Franz Kafkas. In ihnen wurden bürokratische Verstrickungen und vergebliches Warten vor dem Hintergrund von moderner Zirkulation und Fortschritt zu einem regelrechten Albtraum.

Als ein literarischer Gewährsmann für die frühe Beobachtung der Massengesellschaft kann der amerikanische Autor Walt Whitman gelten. Er hatte ein soziologisches wie ästhetisches Interesse an solchen Infrastrukturen, die Bewegungen der Massen im Raum ermöglichten. Die Fähren über den Hudson etwa kanalisierten die urbanen Passagierströme und stellten dabei eine vorübergehende Vergemeinschaftung her. Diese Gemeinschaft wurde, so Whitman, durch akustische Signale wie die Glocke, durch den Fahrplan und andere Rituale in Takt, Rhythmus und Bewegung gehalten.[8] »Tatsächlich«, schrieb er, »hatte ich schon immer eine Leidenschaft für Fähren; sie ermöglichen mir eine unnachahmlich strömende, nie versiegende und lebendige Poesie.«[9] Whitman und andere faszinierte die Ad-hoc-Herstellung eines Kollektivs durch den aufgezwungenen Moment des Verharrens, der Pause und des Stillstands. Ein Moment, in dem die Menschen laut Whitman für eine gewisse Zeit sinnliche Eindrücke miteinander teilten, auch wenn sie diese einander in aller Regel nicht mitteilten.

Der Verkehr, gerade der öffentliche Personenverkehr, oft aber auch die Kommunikation, stellen Konfrontationen her, die nicht gewählt, häufig auch nicht gewollt und dennoch unhintergehbar geworden sind. Im Jahr 1902 beschrieb der Psychologe Willy Hellpach die hiermit verbundenen Herausforderungen an die seelische Befindlichkeit exemplarisch:

»Ich trete aus dem Hause und gerade fährt die elektrische Bahn fort. Ich muss mich quer übers Trottoir winden; ein paar Kleinstädter hemmen den Menschenstrom; eine Droschke kommt in rasendem Tempo um die Ecke. Ich muss auf die nächste Straßenbahn warten; kaum finde ich oben einen Stehplatz; mein Nebenmann raucht eine fürchterliche Zigarre; Ruß fliegt mir an den frischen Leinenkragen; der Wagen fährt bald rasend, so dass alles gegeneinander taumelt, bald hält er, weil ein Lastwagen das Geleise versperrt.«[10]

Hier verdichten sich die sinnlichen Eindrücke und die diskontinuierlichen Bewegungen zu einer Kumulation von Reizen. Robert Musil meinte 1927, in der Stadt sei »die einzige Geschwindigkeit, die man eigentlich noch spürt, die des zu erreichenden Anschlusses, die Hast des Umsteigens und die Unsicherheit des rechtzeitigen Weiterkommens«.[11] Diese Art des urbanen Unterwegsseins hat sich zu einer Kultur nicht nur des Flanierens, sondern auch des Driftens und Surfens fortentwickelt. Sie bedarf einer stark selektierenden Wahrnehmung und des intuitiven Dechiffrierens von rasch vorbeiziehenden Signalen. Der Soziologe Georg Simmel stellte schon 1903 fest, dass der durch zahllose Eindrücke überforderte und immer nervöser werdende Städter seinen Mitmenschen gegenüber allmählich eine spezifische Art von Blasiertheit ausbilde.[12] In das gegenüberstehende Gesicht *nicht* zu schauen und *keine* Konversation zu beginnen, setzt in einer solchen »nicht-zentrierten Interaktion« (Erving Goffman) eine starke Disziplin und Affektkontrolle voraus, etwa so wie der Versuch, einem in der Öffentlichkeit laut geführten Gespräch oder Telefonat nicht zuzuhören.

Der Schriftsteller Walther Kiaulehn beschrieb 1958, wie der Großstädter nach Verlassen seiner Wohnung ein maskenhaftes, bewusst unpersönliches, gespanntes und gleichzeitig abwesendes »Verkehrsteilnehmergesicht« aufsetzt, um sich den sozialen Zumutungen zu entziehen, die ihn im öffentlichen Verkehr erwarten.[13] Zwischen 1938 und 1941 gelangen dem Fotografen Walker Evans mit versteckter Kamera in der New Yorker U-Bahn zahllose Porträtaufnahmen, die Varianten solcher Gesichter einfingen. Auf ihnen ist oft ein spezifischer Ausdruck wahrzunehmen, der signalisiert, dass man trotz körperlicher Nähe unbehelligt bleiben und seiner Lektüre oder seinen Gedanken nachgehen möchte.

Solche anonymen, aber in einem gemeinsamen Erleben vereinten Teilgesellschaften wurden nicht immer negativ oder kulturkritisch gedeutet. Auch Whitman sah in der vielgestaltigen *crowd*, die in den Infrastrukturen des Kollektiven entsteht, die amerikanische Gesellschaft insgesamt symbolisiert.[14] Damit traf er früh einen Punkt, der für die Infrastrukturgeschichte wesentlich ist: Die zunächst weithin namenlose Vergesellschaftung und die Vernetzung, die durch Infrastrukturen geschaffen werden, wirken sich auf die Individuen selbst aus. Vor allem aber wirken sie auf deren soziale Beziehungen zurück. Denn sie tragen dazu bei, diese Individuen aus lokalen und familialen Bezügen – und den damit verbundenen Identitätszuschreibungen und Zwängen – zu lösen, sie also zu vereinzeln. Dafür ermöglichen sie neue, mehr oder weniger freiwillig gewählte Bezüge und Vernetzungen.

Dazu fordern sie freilich ein Sozialverhalten heraus, das einen Zugewinn an Autonomie bietet, was aber auch bedeutet, dass man lernen muss, sich selbst zu organisieren und mit solchen Begegnungen umzugehen.

Oft entstanden daraus Theorien, die den Menschen als einen weithin außengeleiteten »Radarmenschen« (David Riesman) beschreiben, der eine Art von »öffentlichem Theater« (Erving Goffman) spielt und oberflächliche »Auftritte« übt statt innengeleitete Orientierungen und Kontakte zu suchen.[15] Man könne den Menschen als Passagier oder sonstigen Nutzer von Infrastrukturen gar durch äußere Signale steuern.[16] Insgesamt gehe es in der Moderne eher um »Verhaltenslehren der Kälte« und die Ausbildung einer »kalten Persona« (so der Kulturwissenschaftler Helmut Lethen), als um die Pflege von Intimität und sozialer Tiefe.[17] Nur wenige dieser Theorien über die Formung der Persönlichkeit oder sozialer Konstellationen nehmen dabei explizit Bezug auf die technisierte Umwelt der fortgesetzten Zirkulation, und doch ist vor allem sie es, die diese orientierenden, koordinierenden und distanzierenden Verhaltensweisen erst ermöglichte und erforderte.[18] Nicht die Nähe zu suchen, sondern jederzeit den richtigen Abstand zu wahren, war in diesem Zusammenhang eine der wesentlichen Kulturtechniken. Im Rahmen dieser »inneren Urbanisierung« produzieren einige Infrastrukturen wie das Telefon oder das Fernsehen neue Formen der Privatheit. Andere wie die Massenverkehrsmittel und ihre Ein- und Ausgänge, die Straße oder das Kino schaffen hingegen neue Formen der Öffentlichkeit.[19]

Im öffentlichen Nahverkehr entstand ein neuer Raum mit sozialer Durchmischung, aber auch Enge, in dem der Nutzer eine starke Konditionierung erfährt und sich die Fähigkeit antrainiert, Wahrnehmungen, Sinneseindrücke und Datenflüsse zu selektieren oder auszublenden. Vermeintlich Fremde und »Provinzler« erkennen Städter meist daran, dass sie einen anderen Habitus zur Schau stellen: Sie sehen sich um und schauen den Mitfahrern noch in die Gesichter. Gerade dadurch werden sie wiederum zu potentiellen Adressaten für Bettler, Taschendiebe oder Agitatoren aller Art. Aber auch Erfahreneren fällt es oft schwer, sich etwa der erotischen Ausstrahlung mancher Mitfahrenden zu entziehen oder sich von Zeichen gespreizter Egos wie dem breitbeinigen Sitzen (man spreading) nicht herausgefordert zu fühlen. Gegen diese oft unbewusste Geste männlicher Gelassenheit startete die *Metropolitan Transportation Authority* in New York im Jahr 2014 eine Kampagne.[20] Abweichungen von den Normen des Verhaltens fallen, wie angedeutet, in der Regel unangenehm auf. Sie können, wie im Fall von Bernhard Hugo Goetz, eine latente, bisweilen sogar aggressionsbereite Angst aktivieren.

Es ist diskutierbar, ob in diesen Konditionierungen ein säkularer Trend hin zu einem »abstrakten Menschen« liegt. Vielleicht wird unser alltäglicher Habitus auch nur immer elastischer. Das Verhalten in den Kommunikations- und Fließräumen der Infrastrukturen zielt aber fast immer auf ein neues, insgesamt präziseres Zeitempfinden ab, auf ein rasches und gleichsam intuitives Orientieren und auf berechenbare Umgangsformen im Verkehr. Diese können mit der Ausbildung eines »siebten Sinns« einhergehen oder eine neue Etikette bei der medial vermittelten Kommunikation zwischen Menschen erfordern. In der Summe bildet sich so ein »implizites Wissen« heraus, ein Wissen, wie etwas geht, ohne dies im Einzelnen benennen zu können.[21]

Fast alle diese Tätigkeiten kombinieren Prozesse der Routinisierung und der Automatisierung mit einem mehr oder weniger oberflächlich bleibenden Bewusstsein der Selbstkontrolle.[22] Das gefahrlose Bewegen im Stadtraum, das Erlernen des Fahrradfahrens, das rempelarme Laufen durch Menschenmengen etwa in Bahnhöfen, das freundliche Telefonat, das Studium der Kursbücher, der Karten oder der Fahrpläne, die Planung der Anschlüsse nach den Kriterien der Schnelligkeit oder des Komforts, das Merken von Telefonnummern oder von Passwörtern – die Liste der im Einzelnen entlastenden, in ihrer Kumulation aber auch belastenden Körper- und Kulturtechniken ließe sich endlos verlängern. In ihnen fallen Wissen und Tun zusammen und werden zu vollständigen Praxen.[23]

Mit diesen Praxen einher geht eine spezifische Zerstreuung, eine Kulturtechnik des Multitasking. Damit ist eine Selbsttechnik der verteilten Aufmerksamkeit und des vorausschauenden Handelns gemeint, wie sie schon um 1800 diskutiert wurde – damals ging es um die vermeintlich ausschweifende Lektüre von Büchern, die gerade ihren Status als Luxusgut verloren hatten. Solche Wandlungen boten ein gutes Beispiel dafür, dass neue Medien und Infrastrukturen oft miteinander interagieren. So stellte der Autor

Friedrich Spielhagen 1898 in einer Bilanz der epischen Poesie unter den Zeichen des modernen Verkehrs fest:»Heute herrscht unumschränkt der Einbänder, den man auf dem Bahnsteig für eine Mark erstehen, bequem in die Tasche stecken und ebenso zwischen Anfangs- und Endstation durchblättern kann.«[24] Mit der Möglichkeit zum Switchen und Zappen durch die Fernbedienung und mit anderen Technologien der unmittelbaren Auswahl oder der Parallelschaltung erhielt diese spezifische Ökonomie der Aufmerksamkeit allerdings eine neue Qualität.[25]

Natürlich zeigt sich den Herausforderungen nicht jeder gewachsen. Zahlreiche Romane der Moderne wie Alfred Döblins»Berlin Alexanderplatz« aus dem Jahr 1929 ziehen ihre Erzählplots aus den Diskrepanzen zwischen der inneren Rhythmik ihrer Protagonisten und den Anforderungen, die das äußere Leben an sie stellt. Die anfänglich noch ungeschlachte Hauptfigur in Döblins Roman, Franz Biberkopf, wird schließlich in die Taktung des Großstadtlebens eingepasst. Biberkopf lernt, nach Jahren der Auflehnung als Verbrecher und schließlich als Psychiatriepatient, sich nach seiner Entlassung innerhalb eines statistischen Mittelmaßes zu bewegen: Er wird zum unauffälligen Hilfsportier. Damit mutiert er freilich zum disponiblen Menschenmaterial.[26]

Man muss eben funktionieren, dies scheint die wesentliche Botschaft zu sein. Und das in einer Weise, mit der man solche Herausforderungen wie die Tokioter U-Bahn proaktiv bewältigt. Die Rolle, die einübende und kontrollierende Instanzen dabei gespielt haben, kann vermutlich nicht überschätzt werden. Sie reicht vom Verkehrskaspar über die Mobilitätserziehung bis zur Medienpädagogik und zum»Nudging«, also der subtilen Beeinflussung von Entscheidungsvorgängen.[27] Es wäre aber irreführend, hier keine individuellen, kulturellen oder historischen Unterschiede anzunehmen. Die schockartigen Störungen des Wahrnehmungsflusses, die man im 19. Jahrhundert mit den gestiegenen Reisegeschwindigkeiten der Eisenbahn zu haben glaubte, muten aus heutiger Warte vergleichsweise harmlos an.[28] Die Herausforderung, sich in einer Welt voller Verkehrs-, Kommunikations- und Medienangeboten zu bewegen und sich an Versorgungs- und Entsorgungsnetze anzuschließen – von den sozialen und kulturellen Infrastrukturen sei hier sogar noch abgesehen – ist in ihren Konsequenzen noch nicht umfassend, zumindest nicht fokussiert auf den Umgang mit Infrastrukturen beschrieben worden. Hier können daher nur einige Facetten angedeutet und zusammengefasst werden.

Generell scheinen persönliche Dispositionen einen großen Unterschied zu machen. Wie man sich gesellschaftlichen Basiseinrichtungen gegenüber verhält, wird auch davon mit beeinflusst, ob man eher zu optimistischen oder eher zu pessimistischen Einstellungen neigt. Der *early adopter* etwa ist jemand, der eine hohe Affinität zu den jeweils neuesten und vermeintlich avanciertesten Technologien besitzt. Dies sind in aller Regel eher zuversichtliche Menschen, die aus einem ganzen Bündel an Motiven heraus gern die Rolle eines Pioniers ausfüllen. Neue Dinge eignen sie sich oft spielerisch an. Dadurch ziehen diese Personen häufig andere mit, gehen aber auch das Risiko ein, sich in einer Sackgasse der Entwicklung zu verrennen. Sie ergreifen die Möglichkeiten, die sich aus neuen Angeboten ergeben, während andere und pessimistischer eingestellte Personen eher zögern. Sie beobachten Entwicklungen eher und meinen aufgrund ihrer mentalen Disposition, auch die denkbaren Nachteile früher wahrzunehmen.

Infrastrukturelle Angebote, so könnte man verallgemeinern, unterstützen eher die Neugierigen und die Kreativen. Am anderen Ende einer solchen generalisierten Skala stünden die Traditionalisten. Sie beharren eher auf dem Standpunkt, dass eine neue Einrichtung ihren praktischen und lebenserleichternden Nutzwert erst einmal beweisen muss. Für sie schränken diese ihre eingespielten Aktionsradien möglicherweise sogar eher ein, als dass sie weitere ermöglichen. Traditionalisten halten *early adopters* und deren Nachzügler eher für Snobs, Modebeflissene und Trendsurfer. Deren Verhalten beinhaltet aus ihrer Sicht zudem gewisse Suchtpotentiale. Kulturkritische Geister haben stets gemutmaßt, es werde zu viel gelesen, zu viel Radio gehört, zu viel ferngesehen, zu viel telefoniert und zu viel im Internet gesurft. Und das alles habe Effekte, die zu einer einseitigen Entwicklung des Individuums führten.

Eine weitere Spannung ergibt sich aus unterschiedlichen inneren Haltungen gegenüber öffentlichen Einrichtungen. Auf der einen Seite stehen diejenigen, die mit dem Gebrauch von Infrastrukturen verbundene Anforderungen – Standardisierungen, Vorschriften und deren Internalisierung –

rasch bewältigen.[29] Einige von ihnen gleiten dabei oft unmerklich in einen persönlichen Optimierungswahn hinein, den sie dann bisweilen durch »erzieherisches« Verhalten auch anderen angedeihen lassen wollen. Auf der anderen Seite finden sich diejenigen, die gern gegen den Strom schwimmen oder provozierenden »Unfug« treiben, insbesondere dann, wenn es sich um öffentliche, also symbolisch für die Mehrheitsgesellschaft stehende Einrichtungen handelt. Graffiti-Sprayer sind hierfür notorisch geworden. Auf der Skala des öffentlichen Ärgernisses stehen sie irgendwo zwischen »Klingelmännchen« und denen, die – als es diese noch gab – Telefonzellen zerstört haben, die dann aber auch für Notfälle nicht mehr zu nutzen waren. Dazwischen halten sich Gestalten wie die Hacker, die Bastler und andere »Subversive« auf. Sie haben namentlich in den geschlossenen Gesellschaften autoritärer Regime gelegentlich segensreich gewirkt. Denn sie setzten sich über politische und moralische Einschränkungen hinweg, empfingen »Feindsender«, »Westfernsehen« und den Polizeifunk oder nahmen die Gestaltung von allzu stark kontrollierten Medieninhalten selbst in die Hand.

Infrastrukturen werden erst durch ihre praktische Aneignung zu solchen. Ein aufschlussreiches Beispiel hierfür sind die Fahrradfahrer. Obgleich sie erheblich zur individuellen Mobilität beitragen – und dies zu vergleichsweise geringen ökologischen Kosten –, sind sie beim Ausbau von Verkehrswegen lange stiefmütterlich behandelt worden. Auch aus diesem Grund haben Fahrradfahrer gerade in Städten ein spezifisches Verhalten an den Tag gelegt, das die Vorteile des Fußgängers mit denen des Autofahrers zu kombinieren versucht. So navigieren sie möglichst effizient durch die urbanen Landschaften. Dabei werden Regeln mal befolgt, oft aber auch missachtet, gebeugt und neu interpretiert, je nachdem, wie es die Situation zu erfordern scheint und es dem raschen Vorankommen dient. Das anarchische, bisweilen »geisterfahrende« Verhalten mancher Radler erzeugt Spannungen, die wiederum andere Verkehrsteilnehmer, Verkehrsplaner und regelsetzende Instanzen zu Reaktionen nötigen. Insofern zeigt sich einmal mehr, dass Infrastrukturen belebte, ständigen Wandlungen unterzogene Felder des Alltags darstellen.[30]

Unter den Spannungen des Nutzerverhaltens macht es auch einen deutlichen Unterschied, ob man die urbane Lebensweise rasch verinnerlicht und sie routiniert für sich zu nutzen lernt oder ob man mit ihr fremdelt und sich ihr – aus welchen Gründen auch immer – verweigert. In Kunst und Wissenschaft wurde das oft auf einen Gegensatz zwischen Stadt und Land polarisiert und damit vereinfacht. Das trifft aber tatsächlich nur sehr eingeschränkt zu, da zahlreiche Infrastrukturen oft sehr rasch auch jenseits der Städte verfügbar waren. Auch hier gibt es natürlich Personen, die sich neue technische Angebote früh aneignen. Dennoch findet man gegenwärtig etwa in China allüberall belehrende Banner und Hinweisschilder im öffentlichen Raum, um die noch überwiegend ländlich geprägte Gesellschaft in das urbane Verhalten in den boomenden Megastädten einzuüben. In Israel wiederum gibt es seit vielen Jahrzehnten Konflikte mit orthodoxen Juden, die ihre strikten Gebote, etwa am Sabbat keine Verkehrsmittel zu nutzen oder sich im Flugzeug nicht neben eine Frau zu setzen, für das gesamte Land durchzusetzen versuchen.[31]

Zwischen diesen Spannungspolen finden sich alle denkbaren Varianten von Verhaltensweisen. Auf viele davon haben sich die Betreiber von Infrastrukturleistungen ebenso eingestellt wie auf sich wandelnde kulturelle Orientierungen. So haben sich die Eisenbahngesellschaften fortlaufend an neue soziale Gegebenheiten anpassen müssen. Das reicht von der Einführung der vierten, wegen ihres spartanischen Mobiliars so genannten Holzklasse im 19. Jahrhundert, um die Bahn auch für die ärmeren Schichten zu öffnen, bis zu jüngeren Spartenangeboten wie »Kids on Tour«, um den vielen zwischen ihren geschiedenen Eltern pendelnden Kindern gerecht zu werden.[32] Mit vielen Erscheinungen haben die Erbauer oder Betreiber freilich nie gerechnet und sich infolgedessen auch nicht vorab darauf einstellen können. In den USA hat sich seit einigen Jahren eine *shoefiti* genannte Gewohnheit verbreitet, Stromleitungen aus rituellen Gründen mit verknoteten Schuhen zu behängen. Auch das massenhafte Anbringen von Liebesschlössern an Brückengeländern dürfte das jeweilige Wartungspersonal und die Ordnungsämter überrascht und anfänglich auch überfordert haben.

Viele weitere Phänomene des Alltags stehen der Infrastrukturidee einer geordneten Zirkulation entgegen. So entstehen in den Schattenbereichen der modernen Infrastrukturbauten, also in Parks, unter Brücken oder in U-Bahnschächten, oft parallele Lebenswelten. Sie definieren sich geradezu in Opposition zu einer Welt an der Oberfläche, die zwar durch Daseinsvorsorge umfassend ausstaffiert, aber eben auch durch zahlreiche Alltagszwänge geprägt ist. In den 1990er Jahren wurden Journalisten auf die sogenannten *mole people* aufmerksam. Diese Maulwurfsmenschen waren in den Gas-, Elektrizitäts-, Kanal- und Eisenbahnschächten unterhalb New Yorks heimisch geworden. Mehr als 5000 Personen führten dort ein Leben, wie es Eugène Sue oder Émile Zola schon Mitte des 19. Jahrhunderts für die »Eingeweide« (Walter Benjamin) der Großstadt Paris beschrieben hatten.[33] Die *mole people* wurden mal – eher aus Verlegenheit – unter die Obdachlosen subsumiert, mal – sinnfälliger – als aus der Bahn oder aus der Spur Geratene bezeichnet. Unter ihnen fanden sich Vietnamveteranen ebenso wie makrobiotische Hippies, Cracksüchtige, kubanische Flüchtlinge, verurteilte Mörder, Computernerds, philosophierende Einsiedler oder flüchtige Kriminelle.[34] Sie alle teilten das selbstgewählte Schicksal, nicht angeschlossen oder online und damit auch nicht identifizierbar zu sein.

In der oberirdischen Stadt gibt es inzwischen kommerzielle Angebote, die es ermöglichen, diesen Zustand wenigstens partiell zu erleben: Seit 2014 stellt das Café *Seymore+* in Paris ein Offline-Versteck ohne Anschluss bereit. Dieses soll eine technikfreie Zone sein, *unplugged* und ohne Smartphones, in denen inzwischen das gesamte Berufs- und Privatleben zusammenfließt. Als neues Trendwort der *digital junkies*, an die sich das Angebot hauptsächlich richtet, gilt die *mindfulness*, also die Achtsamkeit für sich selbst und für andere.[35] Es wäre zu fragen, ob diese Achtsamkeit auch Empathie etwa für diejenigen umfasst, die den reibungslosen Betriebsablauf stören, indem sie sich vor die U-Bahn werfen.

Solche Fragen warf ein Vorfall auf, der sich 2014 im chinesischen Zhengzhou ereignete. Er dokumentierte einmal mehr den Konflikt zwischen der traditionellen Sozialmoral auf der einen und der Funktionslogik des Systems auf der anderen Seite. Dieser Konflikt gehört im Bereich der Infrastrukturen inzwischen zum Alltag: In einem öffentlichen Bus hatte ein älterer Mann einem jüngeren, der ihm keinen Sitzplatz räumen wollte, aus Wut mehrfach ins Gesicht geschlagen. Der junge Mann wehrte sich nicht, sondern stieg aus. Der ältere freilich regte sich über diesen Mangel an Respekt derart auf, dass er einen Herzinfarkt bekam und starb. In chinesischen Internetforen wurde das Ereignis anschließend heftig debattiert. Viele der Jüngeren äußerten, sie seien doch diejenigen, die schwer arbeiteten, weshalb sie es nicht mehr einsähen, sich den Älteren unterzuordnen. Denn die seien längst funktionslos geworden.[36]

Service und Selbstregulation

Ein Team von Bonner Informatikern konstatierte 2015, durch die Nutzung von Smartphones könne digitaler Dauerstress entstehen. Die umfassende Auswertung der Daten von 60 000 Nutzern deutete darauf hin, dass deren Alltag stark fragmentiert und durch permanentes Multitasking geprägt ist. Ganze 88-mal am Tag oder umgerechnet alle 18 Minuten griffen sie im Durchschnitt zum Handy. Insgesamt sind das fast zweieinhalb Stunden am Tag, wobei Teenager und Twens tendentiell häufiger zum Handy greifen als die Altersgruppen darüber. Insgesamt, so die Forscher, offenbare die Studie deutliche Anzeichen eines Suchtverhaltens, das der gesellschaftlichen Produktivität schade.[37]

Man kann solche empirischen Befunde aber auch anders deuten: Wie zuvor auf andere Weise vor allem das Automobil steht das Smartphone – wie eingangs erwähnt – für alles, was die Aufklärung, die industrielle Revolution und der bürgerliche Liberalismus seit dem 18. Jahrhundert auf den Weg gebracht haben. Gemeint sind die weitgehende Unabhängigkeit von räumlichen und sozialen Begrenzungen, der freie Anschluss an die globalen Informations- und Datenströme, die Zugehörigkeit zu einer Community von Weltbürgern, die Souveränität des Konsumenten in einer Welt des umfassenden und grenzüberschreitenden Wettbewerbs, eine gewisse Chancengleichheit in Fragen der Bildung und der beruflichen Karriere durch informationelle Selbstbestimmung, eine breite demokratische Partizipation durch das Einmischen, das Kommentieren und das Abstimmen im Netz, ein von der Jugend bis ins hohe Alter hinein ermöglichter Umgang mit lebenserleichternden Dienstleistungen, eine zeitliche, räumliche und soziale Unabhängigkeit und die flexible Entfaltung zu einer selbstbestimmten Persönlichkeit.

Nochmal anders gedeutet sind aus diesen Befunden freilich auch Botschaften und Parolen herauszuhören, die ein rundum eigenverantwortliches Leben verheißen. Sie werden von Politik und Wirtschaft, von Technik, Verwaltung und Wissenschaft zumindest in den westlichen Ländern seit vielen Jahrzehnten propagiert und umkreisen das Telos des autonomen, sich selbst regulierenden Individuums. Ob man Infrastrukturen nun als Medien definiert, die der allgemeinen Integration dienen, oder als Privileg derer, die tatsächlich angeschlossen sind: Letztlich ist es die durch sie ermöglichte Teilhabe an den Austauschprozessen zwischen Mensch und Natur beziehungsweise zwischen den Menschen untereinander, die so etwas wie das autonome Individuum überhaupt zulässt. Entsprechend soll der einzelne Mensch jederzeit und überall Zugang zu Versorgungs- und Entsorgungseinrichtungen besitzen, er soll kommunizieren und am Verkehr teilnehmen. Die Verfechter dieser Vorstellung beschwören immer wieder Zielvorgaben, die in dieselbe Richtung gehen: die Souveränität des Kunden, die Mündigkeit des Bürgers, die Freiheit des Individuums, die Selbstverwirklichung des Subjekts, die freie Fahrt für den freien Bürger, die Chancengleichheit im Bildungssektor, die Unteilbarkeit der Menschenrechte, die informationelle Selbstbestimmung und so weiter.

Die Fähigkeit, sich all dieser Angebote zu bedienen, setzt freilich eine starke und souveräne Persönlichkeit voraus. Denn die Idealvorstellung des autonomen Individuums ist mit der Anforderung verknüpft, stets umfassend informiert zu sein und fortwährend Entscheidungen zu treffen. Viele davon wurden in früheren Zeiten und anderen sozialen Konstellationen von ganzen Gruppen getroffen, vornehmlich von Familien oder von herrschaftlichen Vormunden aller Art, von lokalen Milieus, von Parteien oder Vereinen, den Kirchen oder ideologischen Gemeinschaften anderer Provenienz, nicht selten sogar von Nationen als übergeordneten sozialen Einheiten. Die auf persönlicher Bekanntschaft beruhenden Versorgungssysteme wurden unter den eben zitierten Parolen nach und nach durch anonyme sachliche Leistungen ersetzt. Diese wiederum erforderten Personal, das ein zuverlässiges Betreiben der Einrichtungen – Weichensteller, Bahnwärter usw. – und die Kontrolle der Nutzer – das Ausstellen und die Kontrolle von Fahrkarten usw. – gewährleistete.

Dienstpersonal zu engagieren war über viele Jahrhunderte eine privilegierte Möglichkeit, sich von alltäglichen Subsistenzfragen zu befreien. In den klassischen Zeiten des häuslichen Dieners versah dieser seine entlastende Zuarbeit meist ebenso geräuschlos und unsichtbar wie die meisten modernen Infrastrukturen. Und in der Regel standen sie zu ihren Herren und Damen in einem ebenso wechselseitigen Abhängigkeitsverhältnis.[38] Diese speziellen Services waren aber zunächst in hierarchisierten Gesellschaftsformationen nur einer kleinen Minderheit zugänglich gewesen. Dagegen verweisen Berufe wie der Abtrittanbieter, der Botengänge anbietende Dienstmann, der Straßenfeger, der Gaslaternenanzünder, der Kohlenträger, der Weichensteller, der Straßenbahnschaffner oder der Postkutscher auf Zeiten, als bestimmte Einrichtungen oder Angebote der täglichen Versorgung und Entsorgung noch nicht technisiert oder automatisiert, aber bereits an breitere Kreise der Bevölkerung gerichtet waren. Viele von ihnen wurden später durch technische Vorrichtungen ersetzt. Letztlich wurde mit den modernen Ampelanlagen auch der »Schutzmann« überflüssig, er ist auf der Straße nur noch zu sehen, wenn die Ampel einmal ausfällt. Doch schon im 19. Jahrhundert wurden durch die Tausende von Kilometern an Leitungen, die in Paris für die Trinkwasserversorgung verlegt wurden, auf einen Schlag 20 000 Wasserträger arbeitslos.[39] Diesen meist nahezu unbemerkt untergegangenen Berufen sind – ähnlich den früheren technischen Geräten – inzwischen zahlreiche nostalgische Rückblicke gewidmet worden.[40] Manche dieser Berufe, etwa Bekanntmachungen verkündende Personen wie der Inselausrufer auf Norderney, werden aufgrund dieser touristisch nutzbaren Nostalgie aber auch beibehalten oder sogar reaktiviert.

Andere Berufe verknüpften sich untrennbar mit den entstehenden großtechnischen Systemen. Diejenigen, die diese Berufe ausübten, mussten spezialisierte Kompetenzen und hohe Verlässlichkeit ausbilden. Dies wurde in der Regel durch einen besonderen Habitus bekräftigt, gelegentlich auch durch eine Uniform und den Status eines Staatsdieners oder Beamten. Zu den Kanal- und Flussschiffern zu gehören, zu den Eisenbahnern, den Postbeamten oder auch den Verkehrspolizisten, zog eine Reihe kultureller und milieuspezifischer Prägungen nach sich. Sie wurden teilweise innerhalb von

Familienverbänden weitergegeben, die sich zu regelrechten Berufsdynastien ausweiteten. Dabei wurden ein spezifisches Ethos und eine besondere Art von Stolz tradiert – darin ähnelte das Dienst- und Betreiberpersonal den Arbeitern und Angestellten großer Unternehmen mit ihrer *corporate identity*.

Das galt besonders dann, wenn die Tätigkeit eine besondere Verantwortung für die öffentliche Sicherheit oder Gesundheit mit sich brachte oder Eigenschaften wie Zuverlässigkeit, Umsicht und Flexibilität erforderte sowie ein perfektioniertes Zeitmanagement, um einer fließenden Logistik zu entsprechen. »Neither snow nor rain nor heat nor gloom of night stays these couriers from the swift completion of their appointed rounds.« Diese den griechischen Geschichtsschreiber Herodot zitierenden Worte sind über dem Säulengang des James Farley Post Office-Gebäudes in New York eingraviert. Sie erinnern an den zuverlässigen Dienst der Postboten, den sie bei Wind und Wetter versehen.[41] Solches Servicepersonal verkörperte den Geist der Perfektionierung und das kollektive Bemühen um Präzision. Es erinnerte sowohl äußerlich als auch in der hierarchischen Struktur nicht selten an das Militär. Auf dessen »Qualitäten« spielte nicht von ungefähr der NS-Propagandaminister Joseph Goebbels an, als er 1943 eine Rede an die deutschen Eisenbahner adressierte. Er pries deren »überlegene improvisatorische Elastizität«, die »das Adernsystem unserer gesamten Kriegführung in Gang« halte.[42]

In einigen Fällen war und ist das Personal daher auch mit exekutiven Vollmachten und einer besonderen Autorität ausgestattet, die eine *kalte Persona* eigener Art erfordert: »Der natürliche Gegner des blinden Passagiers«, hieß es etwa 1916 in der *Zeitschrift für Kleinbahnen*, »ist und bleibt der scharfäugige Schaffner, dem es gelingt, das Fahrgeld auch gegen den Willen des Fahrgastes beizutreiben!«[43] Umgekehrt stellte Kurt Tucholsky bei kontrollierten Fahrgästen schon 1913 wiederkehrende Reaktionsweisen fest: »Er fühlt sich ertappt. Man sollte nicht denken, einen Erwachsenen vor sich zu haben, der vielleicht eine Frau hat, Kinder, die er erziehen soll, Angestellte, die er anschnauzt … Hier ist er ganz klein. Denn hier ist das Heiligste an einen Deutschen herangetreten: die Uniform.«[44] Eine ähnliche Autoritätshörigkeit unterstellte die Lenin zugeschriebene Äußerung, der

257

Deutsche sei für eine Revolution ungeeignet, weil er vor der Erstürmung eines Bahnhofs zunächst eine Bahnsteigkarte löse.

Viele dieser Berufe im Bereich der Infrastrukturen boten ihrerseits eine Gelegenheit, sich aus sozialen Zuschreibungen zu emanzipieren. So ging es etwa vielen »Fräuleins vom Amt«, die in einer Telefonzentrale Anrufer miteinander verbanden: eine klassische, später ebenfalls technisch wegrationalisierte Arbeit. Sie wurde insbesondere von jungen Frauen als Chance begriffen, vorgeprägten Rollenbildern zumindest eine Zeitlang zu entgehen. Wie Postboten oder Schalterbeamte verliehen die Telefonvermittlerinnen einer anonymen Infrastruktureinrichtung ein Gesicht oder eine Stimme. Gerade deswegen mussten sie auch viel Unmut von Nutzern auffangen, die sich schlecht bedient oder vermittelt fühlten. Dass weibliche Stimmen mäßigend wirkten, war einer der Gründe, in den Vermittlungszentralen der Post schon Ende des 19. Jahrhunderts überwiegend Frauen einzusetzen.[45] Erst in den 1960er Jahren wurden sie durch das Selbstwählverfahren ersetzt oder zu Ansagediensten umgeschult.

Andere Männerdomänen, etwa Schaffner oder gar Fahrzeugführer, wurden im Ersten oder Zweiten Weltkrieg zwar vorübergehend durch Frauen erobert, mussten dann jedoch in den Nachkriegszeiten wegen massiven Drucks oft wieder preisgegeben werden. Einige Berufe – wie etwa der des Piloten, des Kapitäns, des Lokführers oder des Müllmanns – blieben, aus welchen Gründen auch immer, bis heute männliche Domänen, während sozial moderierende Berufe wie Pflegerinnen, Krankenschwestern oder Stewardessen dominant weiblich geblieben sind. Auffällig und erstaunlich ist freilich, wie viele Tätigkeiten im Laufe der Zeit fortgefallen sind und durch Verfahren ersetzt wurden, bei denen der Kunde selbst die Arbeit übernommen hat: Fahrkarten erwerben und entwerten, Formulare ausfüllen und absenden, Verbrauchsstände ablesen und dem Anbieter melden und dergleichen.

Das ist nur zu einem Teil durch den arbeitnehmerfreundlichen Ersatz von bisweilen stupiden Tätigkeiten zu erklären. Treffend beschreibt zum Beispiel der Chansonnier Serge Gainsbourg in einer melancholischen Ballade von 1958 die Eintönigkeit, die ein Fahrkartenentwerter in der Pariser Metrostation *Les Lilas* empfindet. Der sieht, unter der Erde lebend, nur

13   Das »Fräulein vom Amt«, hier in einer Aufnahme aus den USA um 1930, stellte Verbindungen her und ermöglichte vor deren Automatisierung zahlreichen jungen Frauen eine eigenständige Existenz.

noch die kleinen Löcher, mit denen er die Billetts entwertet, und hält sein monotones Dasein schließlich nicht mehr aus. Und gewiss ging es beim Abbau des Dienstleistungspersonals auch nicht darum zu verhindern, dass politisch oder kriminell Vorbelastete nach politischen Wendezeiten in einem anonymen Betreiberpersonal untertauchen – so wie in Bernhard Schlinks Roman »Der Vorleser«, in dem die ehemalige KZ-Wärterin Hanna als Straßenbahnschaffnerin arbeitet. Doch haben sich in vielen Gesellschaften die sozialen Nischen reduziert, in denen solche zurückgezogenen Existenzen möglich waren und aus denen heraus oft schwere Arbeit gegen kargen Lohn geleistet wurde. Der besondere Status solcher Berufe bedingte oft eine eigene kulturelle Identität, die sich in Liedern (»Zeigt her eure Füßchen, zeigt her eure Schuh / und sehet den fleißigen Waschfrauen zu …«), in Tänzen oder Witzen ausdrücken konnte.[46]

Ein weiterer Grund für den Abbau spezialisierten Betreiberpersonals war die starke Stellung der Arbeitnehmer, die sich aus der Funktionslogik der Großbetriebe ergab. Denn in diesen waren die Gewerkschaften oft sehr

schlagkräftig, was zu kontinuierlich steigenden Gehältern und Betriebs-
renten führte. Beides legte den Unternehmen, ob sie nun staatlich oder
privat organisiert waren, langfristig einen Personalabbau nahe. Sie versuchten also, möglichst viele Aufgaben zu automatisieren oder auf den Kunden
selbst zu verlagern. Dazu wurden unzählige Fahrgaststudien durchgeführt
und wurde das Konsumenten- und Passagierverhalten analysiert. Auf der
Basis dieser Daten und eines akkumulierten Erfahrungswissens wurde dann
ein umfassendes Bild des Durchschnittsnutzers erstellt.

Die Durchsetzung solcher automatisierten Angebote gelang in aller Regel
durch das trügerische Versprechen an den Nutzer, dass sie selbst bestimmen
könnten, wann sie eine Leistung in Anspruch nehmen, und dass sie besser
auswählen könnten – die Kunden wären unabhängig von Öffnungszeiten
und müssten nicht mehr an Schaltern anstehen. Und es wurde suggeriert,
dass die neuen Dienste auch technisch zuverlässiger seien. Von einem erhöhten Aufwand, weil man sich nun mit Tarifstrukturen, Fahrkartenau-
tomaten oder Passwörtern herumschlagen musste, war meist erst dann die
Rede, wenn immer mehr Kunden darüber fluchten oder daran scheiterten.

Zu den Folgen dieses Abbaus von Personal gehört es, dass viele der infrastrukturellen Angebote kein Gesicht mehr haben und das Vertrauen in die
Verlässlichkeit nun den Systemen selbst entgegengebracht werden muss. In
der Konsequenz werden auch die verbliebenen Funktionsträger immer häufiger nicht mehr als Personen, sondern als Systembausteine wahrgenommen
und von manchen Menschen, die sich nun als Anspruchsberechtigte definieren, auch so behandelt. Die Wiener Stadtverwaltung versuchte Anfang
der 1980er Jahre, diesem Trend entgegenzusteuern, indem sie in einer Pla-
kataktion jenen Personen ein Gesicht verlieh, die für das Funktionieren der
Stadt verantwortlich sind, namentlich den Müllauflegern und Straßenkeh-
rern der Magistratsabteilung 48.[47]

Insgesamt dürften viele Einrichtungen der Infrastruktur denselben Weg
genommen haben: von anfangs sehr personalintensiven Institutionen über
Großbetriebe mit einem reduzierten, aber dauerhaften und respektierten
Personalbestand hin zu großtechnischen Systemen. In ihnen erfüllen Men-
schen lediglich noch bislang unersetzbare Kontrollfunktionen oder aber
Aufgaben, die sich dem Management der »Kundenzufriedenheit« widmen.

Gewisse Ausnahmen scheinen hier die Regel zu bestätigen: Wird man einmal individuell angesprochen, fällt dies fast schon auf.

Die Beziehungen zwischen Nutzern und Betreiberpersonal sind aber auch dort, wo sie einmal vielfältige menschliche Dimensionen hatten, inzwischen abgekühlt und versachlicht worden. So wurde es etwa den Müllmännern mittlerweile durch »Korruptionsbekämpfungsgesetze« oder ähnliche Verfügungen untersagt, zum Jahreswechsel bei den Haushalten anzuklingeln. Dort hatten sie über Jahrzehnte hinweg nicht nur ihre freundlichen Neujahrsgrüße in Trinkgelder umgemünzt, sie haben auch den von ihnen versehenen, verlässlichen Diensten für einen Augenblick ein Gesicht verliehen. Mag es also durchaus ein menschlicher Verlust sein, so klingt aber in dieser zusätzlichen Bürokratisierung auch das Bemühen um eine unterschiedslose Gleichbehandlung aller Nutzer an. Das gehört zum strategischen Kern vieler Infrastruktureinrichtungen. Es soll dem bisweilen taktischen Verhalten einiger Kunden entgegenwirken, die für freundliche Gesten und Trinkgelder womöglich – *do ut des* – die eine oder andere Sonderleistung erwarten. Dies gehört nicht nur an Orten wie Karachi zum Alltag, sondern kann auch in Köln vorkommen.[48]

Inzwischen aber ist das Ideal der Gleichbehandlung durch Modelle eines gestuften Angebots zur Nutzung von Infrastrukturen in Frage gestellt worden. Wer mehr zahlt, bekommt einen privilegierten Zugang – der Deal wird gerade in Bezug auf digitale Datennetze inzwischen umfassend angeboten. Privilegien sollen sich damit primär über Preise und Tarifsysteme, also immerhin nicht mehr über den gesellschaftlichen Status, einstellen. Denn der Status bemisst sich heute mehr denn je danach, wie umfassend man angeschlossen ist. Distinktionsfragen sind ein Dauerthema der Infrastrukturgeschichte geblieben. Sie reichen von der Einteilung der Eisenbahnwaggons in verschiedene Klassen über Aufzüge, die exklusiv für Frauen oder für Dienstpersonal zur Verfügung stehen, bis zu Luxusangeboten wie spezialisierten Warte-Lounges. Solche Angebote erlauben es, sich wenigstens vorübergehend von den übrigen Massen zu distanzieren.[49]

Freilich erlangt man solche vermeintlichen Individualisierungen nur, weil man zuvor zu einem »Passagier«, einem »Kunden« oder einem »Endverbraucher« typisiert wurde. Dies wird unter anderem durch von Ingenieuren so genannte Vereinzelungsanlagen bewirkt – wie etwa Drehkreuze an den Eingängen von Supermärkten oder U-Bahnen. Sie haben einer Kultur der individualisierten Selbstbedienung Vorschub geleistet.[50] Diese spezifische Dialektik zwischen Gleichbehandlung und Distinktion, zwischen gemeinsinnigem und eigennützigem Verhalten, hat wiederum Gegenkräfte mobilisiert, die vor allem den Gemeinsinn, den Kommunitarismus, die *commons* verteidigen. Auch das klassische Infrastrukturideal der unterschiedslosen Verschränkung aller mit allen wird immer wieder propagiert. Solche Grundsatzfragen interessieren die allermeisten Nutzer aber nur sekundär. Denn die sind damit beschäftigt, sich in die neuesten Technologien einzuüben, die neuesten Angebote und deren Tarifsysteme zu sichten und womöglich auch die Umweltrisiken zu eruieren.

Personalisierte Technologien nötigen uns fortgesetzte Lernprozesse auf, weil ihre Programme versprechen, unser Leben zu erleichtern und zu erweitern und uns zu informieren, zu unterhalten oder sozial auszuzeichnen. Aber sie setzen eben auch Entscheidungen, eine Auswahl und eine Einübung voraus. Das gelingt uns in einigen Fällen intuitiv. Andere Angebote – wie etwa Multifunktionsdrucker – vermögen uns über Jahrzehnte hinweg geradezu zu terrorisieren, schon weil sie ständig durch neue und verfeinerte Modelle ersetzt werden wollen.[51] Spätestens seit Mary Shelleys schon erwähntem Roman »Frankenstein or Prometheus Unbound« wissen wir, dass Technik zurückzuschlagen und unbeabsichtigte Folgen zu zeitigen vermag. Doch scheint es aus der Falle der fortgesetzten Innovation vorerst kein Entrinnen zu geben.[52]

Menschen fortgeschrittenen Alters erinnern sich noch sehr lebhaft daran, wie aufwendig es war, den Personal Computer in die täglichen Routinen einzubauen. Der frühe Nutzer hatte sie mit Druckern zu synchronisieren und musste sich durch den *tech talk* der unverständlich formulierten Handbücher arbeiten. Dabei wurde oft stillschweigend vorausgesetzt, er sei mit Technologien und Programmen vertraut, von denen er bislang keinerlei Vorstellung hatte. Aber nicht nur das – die neuen Technologien verändern unseren Alltag und unser Leben in grundlegender Weise. Eine der ersten personalisierten Technologien war im 19. Jahrhundert die Taschenuhr gewesen, die man nun mit sich herumtragen konnte. Sie forderte eine zunehmende Pünktlichkeit ein, was zunächst insbesondere in Hinblick auf die Fahrpläne der Eisenbahnen unverzichtbar war, später aber alle auf genaue Uhrzeiten abgestimmten Flüsse der Logistik betraf. Auf diese Einübung eines »Zeitgewissens« durch die Uhr folgten Technologien wie Nähmaschinen, später Motorräder und Automobile, die vergleichsweise kompliziert waren, so dass der Umgang mit ihnen aufwendig erlernt werden musste.[53] Radio und Fernseher waren eher leicht zu bedienen, wenn auch nicht unbedingt zu reparieren, bevor die Anforderungen mit Computern und Smartphones wieder rasant anstiegen. Die hierdurch in Gang gesetzte technologische Tretmühle ließ einige Menschen zu Technikfreaks, andere zu verzweifelten Verfechtern älterer technischer Standards werden. Die meisten Menschen eigneten sich immer gerade so viele Kenntnisse an, dass eine Inbetriebnahme halbwegs gewährleistet war.[54]

Der Weg, den der Nutzer im Umgang mit diesen Technologien zurückgelegt hat, lässt sich wiederum besonders plastisch am Telefon nachverfolgen. Ausgehend von einem halbwegs funktionierenden Postwesen im frühen 19. Jahrhundert, mit dem man im Allgemeinen zufrieden war, durchlief der Nutzer die verschiedensten experimentellen Angebote für eine fernmündliche Kommunikation. Dabei dürfte, wie bereits angedeutet, die zunächst distanzierte und jederzeit zu unterbrechende Kontaktaufnahme zu *intimate strangers* eines der überzeugendsten Argumente für die neue Technologie gewesen sein. Die zunächst noch über Telefonfräuleins vermittelte Kommunikation hat sich später im Alltag verankert und wurde über Wählscheiben und die Tastenwahl weiter vereinfacht und beschleunigt. Länger werdende Telefonkabel und später auch schnurlose Telefone erlaubten es den Familienmitgliedern schließlich, sich in die Intimsphäre des eigenen Zimmers zurückzuziehen.[55]

War die Drucktaste das Signum des elektrischen und automatisierten Zeitalters, so verstärkte sich die Dialektik zwischen der Allmacht des Menschen und seinem Ausgeliefertsein an die Technik noch einmal durch die tragbaren Medien. Deren vorerst letzte Ausformung stellt eben das Smartphone dar.[56] Es steht für zeitliche und räumliche Selbstbestimmung an jedem denkbaren Ort. Doch wird gerade deswegen der lautstarke Umgang mit Telefonen zunehmend als ebenso aufdringlich empfunden wie etwa das passiv aufgenötigte Rauchen.[57] Das heutige Bedienen dieser Apparate erinnert dagegen an eine geradezu göttergleiche Gestik: auf etwas deuten, etwas wischend verwerfen oder etwas eingeben und dadurch mit einem spezifischen Sinn versehen, in den virtuellen (Spiel-)Welten auch durch Fingerzeige etwas herstellen oder aber zerstören.

Das Smartphone suggeriert eine Ermächtigung zur Gestaltung der eigenen Umwelt, daher ist es nicht verwunderlich, dass es heute wie eine individualisierte und fernbediente Schaltzentrale der Netzgesellschaft wirkt: hören und sehen, reden und schreiben, posen und analysieren, orientieren und organisieren, informieren und kommunizieren, arbeiten und unterhalten, aufnehmen und abspielen, konsumieren und versenden – alles konvergiert in einem Gerät. Es ist mittlerweile weltweit verbreitet, und zwar auch dort, wo – wie etwa in Afrika – einige der früheren Schichten der Infrastrukturisierung wie die leitungsgebundene Stromversorgung nie angekommen sind.

Als Medium, in dem alle möglichen Entwicklungen zusammenlaufen, hat das Smartphone in vergleichsweise rasanter Geschwindigkeit zu weltweit standardisierten Anschlussmöglichkeiten beigetragen, auch wenn es natürlich mit jeweils lokalen Ausprägungen angeeignet und genutzt wird. In Tokio beispielsweise ist das *keitai* schon wegen des begrenzten Platzes in den Transiträumen des Massenverkehrs vergleichsweise früh sehr populär gewesen.[58] Und einmal mehr wurde es namentlich im weiblichen Teil der Bevölkerung zu einem Gerät, das symbolische Räume und ausgewählte Gemeinschaften, ja so etwas wie Heimat herstellte – gerade auch dann, wenn wieder einmal ein Verzweifelter den Verkehrsfluss ins Stocken gebracht hat.[59]

Aus-Leitung: Alles im Fluss?

Rohrsysteme und Datenautobahnen

Vor mehr als zwanzig Jahren mokierte sich ein deutscher Korrespondent über den damaligen amerikanischen Vizepräsidenten. Al Gore hatte 1995 die Vision formuliert, dass jedem Bürger jederzeit alle Informationen zur Verfügung stehen sollen. Schätzungen nach waren zu der Zeit weltweit erst rund dreieinhalb Millionen Computer über ein System miteinander verbunden, das man das Internet zu nennen begann. Die Verbindung herzustellen war damals noch eine relativ aufwendige Prozedur, bei der über Modems digitale in akustische Informationen verwandelt wurden, um sie über die vorhandenen Telefonleitungen versenden zu können. Gore zufolge sollten diese Leitungen durch effizientere Glasfaserkabel abgelöst werden. Die Frage, wozu solche Datenautobahnen eigentlich gebraucht würden, erschien dem deutschen Journalisten damals noch zweitrangig. Im kalifornischen Santa Cruz, so berichtete er, könne man inzwischen mit dem Personal Computer sogar schon eine Pizza ordern. »Warum auch immer jemand das wollen sollte«, schrieb er, »es funktioniert ...« Vermutlich werde es dereinst sogar einen flachen großen Bildschirm – eine Art »Telecomputer« – geben, der eine Mischung aus Fernseher, PC, Fax, Telefon und Video-on-Demand darstelle.[1]

Seit den ersten literarischen Utopien im 16. Jahrhundert ist vielfach über bestens organisierte und umfassend technisierte Gesellschaften nachgedacht worden. Zu ermitteln, bis zu welchem Grad diese heute verwirklicht sind, verschafft aber allenfalls die kleinen Triumphe eines besseren, weil nachträglichen Wissens. Wenn man sich die Infrastrukturgeschichte vergegenwärtigt, stößt man – bei aller Kontinuität im Gesamten – immer wieder auf relativ kurze Phasen rasanter Entwicklung, in denen sich die Möglichkeiten zum Verkehr und zur Kommunikation, zur Versorgung und auch zur Entsorgung geradezu revolutionär gewandelt haben. Heute steht alles unter dem Diktat des Digitalen, und viele der älteren Infrastrukturen werden nach und nach in der »semiotischen Universalmaschine« Computer oder dem Smartphone aufgesogen.[2] Zwar wird heute oft konstatiert, dass erst das Internet die Möglichkeit, schnell und ortsunabhängig Informationen abzurufen und zu verbreiten, zu einem Grundprinzip der Medien- und Informationsgesellschaft erhoben hätte. Dennoch muss die historische Suche nach den Ursprüngen mindestens hundertfünfzig bis zweihundert Jahre zuvor beginnen.[3]

Wer wie die heutige Netzgemeinde tendentiell allzu häufig das Revolutionäre betont und sich gegenüber früheren Generationen zugleich erhaben fühlt, der übersieht die zahlreichen Wiederholungen und strukturellen Ähnlichkeiten zwischen den digitalen und den analogen Infrastrukturen. 2006 traf den Vorsitzenden des Handels-, Wissenschafts- und Verkehrsausschusses im US-Senat, Senator Ted Stevens, der geballte Spott einer geschichtsenthobenen »Blogosphäre«. Denn er hatte erklärt, im Internet könne man nicht einfach alles Mögliche abladen. Es stelle so etwas wie ein Rohrsystem (»a series of tubes«) dar, das man durch ein Zuviel an Volumen auch verstopfen könne. Er hatte mit diesem Vergleich alles andere als unrecht. Aber Stevens stammt aus Alaska und erschien daher nach den Maßstäben der Internetmoderne als nicht satisfaktionsfähig.[4] Ähnlich erging es Angela Merkel, als sie sich im Juni 2013 über das Internet als »Neuland« geäußert hatte, was viele Kommentatoren leicht abschätzig ihrer Herkunft aus der DDR beziehungsweise Vorpommern zuschrieben.

Doch der Vergleich moderner mit älteren Infrastrukturen ist keineswegs abwegig. 1996 beschäftigte sich der Netzautor Neal Stephenson in seiner inzwischen klassisch gewordenen Reportage *Mother Earth Mother Board* mit der Verlegung der ersten Glasfaserkabel für die globalen Datenautobahnen. Er verglich das Ganze mit den Bemühungen der 1850er Jahre, als die ersten transatlantischen Telegrafenkabel verlegt worden waren.[5] Stephenson stellte fest, dass diejenigen Informationsquellen, zu denen man sich selbst und sehr real hinbequemen müsse, etwa Bibliotheken, immer unpopulärer würden. Er plädierte dennoch dafür, dass sich die entstehende Community von »Hackern« auch die analogen Knotenpunkte der entstehenden Netzgesellschaft persönlich und sehr genau anschauen sollte. Denn nur auf diese Weise sei der Gefahr zu begegnen, dass einzelne Unternehmen einen monopolisierenden *Master Switch* in die Hand bekämen.[6] Doch Stephensons Anregung hat sich kaum durchgesetzt. Vermutlich waren für die *Geeks* die Angebote an bequem zugänglichen, wenn auch nicht immer abgesicherten Informationen durch die heutigen »Telecomputer« zu verlockend.

In Bezug auf die Entwicklungstendenzen der Gegenwart sind vor allem zwei Beobachtungen von Belang: Dass sich *erstens* trotz der scheinbar so revolutionären Digitalisierung ein Großteil der analogen Infrastrukturen weiterhin behauptet und dass wir uns *zweitens* dennoch in einer Übergangsphase zu etwas qualitativ Neuem befinden. Dies vollzieht sich aber nicht revolutionär, sondern eher kontinuierlich. Zunächst fällt im historischen Rückblick auf, dass ein Großteil der Infrastrukturen, die seit dem ausgehenden 18. Jahrhundert, teilweise sogar noch weit davor implementiert wurden, weiterhin in Betrieb sind. Viele von ihnen wurden fortgesetzt überlagert, dabei periodisch immer wieder modernisiert und mit neuen Netzen verschränkt. So ersetzt etwa die Deutsche Bahn gegenwärtig die teilweise mehr als hundert Jahre alten mechanischen durch elektronische Stellwerke.[7] Meistens haben sich aber einmal gewählte oder durchgesetzte Trassierungen festgesetzt, und so sind aus ihnen dauerhafte Kanäle des Verkehrs oder der Kommunikation entstanden. Nur wenige Einrichtungen, etwa die optische Telegrafie oder die Brieftauben, sind fast ganz verschwunden – könnten jedoch jederzeit reaktiviert werden.

Wieder andere verloren irgendwann den Status einer öffentlichen Grundversorgung und konnten anschließend vollständig durch kommerzielle Angebote ersetzt werden. Dies betraf etwa die tägliche Versorgung mit frischer Milch, die seit dem ausgehenden 19. Jahrhundert in vielen europäischen Ländern propagiert wurde.[8] Bis in das 21. Jahrhundert hinein wurde Milch als Mittel beworben, um zivilisatorische Mangelerscheinungen aller Art zu bekämpfen. Man unterhielt kommunale Milchhöfe, Tag und Nacht waren »Milchmänner« im Einsatz, die »Schulmilch« galt als unanfechtbar, **267** und am Nachmittag ging man in die »Milchbar«. Durch eine verlängerte Haltbarkeit und eine kommerzialisierte Verteilung wurde Milch jedoch zu einem derart geläufigen Konsumgut, dass heute nicht mehr die Käufer, sondern die Produzenten subventioniert werden müssen.[9] Von einer Infrastruktur würde heute niemand mehr reden. Insofern ist sie erfolgreich privatisiert worden.

Ähnlich scheint es anderen Dienstleistungen zu ergehen, die früher einmal zur Daseinsvorsorge zählten. So schien die Paketzustellung in den 1990er Jahren langsam einzuschlafen – sie erlebte aber durch das Bestellen via Internet eine unerwartete neue Blüte. Heute ermöglicht sie einen Konsum, der besonders komfortabel von zu Hause aus erfolgt. Auch haushaltsnahe Dienstleistungen wie das Putzen oder die Gartenarbeit waren im Rückgang begriffen, und auch hier hat das Internet beziehungsweise die Erwartung, dass es für jedes Problem eine Bezahllösung *on demand* geben müsse, eine Rückkehr zu diesen Serviceleistungen erbracht.[10]

Anders als vor hundertfünfzig oder noch vor fünfzig Jahren werden Wirtschaftsleistung und Wohlstand heute nicht mehr von der Produktion, sondern von der Konsumption her gedacht. Die internationale Güterlogistik ist mittlerweile so eingespielt und kostengünstig geworden, dass viele Produkte weltumspannende Wege nehmen.[11] Die Container als die »roten Blutkörperchen« der Globalisierung haben seit den 1950er Jahren den Aufwand gesenkt und die Frachtsicherheit erhöht. Zu ihrem Transport sind immer größere Schiffe gebaut worden. Deren vorerst größtes wurde 2015 in Betrieb genommen: Die fast 400 Meter lange »Oscar« der *Mediterranean Shipping Company* vermag auf einen Schlag annähernd 20 000 Container zu transportieren – mit ganzen 35 Mann Besatzung.[12]

Andere Arten des Verkehrs versuchen fortwährend, einander in Schnelligkeit und Komfort zu überbieten beziehungsweise beim Preis zu unterbieten. Politisch und ökonomisch wurde mal das eine, mal das andere Netz bevorzugt. Im Güterverkehr war das mal die Straße, mal die Schiene, mal die See- und ein andermal die Luftfracht. An dem zugrundeliegenden Paradigma des jederzeit fließenden Verkehrs hat sich bislang jedoch fast nichts geändert. Daher hat man in Deutschland noch immer den Eindruck, wir lebten in einer »Pendlerrepublik«, die aus den vorherrschenden Mobilitätsmustern nicht ausbrechen könne. Verließ um 1900 nur jeder zehnte Mensch seinen Wohnort, um zur Arbeit zu gelangen, war es in den 1950er Jahren schon jeder vierte. Heute überqueren 60 Prozent der Arbeitnehmer die Grenzen ihrer Gemeinden, um einer beruflichen Tätigkeit nachzugehen. Die Hälfte davon, rund achteinhalb Millionen Menschen, ist sogar länger als eine Stunde pro Strecke unterwegs. Hinzu kommen zahllose Wochenendpendler.[13] Die logistische Koordination solcher Herausforderungen ist heute zu einer bestimmenden Kulturtechnik der individuellen Lebensführung geworden. Im wörtlichen wie im übertragenen Sinn will man weder beim Antritt einer Reise noch beim Umstieg auf andere Verkehrsmittel den Anschluss verpassen.

Auch die Kommunikation beansprucht immer mehr individuelle Aufmerksamkeit. Das bedächtige Zeitalter des Briefes, das im 16. Jahrhundert mit der Thurn und Taxis'schen Post einsetzte, scheint in den hochtechnisierten Ländern vorerst zwar vorbei zu sein. Doch wird auf anderen Wegen mehr denn je geschrieben, werden unablässig Töne und Bilder verschickt. Diese Variationen der Kommunikation bilden ein komplementäres Phänomen zur Mobilität. Sie ermöglichen es den weitläufig zirkulierenden Individuen, über große Entfernungen in rascher Taktung zu kommunizieren – oder überhaupt erst einen Kontakt zu knüpfen. So wurden immer mehr Vorgänge des täglichen Lebens aus einer *face-to-face*-Situation herausgenommen – und selbst wenn sie einander gegenübersitzen, greifen viele Menschen mittlerweile auf eine medial vermittelte Kommunikation zu.

Die entsprechende Infrastruktur basiert zwar zu einem großen Teil nach wie vor auf Leitungssystemen, wird aber – zumindest für die Endgeräte – immer stärker durch Funknetze, seit Ende der 1950er Jahre auch durch satellitengestützte Sende- und Empfangswege ersetzt. Das macht die Nutzer, seit den 1980er Jahren aus der IT-Sprache kommend auch User genannt, räumlich noch unabhängiger.[14] Mittlerweile kreisen in der Erdatmosphäre schon viele tausend solcher Ortungs- und Übertragungssatelliten, so dass sich die Europäische Union 2012 genötigt sah, einen »Verhaltenskodex für Aktivitäten im Weltraum« herauszugeben. Dieses Regelwerk und die fortwährende Überwachung des außerirdischen Verkehrs sollen Kollisionen sowohl unter den seinerzeit 1100 aktiven Satelliten als auch zwischen diesen und dem inzwischen aus über 21 000 Teilen bestehenden Weltraumschrott vermeiden.[15]

Informationen sind durch eine Digitalisierung von Wissensbeständen, eine Demokratisierung des Netzzugangs, durch Echtzeit-Nachrichten etc. heute schneller und umfassender verfügbar denn je. Schon um 1900 formulierte der Belgier Paul Otlet die Idee einer Universalbibliothek, und 1945 taufte der amerikanische Ingenieur Vannevar Bush das von ihm erdachte Weltgehirn auf den Namen »Memex« – die Kurzform von *Memory Extender*, »Gedächtniserweiterer«.[16] Was sich Otlet und Bush erträumten, rückte in den 1960er Jahren mit der Einführung der elektronischen Datenverarbeitung, die eine »Informationseuphorie« hervorrief, deutlich näher und wurde spätestens mit Wikipedia und den Suchmaschinen im Netz innerhalb weniger Jahre Realität.[17] Aufgrund der starken Konkurrenz zu schon vorhandenen Medien wird heute heftiger denn je um Wahrheiten und Deutungshoheiten gekämpft. Die Monopolisierung des Zugriffs auf Big Data und die Verfügbarkeit wie die Kontrolle von Informationsflüssen sind zu zentralen gesellschaftlichen Streitfragen geworden.

Auch stellt sich angesichts der entgrenzten Kreisläufe von Informationen, Waren und Finanzen nicht nur die Frage nach dem Ausgleich zwischen Wettbewerb und Solidargemeinschaft neu, sondern auch die nach dem Copyright und den Urheberrechten.[18] Seit den 2000er Jahren haben sich Interessengruppen herausgebildet, die unter dem Schlagwort Open Access den zensur-, diskriminierungs- und kostenfreien Zugang zu Informationen und anderen gesellschaftlichen Ressourcen – auch zu Geld, wie beim bedingungslosen Grundeinkommen für alle – forderten und dies sogar als ein Menschenrecht anerkannt sehen wollten.[19] Die Piratenpartei und ihre außerdeutschen Entsprechungen beherrschten eine Zeitlang die politischen Diskussionen. Sie sind noch nicht entschieden.

Am deutlichsten im Umbruch befindet sich gegenwärtig die Energiegewinnung, die sich im Zeichen des Klimawandels zwar langsam, aber unwiderruflich umorientiert. US-Forscher wollen 2010 herausgefunden haben, dass sich notwendige Klimaziele nur erreichen lassen, wenn man auf die weltweit bereits bestehende Infrastruktur zurückgreifen würde.[20] Die offensichtlichen Umweltfolgen des hochenergetischen Zeitalters der Verbrennung von Kohle, Erdöl und Gas lassen sich nicht länger im Raum oder auf der Zeitachse verschieben. Jüngst wurde vorgeschlagen, die letzten zweihundert Jahre mit den massiven Eingriffen des Menschen seit dem Beginn der industriellen Epoche, spätestens aber seit den 1950er Jahren, als eigene erdgeschichtliche Epoche des Anthropozäns zu definieren.[21] Infrastrukturen waren für diesen menschengemachten Wandel, wie auch Städte und Industriezentren, sicher nicht ursächlich, aber zweifellos notwendig und zugleich einer ihrer wesentlichen Niederschläge.

Die neuen Energieformen, die für eine dekarbonisierte Zukunft erschlossen werden müssen, greifen oft auf Quellen zurück, die – wie die Solar- und die Windenergie, die Biomasse oder der weltweit weiterhin betriebene Bau von Staudämmen – seit langem in Gebrauch sind. Deren intensivierte Nutzung aber erfordert neue Speicher- und Verteilungssysteme. Diese durchzusetzen und zu verlegen erweist sich überall dort als besonders problematisch, wo ohnehin ein hohes Maß an Infrastruktur existiert und neue Belastungen kaum mehr zu verkraften sind. Überhaupt ist es nicht die technische Seite, die den Ausstieg aus der Verfeuerung von Kohle, Erdöl und Gas wie auch der Atomenergie hemmt. Dieser wird durch Beharrungskräfte ganz anderer Art erschwert, vor allem durch den Wunsch nach ökonomischer Unabhängigkeit oder den Erhalt von Arbeitsplätzen. Hier macht sich gleichsam ein »Infrastrukturfluch« bemerkbar.[22]

Für den Energiesektor gilt daher noch stärker als für den Verkehrssektor, dass politisch und ökonomisch mal das eine, mal das andere bevorzugt wird. Denn die weiter zunehmende Abhängigkeit vieler Länder von den weltweiten Energieflüssen hat diese seit langem zu erstrangigen Objekten geopolitischer Kalküle werden lassen.[23] Die Frage, wo welche Erdöl- oder Erdgaspipeline verlaufen soll, ruft immer wieder internationale Spannungen hervor. Umgekehrt zeichnet sich die Gefahr innenpolitischer Konflikte immer dann ab, wenn sich Energiepreise erhöhen, Nahverkehrsmittel teurer werden oder die Lebenshaltungskosten steigen. So wie in der Vormoderne der Brotpreis sind heute die Infrastrukturpreise Gradmesser einer vermeintlich guten Regierung, ja für das Empfinden von Ordnung überhaupt geworden.

Investitionen in Infrastrukturen werden nach wie vor mit Vertrauen in die Zukunft gleichgesetzt.[24] Spiegelbildlich wird ihr schlechter Erhaltungs-zustand oft umstandslos zu einem gesellschaftlichen Gesamtbild hochge-rechnet. Ähnliche Fahrpreisunruhen wie die schon erwähnten in Brasilien im Jahr 2013 sind weltweit zu beobachten. Wie auch im Kontext des zu-nehmenden Widerstands gegen die »Kommodifizierung«, also die Kom-merzialisierung und Privatisierung basaler Bedürfnisse von der Müllabfuhr bis zur Wasserversorgung, werden bei solchen Konflikten Vorstellungen von gesellschaftlicher Gerechtigkeit verhandelt. Denn es scheint, als könn-ten komplexe politische Verteilungsfragen durch eine Preispolitik gleich-sam objektiviert und dadurch kalkulierbar werden.[25] In der Gesellschaft des Überflusses und der ständigen Verfügbarkeit werden Stockungen, Knapp-heiten oder Teuerungen in Bezug auf Infrastrukturen oft als unmittelbar existentiell empfunden.

Dabei ist die Grundversorgung der meisten Menschen mit Einrichtun-gen der Versorgung und Entsorgung selbst dann, wenn man einen globalen Maßstab anlegt, gegenwärtig zweifellos besser denn je. Ein ständig geringer werdender Teil der Menschheit muss heute noch ohne einen Anschluss an die Wasser- oder die Stromversorgung auskommen. Dramatischer sieht es einstweilen jedoch in Bezug auf die Hygiene aus. Die *Bill & Melinda Gates Foundation* schätzt, dass rund zweieinhalb Milliarden Menschen keinen Zugang zu sanitären Anlagen haben. Noch immer werden vier Fünftel der Erkrankungen in den sogenannten Entwicklungsländern durch verunrei-nigtes Wasser verursacht.[26] Die indische Regierung kündigte 2014 den Bau öffentlicher Toiletten an, aber auch den Kampf gegen die Gewohnheit, sich auf Feldern zu erleichtern. Denn dort kommt es immer wieder zu Verge-waltigungen von Frauen. Der *World Toilet Organization* ist es 2014 gelun-gen, den 19. November als *World Toilet Day* zu deklarieren, der sogar durch die Vereinten Nationen anerkannt wird.[27]

Auf der anderen, nämlich der üppigen Seite der Wohlstandsskala ist die Verfügbarkeit von Infrastruktur heute ein entscheidendes Moment bei der individuellen Wahl des Lebensmittelpunkts, so wie es dies in Bezug auf die Standortwahl von Unternehmen seit langem schon war. Welche Infrastruktur für die Lebensqualität, für den Verkehr oder für die Kinder bereitgestellt wird, kann heute gerade für kreative und transnational mobile Menschen entscheidend sein. Trotz aller Gegenbewegungen scheint der Großtrend der Infrastrukturentwicklung nach wie vor auf eine weitere Globalisierung hinzudeuten.[28] Alles soll in Fluss gehalten und durch eine noch bessere, smartere Organisation jederzeit vom Individuum selbst gesteuert werden können. Die intermodale Verknüpfung unterschiedlicher Verkehrs- und Kommunikations-, Versorgungs- und Entsorgungsnetze ist heute ungeheuer weit vorangeschritten. Dadurch sind die Netze aber auch enorm störanfällig geworden. Nach wie vor werden daher Kämpfe um technische Anschlüsse und organisatorische Standards geführt. Denn diese stellen selbst in der fluiden Gegenwart langfristig entscheidende Weichen. Technische Inkompatibilitäten – etwa von Stromspannungen, Spurbreiten oder Frequenzen – führen zu einem fortwährenden Synchronisations- und Nachbesserungsbedarf.

Dabei haben sich weltweite urbane Hotspots der Infrastrukturentwicklung herausgebildet. Diese globalen Alphastädte zeichnen sich in aller Regel durch stark frequentierte Flughäfen und eine gute Kommunikations-Infrastruktur aus. Sie sind daran erkennbar, dass sich dort bedeutende Unternehmen niederlassen und überdurchschnittlich hohe ausländische Investitionen getätigt werden.[29] Es verwundert kaum, wenn sich die eher beweglichen und schöpferischen Menschen weltweit in solchen Megacities niederlassen. In anderen Landstrichen entsteht dagegen wenig neue Infrastruktur, und die vorhandene muss wegen zurückgehender Bevölkerungen bisweilen sogar rückgebaut werden.[30]

Auf anderen Ebenen wiederum, etwa der kommunikativen Vernetzung, nivellieren sich räumliche und soziale Unterschiede weiter. Denn der digitale Kontakt ist weniger voraussetzungsreich als der persönliche. Legte man die nationalstaatlichen Kriterien der Kommunikationsgemeinschaft zugrunde, wären Facebook oder WhatsApp heute die größten Länder der Welt.[31] Den Internetkonzernen wird sogar zugeschrieben, immer mehr Aufgaben eines Wohlfahrtsstaates übernommen zu haben, etwa solche der sozialen Betreuung.[32]

Das moderne Infrastrukturideal, das durch einen universalen Zugang, standardisierte Leistungen und monopolistische Strukturen gekennzeichnet war, ist seit den 1970er Jahren zunehmend in Frage gestellt worden.

273

Netzwerke wie die Post oder die Kommunikation wurden seither organisatorisch wieder stärker entflochten. Dabei wurden in aller Regel die wettbewerbsfähigen und lukrativen Teile vorhandener Infrastrukturen privatisiert, während die defizitären Teile oft in öffentlichem Eigentum verblieben. Das wiederum hat zu einer preislichen und qualitativen Differenzierung geführt, zu einer Segregation zwischen den privilegierten »Räumen der Ströme« (Manuel Castells), die als *premium network spaces* immer stärker zusammenrückten, und den davon abgekoppelten Räumen.[33]

Die Strukturen in den Megacities des Globalen Südens weichen ohnehin deutlich vom modernen Ideal der »bakteriologischen« und infrastrukturell vernetzten Stadt ab. Sie sind derart fragmentiert und in ihrer Funktionstüchtigkeit so unkalkulierbar, dass in Frage steht, ob dieses Konzept überhaupt darauf anzuwenden ist. Das Ideal der modernen Stadt ging von universell verfügbaren Dienstleistungen innerhalb eines Angebotsraums aus, der sich durch relativ homogene Normen, Erwartungen und Werthaltungen auszeichnete. Diese wurden abgesichert durch ein untereinander vernetztes und solidarisches Bürgertum sowie einen organisierenden oder zumindest beaufsichtigenden Wohlfahrtsstaat. Davon kann in den urbanen Agglomerationen des Globalen Südens keine Rede sein. Ihre Infrastrukturen entstehen und funktionieren eher unkoordiniert, und es hängt von Zufällen ab, wer beziehungsweise ob überhaupt jemand auf sie zugreifen kann. Zwischen den Netzen und ihren Nutzern entstehen daher oft gänzlich andere Bezüge als in den gewachsenen Netzen des Globalen Nordens.[34]

Ob es sich hierbei um einen Zwischenschritt hin zur Angleichung an westliche Standards und deren Netze handelt oder, was wahrscheinlicher ist, um alternative Modelle, von deren lokaler Angepasstheit gerade die großtechnischen Systeme der Industriestaaten lernen könnten, wird sich erst herausstellen. Es deutet freilich manches darauf hin, dass wir uns zwar nicht von den Infrastrukturen selbst, aber von dem Konzept verabschieden werden, das seit dem ausgehenden 18. Jahrhundert ihren Aufbau in Europa und den USA begleitete.

Wie weiter?

Größere Veränderungen deuten sich oft in kleinen Verschiebungen an. In den ausgehenden 1960er Jahren experimentierte die in Deutschland, Österreich und der Schweiz ausgestrahlte Fernsehshow *Wünsch Dir was* mit Vorformen der Interaktivität, der Rückkoppelung zwischen Medium und Zuschauern. Die Show bestand aus einer Folge von turbulenten Spielen, in denen sich Familien aus unterschiedlichen Ländern bewähren und ihren Zusammenhalt beweisen mussten. Am Ende konnte ein vorab ausgewählter Teil der Zuschauer vor den Bildschirmen über das Gesehene abstimmen. Dazu wurden sie aufgefordert, innerhalb einer bestimmten Zeitphase und nach einem bestimmten Schlüssel die heimischen Toilettenspülungen zu betätigen. Die vom örtlichen Wasserwerk gemessenen Steigerungen des Verbrauchs wurden anschließend in das Sendestudio gemeldet. Auf diese Weise wurde die Gewinnerfamilie ermittelt. Später trug man dem sich wandelnden Umweltbewusstsein Rechnung, das sich seit den frühen 1970er Jahren bemerkbar gemacht hatte. Nun sollten die Zuschauer ihre Elektrogeräte ausschalten, und die Stadtwerke maßen den Minderverbrauch von Energie, der dadurch bewirkt wurde.[35]

In einer digitalen Ära, die von einer liquiden und schwarmintelligenten E-Demokratie spricht, hört sich das alles, schon wegen der Orientierung solcher Shows an der Norm intakter Kleinfamilien, inzwischen hoffnungslos antiquiert an. Das ändert jedoch nichts daran, dass diese Vorform intermodaler Verknüpfung ebenso wie das neue Abstimmungsverfahren, in dem die sich langsam verändernden Werthaltungen sichtbar wurden, schon damals auf die Gegenwart vorausgewiesen haben. Insbesondere das seit den 1960er/1970er Jahren wiederentdeckte Paradigma der Ökologie hat zu weitreichenden Veränderungen geführt. Es erinnerte daran, dass sich die unterschiedlichen Ebenen des Lebens nicht voneinander trennen lassen und dass die erste Natur nicht einfach durch Infrastrukturen der zweiten Natur dienstbar gemacht werden kann. Seither rivalisiert das lineare, zentrale, von stetigem Wachstum geprägte Denken mit einem eher dezentralen Denken in Zyklen und in den Zusammenhängen einer globalen Verflechtung.

275

In den Industrienationen verbreitete sich die Einsicht, dass der Globale Norden auf dem gegenwärtig eingespielten Niveau nicht permanent weiter Ressourcen verbrauchen kann. Da die Welt kein offenes, sondern ein geschlossenes System darstellt, können nicht einzelne Weltregionen dauerhaft über ihre Verhältnisse leben, weiter expandieren und die Umwelt schädigen, ohne sich selbst zu schaden. Umgekehrt sind die hohen Versorgungsniveaus dieser Länder nicht ohne weiteres weltweit erreichbar, ohne das Klima weiter zu beeinträchtigen. So ist die paradoxe Situation entstanden, dass die Gesamtsituation verändert werden muss, man aber zugleich den einmal erreichten und in die Alltagsroutinen eingeschriebenen Komfort nicht gefährden will. Deshalb sucht man nach Lösungen, mit denen die Effizienz der laufenden Systeme gesteigert und zugleich die Umweltfolgen technisch eingehegt werden können – ein Verfahren, das oft sinnfällig als *End-of-pipe*-Technologie umschrieben wird. Denn verändert wird letztlich nur, was an Emissionen aus den Rohren strömt.

Daneben sind wir seit den 1970er Jahren vor allem mit Appellen an die individuelle Verantwortung, an Einsicht und noch mehr Selbstregulation sowie an ein umweltbewussteres Verhalten konfrontiert. Dies hat dazu geführt, dass unser Erfahrungsraum sich noch in der infrastrukturisierten Hochmoderne bewegt, während unser Erwartungshorizont bereits auf eine Epoche vorausweist, in der wir sehr viel grundlegender umdenken und unsere Routinen nachhaltig ändern müssen.

Bei den nachwachsenden Generationen gibt es aber Anzeichen für einen Wandel. In Berlin etwa warben 2013 junge Leute für die Idee, öffentliche Trinkwasserspender aufzustellen und sie über Smartphone-Apps auffindbar zu machen. Damit wollten sie dem gigantischen logistischen Aufwand der Mineralwasserfirmen begegnen, die jährlich rund zehn Milliarden Liter für ein Vielfaches dessen verkaufen, was das in aller Regel einwandfreie Leitungswasser kostet.[36] Die *Slowfood-* und *Buy-local*-Bewegungen stellen sich ebenfalls gegen die oft grotesken Anfahrtswege beim Transport von Lebensmitteln des täglichen Bedarfs, und sie erinnern an den traditionellen jahreszeitlichen Rhythmus, dem die Produkte der heimischen Landwirtschaft folgen. Der lokale Apfel, so argumentieren sie, täte es auch, es müsse nicht immer die exotische Mango sein.

Zahllose Vorschläge laufen auch für andere Bereiche auf eine Entschleunigung des Lebens und die Wiederentdeckung der Langsamkeit hinaus, auf die Erinnerung an einen Lebenstakt, der letztlich auch dem menschlichen Rhythmus mehr zu entsprechen scheint als die hochdrehende Logistik ständiger Produktion und Konsumption. Das bedeutet in der Konsequenz sicher deutlich mehr, als die boomende Wellness-Industrie mit ihren kompensatorischen Angeboten eines vorübergehenden Innehaltens verspricht.

So scheint die bereits mehr als ein Jahrhundert während Faszination des Automobilismus und des individuellen Unterwegsseins ihren Höhepunkt längst überschritten zu haben, und sie entfacht bei den jüngeren Generationen bereits deutlich weniger Begeisterung. Vielmehr hat sich bei ihnen ein instrumentelles und sachliches Verhältnis etabliert, das dem Fahrrad und dem öffentlichen Nahverkehr zu neuen Ehren verhilft und Elemente der *Sharing Economy* in sich aufnimmt. Auch zu Fernreisen oder anderen ressourcenintensiven Ausweisen sozialer Distinktion besitzen zumindest einige der Jüngeren ein gewandeltes Verhältnis. Die expansive Phase der Globalisierung mit immer längeren Zirkulationswegen wird heute jedenfalls nicht mehr unhinterfragt mit einer notwendigen Modernisierung gleichgesetzt, wie dies über Jahrzehnte hinweg der Fall war.

Unter dem ökologischen Paradigma zeigen sich deutliche Trends zu dezentralen und lokal angepassten Infrastrukturangeboten. Sie sind nicht auf eine weitere »Denaturalisierung« unserer Zeit- und Raumwahrnehmung ausgerichtet, sondern wollen im Gegenteil die ökologischen Folgen in die Bilanzen stets mit einbeziehen.[37] Das hat nicht nur zu einem im Einzelnen sicher problematischen Emissionshandel geführt, sondern auch dazu, dass heute in Deutschland jedes flächenversiegelnde Bauwerk durch eine Ausgleichsfläche wie Krötentümpel, Streuobstwiesen usw. kompensiert werden muss. Hinzu kommen archäologische und denkmalpflegerische Erfordernisse.[38] Neben den immer selbstbewusster und organisierter auftretenden Anwohnern sind diese Rücksichten auf den Boden-, den Arten-, den Kulturgut- und den Naturschutz zu Faktoren der Gegenwart geworden, die technokratisch orientierte Planer nicht selten in den Wahnsinn treiben.

Inzwischen ist sogar von einer »grünen Infrastruktur« die Rede. Die Europäische Kommission verabredete 2010 sogenannte Biodiversitätsziele **277** und kündigte entsprechende Investitionen an. Hierdurch sollen in Landschaften, die durch Infrastrukturen wie Straßen, Schienen oder Leitungen weithin fragmentiert wurden, wieder zusammenhängende Grüngürtel und Ökosysteme entstehen. So werden etwa durch begrünte Brücken über Autobahnen Verbindungen zwischen noch existenten Wildzonen geschaffen, Landschaften für Flora und Fauna durchlässiger oder multifunktional gestaltet.[39] Darin ist sicher auch das Bemühen eingeschrieben, die unliebsamen Anblicke der brutalen Hochmoderne durch eine oft vordergründig bleibende Renaturalisierung zu camouflieren.[40] Jeder Blick aus dem Flugzeug belegt, dass Infrastrukturen die Landschaften noch immer wie Schnittmuster durchschneiden.

Denn insgesamt läuft die Infrastruktur-Entwicklung doch weiterhin auf das von räumlichen, zeitlichen (Programme, Fahrpläne usw.) und Naturvorgaben möglichst unabhängige Individuum hinaus, das sich selbst zu steuern und fortlaufend Entscheidungen zu treffen vermag. Daran werden all die genannten gegenläufigen Trends kurzfristig kaum etwas ändern. Der Wettbewerb um Zeit und Geschwindigkeiten wird weitergehen, ein Spiel mit vermeintlichen Fort- oder Rückschritten, mit schwindelerregender Beschleunigung und entnervendem Abbremsen, gefolgt vom gelangweilten Warten darauf, dass es weitergeht, ein Spiel mit Einstiegen und Ausstiegen, mit Angeschlossen- und Abgehängt-Sein, mit Flüssen und Stockungen.

Das Fließen, das Surfen oder das Switchen zwischen unterschiedlichen Anschlüssen und (Teil-)Identitäten scheinen die gegenwärtig noch vorherrschenden Existenzformen einer Infrastruktur-Gesellschaft und einer »liquiden Moderne« zu sein, die alles in Fluss gesetzt hat.[41] Infrastrukturen haben menschliche Tätigkeiten beschleunigt und Wege verkürzt, zugleich führte dies aber dazu, dass zahlreiche Aktivitäten und Entscheidungen gleichzeitig stattfinden, die vorher nach und nach – oder auch gar nicht – vollzogen wurden. In aller Regel wird die Zeit, die wir durch schnellere Wege oder bessere Organisation gewinnen, sogleich wieder für Aktivitäten verausgabt, die zuvor nicht auf der Agenda standen. Einigen Menschen verschafft dies den Eindruck, als ließe sich ihr Leben durch die enge Taktung vieler Tätigkeiten intensiver gestalten. Der Publizist Roger Willemsen hat sie einmal

die »Second-Screen-Menschen« genannt, weil ihnen ein Bildschirm nicht

mehr reiche und sie ohne Parallelhandlungen die Welt nicht mehr ertrü-
gen.[42] Andere fühlen sich, als würden sie in Röhrensystemen laufen, aus
denen sie nicht ausbrechen können, in denen sie mitschwimmen müssen
und von anonymen Kräften navigiert werden.

Wie seit eh und je gibt es auf die zunehmende Vernetzung und Digitalisierung des Lebens optimistischere und pessimistischere Reaktionen.
Die einen betonen immer wieder den Zuwachs an individueller Autonomie, auch in Bezug auf die sozialen Kontakte, den Gewinn an Zeit und
Bequemlichkeit sowie die mit der Globalisierung des Verkehrs und der
Kommunikation verbundene Horizonterweiterung. Die wiederkehrenden
Sorgen der anderen drehen sich um die immer gleichen Befunde einer sozialen Entfremdung und einer Vereinsamung, einer wachsenden Abhängigkeit und ständigen Erreichbarkeit und eines durch Funklöcher usw. erzeugten Horror vacui. Sie befürchten eine Konformisierung des Konsums,
des Sozialverhaltens und der Meinungen, eine allgemeine Überforderung
durch Dauerinformationen und Datenmissbrauch. Zugleich spüren sie
die allgegenwärtige Furcht, abgehängt zu werden *(fear of missing out)*. Der
1980 geborene Schriftsteller Max Scharnigg stellte für seine Generation fest,
dass sie geradezu zwanghaft alles Neue ausprobieren müsse, sich selbst in
dauernder Informationspflicht sehe und stets in Sorge sei, etwas zu verpassen und vom Zeitgeist irgendwann »entfolgt« zu werden.[43]

Die digitale Verschränkung setzt ein teilweise neues Sozialverhalten frei,
und sie fordert unentwegt neue rechtliche und gesellschaftliche Klärungen
darüber heraus, was allgemein vertretbar ist. Diese Auseinandersetzungen
ziehen das nach sich, was Max Weber schon zu Anfang des 20. Jahrhunderts als »stahlhartes Gehäuse« oder Martin Heidegger später als »Gestell«
beschrieben hat: Justiz und Verwaltung folgen der oft spielerischen Aneignung der neuen Möglichkeiten auf dem Fuß und versuchen, die gewonnenen Spielräume in rechtlich und sozial verträgliche Bahnen zu lenken. Sie
schaffen also gleichsam »Superstrukturen«, die ebenso wie die Infrastrukturen normierende und standardisierende Effekte bewirken, nur auf anderen
Ebenen. Die Erfahrung kann gerade in Bezug auf das World Wide Web
nachverfolgt werden. Dessen anarchisch-kreative Potentiale wurden und
werden in den Phasen, die als interaktiv und sozial offen deklariert wurden,

auch für kriminelle Handlungen, beleidigende Äußerungen und politische Manipulationen missbraucht. Das hat regulierende Eingriffe geradezu provoziert. Jede Aneignung zieht also Anpassungsprozesse nach sich. Die Algorithmen-Logik der meisten Internetanbieter zielt zusätzlich darauf ab, uns aufgrund unserer Kundenprofile fortgesetzt mit Bekanntem zu versorgen und auf unseren einmal eingeschlagenen Wegen zu bestätigen.[44] Infrastrukturen schaffen also technische *und* habituelle Pfadabhängigkeiten, denen nur schwer zu entkommen ist.

Dieser Prozess setzt aber auch immer wieder subversive Kräfte frei. Wie in den Zeiten der Amateurfunker, der Radiopioniere oder der freien Kabel-TV-Sender gibt es im digitalen Zeitalter wieder zahlreiche Akteure, die solche einschnürenden Logiken zu unterlaufen versuchen. Sie setzen sich beispielsweise dafür ein, dass den großen Internetanbietern unabhängige »Bürgernetze« gegenübergestellt werden.[45] Solche bisweilen anarchisch gepolten Nonkonformisten erinnern daran, dass Infrastrukturen, einmal errichtet, meist in mehrere Richtungen befahren oder genutzt werden können. Die durch sie freigesetzte Kreativität geht oft ungeahnte Wege und vermag es immer wieder, so etwas wie eine »Gegenmacht« zu formieren. Solche Abweichler zeigen auch, dass die Formatierungen des Verhaltens durch materielle, institutionelle und mentale Infrastrukturen durchaus zu durchbrechen sind und Räume für eigensinniges Verhalten eröffnen. Aber Infrastrukturen können auch zu *Locked-in*-Strukturen führen und nicht nur beruhigende Traditionen, sondern auch spezifische Trägheitsmomente ausbilden.[46] Schon Ernst Forsthoff, der 1938 den Begriff der Daseinsvorsorge geprägt hatte, stellte dies zwanzig Jahre später fest. Das Leitbild des rasant ausgebauten Wohlfahrtsstaates müsse »der in seinen Daseinsbedingungen im Maße des Möglichen gesicherte Bürger« sein, nicht der perfekt bediente Endverbraucher, zu dem er inzwischen geworden sei.[47]

Noch hat sich freilich kein neues, alternatives Leitmodell herausgebildet, wie es im ausgehenden 19. Jahrhundert einmal die »bakteriologische Stadt«, Mitte des 20. Jahrhunderts die »staatliche Leistungsverwaltung« und zuletzt vielleicht die Idee des Open Access gewesen sind. Deregulierung und Privatisierung brachten eine Vielzahl an Organisationen hervor, die oft im Schnittfeld zwischen öffentlichen und privaten Strukturen liegen. Sie warfen für nahezu jedes großtechnische System die Frage auf, ob es sich dabei um eine Infrastruktur oder ein kommerziell anzubietendes Gut handelt. Der Bürger löst sich freilich nur sehr zögerlich von der Vorstellung, dass »der Staat« für die Befriedigung von Grundbedürfnissen zuständig sei.[48] Darin äußert sich ein Gewöhnungseffekt in seiner ganzen Ambivalenz.

Der Rückblick in die Geschichte der letzten zweihundert Jahre zeigt zudem, dass die Einrichtungen der Kommunikation und des Verkehrs, der Versorgung und Entsorgung in aller Regel komplex und uneinheitlich gewachsene Strukturen waren, in denen sich die unterschiedlichsten Interessen materialisierten. Die heutigen Infrastruktur-Netze sind das Resultat von unzähligen Entscheidungen im Schnittfeld von Technik, Wirtschaft und Politik, von individuellen und partikularen Interessen. Es finden sich außerdem stets Konstellationen des Augenblicks oder des Zufalls darin.

In der digitalen Ära, in der Partizipation und Interaktivität nicht mehr nur für eine kleine Zahl von Fernsehzuschauern erreichbar ist, die durch das Betätigen von Wasserspülungen über den Sieg in einer Fernsehshow abstimmen, wurde dieser Abgleich von Interessen einfacher und komplizierter zugleich. Einfacher, weil die anonymen Netzwerke ein Sozialverhalten einüben, das nicht mehr – jedenfalls nicht mehr in erster Linie – durch persönliche Bindungen und Abhängigkeiten bestimmt wird. Schwieriger, weil die durch Infrastrukturen verkürzten Wege und die damit eingesparte Zeit dazu verführt haben, immer mehr Aktivitäten und Entscheidungen gleichzeitig zu vollziehen. Daher kann auch das Ausschalten von Stromverbrauchern oder das Abschalten des Smartphones im 21. Jahrhundert ein Statement sein, das sich langfristig politisch, wirtschaftlich und gesellschaftlich niederschlägt. Wie eine Erinnerung an *Wünsch Dir was* wirkt es da, wenn seit 2007 während der *Earth Hour* weltweit das Licht ausgeschaltet wird, um ein politisches Zeichen für die Umwelt zu setzen.[49] Wie schon angedeutet, wird eine solche Umorientierung wohl nicht in erster Linie die Infrastrukturen selbst verändern, aber doch das dahinterstehende, tief im 19. und 20. Jahrhundert verwurzelte Konzept in Frage stellen.

Rekapitulation

Auf den zurückliegenden Seiten ging es darum, einen säkularen Prozess der Vernetzung sichtbar zu machen, der unendlich viel mehr Facetten besitzt, als diese Zwischenbilanz zu zeigen vermag. Sicher ist hier nicht immer ganz sauber getrennt worden zwischen den materiellen Infrastrukturen als solchen, den daran angeschlossenen, oft kommerziell angebotenen und betriebenen Geräten und den Praxen, die darauf aufruhen. Denn alles ist längst zu einem untrennbaren Komplex miteinander verwoben.

Es sollte jedoch deutlich werden, dass Infrastruktur als ein Konzept zu verstehen ist, das sich mit bestimmten Vorstellungen der zirkulativen und wachstumsorientierten Moderne verbindet. Es trug und trägt liberale und aufklärerische Ideale in sich und expandierte nahezu unaufhörlich, wenn auch meist sehr ungleichmäßig. Dabei codierte das Konzept der Infrastruktur Räume und Gesellschaften neu, überschritt fortlaufend Grenzen aller Art und diente darüber hinaus als ungemein erfolgreiches Exportgut. Auf diese Weise lag es dem schillernden, in vielem auch ambivalenten Vorgang der Globalisierung zugrunde. Infrastrukturen wurden oft als Instrumente der Umgestaltung begrüßt, sie waren »Tentakel des Fortschritts«, wie der Historiker Daniel Headrick dies umschrieb. Sie wurden aber auch als Medien einer politischen, wirtschaftlichen und kulturellen Penetration bekämpft. Die Einrichtungen der Kommunikation und des Verkehrs haben einerseits Territorien integriert und angeschlossen, sie aber andererseits auf bestimmte technische Systeme und Verfahren geeicht und sie überdies verwundbar gegenüber kriegerischen und terroristischen Angriffen gemacht. Parallel dazu haben Versorgungs- und Entsorgungseinrichtungen eine hygienische und urbane Lebensweise befördert und weit über die Städte hinausgetragen, unter den Angeschlossenen und Abgehängten aber auch neue soziale Hierarchien etabliert.

Überall dort, wo man Zugang hat oder online ist, sind Infrastrukturen ein Versprechen für die Zukunft sowie eine Kategorie des kontinuierlichen Vergleichs mit den Entwicklungs-, Versorgungs- und Anschlussniveaus andernorts. Insofern ist es gerechtfertigt, den Stand der Infrastrukturen als

Maßstab für den Anschluss an die Moderne zu sehen. Die Verwendung des Begriffs Infrastruktur signalisiert zudem eine zentrale Zuständigkeit oder doch eine Relevanz für die Allgemeinheit. Infrastruktur-Einrichtungen haben dabei meist die Anmutung des Neutralen und Sachlichen beibehalten können, waren aber natürlich auch – oder gerade deswegen – Instrumente zur Wahrung oder Durchsetzung von politischen, wirtschaftlichen, sozialen, kulturellen oder technokratischen Interessen.[50]

Doch in diesem Buch wurde vor allem nach Veränderungen im Alltagsleben und nach kulturellen Deutungen gefragt, die der Prozess der infrastrukturellen Vernetzung nach sich zog. Ein Hauptbefund ist sicher, dass die Entstehung der zwischen Mensch und Natur vermittelnden Netzwerke die räumlichen und sozialen Verhältnisse fast überall auf der Welt weitreichend verändert hat. Infrastrukturen ermöglichten es, Arbeit zu spezialisieren, auf materielle und immaterielle Ressourcen zuzugreifen und nicht nur massenhaft Güter, sondern auch Informationen zu produzieren und im Raum zu verteilen. Sie beförderten die Mobilität von Menschen, sei es bezüglich der Arbeitswege, des Reisens oder der dauerhaften Migration. Sie ermöglichten es den Menschen, ihren Horizont zu erweitern, und sie vermehrten generell die Optionen zur Gestaltung des individuellen und sozialen Lebens. Dabei wurden aber auch zunehmende Anforderungen an jeden Einzelnen gestellt. Die Menschen müssen sich nicht nur mit den verschiedenen Optionen auseinandersetzen, sie müssen sich heute auch in großtechnische Systeme und Verfahren hineindenken, ihrer jeweiligen Logik folgen und sich den Regularien stellen, die zu ihrem möglichst reibungslosen Funktionieren notwendig sind.

Dieser Prozess rief aus den unterschiedlichsten Gründen zahlreiche Widerstände hervor – gegen die subjektive Beschleunigung des Lebens, gegen eine zunehmende Distanzierung von den naturnahen Lebensgrundlagen, gegen die wachsenden Belastungen der Umwelt usw. Dennoch haben sich die meisten Menschen den Infrastruktur-Regimen mehr oder weniger freiwillig unterworfen. Die Sogkräfte eines vermeintlichen Anschlusses an die moderne Welt waren häufig stärker als die Bedenken. Doch es gab noch weitere *pull*-Faktoren zum Ausbau des Verkehrs, der Kommunikation sowie der Versorgungs- und Entsorgungssysteme: das Bedürfnis, durch Urbanität und Weltläufigkeit an Renommee zu gewinnen; den Wunsch, durch Angebote das eigene politische System zu legitimieren; ökonomische und kulturelle Standortwettbewerbe, aber auch technologische und technokratische Machbarkeitsvisionen. Zu den *push*-Faktoren der Infrastrukturausweitung gehörte insbesondere in den schnell wachsenden Städten ein wachsender Problemdruck: Er wurde hervorgerufen durch Enge, Ressourcenknappheit oder Gefährdungen für die Gesundheit, wie sie insbesondere die begleitenden Prozesse der Industrialisierung, der Urbanisierung und der Globalisierung mit sich brachten.

All dies sind Vorgänge gewesen, die – abgesehen von einzelnen öffentlich gefeierten Prestigeprojekten – in aller Regel ohne große Aufmerksamkeit und anonym abliefen. Es gehört zu den hervorstechenden Merkmalen der Infrastrukturen, dass sie sich meist rasch in die alltäglichen Routinen ihrer Nutzer einschleichen. Insofern stellen sie so etwas wie das kollektive Unterbewusste dar, eine entlastende Voraussetzung für weitergehende kreative oder zerstreuende Tätigkeiten. Das Niveau an wirtschaftlichen und kulturellen Leistungen einer Gesellschaft hängt in der Wahrnehmung weiter Teile der Bevölkerung davon ab, wie stark diese Systeme ausgebaut sind und wie gut sie im Alltag funktionieren. Dabei zeigt sich bei genauer Betrachtung, dass sie nicht nur ungleich ausgebaut sind, sondern auch ungleich genutzt werden. In der Tendenz bevorzugen die Infrastrukturnetze sicher die Tätigkeiten der Kreativen, Kommunikativen und Mobilen unter ihren Nutzern.

Infrastrukturen verstärken die menschlichen Sinne. Sie stellen über vermittelnde Sachsysteme natürliche Lebensgrundlagen bereit, insofern sind sie Medien eines »Stoffwechsels« zwischen Mensch und Natur, der von menschlichen Bedürfnissen her organisiert wird. Daher haben sie dazu beigetragen, den Menschen nicht nur von Natur- und Wettervorgaben zu emanzipieren, sondern auch von nationalen, regionalen und lokalen Unterschieden, von jahreszeitlichen, wöchentlichen und tageszeitlichen Rhythmen, schließlich sogar von Ladenöffnungszeiten. Im Ergebnis etablierte sich eine infrastrukturgestützte Lebensweise mit entsprechend angepassten, intuitiven Verhaltensweisen. Es festigte sich aber auch eine wachsende

Abhängigkeit und Anfälligkeit gegenüber selbst- oder fremdverursachten

Störungen in den zirkulativen Systemen. Nicht zuletzt scheinen sich die Fähigkeiten des Menschen, mit Knappheiten und Unvorhergesehenem umzugehen, zu verringern. Stattdessen musste der umfassend angeschlossene Mensch meist lernen, mit einem dauerhaften Überfluss umzugehen.

Aufgrund dieser Abhängigkeiten können selbst vorübergehende Stockungen zum Ärgernis, ja zur Bedrohung werden. Insgesamt haben sich Infrastruktursysteme gegenüber größeren Unfällen, Anschlägen und kriegerischen Attacken jedoch als bemerkenswert unempfindlich erwiesen. Meist sind die einmal etablierten Systeme auch nach größeren Beschädigungen unmittelbar repariert oder neu aufgebaut worden. Das auf Infrastrukturen orientierte Sicherheitsdenken der Gegenwart ist bestrebt, resiliente und dezentrale Strukturen durchzusetzen sowie stärkere Ein- und Ausgangskontrollen zu etablieren. Dabei dürfen die Alltagsroutinen nicht allzu stark erschüttert werden, wenn das Leben weiter entlastet werden soll. Die Verletzlichkeit und der Missbrauch von Infrastrukturen bleiben ebenso paradoxe wie prekäre Felder, weil die in den Infrastrukturen eingeschriebene Anonymität ebenso wenig aufzuheben ist wie die menschliche Fehlbarkeit.

Schon wegen der meist hohen Investitionskosten wurden Infrastrukturen in der Regel für längere Zeiträume gebaut, und sie müssen auch für ältere technische Systeme nutzbar bleiben. Sie werden aber auch durch außersystemische Faktoren stabilisiert, vornehmlich die Routinen und Gewohnheiten ihrer Nutzer, sowie durch soziale, politische und ökonomische Erwägungen. Insofern wurden sie für moderne Gesellschaften zu wesentlichen Faktoren ihrer institutionellen Beständigkeit. Die fortgesetzten Diskussionen darüber, wie Infrastrukturen weiter ausgebaut und in ihrer Funktionsfähigkeit gesichert und wie zudem Kosten und Nutzen gerecht verteilt werden können, belegen die zentrale gesellschaftliche Bedeutung dieser Einrichtungen zusätzlich.

In Infrastrukturen materialisierte und verrechtlichte sich gesellschaftliche Teilhabe. Mit ihrem Ausbau verschoben sich soziale Bezüge, weil heute der Anschluss an die Netze über soziale Zugehörigkeit entscheidet. In realsozialistischen Systemen konnte diese Logik des Anschlusses – entgegen der Utopie – nicht oder nur kontrolliert verwirklicht werden, in autoritär strukturierten Gesellschaften blieb der Zugang stark hierarchisiert und mit politischen Ausschlussdrohungen verknüpft. Auch in marktwirtschaftlichen, namentlich in neoliberalen Systemen, konnten ungleiche Verteilung und privilegierte Zugänge nicht vollständig überwunden werden. Das moderne Infrastrukturideal eines unterschiedslosen Zugangs wurde am ehesten in sozialintegrativen Wohlstandsgesellschaften verwirklicht. Letztlich blieb die Frage des politischen oder ökonomischen Systems für die Geschichte der Infrastrukturen aber auffällig nachrangig.

Dennoch gehen Infrastrukturen mit bestimmten Werten und Standards einher. Sie haben aber nicht notwendigerweise eine Tendenz zur globalen Vereinheitlichung. Vielmehr tragen sie eher zu einer sich hybridisierenden Weltgesellschaft bei. Klar scheint überdies, dass der Bau und die Einrichtung von Infrastrukturen zwar gelegentlich mit Zwang durchgesetzt wurden, dass sie Nutzer gezielt an- oder ausschlossen und dass durch sie ideologische Inhalte transportiert wurden. Dabei müssen sie, um für einen großen Nutzerkreis attraktiv zu sein, ein gewisses Spektrum an Anwendungsvarianten bereithalten. Ihre relative Offenheit bedingt aber, dass sie in aller Regel auch zu Zwecken genutzt werden können, die den Intentionen ihrer Erbauer zuwiderlaufen. Daher haben sie eher zur Etablierung von Gesellschaftsformationen beigetragen, die plural und dezentral strukturiert sind und sich dabei vorwiegend selbst organisieren. Mit Infrastrukturen verbundene rigide Steuerungs- und Kontrollabsichten wurden jedenfalls immer wieder unterlaufen, schon durch solche Personen – Bastler, Rebellen, Hacker usw. –, die sich gleichsam habituell gegen die konformistischen Routinen der Mehrheit stellen und die Grenzen von etablierten Systemen fast reflexartig herausfordern.

Die weitere Entwicklung ist daher kaum prognostizierbar. Sie ist es gerade in denjenigen Gesellschaften nicht, die sich unter ganz anderen Voraussetzungen als den westlichen gerade erst mit der Materialität und dem Konzept Infrastruktur auseinandersetzen. Jedoch konnten wiederkehrende, mehr oder weniger akute Fragen identifiziert werden, die vermutlich auch in Zukunft immer wieder aufgeworfen und diskutiert werden. Es ist dies *erstens* die Frage der Organisation, für die sich in der Tendenz Modelle abzeichnen, die öffentliche und private Interessen verschränken und jeweils vor Ort ausgehandelt werden müssen, wie bei der Public Private Partnership. *Zweitens* ist dies die Frage der Sichtbarkeit, bei der sich aktuell eine Tendenz zur Camouflage abzuzeichnen scheint: Immer umfassender zugängliche Infrastrukturen werden immer unmerklicher zur Verfügung gestellt. *Drittens* ist dies die Frage nach der Zyklizität zwischen Alterung und ständiger Modernisierung. Dies wird immer wieder Diskussionen über Zuständigkeiten und eine gerechte Verteilung von Lasten und Kosten provozieren. *Viertens* geht es um die Verwundbarkeit der Netze und der Fließräume. Sie erfordern ständige Abwägungen zwischen Sicherheitsbedürfnissen und dem Gewinn an Freiheiten und Möglichkeiten. *Fünftens* stellt sich die Frage, ob die Verfügbarkeit von Infrastrukturen untrennbar mit dem Konzept der industriellen Wachstumsmoderne verknüpft ist oder ob sich nachhaltigere, die globalen Lebensgrundlagen schonendere Alternativen denken und vor allem auch etablieren lassen.[51]

Gerade diese Problematik lenkt die Frage nach der Zukunft von Infrastrukturen auf die Durchschnittsmenschen als Nutzer dieser Systeme zurück. Die regelmäßige Routinisierung des Zugangs zu Verkehr und Kommunikation, zu Versorgung und Entsorgung führt nämlich aller historischen Erfahrung nach nicht dazu, diesen Zugang dauerhaft als Privileg zu empfinden. Eher ruft es Neid hervor, wenn es Abweichungen nach oben gibt, während Abweichungen nach unten als zivilisatorischer Rückstand wahrgenommen werden. Die meisten Bürger haben sich aufgrund dieses infrastrukturellen Fahrstuhleffekts an komfortable Niveaus, Normen und Versorgungsstandards gewöhnt. Die sind nur mittel- und langfristig zu beeinflussen. Wie schon in den vergangenen zweihundert Jahren müssen dabei individuelle und die übergeordneten Interessen des Gemeinwohls miteinander ausgeglichen werden, wobei Entscheidungen getroffen werden müssen, mit denen alle leben können. Es wird daher sehr spannend zu beobachten sein, wie die Geschichte der Infrastrukturen weitergeht.

Anmerkungen

Ein-Leitung: Hauptsache, sie funktioniert …

1 Deckers: Unter den Wolken. In den folgenden Belegen werden die Nachnamen, Kurztitel und ggf. Seitenzahlen angeführt. Die vollständigen Angaben können über das Literaturverzeichnis aufgelöst werden.

2 Edwards u. a.: Introduction, S. 365.

3 Van Stolk / Wouters: Die Gemütsruhe des Wohlfahrtsstaates.

4 Dommann: Alles fließt.

5 Giedion: Herrschaft der Mechanisierung.

6 Graham / Marvin: Splintering Urbanism.

7 Der bislang weitestgehende Schritt in diese Richtung ist Högselius / Kaijser / van der Vleuten: Europe's Infrastructure Transition.

8 Kommentar »Infrastruktur«, in: *Frankfurter Allgemeine Zeitung*.

9 Katz: Infrastructure Ills.

10 So Briegleb: Vor allem obskur.

11 So Mayntz: Zur Entwicklung technischer Infrastruktur-Systeme.

12 Ähnlich Rankin: Infrastructure. Zur Begriffsgeschichte van Laak: Der Begriff »Infrastruktur«. Vgl. auch Richter: Infrastruktur.

13 Welzer: Mentale Infrastrukturen, S. 14.

14 Black: Cursus Publicus. Kolb: Transport und Nachrichtentransfer. Dies.: Infrastruktur und Herrschaftsorganisation. Klee: Lebensadern des Imperiums. Ernstberger: Die Versorgung Roms.

15 Alcock / Bodel / Talbert (Hg.): Highways, Byways.

16 Smith: Wealth of Nations, S. 179 f.

17 Schulze: Infrastruktur als politische Aufgabe, S. 80.

18 Asendorf: Batterien der Lebenskraft, S. 43. Vgl. auch Mattelard: Networking the World.

19 Hierzu Gießmann: Die Verbundenheit der Dinge.

20 Sieferle: Rückblick auf die Natur. Radkau: Natur und Macht.

21 Vgl. zeitgenössisch Forest de Belidor: Architectura Hydraulica. Vgl. auch Allemeyer: »Kein Land ohne Deich …!«.

22 Le Goff: Die Geburt Europas. Payer: Die synchronisierte Stadt.

23 So auch Schott: Europäische Urbanisierung, S. 306.

24 Edwards: Infrastructure and Modernity, S. 185 f.

25 Ausubel / Herman (Hg.): Cities and Their Vital Systems, S. 1.

26 Flitner / Lossau / Müller: Einleitung, in: dies. (Hg.): Infrastrukturen der Stadt, S. 2.

27 So der *Call for Papers* zum Workshop des Center for Metropolitan Studies »Gefüge, Kollektive und Dispositive. Zum ›Infrastrukturalismus‹ des Gesellschaftlichen« am 18./19. März 2011 *<www.heike-delitz.de/Artefakte2011.html>* (eingesehen am 17. Dezember 2017).

28 Stein: Instandhaltung von Kanalisationen, S. VII.

29 Schulze: Infrastruktur als politische Aufgabe, S. 84. Ostrom: Adam Smith.

30 Schulze: Infrastruktur als politische Aufgabe, S. 137.

31 Ewald: Der Vorsorgestaat. de Swaan: Der sorgende Staat.

32 Rankin: Infrastructure.

33 Nurske: Problems of Capital Formation, S. 154.

34 Jochimsen: Theorie der Infrastruktur.

35 Segal: Communication and State Construction.

36 Weber: Peasants into Frenchmen. Bel i Queralt: Infrastructure and the Political Economy of Nation Building.

37 Diacon: Stringing Together a Nation.

38 Foucault: Geschichte der Gouvernementalität, Bd. 1, S. 57.

39 Hierzu van Laak: Infrastruktur und Macht.

40 Mann: The Sources of Social Power 2, S. 59.

41 Mann: Infrastructural Power Revisited.

42 Von Trotha: Was war Kolonialismus? S. 68.

43 Engels / Schenk: Infrastrukturen der Macht, S. 24.

44 Engels / Schenk: Infrastrukturen der Macht, S. 56.

45 Van Laak: Technokratie im Europa des 20. Jahrhunderts. Insgesamt steht die soziologische Erforschung der Infrastrukturen aber erst am Anfang, siehe Barlösius: Infrastrukturen als gesellschaftliche Weichensteller.

46 Easterling: Extrastatecraft, S. 15.

47 Ahrne / Brunsson: Meta-Organizations, S. 169. Bush: Standards.

48 Mbembe: On the Postcolony.

49 Lea / Pholeros: This is not a Pipe. Larkin: Politics and Poetics of Infrastructure. Winther: The Impact of Electricity.

50 Harvey / Knox: The Enchantments of Infrastructure.

51 Dalakoglou: The Road. Harvey / Knox: Roads.

52 Harvey: Cementing Relations. Masquelier: Road Mythographies. Bess: Routes of Conflict.

53 Fried: Umsturz der Gesellschaft, S. 336 f.

54 Giddens: The Constitution of Society. Mumford: Mythos der Maschine.

55 Beniger: The Control Revolution.

56 Von Schnitzler: Citizenship Prepaid. Swynegedouw: Social Power and the Urbanization of Water.

57 Nachgerade klassisch wurde Hughes: Networks of Power.

58 Joerges: Die Brücken des Robert Moses, hier S. 60.

59 Heidenreich: Natur und Kultur heute, hier S. 71.

60 Blumenberg: Dogmatische und rationale Analyse von Motivationen.
61 Eßbach: Zur Anthropologie artifizieller Umwelt, hier S. 19. Ähnlich schon Freud: Das Unbehagen in der Kultur.
62 Radkau: Das Zeitalter der Nervosität.
63 Virilio: Geschwindigkeit und Politik. Rosa: Beschleunigung. Borscheid: Das Tempo-Virus.
64 Star: The Ethnography of Infrastructure.
65 Kamleithner: Neue Mischungsverhältnisse, hier S. 253. Gießmann: Netze und Netzwerke.
66 Vgl. etwa Kaufmann: Kommunikationstechnik und Kriegführung.
67 Vgl. Höhne: New York City Subway, S. 24–33. Lee / LiPuma: Cultures of Circulation.
68 Fritz-Vannahme: Der Anthropologe im Dschungel der Großstadt.
69 Rogers / O'Neill: Infrastructural Violence.
70 Chattopadhyay: Unlearning the City.
71 Trovalla / Trovalla: Infrastructure turned Suprastructure. Bjorkman: Pipe Politics, Contested Waters.
72 Simone: People as Infrastructure. Ähnlich Elyachar: Phatic Labor.
73 Vgl. auch Graham / McFarlane (Hg.): Infrastructural Lives.
74 Amin: Lively Infrastructure.

1 Öffentliche Arbeiten: Das 19. Jahrhundert

1 Dath: Das schreibende Flussgespenst.
2 Förster / Bauch (Hg.): Wasserinfrastrukturen und Macht.
3 Rolt: From Sea to Sea. Mukerji: Impossible Engineering.
4 Engels: Kanalregionen im Frankreich der Sattelzeit, S. 149.
5 Abelshauser: Staat, Infrastruktur und regionaler Wohlstandsausgleich.
6 Jones: A Landscape of Energy Abundance.
7 Vgl. etwa Forest de Belidor: Architectura Hydraulica. Rommerdt: Handbuch der Land- und Wasserbaukunst.
8 Guldi: Roads to Power.
9 Bel i Queralt: Infrastructure and the Political Economy of Nation Building. Mitchell: The Great Train Race.
10 Osterhammel: Die Verwandlung der Welt, S. 1010 ff.
11 Lintsen (Red.): Geschiedenis van de Techniek in Nederland.
12 Hannig: Die Suche nach Prävention. Gold / Revill: Landscapes of Defence.
13 Blackbourn: Besiegte Natur, S. 442.
14 Cioc: The Rhine, S. 14. Vgl. auch Bernhardt: Im Spiegel des Wassers.
15 Lübken: »Der große Brückentod«.
16 Blackbourn: Die Eroberung der Natur. Etzemüller: Romantischer Rhein.
17 Thiemeyer / Tölle: Supranationalität im 19. Jahrhundert?
18 Febvre: Der Rhein und seine Geschichte. Tümmers: Der Rhein.

19 Teuscher: Schweiz am Meer.

20 Janác: European Coasts of Bohemia.

21 Schröder: Der Rhein-(Maas-)Schelde-Kanal.

22 Heine: Vom großen Graben.

23 Zejnelovic: Der »Highway of Nations«. Carse: Beyond the Big Ditch.

24 Torp: Revolution zur See.

25 Jordans: Ein Stück London in der Wüste.

26 Von Schlagintweit: Die Santa Fe- und Südpacificbahn.

27 Norris: The Octopus.

28 Ohlsen: Der Eisenbahnkönig Bethel Henry Strousberg.

29 Larson: Internal Improvement.

30 Chrimes (Hg.): The Civil Engineering of Canals and Railways. Bärtschi: Durch-messene Räume – durchmessene Zeiten.

31 Mehnert: Bier und Bratwurst statt Ruhm und Ehre. Zum Straßenbau in den USA generell Petroski: The Road Taken.

32 Minicucci: Internal Improvements and the Union.

33 Frances Trollope: Domestic Manners of the Americans (1832), zit. in: Nurske: Pro-blems of Capital Formation, S. 153.

34 Kaufmann: Landschaft beschriften. Engels: Machtfragen. Zur Konkurrenz der Me-taphern »Labyrinth«, »Netz« und »Raster« vgl. Osterhammel: Die Verwandlung der Welt, S. 1011.

35 John: Private Enterprise, Public Good?

36 Larson: Internal Improvement.

37 Puffert: The Standardization of the Track Gauge.

38 Von Richthofen: Ueber den natürlichsten Weg für eine Eisenbahnverbindung, S. 13.

39 Haywood: The Beginning of Railway Development in Russia. Cvetkovski: Moder-nisierung durch Beschleunigung, S. 233–244.

40 Schenk: Russlands Fahrt in die Moderne, S. 377 f. Schlögel: Das sowjetische Jahr-hundert, S. 795–816.

41 Sperling: Der Aufbruch der Provinz, S. 10.

42 Schenk: Russlands Fahrt in die Moderne, S. 380. Vgl. auch Gottwaldt: Der Bahn-hof.

43 Schenk: Russlands Fahrt in die Moderne, S. 311 ff.

44 Schenk: Russlands Fahrt in die Moderne, S. 385.

45 Zit. nach Koselleck: Zeitverkürzung und Beschleunigung, S. 193.

46 Koselleck: Gibt es eine Beschleunigung der Geschichte? S. 157.

47 Gespräch mit Eckermann am 23. Oktober 1828, vgl. Eckermann: Gespräche mit Goethe, Kapitel 287.

48 Völkel: Einigkeit und Freiheit.

49 Gießmann: Netze und Netzwerke. Ders.: Die Verbundenheit der Dinge.

50 Das Wunder der Dampfwagen auf Eisenbahnen, in: *Sachsenzeitung*, Nr. 293 vom 10. Dezember 1833, zit. in Junkelmann: Die Eisenbahn im Krieg, S. 233.

51 Lübbe: Technik in Politik und Ideologie.

52 Vgl. Obertreis: Karrieren, Patronage und »Infrastrukturpoesie«.

53 Teuteberg / Neutsch (Hg.): Vom Flügeltelegraphen zum Internet. North (Hg.): Kommunikationsrevolutionen.

54 Kathke: Wires That Bind.

55 Wiedenfeld: Der volkswirtschaftliche Einfluß der modernen Verkehrsmittel, S. 11 f.

56 Zit. nach Koselleck: Gibt es eine Beschleunigung der Geschichte? S. 159.

57 Flichy: Télé.

58 Zitiert in Roth: Einleitung, in: ders. (Hg.): Städte im europäischen Raum, S. 16.

59 So etwa Huurdeman: The Worldwide History of Telecommunications, sowie Wenzlhuemer: Connecting the Nineteenth-Century World, S. 15.

60 Dix: Deutschland auf den Hochstraßen des Weltwirtschaftsverkehrs, S. 7.

61 Dix: Wirtschaftsstruktur und Geopolitik, S. 472.

62 McLuhan: The Gutenberg Galaxy.

63 Geistbeck: Weltverkehr, S. 530.

64 Lahiri-Choudhury: Telegraphic Imperialism, S. 122.

65 Headrick: The Tools of Empire. Diogo / van Laak: Europeans Globalizing.

66 Wenzlhuemer: Connecting the Nineteenth-Century World, S. 156–161. Oldenziel: Islands.

67 Richard R. John: Spreading the News: The American Postal System from Franklin to Morse, Cambridge, Mass. 1995, zit. nach Edwards u. a.: Introduction, S. 372.

68 Müller: Wiring the World.

69 So das »Neue Universum« von 1901, zit. nach Salewski: Technik als Vision der Zukunft, S. 83.

70 Holtorf: Der erste Draht zur neuen Welt, S. 276.

71 Nickles: Telegraph Diplomats.

72 Marx: Die künftigen Ergebnisse der britischen Herrschaft in Indien, S. 221 (zuerst in der *New York Daily Tribune* vom 8. August 1853). Tatsächlich wurde die 10 000 Kilometer lange Telegrafenleitung von London nach Kalkutta 1869/70 durch die Telegraphenbauanstalt Siemens & Halske verlegt.

73 Radunski: Schöne Grüße aus dem Central Telegraph Office.

74 Dehn: Weltwirtschaftliche Neubildungen, S. 354.

75 Daniel: Der Krimkrieg 1853–1856.

76 Morus: ›The Nervous System of Britain‹, S. 475.

77 Steinke: Stopp.

78 So die These von Nickles: Under the Wire.

79 Steinke: Stopp. Zur Emser Depesche vgl. Nanz: Grenzverkehr, S. 169–190.

80 Ogle: Whose Time is It?

81 Nanz: Das ›Rote Telefon‹.

82 Vgl. Wien und »Der dritte Mann«.

83 Asendorf: Ströme und Strahlen, S. 60. Bollerey / Föhl: Unter dem Pflaster der Straße.

84 Kaika: City of Flows, S. 108.

85 Büker: Mensch – Kultur – Abwasser.

86 Hombach: Kaiserreich in den Tropen, S. 93.

87 Schott: Europäische Urbanisierung. Manchester besaß daher den Beinamen *shock city.*

88 Worster: Under Western Skies. Jones: A Landscape of Energy Abundance.

89 »Am Wasser haben Energie, Kommunikation, Verkehr und Informationen gelernt zu fließen«, so Heidenreich: Natur und Kultur heute, S. 57.

90 Melosi: The Sanitary City. Frank / Gandy (Hg.): Hydropolis. Gandy: The Fabric of Space.

91 Münch: Gesundheitswesen im 18. und 19. Jahrhundert.

92 Schott: Europäische Urbanisierung, S. 226–230. Hoffmann-Axthelm: Stadttechnik und Stadtkultur, S. 1668.

93 Lenger: Metropolen der Moderne.

94 Steffens: The Shame of the Cities.

95 So Ziblatt: Why Some Cities Provide More Public Goods than Others.

96 So die These von de Swaan: Der sorgende Staat.

97 Depenbrock: Die Stellung der Kommunen in der Versorgungswirtschaft, S. 21.

98 Porter: Objectivity and Authority, S. 253. Vgl. auch Rodogno / Struck Vogel (Hg.): Shaping the Transnational Sphere.

99 Krabbe: Die Entfaltung der kommunalen Leistungsverwaltung. Feldmann: Bauordnungen und Baupolizei.

100 Van Laak: Technokratie im Europa des 20. Jahrhunderts.

101 Porter: Objectivity and Authority, S. 256. Ders.: Trust in Numbers.

102 Kühl: Der Munizipalsozialismus in Europa.

103 Goschler: Infrastruktur-Liberalismus, S. 55.

104 Goschler: Infrastruktur-Liberalismus, S. 57.

105 Ziblatt: Why Some Cities Provide More Public Goods than Others, S. 283.

106 Ausubel / Herman (Hg.): Cities and Their Vital Systems, S. 3.

107 Payer: Der Gestank von Wien.

108 Halliday: The Great Stink of London. Über ein ähnliches Ereignis 1880 in Paris vgl. Barnes: The Great Stink of Paris.

109 Bernard: Die Geschichte des Fahrstuhls, S. 64.

110 So Christian Kassung, Vortrag am 30. 11. 2015 an der Justus-Liebig-Universität Gießen (Buch i. Vorb.). Lackner: Ein »blutiges Geschäft«. Lee (Hg.): Meat, Modernity, and the Rise of the Slaughterhouse. Brantz: Slaughter in the City.

111 Bobrick: Labyrinths of Iron.

112 Galison: Einstein's Clocks, Poincaré's Maps.

113 Gleichmann: Die Verhäuslichung körperlicher Verrichtungen.

114 Payer: Unentbehrliche Requisiten der Großstadt.

115 Payer: Unentbehrliche Requisiten der Großstadt, S. 17. Corbin: Pesthauch und Blütenduft.

116 Frey: Der reinliche Bürger. Sennett: Verfall und Ende des öffentlichen Lebens.

117 Bernard: Die Geschichte des Fahrstuhls.

118 Arnold / Arnold / Salm: Dunkle Welten.

119 Winter: Im unterirdischen Wien.

2 Lebensadern der Gemeinschaft: Das frühe 20. Jahrhundert

1 Marx-Engels Werke, Bd. 35, S. 444/445, zit. in Haumann: Beginn der Planwirtschaft, S. 202. Engels verwies hier auf den französischen Elektroingenieur Marcel Depréz (1843–1918), der maßgeblich für die Entwicklung von Überlandleitungen gewesen war.

2 Smil: Creating the Twentieth Century.

3 Smil: Creating the Twentieth Century, S. 279.

4 Bebel: Die Frau und der Sozialismus, S. 268–309 (Kapitel 14: Die Revolution im häuslichen Leben).

5 Schivelbusch: Lichtblicke. Kenny: City Glow. Barnaby: Light Touches.

6 Rebske: Lampen, Laternen, Leuchten.

7 Vgl. von Laer: Gleicht Berlin bei Nacht bald Bielefeld?

8 Bazerman: The Language of Edison's Light.

9 Depenbrock: Die Stellung der Kommunen in der Versorgungswirtschaft.

10 Dienel / Schmucki (Hg.): Mobilität für alle.

11 Mori: Elektrifizierung als Urbanisierungsprozess, S. 8. Schott: Die Vernetzung der Stadt, S. 8. McKay: Tramways and Trolleys.

12 Schmucki: The Machine in the City, S. 1064.

13 Porombka: Medialität urbaner Infrastrukturen, S. 169.

14 Gugerli: Redeströme.

15 Gooday: Domesticating Electricity. Für Sansibar vgl. Winther: The Impact of Electricity.

16 Vgl. Paul: BilderMACHT, S. 17–44.

17 Gießmann: Die Verbundenheit der Dinge.

18 Binder: Elektrifizierung als Vision, S. 11.

19 Mori: Elektrifizierung als Urbanisierungsprozess, S. 7.

20 Brandt: Chicago Death Trap.

21 Zweig: Blick über die elektrische Stadt in die Zukunft hinein, S. 113.

22 Pitzke: Blackout von 1977. Zu ähnlichen Fällen vgl. Graham (Hg.): Disrupted Cities.

23 Wilhelm: Die Kommunikation infrastruktureller Großprojekte, S. 36.

24 Wilhelm: Die Kommunikation infrastruktureller Großprojekte. Vgl. auch Hoeft / Messinger-Zimmer / Zilles (Hg.): Bürgerprotest in Zeiten der Energiewende.

25 Zit. nach Wilhelm: Die Kommunikation infrastruktureller Großprojekte, S. 247.

26 Trurnit: Geschichte(n) hinterm Zähler, S. 23.

27 Hobart: Oil for the Lamps of China. Wu: Ein Jahrhundert Licht.

28 Schneider / David: »Das Paradies kommt wieder ...«. Pape / Weinert: Bottichwaschmaschine und Haustelegraph. Heßler: Die Einführung elektrischer Haushaltsgeräte in der Zwischenkriegszeit.

29 Trurnit: Geschichte(n) hinterm Zähler, S. 36–47.

30 Cowan: More Work for Mother.

31 Julius Maier / W. H. Preece: Das Telephon und dessen praktische Verwendung, Stuttgart 1889, S. 1, zit. in von Hagen: Telefonfiktionen, S. 23.

32 Menzler-Trott: Vom Telefon zum Call Center.
33 Von Hagen: Telefonfiktionen, S. 12.
34 Fisher: America Calling.
35 Edwards: Infrastructure and Modernity, S. 201.
36 Von Hagen: Telefonfiktionen, S. 25.
37 Lazarova: »Hier spricht Lenin.«
38 Veidt: Als Divisionspfarrer im Argonnerwald.
39 Neubaur: Die Usambarabahn in Deutsch-Ostafrika, S. 575.
40 Rudolf Schmidt: Die Nachrichtenmittel (1921), S. 206, zit. in: Jander / Didczuneit: Netze des Krieges, S. 32.
41 Van Crevelt: Supplying War, S. 1.
42 Whitmore: Transport and Supply during the First World War.
43 Kaufmann: Kommunikationstechnik und Kriegführung, S. 170–261.
44 Jander / Didczuneit: Netze des Krieges, S. 10.
45 Ernst Jünger: In Stahlgewittern (1930), S. 135, zit in: Jander / Didczuneit: Netze des Krieges, 2014, S. 24.
46 Nübel: Durchhalten und Überleben an der Westfront.
47 Zit. nach Hilberg: Sonderzüge nach Auschwitz, S. 159.
48 Zennß-Reimann: Unterm Flügelrad, S. 9–12, S. 17–20.
49 Oltmer: Unentbehrliche Arbeitskräfte, S. 71.
50 Museum für Verkehr und Technik (Hg.): Ich diente nur der Technik.
51 Vgl. Löwenthal: Bonn und Weimar, S. 10 f.
52 Technical Relief Grows in Germany, in: The New York Times.
53 Schmucki: Der Traum vom Verkehrsfluss.
54 Durth / Gutschow: Träume in Trümmern. Diefendorf: In the Wake of War.
55 Randzio: Unterirdischer Städtebau, S. 8.
56 Osswald: Eine Zeit vergeht, S. 34.
57 Vgl. van Laak: Mythos »Hessenplan«.
58 Doßmann / Wenzel / Wenzel: Architektur auf Zeit.
59 Whitmore: Transport and Supply during the First World War.
60 Vgl. hierzu Vahrenkamp: Logistik als Metasystem der Infrastruktur.
61 Schneider: Radiophone Praktiken des (Selbst-)Regierens in der Weimarer Republik.
62 Schreiber: Der letzte Liftboy Europas.
63 Knoch: Das Grandhotel. Ders.: Grandhotels.
64 Tessier: La grande hôtellerie parisienne. Ders.: Le Grand Hôtel.
65 Vgl. Bellmann: Von Höllengefährten zu schwimmenden Palästen.
66 Gruber: Fünfuhr-Tee im Adlon, S. 148.
67 Knoch: Das Grandhotel, S. 139. Ders.: Life on Stage.
68 Hachtmann: Tourismus und Tourismusgeschichte. Gyr: Geschichte des Tourismus.
69 Wie Straßen die Schwächen Berns offenlegen. Gespräch mit Daniel Flückiger. Flückiger: Strassen für alle. Müller: Infrastrukturpolitik in der Industrialisierung.
70 Leendertz: Ordnung schaffen.
71 Butler: The Concept of a Tourist Area Cycle of Evolution.

72 Schönherr: Infrastrukturen des Glücks.

73 Hennig: Reiselust, S. 58.

74 Tucholsky: Von der Kunst, richtig zu reisen (zuerst 1929). Urry: The Tourist Gaze.

75 Mullen / Munson: The Smell of the Continent. Tissot: Naissance d'une industrie touristique.

76 Robert Walser: Etwas über die Eisenbahn (1907), zit. in Richter: Tunnelblicke, S. 267.

77 Schueler: Materialising Identity. Vgl. zu einem ähnlich ambitionierten Projekt Teuscher: Schweiz am Meer.

78 Tissot: Art. Tourismus.

79 Devanthéry: Art. Schweizerreisen.

80 So König: Bahnen und Berge.

81 Spode: Romantische Zeitreise.

82 Zu den Token vgl. Höhne: Token Tactics.

83 Mullen / Munson: The Smell of the Continent, S. XIII.

84 Mullen / Munson: The Smell of the Continent, S. 243.

85 Sachs: Die Liebe zum Automobil.

86 Virilio: Rasender Stillstand, S. 58.

87 Geisthövel: Das Auto, S. 43.

88 Kühne: Massenmotorisierung und Verkehrspolitik, S. 199 (mit Bezug auf Otto Julius Bierbaum und Willy Hellpach).

89 Sachs: Die Liebe zum Automobil, S. 120. Weber: Das Versprechen mobiler Freiheit.

90 Mom: Atlantic Automobilism.

91 Löwe: ›A Nation Built on Transport‹.

92 Nach Engels: Machtfragen, S. 52. Mehnert: Schnell sind nur die Schmuggler.

93 Davis: National Park Roads.

94 Mauch / Zeller (Hg.): The World Beyond the Windshield.

95 Piotr Heller: Besonders schön ist's in der Rhön.

96 Fraunholz: Motorphobia.

97 Merki: Vom »Herrenfahrer« zum »Balkanraser«, S. 53.

98 Kühne: Massenmotorisierung und Verkehrspolitik, S. 204. Möser: Zwischen Systemopposition und Systemteilnahme, S. 164.

99 Welzer: Mentale Infrastrukturen, S. 35, S. 39.

100 Hörl / Schöndorfer (Hg.): Die Grossglockner Hochalpenstrasse.

101 Doßmann: Wie wir die Autobahnen lieben lernten, S. 236.

102 Jochmann (Hg.): Adolf Hitler. Monologe, S. 39, S. 192.

103 Vgl. Karaisl von Karais / Stabina: Deutsche Straßenfibel.

104 Benz: Geschichte des Dritten Reiches, S. 120 f.

105 Vgl. Schinkel: Anweisung zum Bau und zur Unterhaltung der Kunststraßen.

106 Kühne: Massenmotorisierung und Verkehrspolitik, S. 204.

107 Diesel: Völkerschicksal und Technik, S. 97.

108 Diesel: Völkerschicksal und Technik, S. 105.

109 Heckmann-Strohkark: Der Traum von einer europäischen Gemeinschaft.

110 Schipper: Driving Europe, S. 98.

111 Lagendijk: Electrifying Europe. Badenoch / Fickers (Hg.): Materializing Europe. Anastasiadou: Constructing Iron Europe. Lommers: Europe – on Air. Allgemeiner Högselius / Kaijser / van der Vleuten: Europe's Infrastructure Transition. Ambrosius / Henrich-Franke: Integration von Infrastrukturen in Europa.

112 Kahrstedt: Internationale Bekämpfung der Arbeitslosigkeit. Hierzu Hansen / Jonsson: Eurafrica.

113 Kellermann: Der Tunnel, S. 153. Hahn: Tunnel und Damm als Medien des Weltverkehrs.

114 Schot / Lagendijk: Technocratic Internationalism in the Interwar Years.

115 Arnold: Everyday Technology.

116 Garrow (Hg.): The Montgomery Bus Boycott and the Women Who Started It.

117 Zit. in Jao: A rail passenger called Gandhi. Zum Umfeld vgl. Diogo / van Laak: Europeans Globalizing, Kap. 5.

118 Pfeiffer: Technik der Stadt, S. 1.

119 Jordan: ›Society Improved the Way You Can Improve a Dynamo‹.

120 Zeiss: Hygiene und Technik, S. 70. Sampson: Virality.

121 Robinson: The Public Utility Concept in American's Law.

122 Zwicky: Public Utilities, S. 9.

123 John: Telecommunications, S. 516.

124 London: War of the Classes, Vorwort.

125 Beale: Cases on Public Service Companies. Pond: Municipal Control of Public Utilities. Hayes: Public Utilities.

126 Beck: Der Plan Freycinet und die Provinzen.

127 Jellinghaus: Zwischen Daseinsvorsorge und Infrastruktur, S. 13 ff.

128 Rüfner: § 80 Daseinsvorsorge und soziale Sicherheit.

129 Forsthoff: Die Verwaltung als Leistungsträger.

130 So die Formulierung eines unveröffentlicht gebliebenen Manuskripts zur Geschichte der Infrastrukturen des Sachbuch-Autors Anton Zischka, entstanden zwischen 1941 und 1944 (Archiv des Deutschen Museums München, Nachlass Anton Zischka).

131 Schivelbusch: Entfernte Verwandtschaft. Hughes: American Genesis.

132 Zu diesem Topos Wildt: Volk, Volksgemeinschaft, AfD.

133 Galbraith: The Economic Effects, S. 2.

134 Galbraith: The Economic Effects, S. 107. Smith: Building New Deal Liberalism.

135 Brendel: Konvergente Konstruktionen.

136 Sieberg: Colonial Development. Exemplarisch Mann: Wiring the Nation.

137 Millward: Private and Public Enterprise in Europe.

138 Zit. nach Lotz / Ueberschär: Die Deutsche Reichspost 1933–1945, S. 78.

139 Stier: Staat und Strom, S. 456.

140 So die Ausstellung »Angezettelt« im Frankfurter Museum für Kommunikation 2014, vgl. Michels: Worte, die ausgrenzen.

141 Wildt: »Der muß hinaus! Der muß hinaus!«. Bajohr: »Unser Hotel ist judenfrei«.

142 Berrey: The Jim Crow Routine.

143 Pape / Weinert: Bottichwaschmaschine und Haustelegraph, S. 27 f.

144 Wiegel: Ins Wesen von Paris fahren.
145 Frank: Tagebuch, S. 287 (Eintrag vom 26. Mai 1944).
146 Michels: Worte, die ausgrenzen.
147 Hilberg: Sonderzüge nach Auschwitz. Bauman: Dialektik der Ordnung.
148 Vgl. die Beiträge in van Laak / Rose (Hg.): Schreibtischtäter.
149 Makropoulos: Die infrastrukturelle Konstruktion der »Volksgemeinschaft«, S. 190–192. Vgl. auch Schütz / Gruber: Mythos Reichsautobahn. Steininger: Raum-Maschine Reichautobahn.

3 Maßstab der Moderne: Das späte 20. Jahrhundert

1 Mitgeteilt in Niethammer: ›Normalisierung‹ im Westen, S. 177.
2 Pfister: Das »1950er Syndrom«.
3 McNeill: Something New Under the Sun, S. 296 f.
4 Vgl. Westermann: Plastik und politische Kultur in Westdeutschland. Rubin: Synthetic Socialism.
5 Andersen: Der Traum vom guten Leben.
6 Niethammer: ›Normalisierung‹ im Westen, S. 161.
7 Evans: Sowjetisch wohnen. Schlögel: Das sowjetische Jahrhundert, S. 324–345.
8 Krajewski: Fehler-Planungen.
9 Nach Quester: Höchstens haltbar bis … Vgl. auch Kreiß: Geplanter Verschleiß.
10 Cottrell: Energy and Society. Smil: Energy in World History.
11 Gerber: Küche, Kühlschrank, Kilowatt.
12 Bader-Gassner: Pipelineboom. Steininger: Pipeline.
13 Hellmann: Künstliche Kälte.
14 Kaufmann: Kochende Leidenschaft, S. 56 f.
15 Klose: Das Container-Prinzip. Miller: Europe and the Maritime World.
16 Vgl. Heßler: »Mrs Modern Woman«. Dies.: Kulturgeschichte der Technik, S. 72–89.
17 Welzer: Mentale Infrastrukturen.
18 Hierzu Gilman: Mandarins of the Future.
19 Rankin: Infrastructure, S. 70.
20 Vgl. Jochimsen: Theorie der Infrastruktur.
21 Genscher: Infrastruktur als öffentliche Aufgabe, S. 8.
22 Strube: Euer Dorf soll schöner werden, S. 184 f.
23 Uekötter: Die Wahrheit ist auf dem Feld. Barlösius / Spohr: Rückzug »vom Lande«.
24 Schmidt: Integration und Wandel.
25 Rose: »Im Vorort«.
26 Davison: Car Wars.
27 Scheiner: Stellt den McDrive doch unter Denkmalschutz!
28 Dazu van Laak: From the Conservative Revolution to Technocratic Conservatism.
29 Caro: The Power Broker.
30 Flint: Wrestling with Moses.

31 Joerges: Die Brücken des Robert Moses, S. 59.

32 Haumann: »Schade, daß Beton nicht brennt ...«.

33 Choate / Walter: America in Ruins.

34 Die Bundesrepublik – ein unterentwickeltes Land, in: *Der Spiegel*, Heft 36, S. 32.

35 *Der Spiegel*, Heft 39/1061, S. 50.

36 Klenke: Bundesdeutsche Verkehrspolitik und Motorisierung, S. 350.

37 Tempo 20, in: *Der Spiegel*, Heft 34/1963, S. 25.

38 Zit. in: Loske: Die politische Ökologie der Infrastrukturen, S. 24. Vgl. auch Duranton / Turner: The Fundamental Law of Road Congestion.

39 Monnier: Die wunderbare Welt des Kühlschranks.

40 Agar: The Government Machine.

41 Gerovitch: From Newspeak to Cyberspeak. Kline: The Cybernetics Moment.

42 Rivière: Der Staat als Maschine. Siehe auch Reh: Gegen die Zeit.

43 Edwards: Meteorology as Infrastructural Globalism.

44 Dittmann: Technik versus Konflikt. Zum Umfeld Schmitt: Internet im Kalten Krieg. Peters: How Not to Network a Nation.

45 Humphrey: Ideology in Infrastructure.

46 Kaschka: Auf dem falschen Gleis.

47 Schlögel: Das sowjetische Jahrhundert, S. 716–724.

48 Kowalczuk / Polzin (Hg.): Fasse Dich kurz!

49 »Fasse Dich kurz ...« (Doku MDR).

50 Gestwa / Grützenmacher: Infrastrukturen, S. 1147 f.

51 »Fasse Dich kurz ...« (Doku MDR).

52 Alec Nove 1988, zit. in: Gestwa / Grützenmacher: Infrastrukturen, S. 1127.

53 Vgl. das Dissertationsprojekt von Lyubomir Pozhariev (Universität Gießen). Ders.: Collectivity vs. Connectivity.

54 Dalakoglou: The Road from Capitalism.

55 E5: »Terror von Blech und Blut«, in: *Der Spiegel*.

56 Merki: Vom »Herrenfahrer« zum »Balkanraser«.

57 Gatejel: Warten, Hoffen und endlich Fahren. Siegelbaum (Hg.): The Socialist Car.

58 Gestwa / Grützenmacher: Infrastrukturen, S. 1129.

59 Doßmann: Begrenzte Mobilität, S. 173.

60 Ward: Brezhnev's Folly. Grützenmacher: Die Baikal-Amur-Magistrale. Röhr: Die Bajkal-Amur-Magistrale.

61 Moss: Divided City, Divided Infrastructures.

62 Klausmeier: Hinter der Mauer.

63 Fäßler: Durch den »Eisernen Vorhang«.

64 Eckert: Geteilt, aber nicht unverbunden. Park: Von der Müllkippe zur Abfallwirtschaft.

65 Kowalczuk / Polzin (Hg.): Fasse Dich kurz!

66 Foschepoth: Überwachtes Deutschland.

67 Gestwa / Grützenmacher: Infrastrukturen, S. 1120.

68 Koziolek: Umfassende Intensivierung der Infrastruktur, S. 12.

69 Schulz: Death in East Germany, S. 69.

70 Bauer: Lenin spannt aus, S. 489.
71 Momberg: Theorie und Politik der Infrastruktur, S. 23. Nach zehn Jahren Vereinigung lag der Ausbaugrad schon bei ca. 75 %.
72 Vgl. etwa Genscher: Infrastruktur als öffentliche Aufgabe. Kohl: Infrastrukturreform als Innenpolitik.
73 Kil: Luxus der Leere. Schink: Verkehrsprojekte Deutsche Einheit.
74 Vgl. Mishra: Auf den Ruinen des Empires, S. 332–337.
75 Āl-Ahmad: Occidentosis.
76 Headrick: The Tools of Empire. Ders.: The Tentacles of Progress.
77 Vgl. etwa Zejnelovic: Der »Highway of Nations«.
78 Sieberg: Colonial Development. van Laak: Imperiale Infrastruktur.
79 Scott: Seeing like a State, S. 253.
80 World Development Report 1994. Lanjouw: Infrastructure.
81 Moretti / Prestre: Bankspeak.
82 Kno.: Immer mehr Städter erzwingen hohe Investitionen in die Infrastruktur.
83 Birte Förster: Koloniale Machtspeicher? Infrastrukturprojekte im sub-saharischen Afrika, 1930–1970. Habilitationsprojekt an der Technischen Universität Darmstadt.
84 Habib: Science, Technological Education and Industrialization.
85 Morse: Still Called by Faith to the Booth.
86 Bleakley: Rural County Balks at Joining Global Village.
87 Vgl. Kaul: Communications, Media and the Imperial Experience.
88 Eckert: Exportschlager Wohlfahrtsstaat?
89 Prashad: The Darker Nations.
90 Mazuri: Nkrumah.
91 Jackson / Rosberg: Personal Rule in Black Africa.
92 Isaacman: Displaced People, Displaced Energy, and Displaced Memories.
93 Tischler: Light and Power in a Multiracial Nation, S. 225.
94 Edgerton: Creole Technologies and Global Histories.
95 Larkin: Signal and Noise, S. 6.
96 Ahuja: Pathways of Empire, S. 9.
97 Vgl. den Bericht von Balabkins: Barriers to Technological Transfer. Trovalla / Trovalla: Infrastructure turned Suprastructure.
98 Seligo: Afrika im Umbau. Gedat: Was wird aus diesem Afrika? Schmidt: Als Telegrafenbauer in Deutsch-Südwest.
99 Büschel: Hilfe zur Selbsthilfe, S. 85 ff.
100 Van der Straeten: Measuring Progress in Megawatts?
101 Haneke / Stahl: Infrastruktur und sozialer Wandel. Masquelier: Road Mythographies. Harvey: Cementing Relations.
102 How electricity changes daily life in Zanzibar. Interview with anthropologist Tanja Winther. Ausführlich in Winther: The Impact of Electricity.
103 Van Dijk / Mongbo: Report of the workshop ›Urban Public Services‹.
104 Cottrell: Energy and Society, S. 288.
105 Hahnemann: Texturen des Globalen.

106 Hohensee: Der erste Ölpreisschock 1973/74.
107 Davis / Wilburn (Hg.): Railway Imperialism.
108 Hein: Eine Billion Dollar für Brücken, Straßen, Flughäfen. Kolonko: Seide und Zement.
109 Rüb: Kontinentale Durchbrüche.
110 Jungclaussen: Hilflos im Wasser.
111 Vgl. das Habilitationsprojekt von Björn Blaß: Räume der Entsorgung. Werte, Praktiken und Topographien von Müll (1880–1930) an der Freien Universität Berlin.
112 Weber: »Entschaffen«.
113 Tegtmeyer: Die Müllspezialisten von Kairo.
114 Stokes / Köster / Sambrook: The Business of Waste.
115 Strasser: Waste and Want.
116 Kuchenbuch: Abfall, hier S. 155.
117 Windmüller: Die Kehrseite der Dinge.
118 Hierzu Frey: Der reinliche Bürger.
119 Büsing: Die Städtereinigung, S. 3.
120 Kaika: City of Flows, S. 107.
121 Heidenreich: Fließräume, S. 65. Dies.: Natur und Kultur heute.
122 Illich: H_2O und die Wasser des Vergessens. Cless: Menschen am Brunnen.
123 Burger: In der Mitte entsteht ein Fluss.
124 Ponte: Müllschlucker.
125 Goschler: Infrastruktur-Liberalismus, S. 55.
126 Weber / Oldenziel (Hg.): Recycling and Re-Use in the Twentieth Century. Krebs / Schabacher / Weber (Hg.): Kulturen des Reparierens.
127 Die Charlottenburger Drei, in: *TrenntMagazin*.
128 Brüggemeier: Das unendliche Meer der Lüfte.
129 Edgerton: The Shock of the Old.
130 Eckert: Geteilt, aber nicht unverbunden, S. 69–99.
131 Brüggemeier: Das unendliche Meer der Lüfte.
132 Radkau: Die Ära der Ökologie. Ders.: Geschichte der Zukunft.
133 Köster: Abschied von der »verlorenen Verpackung«.
134 Schenkel: Entstehung, Entsorgung und Wiederverwertung von Müll, S. 484.
135 Vgl. das Habilitationsprojekt von Simone Müller zur globalen Abfallwirtschaft an der Universität Freiburg.
136 Schäfers: Zur Genesis und zum Stellenwert von Partizipationsforderungen.
137 Loske: Die politische Ökologie der Infrastrukturen, S. 23.
138 Henkel: Soziale Infrastruktur, S. 126.
139 Gandy: Recycling and the Politics of Urban Waste.
140 Tegtmeyer: Die Müllspezialisten von Kairo, S. 53.

4 *Public, private* oder *partnership?* Wie Infrastruktur organisiert wird

1 Haefeli-Meylan: Die Entstehung der Briefmarke. Siegert: Relais, S. 110–118.
2 Vgl. den Aufsatz des Biologen Hardin: The Tragedy of the Commons. Dagegen Ostrom: Institutional Incentives and Sustainable Development. Dies.: Was mehr wird, wenn wir teilen.
3 Disco / Kranakis (Hg.): Cosmopolitan Commons.
4 Müllender: Ode an die Pappendecke.
5 Blümel: Empirische Erfassung der Präferenzen für öffentliche Güter.
6 Cwiertnia: Wer lebt im Dunkeln?
7 Anand: Consuming Citizenship. Clendinning: Demons of Domesticity.
8 Zit nach: von Schnitzler: Citizenship Prepaid, S. 900.
9 Frank / Gandy: Einleitung, in: dies. (Hg.): Hydropolis, S. 30. Ein ähnlicher Wasserstreit ereignete sich im griechischen Tessaloniki, vgl. Schlözer: Rein ins kalte Wasser.
10 Riehl: Die Naturgeschichte des Volkes, S. 70, S. 75.
11 Vgl. exemplarisch Habermann: Der Wohlfahrtsstaat.
12 Siebenbiedel: Leuchttürme machen den Seehandel sicher.
13 Zu »blinden Passagieren« auf Schiffen vgl. Ladischensky: Geliebt, gehaßt, gequält. Zu einem anderen Abzweiger vgl. Köckritz: Der Stromdieb.
14 Hubmayr: Schwarzfahren. Moesle: Der Schein und das Bewusstsein.
15 Lorenz: Vandalismus als Alltagsphänomen.
16 Bassu: Schwarzfahren kostet jetzt 60 Euro.
17 Mierzejewski: The Most Valuable Asset of the Reich.
18 Grimm (Hg.): Staatsaufgaben.
19 Sabine Dworog: Der Wandel von Staatsaufgaben. Die Konflikte um den Ausbau des Frankfurter Flughafens im Kontext gesellschaftlicher Umbrüche (1960er bis 1980er). Dissertationsprojekt an der Universität Gießen.
20 Roth: Wie wurden die Eisenbahnen der Welt finanziert? S. 79.
21 Wells / Gleason: Is Foreign Infrastructure Investment Still Risky? S. 47.
22 Wells / Gleason: Is Foreign Infrastructure Investment Still Risky? S. 55.
23 Schneider / Tenbücken (Hg.): Der Staat auf dem Rückzug.
24 Engartner: 11 000 Jahre Verspätung.
25 Liebert: Die Lektion British Rail.
26 Hermes: Staatliche Infrastrukturverantwortung.
27 Haus: Zugang zu Netzen und Infrastruktureinrichtungen.
28 Barlösius: Gleichwertig ist nicht gleich.
29 Monstadt: Der räumliche Wandel der Stromversorgung, S. 223.
30 Graham / Marvin: Splintering Urbanism. Moss: ›Cold spots‹ of Urban Infrastructure.
31 Hascher: Maut als Mittel der Straßenfinanzierung.
32 Schmidt: Alles muss raus.
33 Rügemer: Cross Border Leasing.
34 Oberhuber: Auf Sand gebaut.
35 Hein: Eine Billion Dollar für Brücken, Straßen, Flughäfen.

36 Von Tunzelmann: The Railway Man.
37 Buruma: The Worst Railroad Job.
38 Hochschild: Schatten über dem Kongo, S. 245.
39 Nach Sonnenberer: »Kolonisieren heißt transportieren«, S. 228.
40 Kill / Kopper / Peters: Die Reichsbahn und der Strafvollzug in der DDR.
41 Alatas: The Myth of the Lazy Native. Markmiller: Die Erziehung des Negers zur Arbeit.
42 Longen: Fronarbeiten zur Finanzierung von Infrastruktur.
43 Krechel: Landgericht, S. 85.
44 Vgl. den Eintrag »Aktion Z« auf Wikipedia.
45 Wolf: Sprache in der DDR, S. 151.
46 Baković: »No One Here is Afraid of Blisters or Work!«
47 Kuhr-Korolev: Gezähmte Helden.
48 Patel: Soldaten der Arbeit.
49 Leighninger, Jr.: Cultural Infrastructure.
50 Gómez-Ibáñez: Regulating Infrastructure.
51 Ambrosius: Der Staat als Unternehmer. Ders: Hybride Eigentums- und Verfügungsrechte.
52 Monbiot: Captive State, S. 18–58. Rügemer: »Heuschrecken« im öffentlichen Raum.
53 Offizielle Homepage der Rijkswaterstaat: Our mission.
54 Vgl. Homepage der Bundesnetzagentur.
55 Soldt: Wir fahr'n, fahr'n, fahr'n auf der Autobahn.
56 Schröder: Wenn Anlieger zu Anlegern werden.
57 Schrader: Hauptgewinn: eine Latrine.
58 Vgl. paradigmatisch Denton: The Profiteers.
59 Berghoff / Vogel (Hg.): Wirtschaftsgeschichte als Kulturgeschichte.
60 Nordmann: Die Frühgeschichte der Eisenbahn, S. 11–15.
61 Hahn: Teures Pflaster.
62 Vgl. Homepage des Heimatvereins Niederzimmern.

5 Prestigeprojekte: Symbolwert und Scheitern von Infrastruktur

1 Hayes: Infrastructure, S. 1 ff.
2 Hayes: Infrastructure, S. 5.
3 Larkin: The Politics and Poetics of Infrastructure.
4 Goerdeler: Fetisch einer Minderheit.
5 Corbin: Les Cloches de la Terre.
6 CST: Nun heulen sie wieder.
7 1827 wurde das Gedicht von Franz Schubert für den Liederzyklus »Winterreise« vertont.
8 Prausnitz (Hg.): Atlas und Lehrbuch der Hygiene, S. 24. Pfeiffer: Technik der Stadt, S. 43.

9 Dworog: Luftverkehrsinfrastruktur.
10 Vierhaus (Hg.): Das Tagebuch der Baronin von Spitzemberg, S. 381.
11 Lessing: Der Lärm. Ders.: *Der Antirüpel.* Saul: »Kein Zeitalter seit Erschaffung der Welt«.
12 Ullrich: Quietschen, Hupen, Fauchen.
13 Morat: »Automobile gehen über mich hin«.
14 Bijsterveld / Cleophas / Krebs / Mom: Sound and Safe.
15 Küster: Das Nichts am Ende des Tunnels.
16 Vgl. Bijsterveld (Hg.): Soundscapes of the Urban Past. Morat (Hg.): Sounds of Modern History.
17 Kaika: City of Flows.
18 Ascher: The Works, S. 152.
19 *Baumeister. Zeitschrift für Architektur,* Heft 3/1998, S. 43.
20 Kaika: City of Flows.
21 Knapp: Orte der Verdrängung.
22 Engels / Schenk: Infrastrukturen der Macht, S. 52.
23 Star: The Ethnography of Infrastructure, S. 379.
24 Mumford: Die Stadt, S. 558 f.
25 Edwards: Infrastructure and Modernity.
26 Star: The Ethnography of Infrastructure, S. 381.
27 Porombka: Medialität urbaner Infrastrukturen, S. 409.
28 Musil: Denkmale, S. 506.
29 Melnick: Manhole Covers.
30 Doßmann: Erbschaft unterm Hakenkreuz.
31 Van Laak: Vom Lebensraum zum Leitungsweg.
32 Scott: Seeing like a State (bes. Kapitel 2). Vgl. auch Tantner: Die Hausnummer.
33 Domke: Die Betextung des öffentlichen Raumes.
34 *ADAC-Motorwelt,* Heft 9/2012, S. 66 f.
35 McShane: The Origins and Globalization of Traffic Control Signals. Schipper: Unravelling Hieroglyphs.
36 Murphy / Yates: ISO, the International Organization for Standardization, S. 107.
37 Gießmann: Synchronisation im Diagramm.
38 Wenzlhuemer: Verbrechen, Verbrechensbekämpfung und Telegrafie. Ders.: Globalgeschichte schreiben, S. 221–255.
39 Hempel / Krasmann / Bröckling (Hg.): Sichtbarkeitsregime. Han: Transparenzgesellschaft.
40 Russisches Staatsarchiv für die Neueste Geschichte (Hg.): Pjad' kolec pod kremlevskimi zvezdami, S. 31 f.
41 Van Laak: Weiße Elefanten.
42 Birkenhof: Die Auswirkungen von Großveranstaltungen.
43 Malkoutzis: How the 2004 Olympics Triggered Greece's Decline.
44 Gold / Gold (Hg.): Olympic Cities.
45 Kalb: Weltausstellungen im Wandel.
46 Geppert: Fleeting Cities.

47 Mukerji: Intelligent Uses of Engineering, S. 659.

48 Vgl. zu diesem Topos die auf Russland bezogenen Diskussionen in Feest / Häfner (Hg.): Die Zukunft der Rückständigkeit.

49 Van Laak: Technokratie im Europa des 20. Jahrhunderts.

50 Jochmann (Hg.): Adolf Hitler: Monologe im Führerhauptquartier, S. 101.

51 Larkin: Signal and Noise, S. 19.

52 Westerman: Ingenieure der Seele.

53 Obertreis: Karrieren, Patronage und »Infrastrukturpoesie«. Dies.: Imperial Desert Dreams.

54 Flyvbjerg / Bruzelius / Rothengatter: Megaprojects and Risk.

55 Fuchs / Lebert / Müller: Die unheimliche Firma (über die niederländische Firma Imtech). Malter: Hier ruhen unsere Milliarden.

56 Bartetzko: Unten bleiben!

57 Hughes: Rescuing Prometheus.

58 Theile: Die Achse des Guten. van Laak: Zukunft konkret.

59 Genia Kostka von der Hertie School of Governance legte 2015 eine Studie zu 170 Infrastruktur-Großprojekten in Deutschland vor.

60 Deckers: Unter den Wolken. Kotowski: Teure Luftnummern in der Provinz.

61 Decker: Großprojekte werden zu optimistisch geplant.

62 Schattenberg: Stalins Ingenieure.

63 Eintrag »Planning Officers«, in: Cyriax: The Penguin Encyclopedia of Crime, S. 447 f.

6 Bröckelnde Brücken: Lebenszyklen von Infrastrukturen

1 Platthaus: Schriftsteller, ans Telefon!

2 Waldman: Rust.

3 So in dem Lehrfilm über die Elektrifizierung des ländlichen Teils der USA »Singing Wires« von 1951.

4 Scharnigg: Mein halbes digitales Leben.

5 Scheiner / Holz-Rau (Hg.): Räumliche Mobilität und Lebenslauf.

6 Piper: Im Zeichen des Windhunds.

7 Fickers: Visibly Audible.

8 Douglas: Listening In.

9 Weber: Das Versprechen mobiler Freiheit.

10 Riepl: Das Nachrichtenwesen des Altertums, S. 5 f.

11 Zons: Casellis Pantelegraph.

12 Strassmann: Bewahren Sie Ruhe.

13 Arnold: Luft-Züge. Vgl. auch das Habilitationsprojekt von Laura Meneghello (Universität Siegen) über »Die Rohrpost als Metainfrastruktur«.

14 Emmerson: Discovering Subterranean London, S. 38.

15 Schmid: Die Spur und die Trasse.

16 Marland / Weinberg: Longevity of Infrastructure, S. 331.

17 Pleiner: Überplanung von Infrastruktur.

18 Edgerton: The Shock of the Old.

19 Goetsch: Wie im Traum.

20 Gaslicht-Kultur e. V.

21 Reents: Freudig begrüßen wir den zuckenden Schein.

22 Vgl. etwa Siegfried Lenz: Das Feuerschiff (1960) oder Die Frau des Leuchtturm-
    wärters (2004).

23 Steinke: Stopp.

24 Osterhammel: Grenzen und Brücken.

25 Ascher: The Works, S. 35.

26 Buggeln / Marszolek (Hg.): Bunker.

27 Wong: The Air-Raid-Shelter Apartments Under Beijing.

28 Putzier: Warum bauen die Schweizer so viele Bunker? Berger Ziauddin: Über-
    lebensinsel und Bordell.

29 Stefa / Mydyti: Concrete Mushrooms.

30 Alligator Found in Uptown Sewer, in: *The New York Times*. Vgl. auch The Sewer-
    gator Sanctuary.

31 Daley: The World Beneath the City, S. 187 ff.

32 Yacowar: The Bug in the Rug. Keane: Disaster Movies.

33 Nye: Technology Matters, S. 162.

34 Blumenberg: Schiffbruch mit Zuschauer, S. 72.

35 Bickenbach / Stolzke: Die Geschwindigkeitsfabrik.

36 Petroski: To Engineer is Human. Ders.: Success Through Failure.

37 Pfeiffer: Technik der Stadt, S. 36.

38 American Public Works Association (Hg.): History of Public Works, S. XI.

39 Rodenberg: Sonntag vor dem Landberger Tor (1880), in: ders.: Bilder aus dem
    Berliner Leben. Bd. 1, S. 23.

40 Das mobile Chaos, in: *Der Spiegel*.

41 Glaser (Hg.): Baustelle.

42 Rodenberg: Bilder aus dem Berliner Leben. Bd. 2, S. 165.

43 Sanford / Tarr / McNeil: Crisis Perception and Policy Outcomes, S. 199.

44 Sanford / Tarr / McNeil: Crisis Perception and Policy Outcomes, S. 199.

45 Nye: When the Lights Went Out.

46 Vgl. Petroski: To Forgive Design.

47 Feldman: What to Say About the Tacoma Narrows Bridge.

48 LeRose: The Collapse of the Silver Bridge.

49 Vgl. die Initiative »Damit Deutschland vorne bleibt« (seit 2013).

50 Krajewski: Fehler-Planungen.

51 Homepage der COG Deutschland e. V.

52 Lotz: Nachhaltigkeit neuskalieren, S. 65.

53 Rainer: Understanding Infrastructure, S. XXIII.

54 Göschel / Kunert-Schroth / Mittag: Revision der sozialen Infrastruktur, S. 12.

55 Netzanschluss ist Menschenrecht, in: *Frankfurter Allgemeine Zeitung*.

56 Küffner: Bröckelnde Brücken.

57 Doll u. a.: Das unfassbare deutsche Infrastruktur-Desaster.
58 Editorial der *Zeitschrift der Informationsstelle Lateinamerika*, Heft 333: Bus & Bahn.
59 Schoepp: Letzter Zug nach Nirgendwo.
60 Schoepp: Letzter Zug nach Nirgendwo.

7 Achillesfersen: Die Verwundbarkeit großtechnischer Netze

1 Vogt: Anstandsbüchlein für das Volk, S. 141.
2 Vogt: Anstandsbüchlein für das Volk, S. 142.
3 Vogt: Anstandsbüchlein für das Volk, S. 145.
4 Fack: Automobil, Verkehr und Erziehung, S. 197 f.
5 Schmidt: Technik, Risiko und das Zusammenspiel von Habitat und Habitus. En-gell / Siegert / Vogl (Hg.): Gefahrensinn.
6 Packer: Disciplining Mobility.
7 McShane: The Origins and Globalization of Traffic Control Signals.
8 Fischermann u. a.: Angst bis in die Zehenspitzen.
9 Van Laak: Vom Lebensraum zum Leitungsweg.
10 Castells: Space of Flows.
11 Schneier: Beyond Fear.
12 Ohne Gurt, Helm und Kindersitz, in: *Frankfurter Allgemeine Zeitung* (Zahl von 2010). Saupe: ›Human Security‹.
13 Schivelbusch: Geschichte der Eisenbahnreise, S. 112.
14 Marfeld: Am Anfang und am Ende.
15 Bentner: Fliegende Mädchen. Reichle: Wo wir sind, ist oben.
16 Wiegand: Gedenkenlos.
17 Förster: Sicherheitsschleuse. Vowinckel: Flugzeugentführungen. Potthast: Politische Soziologie der Zugänge. Hagemann: Filter, Ventile und Schleusen.
18 Schneier: Beyond Security Theater.
19 Ortlepp: Airport Security and the Limits of Mobility.
20 Lindenberger: »Streikexzesse«.
21 Röhl: Nähe zum Gegner.
22 Akurang-Parry: Anticolonial Movements, S. 79.
23 Merritt: Strikes and Public Utilities.
24 Scherer: Grenzen des Streikrechts. Rudkowski: Der Streik in der Daseinsvorsorge. Thüsing: Arbeitskampf in der Daseinsvorsorge.
25 *Frankfurter Allgemeine Zeitung* vom 8. September 2014, S. 1.
26 Staat: Gute Fahrt.
27 Randelhoff: Resiliente Infrastrukturen und Städte.
28 Widmann: Menschens Kinder.
29 Schulze: Bedingt abwehrbereit. Little: Managing the Risk.
30 Potthast: Die Bodenhaftung der Netzwerkgesellschaft, S. 13.
31 Patalong: Untersee-Kabel.
32 Edwards: Infrastructure and Modernity, S. 195.

33 Nye: Technology Matters, S. 164.
34 Darauf zielt ab von Lichtenfels: Lexikon des Überlebens.
35 Petermann u. a.: Gefährdung und Verletzbarkeit moderner Gesellschaften, S. 193 ff.
36 Dombrowsky: Schutz kritischer Infrastrukturen (Manuskript).
37 Dombrowsky u. a.: 4 Menschen und Katastrophen, S. 257.
38 Elsberg: Blackout. Högselius u. a. (Hg.): The Making of Europe's Critical Infrastructure.
39 Meier: Das Gebot zu vergessen.
40 Gießmann: Die Verbundenheit der Dinge, S. 381 ff.
41 Sammons (Hg.): Die Protokolle der Weisen von Zion, S. 59 f. Vgl. auch Roskothen: Verkehr, S. 188.
42 Sammons (Hg.): Die Protokolle der Weisen von Zion, S. 64 f.
43 Murakami: Untergrundkrieg.
44 Internationales Militärtribunal: Der Nürnberger Prozess, Bd. 41, S. 430.
45 Speckmann: Von unschuldigen Zivilisten.
46 Junkelmann: Die Eisenbahn im Krieg, S. 236.
47 Ratzel: Raumverhältnisse und Raumbewältigung, S. 147.
48 Stavenhagen: Verkehrs-, Beobachtungs- und Nachrichten-Mittel, S. 1.
49 Schickel: Guerrilleros, Partisanen.
50 Ferrell: The Mukden Incident.
51 The United States Strategic Bombing Survey. The Strategic Air Offensive against Germany. Vgl. auch Metzger: Bewältigung, Auswirkungen und Nachwirkungen des Bombenkrieges.
52 Der Zivile Luftschutz im Zweiten Weltkrieg.
53 Grot: So war's damals.
54 Vgl. Freundschaftsgesellschaft BRD-Kuba e. V.
55 Dietze: Die Erfindung des Terrorismus.
56 Hierzu Engels / Nordmann (Hg.): Was heißt Kritikalität?
57 Bundesministerium des Innern: Basisschutzkonzept, S. 29.
58 Schulze: Bedingt abwehrbereit, S. 96.
59 Von Randow: Der Angriff auf die Moderne.
60 Emmerson: Discovering Subterranean London, S. 35.
61 Kremer: Die Kunst zu überleben, S. 93.
62 Rankin: Infrastructure, S. 72.
63 Alberts / Oldenziel (Hg.): Hacking Europe.
64 Edwards: Infrastructure and Modernity, S. 219.
65 Grehsin: Deutschland hat angefangen.
66 Graham (Hg.): Cities, War and Terrorism. Coward: Network-Centric Violence. Graham (Hg.): Disrupted Cities.
67 Nach Schulze: Bedingt abwehrbereit, S. 133.
68 *Civilization Forum* vom 26./27. Juli 2002.

8 Die Kalte Persona: Nutzer und Betreiber der Infrastrukturen

1 Fisch: Tokyo's Commuter Train Suicides.
2 Fisch: Tokyo's Commuter Train Suicides.
3 Fletcher: Notwehr als Verbrechen.
4 Ullrich: Technologie, S. 405.
5 Wilhelmer: Transit-Orte in der Literatur.
6 Vgl. das Habilitationsprojekt von Clelia Caruso (Universität Saarbrücken) zur Einübung in die Kulturtechnik des Telefonierens.
7 Tucholsky: Berlin! Berlin!
8 Stäheli: Infrastrukturen des Kollektiven, S. 107.
9 Whitman: My Passion for Ferries.
10 Hellpach: Nervosität und Kultur, S. 28 f.
11 Musil: Geschwindigkeit ist eine Hexerei, S. 685.
12 Simmel: Die Großstädte und das Geistesleben.
13 Kiaulehn: Berlin, S. 20 f.
14 Stäheli: Infrastrukturen des Kollektiven, S. 99–116.
15 Roskothen: Verkehr.
16 Höhne: New York City Subway, S. 330.
17 Lethen: Verhaltenslehren der Kälte, S. 44–50.
18 Pinch: The Invisible Technologies of Goffman's Sociology.
19 Korff: Mentalität und Kommunikation in der Großstadt.
20 Löffler: So groß kann Dein ******* gar nicht sein!
21 Polanyi: Implizites Wissen.
22 Bublitz / Kaldrack / Röhle / Zeman (Hg.): Automatismen. Nowak: Teaching Self-Control.
23 Schüttpelz: Körpertechniken.
24 Friedrich Spielhagen: Die epische Poesie unter den wechselnden Zeichen des Verkehrs (1898), zit. in: Rose: Peripherie und Perspektive, S. 313.
25 Löffler: Verteilte Aufmerksamkeit. Winkler: Switching / Zapping.
26 Porombka: Medialität urbaner Infrastrukturen, S. 248.
27 Bröckling: Nudging.
28 Schivelbusch: Geschichte der Eisenbahnreise, S. 134–141.
29 Vgl. Star: Mit Standards leben.
30 Latham / Wood: Inhabiting infrastructure.
31 HCR: Nicht neben einer Frau.
32 Dost: Einmal Dritter Pasewalk?
33 Toth: The Mole People. Vgl. auch Trachtenberg: Der Tunnel, und O'Brien: Beneath the Neon.
34 Voeten: Tunnelmensen.
35 Von Rutenberg: Zurück in die Gegenwart. Vgl. auch die Homepage von Seymour Projects.
36 Siemons: Die Wurzel der Menschlichkeit.
37 Glitz: Generation Wisch und Klick. Vgl. auch Spiewak: Bloß nicht offline sein. **309**

38 Krajewski: Der Diener.
39 Schott: Europäische Urbanisierung, S. 266 f.
40 Jost / Wachter (Hg.): Die verschwundene Arbeit.
41 Ascher: The Works, S. 140.
42 Heiber (Hg.): Joseph Goebbels: Reden, S. 305–313.
43 Röhling: Die Fahrgeldhinterziehung auf Straßenbahnen.
44 Tucholsky: Der Kontrollierte.
45 Erath: Frauenberuf.
46 Palla: Verschwundene Arbeit.
47 Payer (Hg.): Sauberes Wien.
48 Rafi / Lodi / Hasan: Corruption in Public Infrastructure Service. Rügener: Colonia Corrupta.
49 Dost: Einmal Dritter Pasewalk?
50 Höhne: Vereinzelungsanlagen.
51 Corn: User Unfriendly, S. 2 f.
52 Tenner: Why Things Bite Back.
53 Zum Zeitgewissen vgl. Safranski: Zeit, S. 92.
54 Corn: User Unfriendly, S. 217.
55 Zelger: Das Pferd frißt keinen Gurkensalat. Baumann / Gold (Hg.): Mensch Telefon. Münkler / Roesler (Hg.): Telefonbuch.
56 Hugh-Jones (Hg.): The Push-Button-World. Weber: Stecken, drehen, drücken.
57 Schmitt: Anrufen wird bald das neue Rauchen.
58 Plant: On the Mobile, S. 26. Ling: New Tech, New Ties.
59 Peil: Mobilkommunikation in Japan.

Aus-Leitung: Alles im Fluss?

 1 Schieb: Kommunikation, Unterhaltung und Konsum künftig mit einem Gerät.
 2 Wolfrum: Welt im Zwiespalt, S. 348.
 3 Holtorf: Der erste Draht zur neuen Welt, S. 278.
 4 Blum: Kabelsalat, S. 15.
 5 Stephenson: Mother Earth Motherboard. Vgl. auch Starosielski: The Undersea Network, dazu <www.surfacing.in>.
 6 Wu: Der Master Switch.
 7 Thomas: Hundert Jahre Einstellungssache.
 8 Orland: Milchpropaganda vor und nach dem Ersten Weltkrieg.
 9 Smith-Howard: Pure and Modern Milk.
10 Bartmann: Die Rückkehr der Diener.
11 Vgl. die von Monika Dommann geleitete Arbeitsgruppe »Materialfluss. Warentransport, Güterdistribution und der Aufstieg der globalen Logistik, 1850–2000« an der Universität Zürich.
12 Illinger: Koloss der Meere.
13 Tadja: Die Pendlerrepublik. Ders.: Fahrtenbuch des Wahnsinns.

14 Stadler: Der User.
15 Stirn: Kehraus im Weltraum.
16 Rayward: The Universe of Information. Burckhardt: Der heiße Krieger.
17 Fleischhack: Eine Welt im Datenrausch, S. 78.
18 Dommann: Autoren und Apparate.
19 Weisband: Wir nennen es Politik.
20 Schrader: Rettender Verzicht auf Neues.
21 Mauelshagen: »Anthropozän«. Malm: Fossil Capital.
22 Leggewie: Wenn unsere Infrastruktur unter die Räder kommt.
23 Khannah: Connectography.
24 Drew: A Country Breaking Down.
25 Bass: Verkehrspolitik unter dem Druck der Straße.
26 Feuerbach: Die Toilette der Zukunft.
27 Siehe Homepage der World Toilet Organization.
28 Osterhammel / Petersson: Geschichte der Globalisierung. Bach: Die Erfindung der Globalisierung.
29 Sassen: Global Networks, Linked Cities.
30 Lachmann: Von Not nach Elend.
31 Glaser: Der blaue Planet.
32 Lobe: Sie setzen die Maßstäbe der digitalen Welt.
33 Wissen / Naumann: Raumdimensionen des Wandels technischer Infrastruktursysteme.
34 Coutard / Rutherford: Beyond the Networked City.
35 Seeßlen: Dietmar Schönherr.
36 Welzer: Wasser aus der Leitung.
37 Schaeffer: Produktive Nachhaltigkeit.
38 Brock: Archäologie an der Pipeline. Vgl. auch *Archäologie in Deutschland*, Heft 6/2015: Schätze entlang der Trassen.
39 Vgl. European Commission: Green Infrastructure.
40 Wells: Infra Structures.
41 Bauman: Flüchtige Moderne.
42 Willemsen: Wer wir waren, S. 35.
43 Scharnigg: Mein halbes digitales Leben. Vgl. auch Vorderer / Klimmt: Das neue Normal. Spiewak: Bloß nicht offline sein.
44 Müller von Blumencron: Die Emotionsmaschine.
45 Gäßgen: Mr WLAN.
46 Welzer: Mentale Infrastrukturen.
47 Forsthoff: Die Daseinsvorsorge und die Kommunen, S. 11 f. Vgl. auch Neu (Hg.): Daseinsvorsorge.
48 Frank / Gandy: Einleitung in: dies. (Hg.): Hydropolis, S. 32.
49 Vgl. Homepage des World Wildlife Fund: Earth Hour.
50 So beispielhaft unter anderem Nolte: Political Infrastructure and the Politics of Infrastructure.
51 Dalkmann u. a.: Wege von der nachholenden zur nachhaltigen Entwicklung.

Literatur

Abelshauser, Werner: Staat, Infrastruktur und regionaler Wohlstandsausgleich im Preußen der Hochindustrialisierung, in: Fritz Blaich (Hg.): Staatliche Umverteilungspolitik in historischer Perspektive, Berlin 1980, S. 9–58

ADAC-Motorwelt, Heft 9/2012

Agar, Jon: The Government Machine. A Revolutionary History of the Computer, Cambridge, Mass./London 2003

Ahrne, Goran/Nils Brunsson: Meta-Organizations, Cheltenham 2008

Ahuja, Ravi: Pathways of Empire. Circulation, ›Public Works‹ and Social Space in Colonial Orissa (c. 1780–1914), Hyderabad 2009

Akurang-Parry, Kwabena: Anticolonial Movements, Africa, in: Thomas Benjamin (Hg.): Encyclopedia of Western Colonialism since 1450. Bd. 1, Detroit u. a. 2007, S. 74–81

Āl-Ahmad, Ǧalāl: Occidentosis, a Plague from the West. Übersetzt von Robert Campbell, Berkeley, Kalif. 1984 (zuerst 1962)

Alatas, Syed Hussein: The Myth of the Lazy Native. A Study of the Image of the Malays, Filipinos and Javanese from the 16th to the 20th Century and its Function in the Ideology of Colonial Capitalism, London 1977

Alberts, Gerard/Ruth Oldenziel (Hg.): Hacking Europe. From Computer Cultures to Demoscenes, London 2014

Alcock, Susan E. /John Bodel/Richard J. A. Talbert (Hg.): Highways, Byways, and Road Systems in the Pre-Modern World, Chichester 2012

Allemeyer, Marie L.: »Kein Land ohne Deich …!« Lebenswelten einer Küstengesellschaft in der Frühen Neuzeit, Göttingen 2006

Alligator Found in Uptown Sewer, in: *The New York Times* vom 10. Februar 1935

Ambrosius, Gerold: Der Staat als Unternehmer. Öffentliche Wirtschaft und Kapitalismus seit dem 19. Jahrhundert, Göttingen 1984

Ders.: Hybride Eigentums- und Verfügungsrechte: Öffentlich-private Kooperationen in systematisch-theoretischer und historisch-empirischer Perspektive, Berlin 2012

Ders./Christian Henrich-Franke: Integration von Infrastrukturen in Europa im historischen Vergleich. Bd. 1: Synopse, Baden-Baden 2013

American Public Works Association (Hg.): History of Public Works in the United States, 1776–1976, Chicago 1976

Amin, Ash: Lively Infrastructure, in: *Theory, Culture & Society*, Bd. 31, Heft 7–8/2014, S. 137–161

Anand, Nikhil: Consuming Citizenship: Prepaid Meters and the Politics of Technology in Mumbai, in: *Occasional Papers of the School of Social Science*, Nr. 53 vom Juli 2014

Anastasiadou, Irene: Constructing Iron Europe. Transnationalism and Railways in the Interbellum, Amsterdam 2011

Andersen, Arne: Der Traum vom guten Leben. Alltags- und Konsumgeschichte vom Wirtschaftswunder bis heute, Frankfurt am Main / New York 1997

Archäologie in Deutschland, Heft 6/2015: Schätze entlang der Trassen

Arnold, David: Everyday Technology. Machines and the Making of India's Modernity, Chicago 2013

Arnold, Dietmar / Ingmar Arnold / Frieder Salm: Dunkle Welten. Bunker, Tunnel und Gewölbe unter Berlin. 10. aktualis. Aufl. Berlin 2013

Arnold, Ingmar: Luft-Züge. Die Geschichte der Rohrpost, Berlin 2016

Ascher, Kate: The Works. Anatomy of a City, London 2007

Asendorf, Christoph: Batterien der Lebenskraft. Zur Geschichte der Dinge und ihrer Wahrnehmung im 19. Jahrhundert, 2. Aufl. Weimar 2002

Ders.: Ströme und Strahlen. Das langsame Verschwinden der Materie um 1900, Gießen 1989

Ausubel, Jesse H. / Robert Herman (Hg.): Cities and Their Vital Systems. Infrastructure – Past, Present, and Future, Washington, D. C. 1988

Bach, Olaf: Die Erfindung der Globalisierung. Entstehung und Wandel eines zeitgeschichtlichen Grundbegriffs, Frankfurt am Main 2013

Badenoch, Alexander / Andreas Fickers (Hg.): Materializing Europe. Transnational Infrastructures and the Project of Europe, Basingstoke 2010

Bader-Gassner, Miriam A.: Pipelineboom. Internationale Ölkonzerne im westdeutschen Wirtschaftswunder, Baden-Baden 2014

Bajohr, Frank: »Unser Hotel ist judenfrei«. Bäder-Antisemitismus im 19. und 20. Jahrhundert, Frankfurt am Main 2003

Baković, Nikola: »No One Here is Afraid of Blisters or Work!« Social Integration, Mobilization and Cooperation in Yugoslav Youth Brigades. The Example of Čačak Region Brigades (1946–1952), in: *Hungarian Historical Review*, Bd. 4, Heft 1/2015, S. 29–55

Balabkins, Nicholas W.: Barriers to Technological Transfer: Infrastructural Difficulties in Nigeria, in: Karin Peschel (Hg.): Infrastructure and the Space-Economy. Essays in Honor of Rolf Funck, Berlin u. a. 1990, S. 101–115

Barlösius, Eva: Gleichwertig ist nicht gleich, in: *Aus Politik und Zeitgeschichte*, Heft 37/2006, S. 16–23

Dies.: Infrastrukturen als gesellschaftliche Weichensteller, in: *SozBlog. Blog der Deutschen Gesellschaft für Soziologie (DGS)*, Eintrag vom 25. Februar 2015

Dies. / Michèle Spohr: Rückzug »vom Lande«. Die sozialräumliche Neuordnung durch Infrastrukturen, in: Peter A. Berger u. a. (Hg.): Urbane Ungleichheiten. Neue Entwicklungen zwischen Zentrum und Peripherie, Wiesbaden 2014, S. 233–251

Barnaby, Alice: Light Touches. Cultural Practices of Illumination, 1780–1900, London 2016

Barnes, David S.: The Great Stink of Paris and the Nineteenth-Century Struggle Against Filth and Germs, Baltimore 2006

Bartetzko, Dieter: Unten bleiben! in: *Frankfurter Allgemeine Sonntagszeitung*, Nr. 6 vom 10. Februar 2013, S. 45

Bartmann, Christoph: Die Rückkehr der Diener. Das neue Bürgertum und sein Personal, München 2016

Bärtschi, Hans-Peter: Durchmessene Räume – durchmessene Zeiten. Die Eisenbahn als Landschaftsgestalterin in: David Gugerli (Hg.): Vermessene Landschaften. Kulturgeschichte und technische Praxis im 19. und 20. Jahrhundert, Zürich 1999, S. 79–87

Bass, Hans-Heinrich: Verkehrspolitik unter dem Druck der Straße: Die Dortmunder Fahrpreisunruhen von 1971, in: *WerkstattGeschichte*, Heft 61 (2013), S. 49–64

Bassu, Gabriella: Schwarzfahren kostet jetzt 60 Euro, in: *Frankfurter Allgemeine Zeitung*, Nr. 149 vom 1. Juli 2015, S. 7

Bauer, Susanne: Lenin spannt aus. Alexander Sinowjews »Homo sovieticus« – eine mehrfache Provokation, in: *Zeithistorische Forschungen*, 11. Jg. (2014), S. 485–492

Bauman, Zygmunt: Dialektik der Ordnung. Die Moderne und der Holocaust, Hamburg 1992

Ders.: Flüchtige Moderne, Frankfurt am Main 2000

Baumann, Margret / Helmut Gold (Hg.): Mensch Telefon. Aspekte telefonischer Kommunikation, Heidelberg 2000

Baumeister. Zeitschrift für Architektur, Heft 3/1998: Die ungeliebten Orte – Zweckbauten für Stadthygiene und Sicherheit

Bazerman, Charles: The Language of Edison's Light, Cambridge, Mass. 1999

Beale, Joseph Henry: Cases on Public Service Companies: Public Carriers, Public Works, and Other Public Utilities, Cambridge, Mass. 1902

Bebel, August: Die Frau und der Sozialismus. 62. Aufl. Berlin 1973

Beck, Robert: Der Plan Freycinet und die Provinzen. Aspekte der infrastrukturellen Entwicklung der französischen Provinzen durch die Dritte Republik, Frankfurt am Main / Bern / New York 1986

Bel i Queralt, Germà: Infrastructure and the Political Economy of Nation Building in Spain, 1720–2010. Übers. von William Truini, Portland / Eastbourne 2012

Bellmann, Dagmar: Von Höllengefährten zu schwimmenden Palästen. Die Passagierschifffahrt auf dem Atlantik (1840–1930), Frankfurt am Main 2015

Beniger, James R.: The Control Revolution. Technological and Economic Origins of the Information Society, Cambridge, Mass. 1986

Bentner, Ariane: Fliegende Mädchen – Muster an Takt und Charme: Aus den Anfängen eines weiblichen Dienstleistungsberufes, in: *Feministische Studien*, Bd. 8, Heft 2/1990, S. 105–115

Benz, Wolfgang: Geschichte des Dritten Reiches, Bonn 2000

Berger Ziauddin, Silvia: Überlebensinsel und Bordell. Zur Ambivalenz des Bunkers im atomaren Zeitalter, in: David Eugster / Sibylle Marti (Hg.): Das Imaginäre des Kalten Krieges. Beiträge zu einer Kulturgeschichte des Ost-West-Konfliktes in Europa, Essen 2015, S. 69–93

Berghoff, Hartmut / Jakob Vogel (Hg.): Wirtschaftsgeschichte als Kulturgeschichte. Dimensionen eines Perspektivenwechsels, Frankfurt am Main / New York 2004

Bernard, Andreas: Die Geschichte des Fahrstuhls. Über einen beweglichen Ort der Moderne, Frankfurt am Main 2006

Bernhardt, Christoph: Im Spiegel des Wassers. Eine transnationale Geschichte des Oberrheins (1800–2000), Köln u. a. 2016

Berrey, Stephen A.: The Jim Crow Routine. Everyday Performances of Race, Civil Rights, and Segregation in Mississippi, Chapel Hill, N. C. 2015

Bess, Michael K.: Routes of Conflict: Building Roads and Shaping the Nation in Mexico, 1941–1952, in: *The Journal of Transport History*, Bd. 35, Heft 1/2014, S. 78–96

Bickenbach, Matthias / Michael Stolzke: Die Geschwindigkeitsfabrik. Eine fragmentarische Kulturgeschichte des Autounfalls, Berlin 2014

Bijsterveld, Karin (Hg.): Soundscapes of the Urban Past. Staged Sound as Mediated Cultural Heritage, Bielefeld 2013

Dies. / Eefje Cleophas / Stefan Krebs / Gijs Mom: Sound and Safe. A History of Listening Behind the Wheel, Oxford 2014

Binder, Beate: Elektrifizierung als Vision. Zur Symbolgeschichte einer Technik im Alltag, Tübingen 1999

Birkenhof, Tobias: Die Auswirkungen von Großveranstaltungen auf die langfristige ökonomische Entwicklung von Schwellenländern. Eine wachstumstheoretische und empirische Untersuchung am Beispiel der Olympischen Sommerspiele in Beijing, Berlin 2009

Bjorkman, Lisa: Pipe Politics, Contested Waters: Embedded Infrastructures of Millennial Mumbai, Durham 2015

Black, Ernest W.: Cursus Publicus. The Infrastructure of Government in Roman Britain, Oxford 1995

Blackbourn, David: Besiegte Natur. Wasser und die Entstehung der modernen deutschen Landschaft, in: Kunst- und Ausstellungshalle der Bundesrepublik Deutschland (Hg.): Wasser, Bonn 2000, S. 440–453

Ders.: Die Eroberung der Natur. Eine Geschichte der deutschen Landschaft. Übers. von Udo Rennert, München 2007

Bleakley, Fred A.: Rural County Balks at Joining Global Village, in: *The Wall Street Journal* vom 4. Januar 1996, S. B1 / B5

Blum, Andrew: Kabelsalat. Wie ich einem kaputten Kabel folgte und das Innere des Internets entdeckte, München 2012, S. 15

Blümel, Wolfgang: Empirische Erfassung der Präferenzen für öffentliche Güter. Die Debatte über den ›Freifahrer‹, in: *Zeitschrift für Wirtschaftspolitik*, Bd. 37 (1988), S. 65–71

Blumenberg, Hans: Dogmatische und rationale Analyse von Motivationen technischen Fortschritts, in: *Zeitschrift für Kulturphilosophie*, Bd. 7, Heft 2/2013, S. 407–422

Ders.: Schiffbruch mit Zuschauer, Frankfurt am Main 1997

Bobrick, Benson: Labyrinths of Iron. Subways in History, Myth, Art, Technology, and War, New York 1994

Bollerey, Franziska / Axel Föhl: Unter dem Pflaster der Straße: Facetten subterraner

Netze, in: Manfred Rasch / Dietmar Bleidick (Hg.): Technikgeschichte im Ruhrgebiet, Technikgeschichte für das Ruhrgebiet, Essen 2004, S. 438–473

Borscheid, Peter: Das Tempo-Virus. Eine Kulturgeschichte der Beschleunigung, Frankfurt am Main / New York 2004

Brandt, Nat: Chicago Death Trap: The Iroquois Theatre Fire of 1903, Carbondale, Ill. 2006

Brantz, Dorothee: Slaughter in the City: Animals, Meat, and People in Nineteenth-Century Paris, Berlin, and Chicago (i. Vorb.)

Brendel, Benjamin: Konvergente Konstruktionen. Eine Kulturgeschichte des Staudammbaus in den USA, Spanien und Ägypten 1933–1971. Diss. masch. Justus-Liebig-Universität Gießen 2017

Briegleb, Till: Vor allem obskur. Was der Begriff Infrastruktur heute alles bedeutet, in: *Süddeutsche Zeitung*, Nr. 120 vom 27. Mai 2013, S. 10

Brock, Thomas: Archäologie an der Pipeline, in: *Süddeutsche Zeitung*, Nr. 194 vom 23. August 2013, S. 14

Bröckling, Ulrich: Nudging: Gesteigerte Tauglichkeit, vertiefte Unterwerfung, in: ders.: Gute Hirten führen sanft. Über Menschenregierungskünste, Berlin 2017, S. 175–196

Brüggemeier, Franz-Josef: Das unendliche Meer der Lüfte. Luftverschmutzung, Industrialisierung und Risikobewusstsein im 19. Jahrhundert, Essen 1996

Bublitz, Hannelore / Irina Kaldrack / Theo Röhle / Mirna Zeman (Hg.): Automatismen – Selbst-Technologien, München 2013. Kai Nowak: Teaching Self-Control. Road Safety and Traffic Education in Postwar Germany, in: *Historical Social Reseach / Historische Sozialforschung*, Bd. 41, Heft 1/2016, S. 135–153

Buggeln, Marc / Inge Marszolek (Hg.): Bunker. Kriegsort, Zuflucht, Erinnerungsraum, Frankfurt am Main 2008

Büker, Dieter: Mensch – Kultur – Abwasser. Von der Annehmlichkeit für wenige zur Existenzfrage der Gesellschaft. Der Umgang des Menschen mit Abwässern. Ein kulturhistorischer Längsschnitt von den Anfängen bis zum Beginn des 20. Jahrhunderts, Essen 2000

Bundesministerium des Innern: Basisschutzkonzept, Berlin 2005

Bundesnetzagentur <www.bundesnetzagentur.de> (eingesehen am 17. Dezember 2017)

Burckhardt, Martin: Der heiße Krieger, in: *Frankfurter Allgemeine Zeitung*, Nr. 141 vom 20. Juni 2016, S. 17

Burger, Reiner: In der Mitte entsteht ein Fluss, in: *Frankfurter Allgemeine Zeitung*, Nr. 185 vom 12. August 2015, S. 3

Buruma, Ian: The Worst Railroad Job. Bespr. von Richard Flanagan: The Narrow Road to the Deep North, in: *The New York Review of Books*, 61. Jg., Heft 18 vom 20. November 2014, S. 19–21

Büschel, Hubertus: Hilfe zur Selbsthilfe. Deutsche Entwicklungsarbeit in Afrika 1960–1975, Frankfurt am Main / New York 2014

Bush, Lawrence: Standards. Recipes for Reality, Cambridge, Mass. 2011

Büsing, Friedrich Wilhelm: Die Städtereinigung (= Der städtische Tiefbau, Bd. III), Stuttgart 1897

Butler, Richard W.: The Concept of a Tourist Area Cycle of Evolution: Implications for Management of Resources, in: *Canadian Geographer*, Jg. 24, Heft 1/1980, S. 5–12 <www.researchgate.net/publication/228003384_The_Concept_of_A_Tourist_Area_Cycle_of_Evolution_Implications_for_Management_of_Resources> (eingesehen am 17. Dezember 2017)

Caro, Robert A.: The Power Broker: Robert Moses and the Fall of New York, New York 1974

Carse, Ashley: Beyond the Big Ditch. Politics, Ecology, and Infrastructure at the Panama Canal, Cambridge, Mass. / London 2014

Castells, Manuel: Space of Flows – Raum der Ströme. Eine Theorie des Raums in der Informationsgesellschaft, in: Peter Noller / Walter Prigge / Klaus Ronneberger (Hg.): Stadt-Welt. Über die Globalisierung städtischer Milieus, Frankfurt am Main / New York 1994, S. 120–133

Chattopadhyay, Swati: Unlearning the City: Infrastructure in a New Optical Field, Minneapolis 2012

Choate, Pat / Susan Walter: America in Ruins. Beyond the Public Works Pork Barrel, Washington, D. C. 1981

Chrimes, Mike (Hg.): The Civil Engineering of Canals and Railways before 1850, Aldershot u. a. 1997

Cioc, Marc: The Rhine. An Eco-Biography, 1815–2000, Seattle 2002

Civilization Forum vom 26./27. Juli 2002 <www.civforum.de/showthread.php?6208-Zerst%F6rung-der-Infrastruktur!!!> (eingesehen am 17. Dezember 2017)

Clendinning, Anne: Demons of Domesticity: Women and the English Gas Industry, 1889–1939, London 2004

Cless, Karlheinz: Menschen am Brunnen. Ethnologische Perspektiven zum Umgang mit Wasser, Bielefeld 2014

COG Deutschland e. V. <www.cog-d.de> (eingesehen am 17. Dezember 2017)

Corbin, Alain: Les Cloches de la Terre. Paysage sonore et culture sensible dans les campagnes au XIXe siècle, Paris 1994

Ders.: Pesthauch und Blütenduft. Eine Geschichte des Geruchs, Berlin 1984

Corn, Joseph: User Unfriendly: Consumer Struggles with Personal Technologies, from Clocks and Sewing Machines to Cars and Computers, Baltimore 2011, S. 2 f.

Cottrell, Frederick W.: Energy and Society. The Relationship Between Energy, Social Change, and Economic Development, New York 1955

Coutard, Olivier / Jonathan Rutherford: Beyond the Networked City: An Introduction, in: dies. (Hg.): Beyond the Networked City. Infrastructure Reconfigurations and Urban Change in the North and South, London / New York 2016, S. 1–25

Cowan, Ruth Schwartz: More Work for Mother: The Ironies of Household Technology from the Open Hearth to the Microwave, New York 1983

Coward, Martin: Network-Centric Violence, Critical Infrastructure and the Urbanization of Security, in: *Security Dialogue*, Bd. 40, Heft 4–5/2009, S. 399–418

Crevelt, Martin van: Supplying War. Logistics from Wallenstein to Patton. 2. Aufl., Cambridge 2007

CST: Nun heulen sie wieder, in: *Die Zeit*, Nr. 49 vom 27. November 2014, S. 18

Cvetkovski, Roland: Modernisierung durch Beschleunigung. Raum und Mobilität im Zarenreich, Frankfurt am Main 2006

Cwiertnia, Laura: Wer lebt im Dunkeln?, in: *Die Zeit*, Nr. 49 vom 30. November 2017, S. 35

Cyriax, Oliver: The Penguin Encyclopedia of Crime, Harmondsworth 1996

Dalakoglou, Dimitris: The Road from Capitalism to Capitalism: Infrastructures of (post)Socialism in Albania, in: *Mobilities*, Bd. 7, Heft 4/2012, S. 571–586

Ders.: The Road: An Ethnography of the Albanian-Greek Cross-border Motorway, in: *American Ethnologist*, Bd. 37, Heft 1/2010, S. 132–149

Daley, Robert: The World Beneath the City, Philadelphia 1959

Dalkmann, Holger u. a.: Wege von der nachholenden zur nachhaltigen Entwicklung. Infrastrukturen und deren Transfer im Zeitalter der Globalisierung. Wuppertal Papers Nr. 140 des Wissenschaftszentrums Nordrhein-Westfalen, Februar 2004

Damit Deutschland vorne bleibt (seit 2013) <www.damit-deutschland-vorne-bleibt.de> (eingesehen am 17. Dezember 2017)

Daniel, Ute: Der Krimkrieg 1853–1856 und die Entstehungskontexte medialer Kriegsberichterstattung, in: dies. (Hg.): Augenzeugen. Kriegsberichterstattung vom 18. zum 21. Jahrhundert, Göttingen 2006, S. 40–67

Das mobile Chaos, in: *Der Spiegel*, Nr. 29 vom 13. Juli 1998, S. 68–81

Dath, Dietmar: Das schreibende Flussgespenst, in: *Frankfurter Allgemeine Zeitung*, Nr. 52 vom 3. März 2005, S. 46

Davis, Clarence B. / Kenneth E. Wilburn, mit Ronald E. Robinson (Hg.): Railway Imperialism, New York / Westport, Conn. / London 1991

Davis, Timothy: National Park Roads. A Legacy in the American Landscape, Charlottesville / London 2016

Davison, Graeme: Car Wars. How the Car Won our Hearts and Conquered Our Cities, Crows Nest 2004

Decker, Hanna: Großprojekte werden zu optimistisch geplant, in: *Frankfurter Allgemeine Zeitung*, Nr. 230 vom 8. Oktober 2015, S. 24

Deckers, Daniel: Unter den Wolken, in: *Frankfurter Allgemeine Zeitung*, Nr. 79 vom 5. April 2013, S. 1

Dehn, Paul: Weltwirtschaftliche Neubildungen, Berlin 1904

Denton, Sally: The Profiteers: Bechtel and the Men Who Built the World, New York 2016

Depenbrock, Johannes: Die Stellung der Kommunen in der Versorgungswirtschaft. Ein Beitrag zum Wirtschaftsverfassungsrecht, München / Berlin 1981

Der Zivile Luftschutz im Zweiten Weltkrieg. Dokumentation und Erfahrungsberichte über Aufbau und Einsatz. Bearb. von Erich Hampe, Frankfurt am Main 1963

Devanthéry, Ariane: Art. Schweizerreisen, in: *Historisches Lexikon der Schweiz* <www.hls-dhs-dss.ch/textes/d/D24575.php> (eingesehen am 17. Dezember 2017)

Diacon, Todd: Stringing Together a Nation. Cândido Mariano da Silva Rondon and the Construction of a Modern Brazil 1906–1930, Durham 2004

Die Bundesrepublik – ein unterentwickeltes Land. Artikelserie in: *Der Spiegel*, Nr. 36–39/1961

Die Charlottenburger Drei, in: *TrenntMagazin* <trenntmagazin.de/recycling-die-charlottenburger-drei/#.VAR4Kih4bII> (eingesehen am 17. Dezember 2017)

Diefendorf, Jeffry M.: In the Wake of War: The Reconstruction of German Cities after World War II, Oxford 1993

Dienel, Hans-Liudger / Barbara Schmucki (Hg.): Mobilität für alle. Die Geschichte des öffentlichen Personennahverkehrs in der Stadt zwischen technischem Fortschritt und sozialer Pflicht, Stuttgart 1997

Diesel, Eugen: Völkerschicksal und Technik, Stuttgart / Berlin 1930

Dietze, Carola: Die Erfindung des Terrorismus in Europa, Russland und den USA 1858–1866, Hamburg 2016

Dijk, Han van / Roche Mongbo: Report of the workshop ›Urban Public Services‹, in: *Bulletin de l'APAD [online]*, 23–24/2002, online gestellt am 15. Dezember 2006 <apad.revues.org/155> (eingesehen am 17. Dezember 2017)

Diogo, Maria Paula / Dirk van Laak: Europeans Globalizing. Mapping, Exploiting, Exchanging, Houndmills / New York 2016

Disco, Nil / Eda Kranakis (Hg.): Cosmopolitan Commons. Sharing Resources and Risks across Borders, Boston, Mass. 2013

Dittmann, Frank: Technik versus Konflikt. Wie Datennetze den Eisernen Vorhang durchdrangen, in: *Osteuropa*, 59. Jg., Heft 10/2009, S. 101–119

Dix, Artur: Deutschland auf den Hochstraßen des Weltwirtschaftsverkehrs, Jena 1901

Ders.: Wirtschaftsstruktur und Geopolitik, in: *Volkswirtschaftliche Blätter*, 26. Jg., Nr. 7–9/1927, S. 465–484

Doll, Nikolaus u. a.: Das unfassbare deutsche Infrastruktur-Desaster, in: *Die Welt online* vom 12. Mai 2013 <www.welt.de/116088153> (eingesehen am 17. Dezember 2017)

Dombrowsky, Wolf R. u. a.: 4 Menschen und Katastrophen, in: BBK: Notfall- und Katastrophenpharmazie I, Bevölkerungsschutz und Medizinische Notfallversorgung. Bonn 2009, S. 249–288

Ders.: Schutz kritischer Infrastrukturen als Grundproblem einer modernen Gesellschaft (Manuskript)

Domke, Christine: Die Betextung des öffentlichen Raumes. Eine Studie zur Spezifik von Meso-Kommunikation am Beispiel von Bahnhöfen, Innenstädten und Flughäfen, Heidelberg 2014

Dommann, Monika: Alles fließt. Soll die Geschichte nomadischer werden? in: *Geschichte und Gesellschaft*, 42. Jg. (2016), S. 516–534

Dies.: Autoren und Apparate. Die Geschichte des Copyrights im Medienwandel, Frankfurt am Main 2014

Doßmann, Axel: Begrenzte Mobilität. Eine Kulturgeschichte der Autobahnen in der DDR, Essen 2003

Ders.: Erbschaft unterm Hakenkreuz, in: *Die Tageszeitung (taz)*, Nr. 8155 vom 19. Dezember 2006, S. 15

Ders.: Wie wir die Autobahnen lieben lernten, in: *Sowi. Sozialwissenschaftliche Informationen*, Heft 4/1996, S. 235–242

Ders./Jan Wenzel/Kai Wenzel: Architektur auf Zeit. Baracken, Pavillons, Container, Berlin 2006

Dost, Paul: Einmal Dritter Pasewalk? Wer reist in welcher Wagenklasse? Psychologische Soziologie der Wagenklassen, Krefeld 1977

Douglas, Susan J.: Listening In. Radio and the American Imagination, New York 1999

Drew, Elizabeth: A Country Breaking Down, in: *The New York Review of Books*, Bd. 63, Heft 3 vom 25. Februar 2016 <www.nybooks.com/articles/2016/02/25/infra structure-country-breaking-down> (eingesehen am 17. Dezember 2017)

Duranton, Gilles/Matthew A. Turner: The Fundamental Law of Road Congestion: Evidence from US Cities, in: *American Economic Review*, Bd. 101, Oktober 2011, S. 2616–2652

Durth, Werner/Niels Gutschow: Träume in Trümmern. Planungen zum Wiederaufbau zerstörter Städte im Westen Deutschlands 1940–1950, Braunschweig/Wiesbaden 1988

Dworog, Sabine: Luftverkehrsinfrastruktur. Zur Rolle des Staates bei der Integration eines Flughafens in seine Umgebung, in: *Saeculum*, Bd. 58, Heft 1/2007, S. 115–149

E5: »Terror von Blech und Blut«, in: *Der Spiegel*, Nr. 35 vom 25. August 1975, S. 92–101

Easterling, Keller: Extrastatecraft. The Power of Infrastructure Space, London/New York 2014

Eckermann, Johann Peter: Gespräche mit Goethe in den letzten Jahren seines Lebens, Kapitel 287. *Projekt.Gutenberg.de* <gutenberg.spiegel.de/buch/-1912/287> (eingesehen am 3. Juli 2017)

Eckert, Andreas: Exportschlager Wohlfahrtsstaat? Europäische Sozialstaatlichkeit und Kolonialismus in Afrika nach dem Zweiten Weltkrieg, in: *Geschichte und Gesellschaft*, Bd. 32, Heft 4/2006, S. 467–488

Eckert, Astrid M.: Geteilt, aber nicht unverbunden. Grenzgewässer als deutsch-deutsches Umweltproblem, in: *Vierteljahrshefte für Zeitgeschichte*, Bd. 62, Heft 1/2014, S. 69–99

Edgerton, David: Creole Technologies and Global Histories: Rethinking how Things Travel in Space and Time, in: *Journal of History of Science and Technology*, Bd. 1, Heft 1/2007, S. 3–31

Ders.: The Shock of the Old. Technology and Global History Since 1900, London 2008

Editorial der *Zeitschrift der Informationsstelle Lateinamerika*, Heft 333: Bus & Bahn <www.ila-web.de/node/220> (eingesehen am 13. Dezember 2015)

Edwards, Paul N. u. a.: Introduction. An Agenda for Infrastructure Studies, in: *Journal of the Association for Information Systems*, Bd. 10, Heft 5/2009, S. 364–374

Ders.: Infrastructure and Modernity: Scales of Force, Time, and Social Organization in the History of Sociotechnical Systems, in: Thomas J. Misa/Philip Brey/Andrew Feenberg (Hg.): Modernity and Technology, Cambridge, Mass./London, 2002, S. 185–225

Ders.: Meteorology as Infrastructural Globalism, in: *Osiris*, Bd. 21 (2006), S. 229–250

Eintrag »Aktion Z« auf Wikipedia <de.wikipedia.org/wiki/Aktion_Z> (eingesehen am 23. November 2017)

Elsberg, Marc: Blackout. Morgen ist es zu spät. Roman, München 2012

Elyachar, Julia: Phatic Labor, Infrastructure, and the Question of Empowerment in Cairo, in: *American Ethnologist*, Bd. 37, Heft 3/August 2010, S. 452–464

Emmerson, Andrew: Discovering Subterranean London, London 2009

Engartner, Tim: 11 000 Jahre Verspätung, in: *Die Zeit*, Nr. 11 vom 5. März 2009, S. 84

Engell, Lorenz / Bernhard Siegert / Joseph Vogl (Hg.): Gefahrensinn, München 2009

Engels, Jens Ivo: Kanalregionen im Frankreich der Sattelzeit. Elemente für die Erforschung der Raumwirkungen von Infrastrukturen; in: *Francia*, Bd. 37 (2010), S. 149–165

Ders.: Machtfragen. Aktuelle Entwicklungen und Perspektiven der Infrastrukturgeschichte; in: *Neue Politische Literatur*, Bd. 55, Heft 1/2010, S. 51–70

Ders. / Gerrit Jasper Schenk: Infrastrukturen der Macht – Macht der Infrastrukturen. Überlegungen zu einem Forschungsfeld, in: Birte Förster / Martin Bauch (Hg.): Wasserinfrastrukturen und Macht von der Antike bis zur Gegenwart. Sonderheft der *Historischen Zeitschrift*, München 2015, S. 22–58

Ders. / Alfred Nordmann (Hg.): Was heißt Kritikalität. Zu einem Schlüsselbegriff der Debatte um Kritische Infrastrukturen, Bielefeld 2018

Erath, Marianne: Frauenberuf: Hallo, ist da das Fräulein vom Amt? in: *Emma*, Heft Juli / August 2009 <www.emma.de/artikel/frauenberuf-hallo-ist-da-das-fraeulein-vom-amt-264018> (eingesehen am 18. Dezember 2017)

Ernstberger, Nico: Die Versorgung Roms mit Wasser, Waren und Energie. Die Infrastruktur der Kaiserzeit, Hamburg 2014

Eßbach, Wolfgang: Zur Anthropologie artifizieller Umwelt, in: Kurt W. Alt / Natascha Rauschenberger (Hg.): Ökohistorische Reflexionen. Mensch und Umwelt zwischen Steinzeit und Silicon Valley, Freiburg 2001, S. 171–195

Etzemüller, Thomas: Romantischer Rhein – eiserner Rhein. Ein Fluss als *imaginary landscape* der Moderne, in: *Historische Zeitschrift*, Bd. 295, Heft 2/2012, S. 390–424

European Commission: Green Infrastructure <ec.europa.eu/environment/nature/ecosystems/index_en.htm> (eingesehen am 18. Dezember 2017)

Evans, Sandra: Sowjetisch wohnen. Eine Literatur- und Kulturgeschichte der Kommunalka, Bielefeld 2011

Ewald, François: Der Vorsorgestaat, Frankfurt am Main 1993

Fack, Dietmar: Automobil, Verkehr und Erziehung. Motorisierung und Sozialisation zwischen Beschleunigung und Anpassung 1885–1945, Opladen 2000

Fasse Dich kurz … Telefonieren in der DDR (Red. Jörg Mischke) Doku MDR 2007 <www.youtube.com/watch?v=YHcUNKTKslE> (eingesehen am 13. Dezember 2017)

Fäßler, Peter E.: Durch den »Eisernen Vorhang«. Die deutsch-deutschen Wirtschaftsbeziehungen 1949–1969, Köln u. a. 2006

Febvre, Lucien: Der Rhein und seine Geschichte. Herausgegeben, übers. und mit einem Nachwort von Peter Schöttler, 3. durchges. Aufl., Frankfurt am Main 2006

Feest, David / Lutz Häfner (Hg.): Die Zukunft der Rückständigkeit. Chancen – Formen – Mehrwert, Köln 2016

Feldman, Bernard J.: What to Say About the Tacoma Narrows Bridge to Your Introductory Class, in: *The Physics Teacher*, Bd. 41, Februar 2003, S. 92–96

Feldmann, Ekke: Bauordnungen und Baupolizei. Zur Entwicklungsgeschichte zwischen 1850 und 1950, Frankfurt am Main 2011

Ferrell, Robert H.: The Mukden Incident: September 18–19, 1931, in: *The Journal of Modern History*, Bd. 27, Heft 1/1955, S. 66–72

Feuerbach, Leonie: Die Toilette der Zukunft, in: *Frankfurter Allgemeine Zeitung*, Nr. 256 vom 4. November 2014, S. 7

Fickers, Andreas: Visibly Audible. The Radio Dial as Mediating Interface, in: Karin Bijsterveld / Trevor Pinch (Hg.): Oxford Handbook of Sound Studies, Oxford 2012, S. 411–439

Fisch, Michael: Tokyo's Commuter Train Suicides and the Society of Emergence, in: *Cultural Anthropology*, Bd. 28, Heft 2/2013, S. 320–343

Fischermann, Thomas u. a.: Fußgänger – Angst bis in die Zehenspitzen, in: *Die Zeit*, Nr. 7 vom 11. Februar 2016, S. 26

Fisher, Claude S.: America Calling: A Social History of the Telephone to 1940, Berkeley 1992

Fleischhack, Julia: Eine Welt im Datenrausch. Computeranlagen und Datenmengen als gesellschaftliche Herausforderung in der Bundesrepublik Deutschland (1965–1975), Zürich 2016

Fletcher, George P.: Notwehr als Verbrechen. Der U-Bahn-Fall Goetz, Frankfurt am Main 1993

Flichy, Patrice: Télé. Geschichte der modernen Kommunikation. Übers. von Bruno Schulze, Frankfurt am Main 1994

Flint, Anthony: Wrestling with Moses: How Jane Jacobs Took On New York's Master Builder and Transformed the American City, New York 2011

Flitner, Michael / Julia Lossau / Anna-Lisa Müller (Hg.): Infrastrukturen der Stadt, Wiesbaden 2017

Flückiger, Daniel: Strassen für alle. Infrastrukturpolitik im Kanton Bern 1790–1850, Baden 2011

Flyvbjerg, Bent / Nils Bruzelius / Werner Rothengatter: Megaprojects and Risk: An Anatomy of Ambition, Cambridge, Mass. 2003

Forest de Belidor, Bernard: Architectura Hydraulica oder die Kunst, das Gewässer des Meeres und der Flüsse zum Vorteil der Verteidigung, der Festungen, des Handels und des Ackerbaus anzuwenden, Augsburg 1766

Förster, Birte / Martin Bauch (Hg.): Wasserinfrastrukturen und Macht von der Antike bis zur Gegenwart. Sonderheft der *Historischen Zeitschrift*, Berlin u. a. 2015

Förster, Kim: Sicherheitsschleuse, in: *Arch+*, Nr. 191/192, März 2009: Schwellenatlas, S. 102

Forsthoff, Ernst: Die Daseinsvorsorge und die Kommunen, in: Vortrag anlässlich der Jahrestagung des Verbands Kommunaler Unternehmen e. V. am 16. 12. 1957 in Köln, Köln 1958

Ders.: Die Verwaltung als Leistungsträger, Stuttgart / Berlin 1938

Foschepoth, Josef: Überwachtes Deutschland. Post- und Telefonüberwachung in der alten Bundesrepublik, Göttingen 2012

Foucault, Michel: Geschichte der Gouvernementalität, Bd. 1: Sicherheit, Territorium, Bevölkerung. Übers. von Claudia Brede-Konersmann und Jürgen Schröder, Frankfurt am Main 2004

Frank, Anne: Tagebuch, Frankfurt am Main 1996

Frank, Susanne / Matthew Gandy (Hg.): Hydropolis. Wasser und die Stadt der Moderne, Frankfurt am Main 2006

Frankfurter Allgemeine Zeitung, Nr. 208 vom 8. September 2014, S. 1

Fraunholz, Uwe: Motorphobia. Anti-automobiler Protest in Kaiserreich und Weimarer Republik, Göttingen 2002

Freud, Sigmund: Das Unbehagen in der Kultur, Wien 1930

Freundschaftsgesellschaft BRD-Kuba e. V. <www.fgbrdkuba.de/cl/cltxt/cl2008105-eisen bahn-kuba.html> (eingesehen am 23. November 2017)

Frey, Manuel: Der reinliche Bürger. Entstehung und Verbreitung bürgerlicher Tugenden in Deutschland, 1780–1860, Göttingen 1997

Fried, Ferdinand: Der Umsturz der Gesellschaft, Stuttgart 1950

Fritz-Vannahme, Joachim: Der Anthropologe im Dschungel der Großstadt: Ein Porträt von Marc Augé, in: *Die Zeit*, Nr. 35 vom 23. August 1996 *<www.zeit.de/1996/35/ auge.txt.19960823.xml>* (eingesehen am 23. November 2017)

Fuchs, Christian / Stephan Lebert / Daniel Müller: Die unheimliche Firma, in: *Die Zeit*, Nr. 29 vom 16. Juli 2015, S. 19–21

Galbraith, John Kenneth: The Economic Effects of the Federal Public Works Expenditures 1933–1938, Washington, D. C. 1940

Galison, Peter: Einstein's Clocks, Poincarè's Maps. Empires of Time, New York 2003

Gandy, Matthew: Recycling and the Politics of Urban Waste, Milton Park / New York 1994

Ders.: The Fabric of Space. Water, Modernity, and Urban Imagination, Cambridge, Mass. / London 2014

Garrow, David J. (Hg.): The Montgomery Bus Boycott and the Women Who Started It: The Memoir of Jo Ann Gibson Robinson, Knoxville, TN 1987

Gaslicht-Kultur e. V. <www.gaslicht-kultur.de> (eingesehen am 18. Dezember 2017)

Gäßgen, Florian: Mr WLAN, in: *Der Stern*, Nr. 2 vom 7. Januar 2016, S. 112

Gatejel, Luminita: Warten, Hoffen und endlich Fahren. Auto und Sozialismus in der Sowjetunion, in Rumänien und der DDR (1956–1989/91), Frankfurt am Main 2014

Gedat, Gustav-Adolf: Was wird aus diesem Afrika? Erlebter Kampf um einen Erdteil, Stuttgart 1938

Gefüge, Kollektive und Dispositive. Zum ›Infrastrukturalismus‹ des Gesellschaftlichen. *Call for Papers* zum Workshop des Center for Metropolitan Studies am 18./19. März 2011 *<www.heike-delitz.de/Artefakte2011.html>* (eingesehen am 10. Juni 2017)

Geistbeck, Michael: Weltverkehr. Die Entwicklung von Schifffahrt, Eisenbahn, Post und Telegraphie bis zum Ende des 19. Jahrhunderts, Neuausgabe Leipzig 1986

Genscher, Hans-Dietrich: Infrastruktur als öffentliche Aufgabe. Vortrag am 8. Juni 1970. BMI-Dokumentation 30/70, Bonn 1970

Geppert, Alexander C. T.: Fleeting Cities. Imperial Expositions in Fin-de-Siècle Europe, Houndmills / New York 2010

Gerber, Sophie: Küche, Kühlschrank, Kilowatt. Zur Geschichte des privaten Energiekonsums in Deutschland, 1945–1990, Bielefeld 2014

Gerovitch, Slava: From Newspeak to Cyberspeak: A History of Soviet Cybernetics, Cambridge, Mass. / London 2002

Gerstenberger, Debora: Europe in the Tropics? The Transfer of the Portuguese Royal Court to Brazil (1807/08) and the Adaptation of European Ideals in the New Imperial Capital, in: Matthias Middell (Hg.): The Invention of the European, *Comparativ*, 25. Jg., Heft 5–6/2015, S. 32–46

Gestwa, Klaus / Johannes Grützenmacher: Infrastrukturen, in: Stefan Plaggenborg (Hg.): Handbuch der Geschichte Russlands, Bd. 5.2: Vom Ende des Zweiten Weltkriegs bis zum Zusammenbruch der Sowjetunion, Stuttgart 2003, S. 1089–1152

Giddens, Anthony: The Constitution of Society. Outline of the Theory of Structuration, Cambridge, Mass. 1984

Giedion, Siegfried: Die Herrschaft der Mechanisierung. Ein Beitrag zur anonymen Geschichte, Frankfurt am Main 1982

Gießmann, Sebastian: Die Verbundenheit der Dinge. Eine Kulturgeschichte der Netze und Netzwerke, Berlin 2014

Ders.: Netze und Netzwerke. Archäologie einer Kulturtechnik, 1740–1840, Bielefeld 2006

Ders.: Synchronisation im Diagramm. Henry C. Beck und die Londoner Tube Map von 1933, in: Christian Kassung / Thomas Macho (Hg.): Kulturtechniken der Synchronisation, München 2013, S. 339–366

Gilman, Nils: Mandarins of the Future. Modernization Theory in Cold War America, Baltimore 2004

Glaser, Marie Antoinette (Hg.): Baustelle. Metamorphosen in der Stadt, Baden-Baden 2008

Glaser, Peter: Der blaue Planet, in: *Süddeutsche Zeitung*, Nr. 24 vom 30./31. Januar 2016, S. 13–15

Gleichmann, Peter R.: Die Verhäuslichung körperlicher Verrichtungen, in: ders. / Johan Goudsblom / Hermann Korte (Hg.): Materialien zu Norbert Elias' Zivilisationstheorie, Frankfurt am Main 1979, S. 254–278

Glitz, Philipp: Generation Wisch und Klick. Studie zur Smartphone-Sucht, in: *Tagesschau.de* vom 30. September 2015 <www.tagesschau.de/inland/smartphone-sucht-101.html> (eingesehen am 30. Dezember 2015)

Goerdeler, Carl D.: Fetisch einer Minderheit, in: *Die Zeit*, Nr. 22 vom 27. Mai 1994, S. 39

Goetsch, Monika: Wie im Traum, in: *Süddeutsche Zeitung*, Nr. 240 vom 18./19. Oktober 2015, S. 57

Gold, John R. / George Revill: Landscapes of Defence, in: *Landscape Research*, Bd. 24 (1999), S. 229–239

Gold, John R. / Margaret M. Gold (Hg.): Olympic Cities. City Agendas, Planning, and the World's Games, 1896–2016. 2. Aufl., London / New York 2011

Gómez-Ibáñez, José A.: Regulating Infrastructure. Monopoly, Contracts, and Discretion, Cambridge, Mass. / London 2003

Gooday, Graeme: Domesticating Electricity: Technology, Uncertainty and Gender, 1880–1914, London 2008

Göschel, Albrecht / Heidrun Kunert-Schroth / Klaus Mittag: Revision der sozialen Infrastruktur. Ein Rückblick auf die 80er Jahre, Berlin 1992

Goschler, Constantin: Infrastruktur-Liberalismus: Rudolf Virchow als Berliner Kommunalpolitiker, in: *Jahrbuch zur Liberalismus-Forschung*, 18. Jg. (2006), S. 45–58

Gottwaldt, Alfred: Der Bahnhof, in: Alexa Geisthövel / Habbo Knoch (Hg.): Orte der Moderne. Erfahrungswelten des 19. und 20. Jahrhunderts, Frankfurt am Main / New York 2005, S. 17–26

Graham, Stephen (Hg.): Cities, War and Terrorism. Towards an Urban Geopolitics, Oxford 2004

Ders. (Hg.): Disrupted Cities. When Infrastructure Fails, New York / London 2010

Ders. / Colin McFarlane (Hg.): Infrastructural Lives. Urban Infrastructure in Context, Milton Park / New York 2015

Ders. / Simon Marvin: Splintering Urbanism. Networked Infrastructures, Technological Mobilities and the Urban Condition, London / New York 2001

Grehsin, Malte: Deutschland hat angefangen, in: *Frankfurter Allgemeine Zeitung*, Nr. 3 vom 4. Januar 2014, S. 35

Grimm, Dieter (Hg.): Staatsaufgaben, Frankfurt am Main 1996

Grot, Klaus: So war's damals. Dienstchronik eines Pionieroffiziers im Kalten Krieg 1954–1991, Berlin 2014

Gruber, Eckart: Fünfuhr-Tee im Adlon. Menschen und Hotels, Berlin 1994

Grützmacher, Johannes: Die Baikal-Amur-Magistrale. Vom stalinistischen Lager zum Mobilisierungsprojekt unter Breznev, München 2012

Gugerli, David: Redeströme. Zur Elektrifizierung der Schweiz 1880–1914, Zürich 1996

Guldi, Jo: Roads to Power. Britain Invents the Infrastructure State, Cambridge, Mass. 2012

Gyr, Ueli: Geschichte des Tourismus: Strukturen auf dem Weg zur Moderne, in: *Europäische Geschichte Online (EGO)* <www.ieg-ego.eu/gyru-2010-de> (eingesehen am 18. Dezember 2017)

Habermann, Gerd: Der Wohlfahrtsstaat. Die Geschichte eines Irrwegs, Berlin 1994

Habib, Irfan: Science, Technological Education and Industrialization: Contours of a Bhadralok Debate, in: Robin MacLeod / David Kumar (Hg.): Technology and the Raj: Western Technology and Technical Transfers to India: 1700–1947, Neu Delhi 1995, S. 235–249

Hachtmann, Rüdiger: Tourismus und Tourismusgeschichte, in: *Docupedia-Zeitgeschichte*, 22.12.2010 <www.docupedia.de/zg/Tourismus_und_Tourismusgeschichte> (eingesehen am 3. Juli 2017)

Haefeli-Meylan, Traugott: Die Entstehung der Briefmarke und ihre weltweite Verbreitung, Lausanne 1985

Hagemann, Anke: Filter, Ventile und Schleusen. Die Architektur der Zugangsregulierung, in: Volker Eick/Jens Sambale/Eric Töpfer (Hg.): Kontrollierte Urbanität. Zur Neoliberalisierung städtischer Sicherheitspolitik, Bielefeld 2007, S. 301–328

Hahn, Thomas: Teures Pflaster, in: *Süddeutsche Zeitung*, Nr. 181 vom 8./9. August 2015, S. 12

Ders.: Tunnel und Damm als Medien des Weltverkehrs. Populäre Kommunikation in der modernen Raumrevolution, in: Hartmut Böhme (Hg.): Topographien der Literatur. Deutsche Literatur im transnationalen Kontext, Stuttgart/Weimar 2005, S. 479–500

Hahnemann, Andy: Texturen des Globalen. Geopolitik und populäre Literatur in der Zwischenkriegszeit 1918–1939, Heidelberg 2010

Halliday, Stephen: The Great Stink of London: Sir Joseph Bazalgette and the Cleansing of the Victorian Metropolis, Neuausgabe, Stroud 2001

Han, Byung-Chul: Transparenzgesellschaft, Berlin 2012

Haneke, Georg/Claudia Stahl: Infrastruktur und sozialer Wandel: Sozialanthropologische Beobachtungen entlang einer Straße im Norden Kenias, Saarbrücken 1994

Hannig, Nicolai: Die Suche nach Prävention. Naturgefahren im 19. und 20. Jahrhundert, in: *Historische Zeitschrift*, Bd. 300, Heft 1/2015, S. 33–65

Hansen, Peo/Stefan Jonsson: Eurafrica. The Untold History of European Integration and Colonialism, London u. a. 2014

Hardin, Garrett: The Tragedy of the Commons, in: *Science*, Bd. 162 (1968), Heft 3859, S. 1243–1248

Harvey, Penelope: Cementing Relations: The Materiality of Roads and Public Spaces in Provincial Peru, in: *Social Analysis*, Bd. 54, Heft 2/2010, S. 28–46

Dies./Hannah Knox: Roads. An Anthropology of Infrastructure and Expertise, Ithaca, N.Y. 2015

Dies./Hannah Knox: The Enchantments of Infrastructure, in: *Mobilities*, Bd. 7, Heft 4/November 2012, S. 521–536

Hascher, Michael: Maut als Mittel der Straßenfinanzierung zwischen öffentlichen und privaten Interessen, 1908–2008, in: Hans-Liudger Dienel/Hans-Ulrich Schiedt (Hg.): Die moderne Straße. Planung, Bau und Verkehr vom 18. bis zum 20. Jahrhundert, Frankfurt am Main 2010, S. 147–169

Haumann, Heiko: Beginn der Planwirtschaft. Elektrifizierung, Wirtschaftsplanung und gesellschaftliche Entwicklung Sowjetrußlands 1917–1921, Düsseldorf 1974

Haumann, Sebastian: »Schade, daß Beton nicht brennt ...«. Planung, Partizipation und Protest in Philadelphia und Köln 1940–1990, Stuttgart 2011

Haus, Florian C.: Zugang zu Netzen und Infrastruktureinrichtungen, Köln u. a. 2002

Hayes, Brian: Infrastructure. A Guide to the Industrial Landscape. Revised and updated, New York/London 2014

Hayes, Hammond Vinton: Public Utilities, their Fair Present Value and Return, New York 1915

Haywood, Richard Mowbray: The Beginning of Railway Development in Russia in the Reign of Nicholas I, 1835–1842, Durham 1969

HCR: Nicht neben einer Frau, in: *Frankfurter Allgemeine Zeitung*, Nr. 52 vom 2. März 2016, S. 6

Headrick, Daniel R.: The Tentacles of Progress. Technology Transfer in the Age of Imperialism, 1850–1940, New York / Oxford 1988

Ders.: The Tools of Empire. Technology and European Imperialism in the Nineteenth Century, New York / Oxford 1981

Heckmann-Strohkark, Ingrid: Der Traum von einer europäischen Gemeinschaft. Die Internationalen Autobahnkongresse 1931 und 1932, in: Martin Heller / Andreas Volk (Hg.): Die Schweizer Autobahn, Zürich 1999, S. 32–45

Heiber, Helmut (Hg.): Joseph Goebbels: Reden, Bd. 2: 1939–1945, Düsseldorf 1972

Heidenreich, Elisabeth: Fließräume. Die Vernetzung von Natur, Raum und Gesellschaft seit dem 19. Jahrhundert, Frankfurt am Main u. a. 2004

Dies.: Natur und Kultur heute: verwickelt in technische Fließräume in: Susanne Frank / Matthew Gandy (Hg.): Hydropolis. Wasser und die Stadt der Moderne, Frankfurt am Main 2006, S. 57–73

Heimatverein Niederzimmern <heimatverein-niederzimmern.de/Aktuell/Teer_muss_her/teer_muss_her.html> (eingesehen am 18. Dezember 2017)

Hein, Christoph: Eine Billion Dollar für Brücken, Straßen, Flughäfen, in: *Frankfurter Allgemeine Sonntagszeitung*, Nr. 26 vom 2. Juli 2006, S. 41

Heine, Eike-Christian: Vom großen Graben. Die Geschichte des Nord-Ostsee-Kanals, Berlin 2015

Heller, Piotr: Besonders schön ist's in der Rhön, in: *Frankfurter Allgemeine Sonntagszeitung*, Nr. 1 vom 6. Januar 2013, S. 57

Hellmann, Ullrich: Künstliche Kälte. Die Geschichte der Kühlung im Haushalt, Gießen 1990

Hellpach, Willy: Nervosität und Kultur, Berlin 1902

Hempel, Leon / Susanne Krasmann / Ulrich Bröckling (Hg.): Sichtbarkeitsregime. Überwachung, Sicherheit und Privatheit im 21. Jahrhundert, Wiesbaden 2011

Henkel, Dietrich: Soziale Infrastruktur: Anpassung oder Rückbau? in: *Bauwelt*, 76. Jg., Heft 24 vom 28. Juni 1985, S. 124–128

Hennig, Christoph: Reiselust. Touristen, Tourismus und Urlaubskultur, Frankfurt am Main / Leipzig 1999

Hermes, Georg: Staatliche Infrastrukturverantwortung. Rechtliche Grundstrukturen netzgebundener Transport- und Übertragungssysteme zwischen Daseinsvorsorge und Wettbewerbsregulierung am Beispiel der leitungsgebundenen Energieversorgung in Europa, Tübingen 1998

Heßler, Martina: »Mrs Modern Woman«. Zur Sozial- und Kulturgeschichte der Haushaltstechnisierung, Frankfurt am Main / New York 2011

Dies.: Die Einführung elektrischer Haushaltsgeräte in der Zwischenkriegszeit. Der Angebotspush der Produzenten und die Reaktion der Konsumentinnen, in: *Technikgeschichte*, Bd. 65 (1998), S. 297–311

Dies.: Kulturgeschichte der Technik, Frankfurt am Main / New York 2012

327

Hilberg, Raul: Sonderzüge nach Auschwitz. Übers. von Gisela Schleicher, Frankfurt am Main / Berlin 1987

Hobart, Alice Tisdale: Oil for the Lamps of China. Roman, Indianapolis 1933 (dt. »Petroleum für die Lampen Chinas«. Übers. von Helene Schidrowitz, 1935)

Hochschild, Adam: Schatten über dem Kongo. Die Geschichte eines großen, fast vergessenen Menschheitsverbrechens, Stuttgart 2000

Hoeft, Christoph / Sören Messinger-Zimmer / Julia Zilles (Hg.): Bürgerprotest in Zeiten der Energiewende. Lokale Konflikte um Windkraft, Stromtrassen und Fracking, Bielefeld 2017

Hoffmann-Axthelm, Dieter: Stadttechnik und Stadtkultur, in: *Stadtbauwelt*, Bd. 103 (1989), S. 1666–1673

Högselius, Per u. a. (Hg.): The Making of Europe's Critical Infrastructure. Common Connections and Shared Vulnerabilities, Basingstoke 2013

Ders. / Arne Kaijser / Erik van der Vleuten: Europe's Infrastructure Transition. Economy, War, Nature, Houndmills / New York 2015

Hohensee, Jens: Der erste Ölpreisschock 1973/74. Die politischen und gesellschaftlichen Auswirkungen der arabischen Erdölpolitik auf die Bundesrepublik Deutschland und Westeuropa, Stuttgart 1996

Höhne, Stefan: New York City Subway. Die Erfindung des urbanen Passagiers, Köln u. a. 2017

Ders.: Token Tactics. Artefaktpolitiken in der New Yorker City Subway, in: Wiebke Porombka / Heinz Reif / Erhard Schütz (Hg.): Versorgung und Entsorgung der Moderne. Logistiken und Infrastrukturen der 1920er und 1930er Jahre, Frankfurt am Main u. a. 2011, S. 73–88

Ders.: Vereinzelungsanlagen. Die Genese des Drehkreuzes aus dem Geist automatischer Kontrolle, in: *Technikgeschichte*, 83. Jg., Heft 2/2016, S. 103–124

Holtorf, Christian: Der erste Draht zur neuen Welt. Die Verlegung des transatlantischen Telegrafenkabels, Göttingen 2013

Hombach, Marion: Kaiserreich in den Tropen, in: *GeoEpoche*, Heft 71 (2015): Südamerika, S. 84–97

Hörl, Johannes / Dietmar Schöndorfer (Hg.): Die Grossglockner Hochalpenstrasse. Erbe und Auftrag, Wien u. a. 2015

How electricity changes daily life in Zanzibar. Interview with anthropologist Tanja Winther, in: *Anthropologi.Info* vom 27. November 2008: <www.anthropologi.info/blog/anthropology/2008/how_electricity_changes_daily_life_in_za> (eingesehen am 17. Dezember 2017)

Hubmayr, Gerald: Schwarzfahren. Die Kunst des tariffreien Netzgleitens, Wien u. a. 2002

Hugh-Jones, Edward M. (Hg.): The Push-Button-World. Automation Today, Norman 1956

Hughes, Thomas P.: American Genesis. A Century of Invention and Technological Enthusiasm, 1870–1970, New York 1989

Ders.: Networks of Power. Electrification in Western Society, 1880–1930, Baltimore / London 1983

Ders.: Rescuing Prometheus: Four Monumental Projects that Changed the Modern World, New York 1998

Humphrey, Caroline: Ideology in Infrastructure: Architecture and Soviet Imagination, in: *The Journal of the Royal Anthropological Institute*, 11. Jg., Heft 1 / März 2005, S. 39–58

Huurdeman, Anton A.: The Worldwide History of Telecommunications, Hoboken, N. J. 2003

Illich, Ivan: H$_2$O und die Wasser des Vergessens, Reinbek 1994

Illinger, Patrick: Koloss der Meere, in: *Süddeutsche Zeitung*, Nr. 31 vom 7./8. Februar 2015, S. 37 f.

Infrastruktur, in: *Frankfurter Allgemeine Zeitung* vom 1. März 1952, S. 4

Internationales Militärtribunal: Der Nürnberger Prozess gegen die Hauptkriegsverbrecher, fotomech. Nachdruck München 1989

Isaacman, Allen: Displaced People, Displaced Energy, and Displaced Memories: The Case of Cahora Bassa, 1970–2004, in: *The International Journal of African Historical Studies*, Bd. 38, Heft 2/2005, S. 201–238

Jackson, Robert H. / Carl G. Rosberg: Personal Rule in Black Africa. Prince, Autocrat, Prophet, Tyrant, Berkeley / Los Angeles / London 1982

Janác, Jirí: European Coasts of Bohemia. Negotiating the Danube-Oder-Elbe Canal in a Troubled Twentieth Century, Amsterdam 2012

Jao, Sudhir: A rail passenger called Gandhi … Railways played a role in the making of the Mahatma, in: *Governance Now* vom 30. Januar 2012 <www.governancenow. com/views/columns/rail-passenger-called-gandhi> (eingesehen am 18. Dezember 2017)

Jellinghaus, Lorenz: Zwischen Daseinsvorsorge und Infrastruktur. Zum Funktionswandel von Verwaltungswissenschaften und Verwaltungsrecht in der zweiten Hälfte des 19. Jahrhunderts, Frankfurt am Main 2006

Jochimsen, Reimut: Theorie der Infrastruktur. Grundlagen der marktwirtschaftlichen Entwicklung, Tübingen 1966

Jochmann, Werner (Hg.): Adolf Hitler. Monologe im Führerhauptquartier 1941–1944. Die Aufzeichnungen Heinrich Heims, Hamburg 1980

Joerges, Bernward: Die Brücken des Robert Moses: Stille Post in der Stadt- und Techniksoziologie, in: *Leviathan*, Bd. 27, Heft 1/1999, S. 43–63

John, Richard R.: Private Enterprise, Public Good? Communications Deregulation as a National Political Issue, 1839–1851, in: Jeffrey L. Pasley / Andrew W. Robertson / David Waldstreicher (Hg.): Beyond the Founders. New Approaches to the Political History of the Early American Republic, Chapel Hill / London 2004, S. 328–354

Ders.: Telecommunications, in: *Enterprise and Society*, 9. Jg., September 2008, S. 507–520

Jones, Christopher F.: A Landscape of Energy Abundance: Anthracite Coal Canals and the Roots of American Fossil Fuel Dependence, 1820–1860, in: *Environmental History*, Bd. 15, Juli 2010, S. 449–484

Jordan, John M.: ›Society Improved the Way You Can Improve a Dynamo‹: Charles P. Steinmetz and the Politics of Efficiency, in: *Technology and Culture*, 30. Jg., Heft 1/1989, S. 57–82

Jordans, Angelika: Ein Stück London in der Wüste, in: *Frankfurter Allgemeine Zeitung*, Nr. 16 vom 20. Januar 1994, S. R12

Jost, Sarah / Gabriela Wachter (Hg.): Die verschwundene Arbeit in Fotografien aus Berliner Sammlungen und Archiven, Berlin 2008

Jungclaussen, John F.: Hilflos im Wasser. Regengüsse legen offen, wie marode die britische Infrastruktur ist. Geflickt wird mit Geld aus China, in: *Die Zeit*, Nr. 9 vom 20. Februar 2014, S. 35

Jünger, Ernst: In Stahlgewittern, Hamburg 1930

Junkelmann, Marcus: Die Eisenbahn im Krieg. Militärische Theorien und Kriegsgeschehen bis zum Ausbruch des Ersten Weltkriegs, in: Zug der Zeit – Zeit der Züge. Deutsche Eisenbahn 1835–1985. Bd. 1, Berlin 1985, S. 232–245

Kahrstedt, Oskar: Internationale Bekämpfung der Arbeitslosigkeit durch Erschließung überseeischer Gebiete. Zugleich ein Beitrag zum Problem der Vergrößerung des Welthandelsvolumens, Berlin 1931

Kaika, Maria: City of Flows. Der Wandel der symbolischen Bedeutung technischer Infrastrukturen in der Moderne, in: Timothy Moss / Matthias Naumann / Markus Wissen (Hg.): Infrastrukturnetze und Raumentwicklung, München 2008, S. 87–111

Kalb, Christine: Weltausstellungen im Wandel der Zeit und ihre infrastrukturellen Auswirkungen auf Stadt und Region, Frankfurt am Main 1994

Kamleithner, Christa: Neue Mischungsverhältnisse. Zum Gebrauch von Infrastrukturen, in: Nathalie Bredella / Chris Dähne (Hg.): Infrastrukturen des Urbanen. Soundscapes, Landscapes, Netscapes, Bielefeld 2013, S. 253–274

Karaisl von Karais, Franz Freiherr / Helmut Stabina: Deutsche Straßenfibel, Leipzig 1937

Kaschka, Ralph: Auf dem falschen Gleis. Infrastrukturpolitik und -entwicklung der DDR am Beispiel der Deutschen Reichsbahn 1949–1989, Frankfurt am Main 2011

Kathke, Torsten: Wires That Bind. Nation, Region, and Technology in the Southwestern United States, 1854–1920, Bielefeld 2017

Katz, Bernard S.: Infrastructure Ills. Or if you can't use it correctly, don't, in: *Advertising Age*, 60. Jg., 17. Juli 1989, S. 23

Kaufmann, Jean-Claude: Kochende Leidenschaft. Soziologie vom Kochen und Essen, Konstanz 2006

Kaufmann, Stefan: Kommunikationstechnik und Kriegführung 1815–1945. Stufen telemedialer Rüstung, München 1996

Ders.: Landschaft beschriften. Zur Logik des American Grid Systems, in: ders. (Hg.): Ordnungen der Landschaft. Natur und Raum technisch und symbolisch entwerfen, Würzburg 2002, S. 73–94

Kaul, Chandrika: Communications, Media and the Imperial Experience. Britain and India in the Twentieth Century, Basingstoke 2014

Keane, Stephen: Disaster Movies. The Cinema of Catastrophe. 2. Aufl. London / New York 2006

Kellermann, Bernhard: Der Tunnel. Roman, Frankfurt am Main 1952 (zuerst 1913)

Kenny, Nicolas: City Glow: Streetlights, Emotions, and Nocturnal Life, 1880 s–1910 s, in: *Journal of Urban History*, Bd. 43, Heft 1/2017, S. 91–114

Khannah, Parag: Connectography. Mapping the Future of Global Civilization, New York 2016

Kiaulehn, Walther: Berlin. Schicksal einer Weltstadt, München 1997 (zuerst 1958)

Kil, Wolfgang: Luxus der Leere. Vom schwierigen Rückzug aus der Wachstumswelt. Eine Streitschrift, Wuppertal 2004

Kill, Susanne / Christopher Kopper / Jan-Henrik Peters: Die Reichsbahn und der Strafvollzug in der DDR. Häftlingszwangsarbeit und Gefangenentransport in der SED-Diktatur, Essen 2016

Klausmeier, Axel: Hinter der Mauer. Zur militärischen und baulichen Infrastruktur des Grenzkommandos Mitte, Berlin 2012

Klee, Margot: Lebensadern des Imperiums. Straßen im Römischen Weltreich, Stuttgart 2010

Klenke, Dietmar: Bundesdeutsche Verkehrspolitik und Motorisierung. Konfliktträchtige Weichenstellungen in den Jahren des Wiederaufstiegs, Stuttgart 1993

Kline, Ronald R.: The Cybernetics Moment. Or Why We Call Our Age the Information Age, Baltimore 2015

Klose, Alexander: Das Container-Prinzip. Wie eine Box unser Leben verändert, Hamburg 2009

Knapp, Gottfried: Orte der Verdrängung. Was nicht geliebt wird, muss auch nicht schön sein, in: *Baumeister. Zeitschrift für Architektur*, Heft 3/1998: Die ungeliebten Orte – Zweckbauten für Stadthygiene und Sicherheit, S. 38–41

Kno.: Immer mehr Städter erzwingen hohe Investitionen in die Infrastruktur, in: *Frankfurter Allgemeine Zeitung*, Nr. 277 vom 28. November 2015, S. 23

Knoch, Habbo: Das Grandhotel, in: Alexa Geisthövel / ders. (Hg.): Orte der Moderne. Erfahrungswelten des 19. und 20. Jahrhunderts, Frankfurt am Main / New York 2005, S. 131–140

Ders.: Grandhotels. Luxusräume und Gesellschaftswandel in New York, London und Berlin um 1900, Göttingen 2016

Ders.: Life on Stage. Grand Hotels as Urban Interzones around 1900, in: Martina Heßler / Clemens Zimmermann (Hg.): Creative Urban Milieus. Historical Perspectives on Culture, Economy, and the City. Frankfurt am Main / New York 2008, S. 137–158

Köckritz, Angela: Der Stromdieb, in: *Die Zeit*, Nr. 16 vom 12. April 2017, S. 28

Kohl, Helmut: Infrastrukturreform als Innenpolitik – Möglichkeiten, Grenzen, Prioritäten, in: *Bergedorfer Gesprächskreis zu Fragen der freien industriellen Gesellschaft*, Nr. 38, Hamburg 1971

Kolb, Anne: Infrastruktur und Herrschaftsorganisation im Imperium Romanum, Berlin 2014

Dies.: Transport und Nachrichtentransfer im Römischen Reich, Berlin 2000

Kolonko, Petra: Seide und Zement, in: *Frankfurter Allgemeine Zeitung*, Nr. 111 vom 13. Mai 2017, S. 5

König, Wolfgang: Bahnen und Berge. Verkehrstechnik, Tourismus und Naturschutz in den Schweizer Alpen 1870–1939, Frankfurt am Main / New York 2000

Korff, Gottfried: Mentalität und Kommunikation in der Großstadt. Berliner Notizen zur »inneren« Urbanisierung, in: Theodor Kohlmann / Hermann Bausinger (Hg.): Großstadt. Aspekte empirischer Kulturforschung, Berlin 1985, S. 343–361

Koselleck, Reinhart: Gibt es eine Beschleunigung der Geschichte? (1976), in: ders.: Zeitschichten. Studien zur Historik, Frankfurt am Main 2000, S. 150–176

Ders.: Zeitverkürzung und Beschleunigung. Eine Studie zur Säkularisation (1985), in: ders.: Zeitschichten. Studien zur Historik, Frankfurt am Main 2000, S. 177–202

Köster, Roman: Abschied von der »verlorenen Verpackung«: Das Recycling von Hausmüll in Westdeutschland 1945–1990, in: *Technikgeschichte*, Jg. 81 (2014), S. 33–60

Kotowski, Timo: Teure Luftnummern in der Provinz, in: *Frankfurter Allgemeine Zeitung*, Nr. 174 vom 30. Juli 2014, S. 15

Kowalczuk, Ilko-Sascha / Arno Polzin (Hg.): Fasse Dich kurz! Der grenzüberschreitende Telefonverkehr der Opposition in den 1980er Jahren und das Ministerium für Staatssicherheit, Göttingen 2014

Koziolek, Helmut: Umfassende Intensivierung der Infrastruktur. Sitzungsberichte der Akademie der Wissenschaften der DDR, Jg. 1986, Nr. 2/G, Berlin (Ost) 1986

Krabbe, Wolfgang: Die Entfaltung der kommunalen Leistungsverwaltung in deutschen Städten des späten 19. Jahrhunderts, in: Hans-Jürgen Teuteberg (Hg.): Urbanisierung im 19. und 20. Jahrhundert, Köln / Wien 1983, S. 373–391

Krajewski, Markus: Der Diener. Mediengeschichte einer Figur zwischen König und Klient, Frankfurt am Main 2010

Ders.: Fehler-Planungen. Zur Geschichte und Theorie der industriellen Obsoleszenz, in: *Technikgeschichte*, Bd. 81, Heft 1/2014, S. 91–114

Krebs, Stefan / Gabriele Schabacher / Heike Weber (Hg.): Kulturen des Reparierens, Bielefeld 2018

Krechel, Ursula: Landgericht. Roman, Salzburg 2012

Kreiß, Christian: Geplanter Verschleiß: Wie die Industrie uns zu immer mehr und immer schnellerem Konsum antreibt – und wie wir uns dagegen wehren können, Berlin 2014

Kremer, Bernd: Die Kunst zu überleben. Zivilverteidigung in der Bundesrepublik, München 1966

Kuchenbuch, Ludolf: Abfall. Eine Stichwortgeschichte, in: Hans-Georg Soeffner (Hg.): Kultur und Alltag, Göttingen 1988, S. 155–170

Küffner, Georg: Bröckelnde Brücken, in: *Frankfurter Allgemeine Zeitung*, Nr. 54 vom 5. März 2013, S. T1

Kühl, Uwe: Der Munizipalsozialismus in Europa, München 2001

Kühne, Thomas: Massenmotorisierung und Verkehrspolitik im 20. Jahrhundert: Technikgeschichte als politische Sozial- und Kulturgeschichte, in: *Neue Politische Literatur*, 41. Jg., Heft 2/1996, S. 196–229

Kuhr-Korolev, Corinna: Gezähmte Helden. Die Formierung der Sowjetjugend 1917–1932, Essen 2005

Küster, Hansjörg: Das Nichts am Ende des Tunnels, in: *Frankfurter Allgemeine Zeitung*, Nr. 56 vom 8. März 1999, S. 49

Laak, Dirk van: Der Begriff »Infrastruktur« und was er vor seiner Erfindung besagte, in: *Archiv für Begriffsgeschichte*, Bd. 41 (1999), S. 280–299

Ders.: From the Conservative Revolution to Technocratic Conservatism, in: Jan-Werner Müller (Hg.): German Ideologies since 1945. Studies in the Political Thought and Culture of the Bonn Republic, Houndmills / New York 2003, S. 147–160

Ders.: Imperiale Infrastruktur. Deutsche Planungen für eine Erschließung Afrikas 1880–1960, Paderborn u. a. 2004

Ders.: Infrastruktur und Macht, in: François Duceppe-Lamarre / Jens Ivo Engels (Hg.): Umwelt und Herrschaft in der Geschichte / Environnement et pouvoir: une approche historique, München 2008, S. 106–111

Ders.: Mythos »Hessenplan«. Aufstieg und Wandel einer Landesplanung nach dem Zweiten Weltkrieg, in: Wendelin Strubelt / Detlef Briesen (Hg.): Raumplanung nach 1945. Kontinuitäten und Neuanfänge in der Bundesrepublik Deutschland, Frankfurt am Main / New York 2015, S. 127–149

Ders.: Technokratie im Europa des 20. Jahrhunderts – eine einflussreiche »Hintergrundideologie«, in: Lutz Raphael (Hg.): Theorien und Experimente der Moderne. Europas Gesellschaften im 20. Jahrhundert, Köln u. a. 2012, S. 101–128

Ders.: Vom Lebensraum zum Leitungsweg. Die Stadtstraße als soziale Arena, in: Michael Flitner / Julia Lossau / Anna-Lisa Müller (Hg.): Infrastrukturen der Stadt, Wiesbaden 2017, S. 145–162

Ders.: Weiße Elefanten. Anspruch und Scheitern technischer Großprojekte im 20. Jahrhundert, Stuttgart 1999

Ders.: Zukunft konkret. Zeithistorische Anmerkungen zum Handeln der praktisch Planenden, in: Markus Bernhardt / Stefan Brakensiek / Benjamin Scheller (Hg.): Ermöglichen und Verhindern. Vom Umgang mit Kontingenz, Frankfurt am Main / New York 2016, S. 191–208

Ders. / Dirk Rose (Hg.): Schreibtischtäter. Begriff, Geschichte, Typologie, Göttingen 2018

Lachmann, Günther: Von Not nach Elend: Eine Reise durch deutsche Landschaften und Geisterstädte von morgen, München 2008

Lackner, Helmut: Ein »blutiges Geschäft«. Kommunale Vieh- und Schlachthöfe im Urbanisierungsprozess des 19. Jahrhunderts. Ein Beitrag zur Geschichte der städtischen Infrastruktur, in: *Technikgeschichte*, Bd. 71, Heft 2/2004, S. 89–138

Ladischensky, Dimitri: Geliebt, gehaßt, gequält, in: *Mare*, Nr. 60, Februar 2007 <www.mare.de/index.php?article_id=815> (eingesehen am 29. Februar 2016)

Laer, Hellmut von: Gleicht Berlin bei Nacht bald Bielefeld? in: *Frankfurter Allgemeine Zeitung*, Nr. 144 vom 25. Juni 2014, S. 14

Lagendijk, Vincent: Electrifying Europe. The Power of Europe in the Construction of Electricity Networks, Amsterdam 2008

Lahiri-Choudhury, Deep Kanta: Telegraphic Imperialism. Crisis and Panic in the Indian Empire, c.1830–1920, Houndmills/New York 2010

Lanjouw, Peter: Infrastructure: A Ladder for the Poor, in: *Finance & Development*, Bd. 32, Heft 1/März 1995, S. 33–35

Larkin, Brian: Signal and Noise. Media, Infrastructure, and Urban Culture in Nigeria, Durham 2008

Ders.: The Politics and Poetics of Infrastructure, in: *Annual Review of Anthropology*, Bd. 42 (2013), S. 327–343

Larson, John Lauritz: Internal Improvement: National Public Works and the Promise of Popular Government in the Early United States, Chapel Hill/London 2001

Latham, Alan/Peter R. H. Wood: Inhabiting infrastructure: exploring the interactional spaces of urban cycling, in: *Environment and Planning*, Bd. 47 (2015), S. 300–319

Lazarova, Irina: »Hier spricht Lenin«. Das Telefon in der russischen Literatur der 1920er und 30er Jahre, Köln/Weimar/Wien 2010

Le Goff, Jacques: Die Geburt Europas im Mittelalter, München 2004

Lea, Tess/Paul Pholeros: This is not a Pipe. The Treacheries of Indigenous Housing, in: *Public Culture*, Bd. 22, Heft 1/2010, S. 187–209

Lee, Benjamin/Edward LiPuma: Cultures of Circulation: The Imaginations of Modernity, in: *Public Culture*, Jg. 14, Heft 1/2002, S. 191–213

Lee, Paula Young (Hg.): Meat, Modernity, and the Rise of the Slaughterhouse, Durham, N. H. u. a. 2008

Leendertz, Ariane: Ordnung schaffen: Deutsche Raumplanung im 20. Jahrhundert, Göttingen 2008

Leggewie, Claus: Wenn unsere Infrastruktur unter die Räder kommt, in: *NDR-Kultur: Gedanken zur Zeit* vom 15. Dezember 2013 <www.yumpu.com/de/document/view/24819951/wenn-unsere-infrastruktur-unter-dierader-kommt-von-ndr> (eingesehen am 17. Dezember 2017)

Leighninger, Jr., Robert D.: Cultural Infrastructure: The Legacy of New Deal Public Space, in: *Journal of Architectural Education*, Bd. 49, Heft 4/1996, S. 226–236

Lenger, Friedrich: Metropolen der Moderne. Eine europäische Stadtgeschichte, München 2013

LeRose, Chris: The Collapse of the Silver Bridge, in: *West Virginia Historical Society Quarterly*, Bd. 15, Heft 4/Oktober 2001 <www.wvculture.org/history/wvhs/wvhs 1504.html> (eingesehen am 18. Dezember 2017)

Lessing, Theodor: *Der Antirüpel. Monatsblätter zum Kampf gegen Lärm, Rohheit und Unkultur im deutschen Wirtschafts-, Handels- und Verkehrsleben*, Hannover, Jg. 1, 1908/09, Jg. 2, 1910, Jg. 3, 1911

Ders.: Der Lärm. Eine Kampfschrift gegen die Geräusche unseres Lebens, Wiesbaden 1909

Lethen, Helmut: Verhaltenslehren der Kälte. Lebensversuche zwischen den Kriegen, Frankfurt am Main 1994

Lichtenfels, Karl Leopold von: Lexikon des Überlebens. Handbuch für Krisenzeiten, Köln 2006

Liebert, Nicola: Die Lektion British Rail, in: *Edition Le Monde diplomatique:* Ausverkauft. Wie das Gemeinwohl zur Privatsache wird, Nr. 6 (2009), S. 4

Lindenberger, Thomas: »Streikexzesse«. Zur öffentlichen Un-Ordnung im Kaiserreich <www.dhm.de/ausstellungen/streik/html/kaiserzeit1.html> (eingesehen am 18. Dezember 2017)

Ling, Rich: New Tech, New Ties: How Mobile Communication Is Reshaping Social Cohesion, Cambridge, Mass. 2008

Lintsen, Harry W. (Red.): Geschiedenis van de Techniek in Nederland. De wording van een moderne samenleving 1800–1890, 6 Bde., Zutphen 1992–1995

Little, Richard G.: Managing the Risk of Cascading Failure in Complex Urban Infrastructures, in: Stephen Graham (Hg.): Disrupted Cities. When Infrastructure Fails, New York/London 2010, S. 27–40

Lobe, Adian: Sie setzen die Maßstäbe der digitalen Welt, in: *Frankfurter Allgemeine Zeitung*, Nr. 185 vom 12. August 2015, S. 13

Löffler, Juliane: So groß kann Dein ******* gar nicht sein! in: *Der Freitag*, Ausgabe 5114 vom 19. Dezember 2014 <www.freitag.de/autoren/juloeffl/so-gross-kann-dein-nicht-sein> (eingesehen am 27. Dezember 2015)

Löffler, Petra: Verteilte Aufmerksamkeit. Eine Mediengeschichte der Zerstreuung, Zürich 2014

Lommers, Suzanne: Europe – on Air. Interwar Projects for Radio Broadcasting, Amsterdam 2012

London, Jack: War of the Classes, New York 1905

Longen, Nicole K.: Fronarbeiten zur Finanzierung von Infrastruktur. Der Ausbau des Straßennetzes im Kurtrierer Raum 1716–1841, in: Hans-Liudger Dienel/Hans-Ulrich Schiedt (Hg.): Die moderne Straße. Planung, Bau und Verkehr vom 18. bis zum 20. Jahrhundert, Frankfurt am Main 2010, S. 23–48

Lorenz, Maren: Vandalismus als Alltagsphänomen, Hamburg 2009

Loske, Reinhard: Die politische Ökologie der Infrastrukturen, in: ders./Roland Schaeffer (Hg.): Die Zukunft der Infrastrukturen. Intelligente Netzwerke für eine nachhaltige Entwicklung, Marburg 2005, S. 23–44

Lotz, Christian: Nachhaltigkeit neuskalieren. Internationale forstwissenschaftliche Kongresse und Debatten um die Ressourcenversorgung der Zukunft im Nord- und Ostseeraum (1870–1914). Habil.masch. Historisches Institut der Justus-Liebig-Universität Gießen 2015

Lotz, Wolfgang/Gerd R. Ueberschär: Die Deutsche Reichspost 1933–1945. Eine politische Verwaltungsgeschichte. 2 Bde., Berlin 1999

Löwe, Liane: ›A Nation Built on Transport‹. Das Auto und die US-amerikanische Gesellschaft, in: Anke Köth/Anna Minta/Andreas Schwarting (Hg.): Building America. Die Erschaffung einer neuen Welt, Dresden 2005, S. 247–270

Löwenthal, Richard: Bonn und Weimar: Zwei deutsche Demokratien, in: Heinrich August Winkler (Hg.): Politische Weichenstellungen im Nachkriegsdeutschland 1945–1953, Göttingen 1979, S. 9–25

Lübbe, Hermann: Technik in Politik und Ideologie, in: Hardi Fischer (Hg.): Technik wozu und wohin? Zürich 1981, S. 131–140

Lübken, Uwe: »Der große Brückentod«. Überschwemmungen als infrastrukturelle Konflikte im 19. und 20. Jahrhundert, in: *Saeculum*, Bd. 58, Heft 1/2007, S. 89–114

Makropoulos, Michael: Die infrastrukturelle Konstruktion der »Volksgemeinschaft«. Aspekte des Autobahnbaus im nationalsozialistischen Deutschland, in: Ulrich Bröckling / Axel T. Paul / Stefan Kaufmann (Hg.): Vernunft – Entwicklung – Leben. Schlüsselbegriffe der Moderne. Festschrift für Wolfgang Eßbach, München 2004, S. 185–203

Malkoutzis, Nick: How the 2004 Olympics Triggered Greece's Decline, in: *Bloomberg Business* vom 2. August 2012 <www.businessweek.com/articles/2012-08-02/how-the-2004-olympics-triggered-greeces-decline> (eingesehen am 16. Dezember 2017)

Malm, Andreas: Fossil Capital: The Rise of Steam-Power and the Roots of Global Warming, New York 2016

Malter, Bettina: Hier ruhen unsere Milliarden, in: *Die Zeit*, Nr. 28 vom 3. Juli 2014, S. 24 f.

Mann, Michael: Infrastructural Power Revisited, in: *Studies in Comparative International Development*, Bd. 43, Heft 3–4/2008, S. 355–365

Ders.: The Sources of Social Power 2: The Rise of Classes and Nation States 1760–1914, Cambridge, Mass. 1993

Mann, Michael: Wiring the Nation. Telecommunication, Newspaper-Reportage and Nation-Building in British India in the Age of Globalization, c. 1850–1930, Oxford 2017

Marfeld, Alexander Friedrich: Am Anfang und am Ende – der Passagier, Berlin 1967

Markmiller, Anton: Die Erziehung des Negers zur Arbeit. Wie die koloniale Pädagogik afrikanische Gesellschaften in die Abhängigkeit führte, Berlin 1995

Marland, Gregg, Alvin M. Weinberg: Longevity of Infrastructure, in: Jesse H. Ausubel / Robert Herman (Hg.): Cities and Their Vital Systems. Infrastructure – Past, Present, and Future, Washington, D.C. 1988, S. 312–332

Marx, Karl: Die künftigen Ergebnisse der britischen Herrschaft in Indien, in: Marx-Engels, Werke, Bd. 9, Berlin 1960, S. 220–226

Masquelier, Adeline: Road Mythographies: Space, Mobility, and the Historical Imagination in Postcolonial Niger, in: *American Ethnologist*, Bd. 29, Heft 4/2002, S. 829–856

Mattelard, Armand: Networking the World, 1794–2000, Minneapolis / London 2000

Mauch, Christoph / Thomas Zeller (Hg.): The World Beyond the Windshield: Roads and Landscapes in the United States and Europe, Athens, OH 2008

Mauelshagen, Franz: »Anthropozän«. Plädoyer für eine Klimageschichte des 19. und 20. Jahrhunderts, in: *Zeithistorische Forschungen / Studies in Contemporary History*, Bd. 9 (2012), S. 131–137

Mayntz, Renate: Zur Entwicklung technischer Infrastruktur-Systeme, in: dies. u. a. (Hg.): Differenzierung und Verselbständigung, Frankfurt am Main / New York 1988, S. 233–259

Mazuri, Ali: Nkrumah: The Leninist Czar, in: *Transition*, Heft 26/1966, S. 8–17

Mbembe, Achille: On the Postcolony, Berkeley, Kal. 2001

McKay, John P.: Tramways and Trolleys. The Rise of Urban Mass Transport in Europe, Princeton, N. J. 1976

McLuhan, Marshall: The Gutenberg Galaxy: The Making of Typographic Man, London 1962

McNeill, John R.: Something New Under the Sun. An Environmental History of the Twentieth-Century World, New York 2001

McShane, Clay: The Origins and Globalization of Traffic Control Signals, in: *Journal of Urban History*, Bd. 25, Heft 3/1999, S. 379–404

Mehnert, Volker: Bier und Bratwurst statt Ruhm und Ehre. Die Historic National Road war die erste staatlich finanzierte Mautstraße Amerikas und sollte einst den Kontinent erschließen, in: *Frankfurter Allgemeine Zeitung*, Nr. 270 vom 20. November 2014, S. R1-R3, hier S. R3

Ders.: Schnell sind nur die Schmuggler, in: *Frankfurter Allgemeine Zeitung*, Nr. 116 vom 20. Mai 2009, S. R9

Meier, Christian: Das Gebot zu vergessen und die Unabweisbarkeit des Erinnerns. Vom öffentlichen Umgang mit schlimmer Vergangenheit, München 2010

Melnick, Mimi: Manhole Covers, London / Cambridge, Mass. 1994

Melosi, Martin V.: The Sanitary City. Environmental Services in Urban America from the Colonial Times to the Present. Gekürzte Ausg., Pittsburgh 2008

Menzler-Trott, Eckart: Vom Telefon zum Call Center. Eine kleine Geschichte des Telefonierens. in: *Telepolis* vom 21. Mai 1998 <www.heise.de/tp/artikel/2/2335/1.html> (eingesehen am 20. Dezember 2017)

Merki, Christoph Maria: Vom »Herrenfahrer« zum »Balkanraser«. Zur Geschichte des Automobilismus in der Schweiz, in: *Schweizerische Zeitschrift für Geschichte*, Bd. 56, Heft 1/2006, S. 46–56

Merritt, Walter Gordon: Strikes and Public Utilities: A Remedy, New York 1917

Metzger, Martina: Bewältigung, Auswirkungen und Nachwirkungen des Bombenkrieges in Berlin und London 1940–1955. Zerstörung und Wiederaufbau zweier europäischer Hauptstädte, Stuttgart 2013

Michels, Claudia: Worte, die ausgrenzen, in: *Frankfurter Rundschau* vom 6. Juni 2014 <www.fr-online.de/freizeittipps/museum-fuer-kommunikation-worte-die-ausgrenzen,1474298,27372416.html> (eingesehen am 16. November 2017)

Mierzejewski, Alfred C.: The Most Valuable Asset of the Reich. A History of the German National Railway. Bd. 1: 1920–1932, Chapel Hill, N. C. 1999

Miller, Michael B.: Europe and the Maritime World. A Twentieth-Century History, Cambridge 2012

Millward, Robert: Private and Public Enterprise in Europe. Energy, Telecommunication and Transport, 1830–1990, Cambridge 2005

Minicucci, Stephen: Internal Improvements and the Union, 1790–1860, in: *Studies in American Political Development*, Bd. 18, Heft 2/Oktober 2004, S. 160–185

Mishra, Pankaj: Aus den Ruinen des Empires. Die Revolte gegen den Westen und der Wiederaufstieg Asiens. Übers. von Michael Bischoff, Frankfurt am Main 2013

Mitchell, Allan: The Great Train Race. Railways and the Franco-German Rivalry, 1815–1914, New York / Oxford 2000

Moesle, Marianne: Der Schein und das Bewusstsein, in: *Süddeutsche Zeitung Magazin*, Heft 4/2014, S. 8–13

Mom, Gijs: Atlantic Automobilism. Emergence and Persistence of the Car, 1895–1940, New York/Oxford 2015

Momberg, Robert: Theorie und Politik der Infrastruktur unter Berücksichtigung institutionen- und politökonomischer Einflussfaktoren, Frankfurt am Main 2000

Monbiot, George: Captive State. The Corporate Takeover of Britain, London 2001

Monnier, Alain: Die wunderbare Welt des Kühlschranks in Zeiten mangelnder Liebe. Roman. Aus dem Französischen von Lis Künzli, Zürich 2015

Monstadt, Jochen: Der räumliche Wandel der Stromversorgung und die Auswirkungen auf die Raum- und Infrastrukturplanung, in: Timothy Moss/Matthias Naumann/Markus Wissen (Hg.): Infrastrukturnetze und Raumentwicklung. Zwischen Universalisierung und Differenzierung, München 2008, S. 187–224

Morat, Daniel (Hg.): Sounds of Modern History. Auditory Cultures in 19th and 20th Century Europe, New York/Oxford 2014

Ders.: »Automobile gehen über mich hin.« Urbane Dispositive akustischer Innervation um 1900, in: Sylvia Mieszkowski/Sigrid Nieberle (Hg.): Unlaute. Noise/Geräusch in Kultur, Medien und Wissenschaften seit 1900, Bielefeld 2017, S. 127–148

Moretti, Franco/Dominique Prestre: Bankspeak. The Language of World Bank Reports, in: *New Left Review*, Bd. 92 (2015), S. 75–99

Mori, Takahito: Elektrifizierung als Urbanisierungsprozess. Frankfurt am Main 1886–1933, Darmstadt 2014

Morse, Dan: Still Called by Faith to the Booth: As Pay Phones Vanish, Amish and Mennonites Build Their Own, in: *The Washington Post* vom 3. September 2006, S. C1

Morus, Iwan Rhys: ›The Nervous System of Britain‹. Space, Time and the Electric Telegraph in the Victorian Age, in: *The British Journal for the History of Science*, Bd. 33, Heft 4/2000, S. 455–475

Möser, Kurt: Zwischen Systemopposition und Systemteilnahme: Sicherheit und Risiko im motorisierten Straßenverkehr 1890–1930, in: Armin Hermann/Harry Niemann (Hg.): Geschichte der Straßenverkehrssicherheit im Wechselspiel zwischen Fahrzeug, Fahrbahn und Mensch, Bielefeld 2006, S. 159–167

Moss, Timothy: ›Cold spots‹ of Urban Infrastructure: ›Shrinking‹ Processes in Eastern Germany and the Modern Infrastructural Ideal, in: *International Journal of Urban and Regional Research*, Bd. 32 (2008), S. 436–451

Ders.: Divided City, Divided Infrastructures: Securing Energy and Water Services in Postwar Berlin, in: *Journal of Urban History*, Bd. 35 (2009), S. 923–942

Mukerji, Chandra: Impossible Engineering. Technology and Territoriality on the Canal du Midi, Princeton/Oxford 2009

Ders.: Intelligent Uses of Engineering and the Legitimacy of State Power, in: *Technology and Culture*, Bd. 44, Heft 4/2003, S. 655–676

Mullen, Richard/James Munson: The Smell of the Continent. The British Discover Europe, London 2010

Müllender, Bernd: Ode an die Pappendecke, in: *Die Tageszeitung (taz Magazin)* vom

7. Juli 2001 <www.taz.de/1/archiv/?dig=2001/07/07/a0206> (eingesehen am 20. Dezember 2017)

Müller von Blumencron, Mathias: Die Emotionsmaschine, in: *Frankfurter Allgemeine Zeitung*, Nr. 30 vom 5. Februar 2016, S. 10

Müller, Simone M.: Wiring the World. The Social and Cultural Creation of Global Telegraph Networks, New York 2016

Müller, Uwe: Infrastrukturpolitik in der Industrialisierung. Der Chausseebau in der preußischen Provinz Sachsen und dem Herzogtum Brandenburg vom Ende des 18. Jahrhunderts bis in die siebziger Jahre des 19. Jahrhunderts, Berlin 2000

Mumford, Lewis: Die Stadt. Geschichte und Ausblick, Bd. 1, München 1979

Ders.: Mythos der Maschine. Kultur, Technik und Macht. Übers. von Liesl Nürenberger und Arpad Hälbig, Wien 1974

Münch, Ragnhild: Gesundheitswesen im 18. und 19. Jahrhundert. Das Berliner Beispiel, Berlin 1995

Münkler, Stefan / Alexander Roesler (Hg.): Telefonbuch. Beiträge zu einer Kulturgeschichte des Telefons, Frankfurt am Main 2000

Murakami, Haruki: Untergrundkrieg. Der Anschlag von Tokio, Köln 2002

Murphy, Craig / JoAnne Yates: ISO, the International Organization for Standardization: Global Governance Through Voluntary Consensus, London 2008

Museum für Verkehr und Technik (Hg.): Ich diente nur der Technik. Sieben Karrieren zwischen 1940 und 1950, Berlin 1995

Musil, Robert: Denkmale, in: ders.: Gesammelte Werke, hg. von Adolf Frisé, Bd. 7, Reinbek 1978, S. 506–509 (zuerst 1936)

Ders.: Geschwindigkeit ist eine Hexerei (28. Mai 1927), in: ders: Gesammelte Werke, hg. von Adolf Frisé. Bd. 2, Reinbek 1978, S. 683 ff.

Nanz, Tobias: Das ›Rote Telefon‹. Ein hybrides Objekt des Kalten Krieges, in: Stephan Habscheid / Lars Koch (Hg.): *Zeitschrift für Literaturwissenschaft und Linguistik*, Bd. 43 (2014), Heft 173: Krisen, Katastrophen, Störungen, S. 135–148

Ders.: Grenzverkehr. Eine Mediengeschichte der Diplomatie, Zürich / Berlin 2010

Netzanschluss ist Menschenrecht, in: *Frankfurter Allgemeine Zeitung* vom 31. Oktober 2011, S. 25

Neu, Claudia (Hg.): Daseinsvorsorge. Eine gesellschaftswissenschaftliche Annäherung, Wiesbaden 2009

Neubaur, Paul: Die Usambarabahn in Deutsch-Ostafrika, in: *Velhagen und Klasings Monatshefte*, 17. Jg., Heft 11, Juli 1903, S. 575–582

Nickles, David Paul: Telegraph Diplomats. The United States' Relations with France in 1848 and 1870, in: *Technology and Culture*, Bd. 40, Heft 1/1999, S. 1–25

Ders.: Under the Wire. How the Telegraph Changed Diplomacy, Cambridge, Mass. 2003

Niethammer, Lutz: ›Normalisierung‹ im Westen. Erinnerungsspuren in die 50er Jahre, in: Dan Diner (Hg.): Ist der Nationalsozialismus Geschichte? Zu Historisierung und Historikerstreit, Frankfurt am Main 1987, S. 153–184

Nolte, Amina: Political Infrastructure and the Politics of Infrastructure. The Jerusalem Light Rail, in: *City*, 20. Jg., Heft 3/2016, S. 441–454

Nordmann, Hans: Die Frühgeschichte der Eisenbahn, Berlin 1947

Norris, Frank: The Octopus. A Story of California, New York 1901

North, Michael (Hg.): Kommunikationsrevolutionen. Die neuen Medien des 16. und 19. Jahrhunderts. 2. Aufl. Köln / Weimar / Wien 2001

Nowak, Kai: Teaching Self-Control. Road Safety and Traffic Education in Postwar Germany, in: *Historical Social Research / Historische Sozialforschung*, Bd. 41, Heft 1/2016, S. 135–153

Nübel, Christoph: Durchhalten und Überleben an der Westfront. Raum und Körper im Ersten Weltkrieg, Paderborn u. a. 2014

Nurske, Ragnar: Problems of Capital Formation in Underdeveloped Countries, Oxford 1953

Nye, David E.: Technology Matters. Questions to Live with, Cambridge, Mass. / London 2007

Ders.: When the Lights Went Out: A History of Blackouts in America, Cambridge, Mass. 2010

O'Brien, Matthew: Beneath the Neon. Life and Death in the Tunnels of Las Vegas, Las Vegas 2007

Oberhuber, Nadine: Auf Sand gebaut, in: *Die Zeit*, Nr. 41 vom 4. Oktober 2007, S. 37

Obertreis, Julia: Imperial Desert Dreams: Cotton Growing and Irrigation in Central East Asia, 1860–1991, Göttingen 2017

Dies.: Karrieren, Patronage und »Infrastrukturpoesie«. Dimensionen der Infrastrukturgeschichte am Beispiel des russländischen und sowjetischen Zentralasien, in: Birte Förster / Martin Bauch (Hg.): Wasserinfrastrukturen und Macht von der Antike bis zur Gegenwart. Sonderheft der *Historischen Zeitschrift*, München 2015, S. 232–265

Ogle, Vanessa: Whose Time is It? The Pluralization of Time and the Global Condition, 1870 s to 1940 s, in: *American Historical Review*, Bd. 120, Heft 5/2013, S. 1376–1402

Ohlsen, Manfred: Der Eisenbahnkönig Bethel Henry Strousberg. Eine preußische Gründerkarriere, Berlin 1987

Ohne Gurt, Helm und Kindersitz, in: *Frankfurter Allgemeine Zeitung*, Nr. 63 vom 15. März 2013, S. 9

Oldenziel, Ruth: Islands: The United States as a Networked Empire, in: Gabrielle Hecht (Hg.): Entangled Geographies. Empire and Technopolitics in the Global Cold War, Cambridge / London 2011, S. 13–41

Oltmer, Jochen: Unentbehrliche Arbeitskräfte. Kriegsgefangene in Deutschland 1914–1918, in: ders. (Hg.): Kriegsgefangene im Europa des Ersten Weltkriegs, Paderborn 2006, S. 67–96

Orland, Barbara: Milchpropaganda vor und nach dem Ersten Weltkrieg. Konvergenzen zwischen Wissenschaft, Wirtschaft und Ernährungsreform, in: Manfred Rasch / Dietmar Bleidick (Hg.): Technikgeschichte im Ruhrgebiet – Technikgeschichte für das Ruhrgebiet, Essen 2004, S. 909–933

Ortlepp, Anke: Airport Security and the Limits of Mobility: The Case of the United States, in: *Traverse: Zeitschrift für Geschichte / Révue Historique*, Bd. 16, Heft 1/2009, S. 75–88

Osswald, Albert: Eine Zeit vergeht, Gießen 1993

Osterhammel, Jürgen: Die Verwandlung der Welt, München 2009

Ders.: Grenzen und Brücken, in: ders.: Die Flughöhe der Adler. Historische Essays zur globalen Gegenwart, München 2017, S. 82–100

Ders./ Niels P. Petersson: Geschichte der Globalisierung. Dimensionen, Prozesse, Epochen, München 2007

Ostrom, Elinor: Institutional Incentives and Sustainable Development. Infrastructure Policies in Perspective, Boulder, Colo. u. a. 1993

Dies.: Was mehr wird, wenn wir teilen. Vom gesellschaftlichen Wert der Gemeingüter, hg. von Silke Helfrich, Jena 2011

Ostrom, Vincent: Adam Smith und öffentliche Güter, in: Franz-Xaver Kaufmann / Hans-Günter Krüsselberg (Hg.): Markt, Staat und Solidarität bei Adam Smith, Frankfurt am Main / New York 1984, S. 135–157

Packer, Jeremy: Disciplining Mobility, in: Jack Z. Bratich / Jeremy Packer / Cameron McCarthy (Hg.): Foucault: Cultural Studies, and Governmentality, New York 2003, S. 135–164

Palla, Rudi: Verschwundene Arbeit. Das Buch der untergegangenen Berufe. 2. Aufl. Wien 2014

Pape, Lutz / Hans-Jürgen Weinert: Bottichwaschmaschine und Haustelegraph. Anfänge der Elektrotechnik im Haushalt, Braunschweig 1993

Park, Jinhee: Von der Müllkippe zur Abfallwirtschaft. Die Entwicklung der Hausmüllentsorgung in Berlin (West) von 1945 bis 1990, phil. Diss. TU Berlin 2004 <opus4.kobv.de/opus4-tuberlin/frontdoor/index/index/year/2004/docId/522> (eingesehen am 17. Dezember 2017)

Patalong, Frank: Untersee-Kabel: Die fragilen Lebensadern des Internets, in: *Spiegel online* vom 2. Februar 2015 <www.spiegel.de/netzwelt/web/untersee-kabel-die-fragilen-lebensadern-des-internets-a-1015809.html> (eingesehen am 17. Dezember 2017)

Patel, Kiran Klaus: Soldaten der Arbeit. Arbeitsdienste in Deutschland und den USA, 1933–1939/1942, Göttingen 2003

Paul, Gerhard: BilderMACHT. Studien zur Visual History des 20. und 21. Jahrhunderts, Göttingen 2013

Payer, Peter (Hg.): Sauberes Wien: Stadtreinigung und Abfallbeseitigung seit 1945, Wien 2006

Ders.: Der Gestank von Wien. Über Kanalgase, Totendünste und andere üble Geruchskulissen, Wien 1997

Ders.: Die synchronisierte Stadt. Öffentliche Uhren und Zeitwahrnehmung, Wien 1850 bis heute, Wien 2015

Ders.: Unentbehrliche Requisiten der Großstadt. Eine Kulturgeschichte der öffentlichen Bedürfnisanstalten von Wien, Wien 2000

Peil, Corinna: Mobilkommunikation in Japan. Zur kulturellen Infrastruktur der Handy-Aneignung, Bielefeld 2011

Petermann, Thomas u. a.: Gefährdung und Verletzbarkeit moderner Gesellschaften – am

Beispiel eines großräumigen Ausfalls der Stromversorgung. Endbericht des Büros für Technikfolgen-Abschätzung beim Deutschen Bundestag, November 2010

Peters, Benjamin: How Not to Network a Nation. The Uneasy History of the Soviet Internet, Cambridge, Mass. 2016

Petroski, Henry: Success Through Failure. The Paradox of Design, Princeton, N. J. 2006

Ders.: The Road Taken. The History and Future of America's Infrastructure, New York 2016

Ders.: To Engineer is Human. The Role of Failure in Successful Design, New York 1992

Ders.: To Forgive Design: Understanding Failure, Cambridge / Mass. 2012

Pfeiffer, Eduard A.: Technik der Stadt. Vom Schaffen der technischen Betriebe im lebendigen Kreislauf der großen Siedlungen, Stuttgart 1937

Pfister, Christian: Das »1950er Syndrom«: Die umweltgeschichtliche Epochenschwelle zwischen Industriegesellschaft und Konsumgesellschaft, in: ders. (Hg.): Das 1950er Syndrom. Der Weg in die Konsumgesellschaft, Bern / Stuttgart / Wien 1995, S. 51 – 95

Pinch, Trevor: The Invisible Technologies of Goffman's Sociology from the Merry-Go-Round to the Internet, in: *Technology and Culture*, Bd. 51, Heft 2/April 2010, S. 409 – 424

Piper, Nikolaus: Im Zeichen des Windhunds, in: *Süddeutsche Zeitung*, Nr. 240 vom 18./19. Oktober 2014, S. 28

Pitzke, Marc: Blackout von 1977: New Yorks dunkelste Nacht, in: *Spiegel-online* vom 13. Juli 2007 <www.spiegel.de/panorama/zeitgeschichte/blackout-von-1977-new-yorks-dunkelste-nacht-a-493609.html> (eingesehen am 17. Dezember 2017)

Plant, Sadie: On the Mobile. The Effects of Mobile Telephones on Social and Individual Life, o. O. 2001

Platthaus, Andreas: Schriftsteller, ans Telefon!, in: *Frankfurter Allgemeine Zeitung*, Nr. 26 vom 31. Januar 2014, S. 33

Pleiner, Tom: Überplanung von Infrastruktur, Tübingen 2016

Polanyi, Michael: Implizites Wissen, Frankfurt am Main 1985

Pond, Oscar Lewis: Municipal Control of Public Utilities. A Study of the Attitude of our Courts toward an Increase of the Sphere of Municipal Activity, New York 1906

Ponte, Alessandra: Müllschlucker. Die Domestizierung des Abfalls, in: *Arch+*, Nr. 191/192, März 2009: Schwellenatlas, S. 78 – 83

Porombka, Wiebke: Medialität urbaner Infrastrukturen. Der öffentliche Nahverkehr, 1870 – 1933, Bielefeld 2013

Porter, Theodore M.: Objectivity and Authority: How French Engineers Reduced Public Utility to Numbers, in: *Poetics Today*, Bd. 12, Heft 2/1991, S. 245 – 265

Ders.: Trust in Numbers: The Pursuit of Objectivity in Science and Public Life, Princeton, N. J. 1995

Potthast, Jörg: Die Bodenhaftung der Netzwerkgesellschaft. Eine Ethnografie von Pannen an Großflughäfen, Bielefeld 2007

Ders.: Politische Soziologie der Zugänge. Das Beispiel der Flughafensicherheit, in: Leon Hempel / Susanne Krasmann / Ulrich Bröckling (Hg.): Sichtbarkeitsregime.

Überwachung, Sicherheit und Privatheit im 21. Jahrhundert, Wiesbaden 2011, S. 223–241

Pozharliev, Lyubomir: Collectivity vs. Connectivity: Highway Peripheralization in former Yugoslavia (1940 s–1980 s), in: *The Journal of Transport History*, Bd. 37, Heft 2/2016, S. 194–213

Prashad, Vijay: The Darker Nations. A People's History of the Third World, New York u. a. 2007

Prausnitz, Wilhelm (Hg.): Atlas und Lehrbuch der Hygiene mit besonderer Berücksichtigung der Städte-Hygiene, München 1909

Puffert, Douglas J.: The Standardization of the Track Gauge on North American Railways, 1830–1890, in: *The Journal of Economic History*, Bd. 60, Heft 4/Dezember 2000, S. 933–960

Putzier, Konrad: Warum bauen die Schweizer so viele Bunker?, in: *Die Welt online* vom 12. Juli 2011 <www.welt.de/13481396> (eingesehen am 17. Dezember 2017)

Quester, Peter: Höchstens haltbar bis … Wie das 20. Jahrhundert das eingebaute Kaputtgehen erfand, in: *TrenntMagazin* <trenntmagazin.de/obsolescence-hochstens-haltbar-bis/#.VijmprxFvFa> (eingesehen am 17. Dezember 2017)

Radkau, Joachim: Das Zeitalter der Nervosität. Deutschland zwischen Bismarck und Hitler, München/Wien 1998

Ders.: Die Ära der Ökologie. Eine Weltgeschichte, München 2011

Ders.: Geschichte der Zukunft. Prognosen, Visionen, Irrungen in Deutschland von 1945 bis heute, München 2017

Ders.: Natur und Macht. Eine Weltgeschichte der Umwelt, München 2002

Radunski, Michael: Schöne Grüße aus dem Central Telegraph Office, in: *Frankfurter Allgemeine Zeitung*, Nr. 160 vom 13. Juli 2013, S. 9

Rafi, Muhammad Masood/Sarosh Hashmat Lodi/Nadeem Manzoor Hasan: Corruption in Public Infrastructure Service and Delivery: The Karachi Case Study, in: *Public Works Management & Policy*, Bd. 17, Heft 1/2012, S. 370–387

Rainer, George: Understanding Infrastructure. A Guide for Architects and Planners, New York u. a. 1990

Randelhoff, Martin: Resiliente Infrastrukturen und Städte: Kritikalität und Interdependenzen, in: *Zukunft Mobilität* vom 17. Dezember 2013 <www.zukunftmobilitaet.net/40882/analyse/resilienz-infrastruktur-stadt-wirtschaft-zukunft-resiliente-infrastrukturen> (eingesehen am 24. Januar 2016)

Randow, Gero von: Der Angriff auf die Moderne, in: *Frankfurter Allgemeine Zeitung*, Nr. 218 vom 19. September 2001, S. 60

Randzio, Ernst: Unterirdischer Städtebau, besonders mit Beispielen aus Groß-Berlin, Bremen 1951

Rankin, William: Infrastructure and the International Governance of Economic Development, 1950–1965, in: Jean-François Auger/Jan Jaap Bouma/Rolf Künneke (Hg.): Internationalization of Infrastructures. Proceedings of the 12th International Conference on the Economics of Infrastructures, Delft 2009, S. 61–75

Ratzel, Friedrich: Raumverhältnisse und Raumbewältigung, in: ders.: Erdenmacht und Völkerschicksal. Eine Auswahl aus seinen Werken, hg. von Karl Haushofer, Stuttgart 1940, S. 137–148

Rayward, W. Boyd: The Universe of Information. The Work of Paul Otlet for Documentation and International Organization, Moskau 1975

Rebske, Ernst: Lampen, Laternen, Leuchten. Eine Historie der Beleuchtung, Stuttgart 1962

Reents, Edo: Freudig begrüßen wir den zuckenden Schein, in: *Frankfurter Allgemeine Zeitung*, Nr. 50 vom 1. März 2005, S. 48

Reh, Sascha: Gegen die Zeit. Roman, Frankfurt am Main 2015

Reichle, Jörg: Wo wir sind, ist oben, in: *Süddeutsche Zeitung*, Nr. 1 vom 1./2. Januar 2016, S. 66

Richter, Steffen: Infrastruktur. Ein Schlüsselkonzept der Moderne und die deutsche Literatur 1848–1914, Berlin 2018

Ders.: Tunnelblicke. Zur literarischen Repräsentation von Machtverhältnissen anhand einer schweizerischen Infrastruktureinrichtung, in: Gonçalo Vilas-Boas / Teresa Oliviera (Hg.): Macht in der Deutschschweizer Literatur, Berlin 2012, S. 267–286

Richthofen, Ferdinand von: Über den natürlichsten Weg für eine Eisenbahnverbindung zwischen China und Europa, in: *Verhandlungen der Gesellschaft für Erdkunde zu Berlin*, Heft 4/April 1874, S. 1–14

Riehl, Wilhelm Heinrich: Die Naturgeschichte des Volkes, Erster Band: Land und Leute, Stuttgart / Berlin 1925 (zuerst 1883)

Riepl, Wolfgang: Das Nachrichtenwesen des Altertums mit besonderer Rücksicht auf die Römer, Leipzig 1913

Rijkswaterstaat: Our mission <www.rijkswaterstaat.nl/english/about-us/our-organization/our-mission.aspx> (eingesehen am 17. Dezember 2017)

Rivière, Philippe: Der Staat als Maschine. Das Kybernetik-Experiment in Allendes Chile, in: *Le Monde Diplomatique*, Nr. 9342 vom 12. November 2010, S. 19

Robinson, Gustavus H.: The Public Utility Concept in America's Law, in: *Harvard Law Review*, Bd. 41, Heft 3/1928, S. 277–308

Rodenberg, Julius: Bilder aus dem Berliner Leben. Bd. 1, Berlin 1891

Rodogno, David / Bernhard Struck / Jakob Vogel (Hg.): Shaping the Transnational Sphere. Experts, Networks, and Issues from the 1840 s to the 1930 s, Oxford 2014

Rogers, Dennis / Bruce O'Neill: Infrastructural Violence: Introduction to the Special Issue, in: *Ethnography*, Jg. 13, Heft 4/2012, S. 401–412

Röhl, Klaus Rainer: Nähe zum Gegner. Kommunisten und Nationalsozialisten im Berliner BVG-Streik von 1932, Frankfurt am Main 1994

Röhling, K.: Die Fahrgeldhinterziehung auf Straßenbahnen und ihre Bekämpfung, in: Ministerium für öffentliche Arbeiten (Hg.): *Zeitschrift für Kleinbahnen*, Bd. 23, Juni 1916, S. 415

Röhr, Andreas: Die Bajkal-Amur-Magistrale. Geschichte eines sibirischen Raumerschließungsprojektes, Berlin 2012

Rolt, Lionel T. C.: From Sea to Sea. The Canal du Midi, London 1973

Rommerdt, Carl Christian: Handbuch der Land- und Wasserbaukunst. Für angehende und ausübende Forstmänner, Kameralisten und Oekonomen, Erfurt 1828

Rosa, Hartmut: Beschleunigung. Die Veränderung der Zeitstrukturen in der Moderne, Frankfurt am Main 2005

Rose, Dirk: »Im Vorort«. Zu einem Romanfragment Detlev von Liliencrons, in: *Zeitschrift für Germanistik*, N. F. Bd. 16, Heft 3/2006, S. 638 f.

Ders.: Peripherie und Perspektive. Infrastrukturgeschichtliche Überlegungen zu Liliencron und Bölsche, in: *Zeitschrift für Germanistik*, N. F. Bd. 15, Heft 2/2005, S. 311–326

Roskothen, Johannes: Verkehr. Zu einer poetischen Theorie der Moderne, München 2003

Roth, Ralf (Hg.): Städte im europäischen Raum. Verkehr, Kommunikation und Urbanität im 19. und 20. Jahrhundert, Stuttgart 2009

Ders.: Wie wurden die Eisenbahnen der Welt finanziert? Einige Vergleiche, in: *Zeitschrift für Weltgeschichte*, Bd. 10, Heft 1/2009, S. 55–80

Rüb, Matthias: Kontinentale Durchbrüche, in: *Frankfurter Allgemeine Zeitung*, Nr. 115 vom 20. Mai 2015, S. 6

Rubin, Eli: Synthetic Socialism. Plastic and Dictatorship in the German Democratic Republic, Chapel Hill, N. C. 2008

Rudkowski, Lena: Der Streik in der Daseinsvorsorge, München 2010

Rüfner, Wolfgang: § 80 Daseinsvorsorge und soziale Sicherheit, in: Josef Isensee / Paul Kirchhof (Hg.): Handbuch des Staatsrechts der Bundesrepublik Deutschland. Bd. III: Das Handeln des Staates. 2., durchges. Aufl. Heidelberg 1996, S. 1038–1084

Rügemer, Werner: Cross Border Leasing: Ein Lehrstück zur globalen Enteignung der Städte. 2. Aufl. Münster 2005

Ders.: Colonia Corrupta. Globalisierung, Privatisierung und Korruption im Schatten des Kölner Klüngels, 8. Aufl. Münster 2010

Ders.: »Heuschrecken« im öffentlichen Raum. Public Private Partnership – Anatomie eines globalen Finanzinstruments. Erw. u. aktualis. Ausgabe Bielefeld 2012

Russisches Staatsarchiv für die Neueste Geschichte (Hg.): Pjad' kolec pod kremlevskimi zvezdami. Dokumental'naja chronika Olimpiady-80v Moskve. Redaktion: N. G. Tomilina, Moskau 2011, S. 31 f.

Rutenberg, Jürgen von: Zurück in die Gegenwart, in: *Zeit-Magazin*, Nr. 29 vom 16. Juli 2015, S. 12–20

Sachs, Wolfgang: Die Liebe zum Automobil. Ein Rückblick in die Geschichte unserer Wünsche, Reinbek 1984

Safranski, Rüdiger: Zeit. Was sie mit uns macht und was wir aus ihr machen, München 2015

Salewski, Michael: Technik als Vision der Zukunft um die Jahrhundertwende, in: ders. / Ilona Stölken-Fitschen (Hg.): Moderne Zeiten. Technik und Zeitgeist im 19. und 20. Jahrhundert, Stuttgart 1994, S. 77–91

Sammons, Jeffrey L. (Hg.): Die Protokolle der Weisen von Zion. Die Grundlage des modernen Antisemitismus. Eine Fälschung. Text und Kommentar. 6. Aufl. Göttingen 2011

Sampson, Tony D.: Virality. Contagion Theory in the Age of Networks, Minneapolis, MN 2012

Sanford, Kristen L. / Joel A. Tarr / Su McNeil: Crisis Perception and Policy Outcomes: Comparison Between Environmental and Infrastructure Crises, in: *Journal of Infrastructure Systems*, Bd. 1, Heft 4/Dezember 1995, S. 195–203

Sassen, Saskia: Global Networks, Linked Cities, New York / London 2002

Saul, Klaus: »Kein Zeitalter seit Erschaffung der Welt hat so viel und so ungeheuerlichen Lärm gemacht«. Lärmquellen, Lärmbekämpfung und Antilärmbewegung im Deutschen Kaiserreich, in: Günter Bayerl / Norman Fuchsloch / Torsten Mayer (Hg.): Umweltgeschichte. Methoden, Themen, Potentiale, Münster u. a. 1996, S. 187–218

Saupe, Achim: ›Human Security‹ and the Challenge of Automobile and Road Traffic Safety: A Cultural Historical Perspective, in: Cornel Zwierlein / Rüdiger Graf / Magnus Ressel (Hg.): The Production of Human Security in Premodern and Contemporary History. *Historical Social Research*, Bd. 35, Heft 4/2010, S. 102–121

Schaeffer, Roland: Produktive Nachhaltigkeit: Infrastrukturinnovationen als politische Strategie, in: Reinhard Loske / ders. (Hg.): Die Zukunft der Infrastrukturen. Intelligente Netzwerke für eine nachhaltige Entwicklung, Marburg 2005, S. 45–69

Schäfers, Bernhard: Zur Genesis und zum Stellenwert von Partizipationsforderungen im Infrastrukturbereich, in: *Raumforschung und Raumordnung*, 32. Jg., Heft 1/1974, S. 1–6

Scharnigg, Max: Mein halbes digitales Leben, in: *Süddeutsche Zeitung*, Nr. 181 vom 8./9. August 2015, S. 49

Schattenberg, Susanne: Stalins Ingenieure. Lebenswelten zwischen Technik und Terror in den 1930er Jahren, München 2002

Scheiner, Joachim: Stellt den McDrive doch unter Denkmalschutz!, in: *Frankfurter Allgemeine Zeitung*, Nr. 121 vom 28. Mai 2013, S. 29

Ders. / Christian Holz-Rau (Hg.): Räumliche Mobilität und Lebenslauf, Wiesbaden 2015

Schenk, Frithjof Benjamin: Russlands Fahrt in die Moderne. Mobilität und sozialer Raum im Eisenbahnzeitalter, Stuttgart 2014

Schenkel, Werner: Entstehung, Entsorgung und Wiederverwertung von Müll – ein globales Problem, in: Werner Nachtigall / Charlotte Schönbeck (Hg.): Technik und Natur (= Technik und Kultur, Bd. VI), Düsseldorf 1994, S. 483–520

Scherer, Inge: Grenzen des Streikrechts in den Arbeitsbereichen der Daseinsvorsorge. Schutz der Bürger vor gezielter Schädigung durch Streiks, Berlin 2000

Schickel, Joachim: Guerilleros, Partisanen. Theorie und Praxis. 2. Aufl. München 1970

Schieb, Jörg: Kommunikation, Unterhaltung und Konsum künftig mit einem Gerät. Großbaustelle Datenautobahn, in: *Frankfurter Allgemeine Zeitung*, Nr. 7 vom 9. Januar 1995, S. 3

Schink, Hans-Christian: Verkehrsprojekte Deutsche Einheit. Begleitbuch zur Ausstellung, Ostfildern-Ruit 2004

Schinkel, Karl Friedrich: Anweisung zum Bau und zur Unterhaltung der Kunststraßen, Berlin 1834

Schipper, Frank: Driving Europe. Building Europe on Roads in the Twentieth Century, Amsterdam 2008

Ders.: Unravelling Hieroglyphs: Urban Traffic Signs and the League of Nations, in: *Métropoles [En ligne]*, Heft 6/2009 vom 25. November 2009 <metropoles.revues.org/4062> (eingesehen am 17. Dezember 2017)

Schivelbusch, Wolfgang: Entfernte Verwandtschaft. Faschismus, Nationalsozialismus, New Deal, München 2005

Ders.: Geschichte der Eisenbahnreise. Zur Industrialisierung von Raum und Zeit im 19. Jahrhundert, Frankfurt am Main 1989

Ders.: Lichtblicke. Zur Geschichte der künstlichen Helligkeit im 19. Jahrhundert, München/Wien 1983

Schlagintweit, Robert von: Die Santa Fe- und Südpacificbahn in Nordamerika, Köln 1884

Schlögel, Karl: Das sowjetische Jahrhundert. Archäologie einer untergegangenen Welt, München 2017

Schlözer, Christiane: Rein ins kalte Wasser, in: *Süddeutsche Zeitung*, Nr. 106 vom 9. Mai 2014, S. 2

Schmid, Georg: Die Spur und die Trasse. (Post)moderne Wegmarken in der Geschichtswissenschaft, Wien 1988

Schmidt, Klaus-Peter: Alles muss raus, in: *Die Zeit*, Nr. 26 vom 22. Juni 2006

Schmidt, Robert: Technik, Risiko und das Zusammenspiel von Habitat und Habitus, in: Gunter Gebauer u. a. (Hg.): Kalkuliertes Risiko. Technik, Spiel und Sport an der Grenze, Frankfurt am Main 2006, S. 78–95

Schmidt, Wilhelm R.: Als Telegrafenbauer in Deutsch-Südwest, Erfurt 2006

Schmidt, Wolfgang: Integration und Wandel. Die Infrastruktur der Streitkräfte als Faktor sozioökonomischer Modernisierung in der Bundesrepublik 1955 bis 1975, München 2007

Schmitt, Martin: Internet im Kalten Krieg. Eine Vorgeschichte des globalen Kommunikationsnetzes, Bielefeld 2016

Schmitt, Stefan: Anrufen wird bald das neue Rauchen – eine rücksichtslose Gewohnheit, von der man sagt: Wie konnte sie so ausufern? in: *Die Zeit*, Nr. 50 vom 10. Dezember 2015, S. 72

Schmucki, Barbara: Der Traum vom Verkehrsfluss, Frankfurt am Main/New York 2001

Dies.: The Machine in the City. Public Appropriation of the Tramway in Britain and Germany, 1870–1915, in: *Journal of Urban History*, Bd. 38, Heft 6/2012, S. 1060–1093

Schneider, Irmela: Radiophone Praktiken des (Selbst-)Regierens in der Weimarer Republik, in: dies./Isabell Otto (Hg.): Formationen der Mediennutzung II: Strategien der Verdatung, Bielefeld 2007, S. 37–53

Schneider, Ursula/Hilde David: »Das Paradies kommt wieder …« Zur Kulturgeschichte und Ökologie von Herd, Kühlschrank und Waschmaschine. Katalogbuch zur gleichnamigen Ausstellung im Museum der Arbeit vom 26. Mai bis 3. Oktober 1993 im Museum der Arbeit, Hamburg 1993

Schneider, Volker / Marc Tenbücken (Hg.): Der Staat auf dem Rückzug. Die Privatisierung öffentlicher Infrastrukturen, Frankfurt am Main / New York 2004

Schneier, Bruce: Beyond Fear. Thinking Sensibly About Security in an Uncertain World, New York 2006

Ders.: Beyond Security Theater, in: *New Internationalist*, Nr. 427, November 2009, S. 10–13

Schnitzler, Antina von: Citizenship Prepaid. Water, Calculability, and Techno-Politics in South Africa, in: *Journal of Southern African Studies*, Bd. 34, Heft 4/2008, S. 899–917

Schoepp, Sebastian: Letzter Zug nach Nirgendwo, in: *Süddeutsche Zeitung online* vom 17. Mai 2010 <www.sueddeutsche.de/auto/schienennetz in lateinamerika-letzter-zug-nach-nirgendwo-1.445509> (eingesehen am 13. Dezember 2017)

Schönherr, Ekkehard: Infrastrukturen des Glücks. Eine Bild-, Raum- und Infrastrukturgeschichte Mallorcas im 19. und 20. Jahrhundert unter Berücksichtigung des Tourismus. Diss. masch. Universität Erfurt 2014 <www.db-thueringen.de/receive/dbt_mods_00030107> (eingesehen am 17. Dezember 2017)

Schot, Johan / Vincent Lagendijk: Technocratic Internationalism in the Interwar Years: Building Europe on Motorways and Electricity Networks, in: *Journal of Modern European History*, Bd. 6, Heft 2/2008, S. 196–216

Schott, Dieter: Die Vernetzung der Stadt. Kommunale Energiepolitik, öffentlicher Nahverkehr und die »Produktion« der modernen Stadt. Darmstadt – Mannheim – Mainz 1880–1918, Darmstadt 1999

Ders.: Europäische Urbanisierung (1000–2000). Eine umwelthistorische Einführung, Köln u. a. 2014

Schrader, Christopher: Hauptgewinn: eine Latrine, in: *Süddeutsche Zeitung*, Nr. 88 vom 17. April 2015, S. 16

Ders.: Rettender Verzicht auf Neues, in: *Süddeutsche Zeitung online* vom 10. September 2010 <www.sueddeutsche.de/wissen/klimawandel-rettender-verzicht-auf-neues-1.998145> (eingesehen am 20. Dezember 2017)

Schreiber, Christian: Der letzte Liftboy Europas, in: *next floor. Das Magazin für die Kunden der Schindler-Aufzüge AG*, Heft 1/2013, S. 8–10 <www.schindler.com/content/dam/web/ch/PDF/nextfloor/nextfloor_01_13_de.pdf> (eingesehen am 17. Dezember 2017)

Schröder, Catalina: Wenn Anlieger zu Anlegern werden, in: *Die Zeit*, Nr. 11 vom 7. März 2013, S. 32

Schröder, Lina: Der Rhein-(Maas-)Schelde-Kanal als geplante Infrastrukturzelle von 1946 bis 1986: Eine Studie zur Infrastruktur- und Netzwerk-Geschichte, Münster 2017

Schueler, Judith: Materialising Identity. The Co-construction of the Gotthard Railway and Swiss National Identity, Den Haag 2008

Schulz, Felix Robin: Death in East Germany 1945–1990, Oxford 2013, S. 69

Schulze, Thomas: Infrastruktur als politische Aufgabe. Dogmengeschichtliche, methodologische und theoretische Aspekte, Frankfurt am Main u. a. 1993

Schulze, Tillmann: Bedingt abwehrbereit. Schutz kritischer Informations-Infrastrukturen in Deutschland und den USA, Wiesbaden 2006

Schüttpelz, Erhard: Körpertechniken, in: *Zeitschrift für Medien- und Kulturforschung*, 2. Jg., Heft 1/2010: Kulturtechniken, S. 101–120

Schütz, Erhard / Eckhard Gruber: Mythos Reichsautobahn. Bau und Inszenierung der »Straßen des Führers« 1933–1941, Berlin 1996

Scott, James C.: Seeing like a State. How Certain Schemes to Improve the Human Condition Have Failed, New Haven / London 1998

Seeßlen, Georg: Dietmar Schönherr. Von den phantastischen Abenteuern des *Raumschiffes Orion* zu *Wünsch Dir was*. Die Biografie, Mannheim 2012

Segal, Zef: Communication and State Construction: The Postal Service in German States, 1815–1866, in: *Journal of Interdisciplinary History*, Bd. 44, Heft 4/2014, S. 453–473

Seligo, Hans: Afrika im Umbau, Jena 1931

Sennett, Richard: Verfall und Ende des öffentlichen Lebens. Die Tyrannei der Intimität, Frankfurt am Main 1991

Seymour Projects <seymourprojects.com> (eingesehen am 17. Dezember 2017)

Siebenbiedel, Christian: Leuchttürme machen den Seehandel sicher, in: *Frankfurter Allgemeine Sonntagszeitung*, Nr. 40 vom 9. Oktober 2011, S. 40

Sieberg, Herward: Colonial Development. Die Grundlegung moderner Entwicklungspolitik durch Großbritannien, 1919–1949, Stuttgart 1985

Sieferle, Rolf-Peter: Rückblick auf die Natur. Eine Geschichte des Menschen und seiner Umwelt, München 1997

Siegelbaum, Lewis H. (Hg.): The Socialist Car. Automobility in the Eastern Bloc, Ithaca, N. Y. 2011

Siegert, Bernhard: Relais. Geschicke der Literatur als Epoche der Post, 1751–1913, Berlin 1993

Siemons, Mark: Die Wurzel der Menschlichkeit, in: *Frankfurter Allgemeine Zeitung*, Nr. 224 vom 26. September 2014, S. 13

Simmel, Georg: Die Großstädte und das Geistesleben, in: Thomas Petermann (Hg.): Die Großstadt. Vorträge und Aufsätze zur Städteausstellung. *Jahrbuch der Gehe-Stiftung Dresden*, Bd. 9 (1903), S. 185–206

Simone, Abdou Maliq: People as Infrastructure. Intersecting Fragments in Johannesburg, in: *Public Culture*, Bd. 16, Heft 3/2004, S. 407–429

Singing Wires (1951) <www.youtube.com/watch?v=QttTxUc2_NY> (eingesehen am 17. Dezember 2017)

Smil, Vaclav: Creating the Twentieth Century. Technical Innovations of 1867–1914 and Their Lasting Impact, Oxford / New York 2005

Ders.: Energy in World History, Boulder, Col. 1994

Smith-Howard, Kendra: Pure and Modern Milk. An Environmental History since 1900, New York 2013

Smith, Adam: Wealth of Nations (1776), Buch 5, nach der dt. Übers. von Max Stirner, Bd. 2, Leipzig 1910

Smith, Jason Scott: Building New Deal Liberalism: The Political Economy of Public Works, 1933–1956, Cambridge, Mass. u. a. 2006

Soldt, Rüdiger: Wir fahr'n, fahr'n, fahr'n auf der Autobahn, in: *Frankfurter Allgemeine Zeitung*, Nr. 278 vom 29. November 2014, S. 4

Sonnenberger, Franz: »Kolonisieren heißt transportieren« – Europa und der Beginn des Eisenbahnzeitalters in Afrika, in: Zug der Zeit – Zeit der Züge. Deutsche Eisenbahn 1835–1985. Bd. 1, Berlin 1985, S. 228–231

Speckmann, Thomas: Von unschuldigen Zivilisten, in: *Frankfurter Allgemeine Zeitung*, Nr. 280 vom 2. Dezember 2009, S. N4

Sperling, Walter: Der Aufbruch der Provinz. Die Eisenbahn und die Neuordnung der Räume im Zarenreich, Frankfurt am Main / New York 2011

Spiewak, Martin: Bloß nicht offline sein, in: *Die Zeit*, Nr. 46 vom 9. November 2017, S. 36

Spode, Hasso: Romantische Zeitreise. Tourismus als Chronotopie, in: Brigitta Schmidt-Lauber (Hg.): Sommer_frische. Bilder, Orte, Praktiken, Wien 2014, S. 33–45

Staat, Yvonne: Gute Fahrt, in: *Frankfurter Allgemeine Sonntagszeitung*, Nr. 1 vom 4. Januar 2015, S. 3

Stadler, Max: Der User, in: Alban Frei / Hannes Mangold (Hg.): Das Personal der Postmoderne. Inventur einer Epoche, Bielefeld 2015, S. 75–90

Stäheli, Urs: Infrastrukturen des Kollektiven: alte Medien – neue Kollektive? in: *Zeitschrift für Medien- und Kulturforschung*, Bd. 12, Heft 2/2012, S. 99–116

Star, Susan Leigh: Mit Standards leben, in: dies.: Grenzobjekte und Medienforschung, hg. von Sebastian Gießmann / Nadine Taha, Bielefeld 2017, S. 483–509

Dies.: The Ethnography of Infrastructure, in: *American Behavioral Scientist*, Bd. 43, Heft 3/Dezember 1999, S. 377–391

Starosielski, Nicole: The Undersea Network, Durham 2015

Stavenhagen, Willibald: Verkehrs-, Beobachtungs- und Nachrichten-Mittel in militärischer Beleuchtung. Für Offiziere aller Waffen des Heeres und der Marine, 2. Aufl. Göttingen / Leipzig 1905

Stefa, Elian / Gyler Mydyti: Concrete Mushrooms: Bunkers in Albania, Mailand 2009

Steffens, Lincoln: The Shame of the Cities, New York 1904

Stein, Dietrich: Instandhaltung von Kanalisationen, 3. Aufl. Berlin 1999

Steininger, Benjamin: Pipeline. Am Puls der fossilen Moderne, in: Kijan Espahangizi / Barbara Orland (Hg.): Stoffe in Bewegung, Zürich / Berlin 2014, S. 231–244

Ders.: Raum-Maschine Reichsautobahn. Zur Dynamik eines bekannt / unbekannten Bauwerks, Berlin 2005

Steinke, Ronen: Stopp, in: *Süddeutsche Zeitung*, Nr. 166 vom 20./21. Juli 2013, S. V2/9

Stephenson, Neal: Mother Earth Motherboard, in: *Wired* vom 1. Dezember 1996 <www.wired.com/1996/12/ffglass> (eingesehen am 19. Dezember 2017)

Stier, Bernhard: Staat und Strom. Die politische Steuerung des Elektrizitätssystems in Deutschland 1890–1950, Ubstadt-Weiher 1999

Stirn, Alexander: Kehraus im Weltraum, in: *Süddeutsche Zeitung online* vom 4. Juni 2017 <www.sueddeutsche.de/wissen/weltraumschrott-kehraus-im-weltraum-1.3530728> (eingesehen am 28. November 2017)

Stokes, Raymond G. / Roman Köster / Stephen C. Sambrook: The Business of Waste: The United Kingdom and Germany, 1945 to the present, Cambridge 2013

Stolk, Bram van / Cas Wouters: Die Gemütsruhe des Wohlfahrtsstaates, in: Peter Gleichmann / Johan Goudsblom / Hermann Korte (Hg.): Macht und Zivilisation. Materialien zu Norbert Elias' Zivilisationstheorie 2, Frankfurt am Main 1984, S. 242–260

Straeten, Jonas van der: Measuring Progress in Megawatts? Development Narratives and the Shaping of the Tanzanian Power Infrastructure 1906–1980. Diss. masch. Technische Universität Berlin 2017

Strasser, Susan: Waste and Want. A Social History of Trash, New York 1999

Strassmann, Burkhard: Bewahren Sie Ruhe, in: *Die Zeit*, Nr. 48 vom 26. November 2015, S. 45

Strube, Sebastian: Euer Dorf soll schöner werden. Ländlicher Wandel, staatliche Planung und Demokratisierung in der Bundesrepublik Deutschland, Göttingen 2013

Swaan, Abram de: Der sorgende Staat. Wohlfahrt, Gesundheit und Bildung in Europa und den USA der Neuzeit, Frankfurt am Main / New York 1993

Swynegedouw, Erik: Social Power and the Urbanization of Water. Flows of Power, Oxford 2004

Tadja, Claas: Die Pendlerrepublik. Millionen Deutsche macht der Weg zur Arbeit krank und einsam. Sie und ihre Arbeitgeber sollten etwas dagegen unternehmen, in: *Die Zeit*, Nr. 22 vom 22. Mai 2014, S. 31 f.

Ders.: Fahrtenbuch des Wahnsinns. Unterwegs in der Pendlerrepublik, München 2014.

Tantner, Anton: Die Hausnummer. Eine Geschichte von Ordnung und Unordnung, Marburg 2007

Technical Relief Grows in Germany. Hardships of Industrial Conflicts Mitigated by 1,500 Local Groups, in: *The New York Times* vom 3. Dezember 1922

Tegtmeyer, Gundula Madeleine: Die Müllspezialisten von Kairo, in: *Natürlich. Das Magazin für ganzheitliches Leben*, Heft 3/2006, S. 52–59 (online unter <www.natuerlich-online.ch/fileadmin/Natuerlich/Archiv/2006/03-06/3_52-59zabbaleen.pdf> (eingesehen am 12. Dezember 2017)

Tempo 20, in: *Der Spiegel*, Heft 34/1963, S. 24–34

Tenner, Edward: Why Things Bite Back: Technology and the Revenge of Unintended Consequences, New York 1996

Tessier, Alexandre: La grande hôtellerie parisienne face à l'innovation: entre devoir d'adoption et facteur de distinction (1855–1914), in: Marc Gigase / Cédric Humair / Laurent Tissot (Hg.): Le tourisme comme facteur de transformations économiques, techniques et sociales (XIXe–XXe siècles). Tourism as a factor of economic, technical and social transformations (XIXth–XXth centuries), Neuchâtel 2014, S. 179–195

Ders.: Le Grand Hôtel, L'invention du luxe hôtelier, 1862–1972, Rennes / Tours 2012

Teuscher, Andreas: Schweiz am Meer – Pläne für den »Central-Hafen« Europas inklusive Alpenüberquerung mit Schiffen im 20. Jahrhundert, Zürich 2014

Teuteberg, Hans Jürgen / Cornelius Neutsch (Hg.): Vom Flügeltelegraphen zum Internet: Geschichte der modernen Telekommunikation, Stuttgart 1998

The Sewergator Sanctuary <www.sewergator.com> (eingesehen am 17. Dezember 2017)

The Strategic Air Offensive against Germany, 1939–1945, London 1961

The United States Strategic Bombing Survey: The Effects of Strategic Bombing on German Morale, Washington, D.C. 1947

Theile, Merlind: Die Achse des Guten, in: *Die Zeit*, Nr. 37 vom 4. September 2015, S. 13–15

Thiemeyer, Guido / Isabel Tölle: Supranationalität im 19. Jahrhundert? Die Beispiele der Zentralkommission für die Rheinschifffahrt und des Oktroyvertrages 1804–1832, in: *Journal of European Integration History*, Bd. 17 (2011), S. 177–196

Thomas, Peter: Hundert Jahre Einstellungssache, in: *Frankfurter Allgemeine Zeitung*, Nr. 192 vom 20. August 2013, S. T6

Thüsing, Gregor: Arbeitskampf in der Daseinsvorsorge, Tübingen 2013

Tischler, Julia: Light and Power in a Multiracial Nation. The Kariba Dam Scheme in the Central African Federation, Cambridge 2013

Tissot, Laurent: Art. Tourismus, in: *Historisches Lexikon der Schweiz* <www.hls-dhsdss.ch/textes/d/D14070.php> (eingesehen am 17. Dezember 2017)

Ders.: Naissance d'une industrie touristique. Les Anglais et la Suisse au XIXe siècle, Lausanne 2000

Torp, Cornelius: Revolution zur See. Maritime Frachtkosten und Weltmarkt im »langen« 19. Jahrhundert, in: Jürgen Elvert u. a. (Hg.): Das maritime Europa. Werte – Wissen – Wirtschaft, Stuttgart 2016, S. 93–108

Toth, Jennifer: The Mole People: Life In The Tunnels Beneath New York City, Chicago 1993

Trachtenberg, Alan: Der Tunnel. Die Obdachlosen im Untergrund von New York City, München 1996

Trotha, Trutz von: Was war Kolonialismus? Einige zusammenfassende Befunde zur Soziologie und Geschichte des Kolonialismus und der Kolonialherrschaft, in: *Saeculum*, Bd. 55 (2004), S. 49–95

Trovalla, Ulrika / Eric Trovalla: Infrastructure turned Suprastructure: Unpredictable Materialities and Visions of a Nigerian Nation, in: *Journal of Material Culture*, Bd. 20, Heft 1/2015, S. 43–57

Trurnit, Hanno: Geschichte(n) hinterm Zähler. Die Beziehungen zwischen Energieversorgern und ihren Kunden, München u. a. 1996

Tucholsky, Kurt: Berlin! Berlin!, in: ders.: Gesammelte Werke in zehn Bänden. Bd. 2, Reinbek 1960, S. 130

Ders.: Der Kontrollierte, in: ders.: Glossen und Essays. Gesammelte Schriften (1907–1935) in: *textlog.de* <www.textlog.de/tucholsky-der-kontrollierte.html> (eingesehen am 27. November 2017)

Ders.: Von der Kunst, richtig zu reisen, Münster 2015 (zuerst 1929)

Tümmers, Horst Johannes: Der Rhein. Ein europäischer Fluß und seine Geschichte, München 1994

Tunzelmann, Alex von: The Railway Man: dramatic licence is well-earned and sparingly deployed, in: *The Guardian* vom 24. Juni 2015 <www.theguardian.com/film/2015/jun/24/railway-man-colin-firth-nicole-kidman-eric-lomax-historical-accuracy> (eingesehen am 17. Dezember 2017)

Uekötter, Frank: Die Wahrheit ist auf dem Feld. Eine Wissensgeschichte der deutschen Landwirtschaft, Göttingen 2010

Ullrich, Otto: Technologie, in: Wolfgang Sachs (Hg.): Wie im Westen so auf Erden. Ein polemisches Handbuch zur Entwicklungspolitik, Reinbek 1993, S. 390–408

Ullrich, Volker: Quietschen, Hupen, Fauchen, in: ZeitGeschichte, Heft 2/2013: Anders leben, S. 24–26

Urry, John: The Tourist Gaze. Leisure and Travel in Contemporary Societies, London 1990

Vahrenkamp, Richard: Logistik als Metasystem der Infrastruktur. Die Grenzen der Eisenbahn-Logistik und der Aufstieg der Lastwagen-Logistik 1900 bis 1938, in: Wiebke Porombka / Heinz Reif / Erhard Schütz (Hg.): Versorgung und Entsorgung der Moderne. Logistiken und Infrastrukturen der 1920er und 1930er Jahre, Frankfurt am Main u. a. 2011, S. 123–150

Veidt, Karl: Als Divisionspfarrer im Argonnerwald, 1914–1917, Abschnitt 1: Infrastrukturelle Erschließung und Anpassungsleistungen, S. 126–128, in: Hessische Quellen zum Ersten Weltkrieg <www.lagis-hessen.de/de/purl/resolve/subject/qhg/id/35-4> (eingesehen am 17. Dezember 2017)

Vierhaus, Rudolf (Hg.): Das Tagebuch der Baronin von Spitzemberg, geb. Freiin von Varnbüler. Aufzeichnungen aus der Hofgesellschaft des Hohenzollernreiches, 5. Aufl., Göttingen 1989

Virilio, Paul: Rasender Stillstand, München / Wien 1992

Ders.: Geschwindigkeit und Politik. Ein Essay zur Dromologie, Berlin 1989

Voeten, Teun: Tunnelmensen, Amsterdam 1996

Vogt, Franz: Anstandsbüchlein für das Volk. 2. Aufl. Donauwörth 1987 (Nachdruck der ersten Auflage von 1894)

Völkel, Markus: Einigkeit und Freiheit. Die Eisenbahn ein Mittel nationaler Politik? In: Zug der Zeit – Zeit der Züge. Deutsche Eisenbahn 1835–1985. Bd. 1, Berlin 1985, S. 218–227

Vorderer, Peter / Christoph Klimmt: Das neue Normal, in: Die Zeit, Nr. 5 vom 28. Januar 2016, S. 33

Vowinckel, Annette: Flugzeugentführungen. Eine Kulturgeschichte, Göttingen 2011

Waldman, Jonathan: Rust. The Longest War, New York 2015

Ward, Christopher J.: Brezhnev's Folly. The Building of BAM and Late Soviet Socialism, Pittsburgh 2009

Weber, Eugen: Peasants into Frenchmen. The Modernization of Rural France 1870–1914, Stanford, Kal. 1976

Weber, Heike: »Entschaffen«: Reste und das Ausrangieren, Zerlegen und Beseitigen des Gemachten, in: Technikgeschichte, Bd. 81, Heft 1/2014, S. 1–32

Dies.: Das Versprechen mobiler Freiheit. Zur Kultur- und Technikgeschichte von Kofferradio, Walkman und Handy, Bielefeld 2008

Dies.: Stecken, drehen, drücken. Interfaces von Alltagstechniken und ihre Bediengesten, in: Technikgeschichte, Bd. 76 (2009), S. 233–254

Dies. / Ruth Oldenziel (Hg.): Recycling and Re-Use in the Twentieth Century. Special Issue. *Contemporary European History*, Bd. 22, Heft 3/2013

Weisband, Marina: Wir nennen es Politik. Ideen für eine zeitgemäße Demokratie, Stuttgart 2013

Wells, Louis T. / Eric S. Gleason: Is Foreign Infrastructure Investment Still Risky? in: *Harvard Business Review*, Heft 9–10/1995, S. 44–55

Wells, Malcolm: Infra Structures. Life Support for the Nation's Circulatory Systems. Photographs by Rick Friedman, Brewster, Mass. 1994

Welzer, Harald: Mentale Infrastrukturen – wie das Wachstum in die Welt und in die Seelen kam, Berlin 2011

Ders.: Wasser aus der Leitung, in: *Frankfurter Allgemeine Zeitung*, Nr. 180 vom 6. August 2013, S. 29

Wenzlhuemer, Roland: Connecting the Nineteenth-Century World. The Telegraph and Globalization, Cambridge 2013

Ders.: Globalgeschichte schreiben. Eine Einführung in 6 Episoden, Konstanz / München 2017

Ders.: Verbrechen, Verbrechensbekämpfung und Telegrafie. Kriminalhistorische Perspektiven auf die Entkoppelung von Transport und Kommunikation im langen 19. Jahrhundert, in: *Historische Zeitschrift*, Bd. 301, Heft 2/2015, S. 347–373

Westerman, Frank: Ingenieure der Seele. Schriftsteller unter Stalin – eine Erkundungsreise, Berlin 2003

Westermann, Andrea: Plastik und politische Kultur in Westdeutschland, Zürich 2007

Whitman, Walt: My Passion for Ferries, in: ders.: Complete Prose Works, Philadelphia 1892, S. 16

Whitmore, Mark: Transport and Supply during the First World War <www.iwm.org.uk/history/transport-and-supply-during-the-first-world-war> (eingesehen am 17. Dezember 2017)

Widmann, Marc: Menschens Kinder, in: *Süddeutsche Zeitung*, Nr. 101 vom 4./5. Mai 2014, S. 11

Wie Straßen die Schwächen Berns offenlegen. Gespräch mit Daniel Flückiger, in: *Berner Zeitung* vom 20. Oktober 2011 <www.bernerzeitung.ch/region/kanton-bern/Wie-Strassen-die-Schwaechen-Berns-offenlegen/story/31118262> (eingesehen am 17. Dezember 2017)

Wiedenfeld, Kurt: Der volkswirtschaftliche Einfluß der modernen Verkehrsmittel und die deutsche Volkswirtschaftslehre des 19. Jahrhunderts, in: Die Entwicklung der deutschen Volkswirtschaftslehre im neunzehnten Jahrhundert. Festgabe für Gustav Schmoller, 2. Teil, Leipzig 1908, S. 1–28

Wiegand, Ralf: Gedenkenlos, in: *Süddeutsche Zeitung*, Nr. 89 vom 18./19. April 2015, S. 11–13

Wiegel, Michaela: Ins Wesen von Paris fahren. Hundert Jahre Metro, in: *Frankfurter Allgemeine Zeitung*, Nr. 165 vom 19. Juli 2000, S. 13

Wien und »Der dritte Mann« <*www.wien.gv.at/umwelt/kanal/dritter-mann*> (eingesehen am 17. Dezember 2017)

Wildt, Michael: »Der muß hinaus! Der muß hinaus!« Antisemitismus in deutschen

Nord- und Ostseebädern 1920–1935, in: *Mittelweg 36*, Bd. 10, Heft 4/2001, S. 2–25

Ders.: Volk, Volksgemeinschaft, AfD, Hamburg 2017

Wilhelm, Daniel: Die Kommunikation infrastruktureller Großprojekte. Die Elektrifizierung Oberschwabens durch die OEW in der ersten Hälfte des 20. Jahrhunderts, Stuttgart 2014

Wilhelmer, Lars: Transit-Orte in der Literatur. Eisenbahn – Hotel – Hafen – Flughafen, Bielefeld 2015

Willemsen, Roger: Wer wir waren. Zukunftsrede, Frankfurt am Main 2017

Windmüller, Sonja: Die Kehrseite der Dinge: Müll, Abfall, Wegwerfen als kulturwissenschaftliches Problem, Münster 2004

Winkler, Hartmut: Switching / Zapping. Ein Text zum Thema und ein parallel laufendes Unterhaltungsprogramm, Darmstadt 1991

Winter, Max: Im unterirdischen Wien, Berlin 1905

Winther, Tanja: The Impact of Electricity. Development, Desires and Dilemmas, New York 2008

Wissen, Markus / Matthias Naumann: Raumdimensionen des Wandels technischer Infrastruktursysteme. Eine Einleitung, in: Timothy Moss u. a. (Hg.): Infrastrukturnetze und Raumentwicklung. Zwischen Universalisierung und Differenzierung, München 2008, S. 17–34

Wolf, Birgit: Sprache in der DDR. Ein Wörterbuch, Berlin / New York 2000

Wolfrum, Edgar: Welt im Zwiespalt. Eine andere Geschichte des 20. Jahrhunderts, Stuttgart 2017

Wong, Edward: The Air-Raid-Shelter Apartments Under Beijing, in: *The New York Times Magazine online* vom 22. April 2011 <www.nytimes.com/2011/04/24/magazine/mag-24YouAreHere-t.html?_r=0> (eingesehen am 17. Dezember 2017)

World Development Report 1994. Infrastructure for Development, Oxford u. a. 1994

World Toilet Organization <www.worldtoilet.org> (eingesehen am 17. Dezember 2017)

World Wildlife Fund: Earth Hour <www.wwf.de/earthhour> (eingesehen am 17. Dezember 2017)

Worster, Donald: Under Western Skies: Natur and History in the American West, New York / Oxford 1992

Wu Xijujie: Ein Jahrhundert Licht. Eine technikethnologische Studie zur Beleuchtung im chinesischen ländlichen Alltag, Wiesbaden 2009

Wu, Tim: Der Master Switch. Aufstieg und Niedergang der Informationsimperien, Heidelberg u. a. 2012

Yacowar, Maurice: The Bug in the Rug: Notes on the Disaster Genre, in: Barry Keith Grant (Hg.): Film Genre Reader III, Austin, Tx. 2003, S. 277–295

Zeiss, Heinrich: Hygiene und Technik, in: *Technikgeschichte*, Bd. 25 (1936), S. 66–73

Zejnelovic, Marko: Der »Highway of Nations«. Eine postkoloniale Studie zum Panamakanal als imperiale Infrastruktur, Augsburg 2014

Zelger, Sabine: Das Pferd frißt keinen Gurkensalat. Kulturgeschichte des Telefonierens, Wien 1997

Zennß-Reimann, Regine: Unterm Flügelrad. Frauen bei der Eisenbahn, hg. vom Museumspädagogischen Dienst Berlin und dem Museum für Verkehr und Technik, Berlin 1993

Ziblatt, Daniel: Why Some Cities Provide More Public Goods than Others: A Subnational Comparison of the Provision of Public Goods in German Cities in 1912, in: *Studies in Comparative International Development*, Bd. 43 (2008), S. 273–289

Zons, Julia: Casellis Pantelegraph. Geschichte eines vergessenen Mediums, Bielefeld 2015

Zweig, Stefan: Blick über die elektrische Stadt in die Zukunft hinein, in: *Neue Rundschau* I/1992, S. 109–114

Zwicky, J. Friedrich: Public Utilities, Jena 1937

Abbildungsnachweise

Dank

Dieses Buch ist über einen längeren Zeitraum hinweg gedanklich gewachsen. Die ersten Anregungen zu einer kultur- und alltagsgeschichtlichen Analyse von Infrastrukturen gehen auf Überlegungen meines akademischen Lehrers Lutz Niethammer in den frühen 1990er Jahren zurück. Damals war das Thema neu und für Historiker geradezu exotisch; inzwischen ist es im Zentrum der Geschichts- und Kulturwissenschaften angekommen. Meine Idee, aus den bisherigen Forschungen eine Zwischenbilanz zu ziehen, traf bei der Volkswagenstiftung auf offene Ohren. Ihr danke ich sehr dafür, mich durch ein *Opus magnum*-Stipendium für ein Jahr aus dem universitären Alltag herausnehmen zu können. Unterstützt haben mich hierbei auch die Kolleginnen und Kollegen in Gießen sowie das Präsidium der Justus-Liebig-Universität. Durch ihre kritische Lektüre haben insbesondere Benjamin Brendel, Jürgen Dinkel, Sabine Dworog, Denise Eisenbeiser, Tanja Hommen, Jeannette van Laak und Kai Nowak dazu beigetragen, einen deutlich besseren und besser lesbaren Text entstehen zu lassen. Für andere Beiträge zum Gelingen danke ich Maria Paula Diogo, Axel Doßmann, Alexander Eckermann, Nikola Medenwald und Johan Schot. Wichtige Rückmeldungen bekam ich außerdem aus Kolloquien in Berlin, Erlangen, Frankfurt am Main, Heidelberg, Kopenhagen, München, Regensburg und Zürich. Die Übersetzungen aus dem Englischen – und alles andere natürlich – verantworte ich selbst.

Dirk van Laak, Leipzig, im Januar 2018

Personen- und Ortsregister